Kohlhammer

Religionsforum

Herausgegeben von

Urs Altermatt
Mariano Delgado
und Guido Vergauwen

Band 11

Ina Wunn
Beate Schneider (Hrsg.)

Das Gewaltpotenzial der Religionen

Verlag W. Kohlhammer

1. Auflage 2015

Satz: Andrea Siebert, Neuendettelsau
Gesamtherstellung: W. Kohlhammer GmbH, Stuttgart

Print:
ISBN 978-3-17-025643-9

E-Book-Formate:
pdf: ISBN 978-3-17-025644-6
epub: ISBN 978-3-17-025645-3
mobi: ISBN 978-3-17-025646-0

Inhalt

Vorwort der Herausgeberinnen

Religiös motivierte Gewalt ist ein drängendes Problem unserer Zeit. Terrorgruppen wie Boko Haram, Al Qaida oder in jüngster Zeit ISIS begründen ihre mörderischen Angriffe auf Staaten und vor allem auch auf die Zivilbevölkerung mit einer angeblichen Legitimierung durch die Religion. Auch in Deutschland finden heute Bücher und Texte, die die Anhänger des Islam pauschal diffamieren, hohe Zustimmung, und in den USA können christliche Prediger, die mit öffentlichen Koranverbrennungen auf sich aufmerksam machen, nicht nur mit Tolerierung, sondern mit großer Akzeptanz rechnen.

Die großen Religionen, ursprünglich angetreten, um einer zerrissenen und zerstrittenen Welt den Frieden zu bringen, sind heute selbst Auslöser oder zumindest Brandbeschleuniger in sozialen, nationalen und internationalen Konflikten, die dadurch an Heftigkeit, Intensität, Brutalität bis hin zu menschenverachtender Grausamkeit zunehmen. Das steht ganz im Gegensatz zu den Lehren, die eben diese Religionen am Sonntag in der Kirche, am Shabat in der Synagoge und zum Freitagsgebet in den Moscheen verkündigen.

Dieses Gewaltszenario wirft Fragen auf: Woher kommt diese Gewalt? Sind es nur die Menschen, die im Sinne des *homo homini lupus* (Titus Maccius Plautus, ca. 254 bis 184 v. Chr.) allem Fremden und Unbekannten zunächst einmal aggressiv begegnen? Handelt es sich um eine auf Unkenntnis und Unsicherheit beruhende Aggressivität? Ist es das Ergebnis einer Negativbewertung, die im Rahmen von kognitiven Prozessen über zunächst Kategorisierung und dann Stereotypisierung entsteht (→Constantin Klein)? Sind es bestimmte historische Konstellationen (Folgen von Kriegen oder Wirtschaftskrisen) oder gesellschaftspolitische Versäumnisse (etwa mangelnde Bildungsangebote oder z. B. das Leugnen der Tatsache, dass Deutschland und andere europäische Länder schon längst Einwanderungsländer sind), die dann dazu führen, dass eine Minderheit zum Sündenbock für die Missstände in einer Gesellschaft verantwortlich gemacht wird? Oder sind es gar bestimmte politische Parteien oder Persönlichkeiten, die aus Kalkül polemisieren?

Diesen Fragen ging eine Gruppe von religiösen Würdenträgern, d. h. offiziellen Repräsentanten der Religionen, und Wissenschaftlern mit dem Ziel nach, die Ursachen religiös motivierter Gewalt nicht nur aus der Perspektive ihrer Disziplin bzw. Religion zu ergründen und darzustellen, sondern auch Stellung zu beziehen und mögliche Wege aus der Gewaltspirale zu zeigen (→Theo Zwanziger).

Das internationale Symposium „Das Gewaltpotenzial der Religionen" im Oktober 2013 in Hannover erfüllte die Erwartungen der Initiatoren: Es ist gelungen, die Ursachen und die Entstehung religiöser Gewalt von ihren ersten Anfängen über die Schreckensszenarien der Religionskriege bis hin zur Rolle der eigentlich friedlichen Mehrheitsgesellschaft nachzuzeichnen. Die Dokumentation dieses Symposiums bietet umfassende Antworten auf die zentrale Frage nach den Ursachen religiös motivierter Gewalt.

Eröffnet wird die Reihe der Beiträge durch eine Diskussion des Religionsbegriffs durch →Erzbischof Gerard Tlali Lerotholi. Er macht deutlich, dass Religion zur menschlichen Natur gehört, aber gerade deshalb auch ein „zweischneidiges Schwert" sei. Oft genug nämlich werde Religion entgegen Gottes ausdrücklichen Geboten zur Durchsetzung individueller, eigennütziger Interessen missbraucht. Inwiefern Religion, und hier vor allem das Christentum, tatsächlich auch in ihrer Geschichte dieses zweischneidige Schwert war und ist, machen die Ausführungen →Margot Käßmanns, EKD-Ratsvorsitzende 2009 bis 2010 und aktuell Botschafterin des Rates der EKD für das Reformationsjubiläum 2017, deutlich. So hat gerade auch Luthers Ringen um den rechten Glauben in den christlichen Kirchen zunächst zu Intoleranz und damit Gewalt gegen Andersdenkende geführt. Letztlich aber habe das Christentum über die Betonung der Freiheit des Einzelnen in Glaubensfragen den Weg zur Anerkennung religiöser Pluralität geebnet. Diesen Gedanken nimmt →Ayatollah Reza Ramezani, Oberhaupt der shiitischen Muslime in Europa, auf. Auch für den Islam sei unstrittig, dass die abrahamitischen Religionen über ihre von Gott gesandten Propheten den Menschen zu Milde, Güte und vor allem Gerechtigkeit aufrufen, und zwar in Form einer Einladung. Es seien letztlich „Machtgier und Arroganz" des Menschen, die zu Ungerechtigkeit und damit Gewalt führten.

Einen Ausweg stellt nach Auffassung Ramezanis die Rückkehr der Gesellschaft zu den „religiösen Wahrheiten" dar. Damit berührt Ramezani eine Problematik, die von →Dan Diner ausführlich diskutiert wird: Gerade weil das auf göttliche Stiftung zurückgeführte sakrale Gesetz, dessen Einhaltung nach Ramezani den Frieden und ein brüderliches Miteinander garantieren könnte, in den säkularen Staaten Europas notwendigerweise in einen Gegensatz zu der säkularisierten christlichen Umwelt gerät, erwüchsen daraus Spannungen, die nach →Wilhelm Heitmeyer nicht durch Toleranz, sondern nur durch das Aushandeln von Positionen bei gegenseitiger Anerkennung gelöst werden könnten.

Inwieweit Religionen tatsächlich entsprechend den Ausführungen Lerotholis zweischneidig sein können und der Ausübung von Gewalt Vorschub leisten, verdeutlicht der Tübinger Islamwissenschaftler und Leiter des dortigen Zentrums für islamische Theologie →Omar Hamdan in Zusammenhang mit der Frage der Abrogation im Rahmen der Koranexegese. Wie das Neue Testament enthält auch der Koran solche Verse, die „von Krieg und Gewalt berichten". Hamdan erklärt in seinem Beitrag, wie solche Verse zu verstehen sind und welche Rolle sie bei der Koranexegese gespielt haben. Auf keinen Fall legitimierten sie allgemeine Aufrufe zu Gewalt im salafistischen Sinne, sondern würden lediglich als Rechtfertigung eines Aktes der Selbstverteidigung in einer eindeutigen und historisch einmaligen Situation gelten.

Konkrete Einzelaussagen der jeweiligen heiligen Schriften können also je nach dem historischen und gesellschaftlichen Kontext unterschiedlich ausgelegt werden, eine auch im Judentum bekannte Problematik, derer sich die Rabbinen stets deutlich bewusst waren, wie der Heidelberger Judaist →Frederek Musall darlegt: „Wie kann auf der einen Seite im Rahmen des sogenannten Dekalogs ein Gebot formuliert werden, welches die Ermordung eines Menschen eindeutig verbietet, während Gott auf der anderen Seite von den Israeliten verlangt, ihre Feinde rücksichtslos und vollständig zu vernichten?" Nach rabbinischer Theologie müsse deswegen der Mensch Verantwortung für die heiligen Texte übernehmen, indem er sie im jeweiligen gesellschaftlichen Kontext interpretiere und aktualisiere.

Während Hamdan und Musall in erster Linie die sich widersprechenden Aussagen zur Gewalt in Koran und Torah problematisieren und die Notwendigkeit einer verantwortungsbewussten Exegese betonen – wieder im Sinne von Religion als „zweischneidiges Schwert" –, legt der Schweizer katholische Theologe →Mariano Delgado den Schwerpunkt auf die christliche Anthropologie. Er nimmt dabei Bezug auf die bereits von Lerotholi angesprochene Natur des Menschen, die gerade auch in der Geschichte des Christentums zu Gewaltpathologien geführt habe, obwohl große Theologen von Augustinus über die Scholastiker bis zu den Theologen der Reformationszeit immer wieder die Gewalt im Namen Gottes anprangerten: „Einen Menschen töten heißt nicht, eine Lehre verteidigen, sondern einen Menschen töten."

Die Analyse der heiligen Schriften der abrahamitischen Religionen vonseiten ihrer offiziellen Repräsentanten und maßgeblichen Theologen hat gezeigt: Religion ist ein ambivalentes Phänomen; die heiligen Schriften enthalten zumindest Passagen, die schwer nachvollziehbar, missverständlich und interpretationsbedürftig sind und daher einer missbräuchlichen Deutung Tür und Tor öffnen. Es gibt Passagen in Torah, Bibel und Koran, die als Aufforderung zur Gewalt gegen Andersgläubige, gegen Feinde oder den jeweiligen politischen Gegner verstanden werden können. Allerdings wird eine solche Auslegung weder von den offiziellen Repräsentanten der abrahamitischen Religionen noch von den jeweiligen Theologen im offiziellen akademischen und öffentlichen Diskurs gestützt. Die Ansichten regionaler Gruppierungen wiederum können hier durchaus massiv divergieren.

Es stellt sich daher folgerichtig die Frage, wie die zu Gewalt aufrufenden Passagen – so wenig bedeutend sie für heutige akademisch geschulte Exegeten sein mögen – Eingang in die heiligen Schriften von Muslimen, Juden und Christen gefunden haben. Dieser Frage widmet sich der Beitrag von →Ina Wunn, die, ausgehend von genetisch fixierten Verhaltensdispositionen des Menschen, im menschlichen Territorialverhalten nicht nur die Ursache der Religionsentstehung sieht, sondern die Verknüpfung von Sicherung des Territoriums einerseits und dessen Legitimierung durch Vertreter der Anderswelt andererseits als den roten Faden ausmacht, der sich durch die gesamte Religionsgeschichte bis in die großen monotheistischen Religionen ziehe. Unterstützt werde dieses zunächst aggressive Verhalten gegenüber allem Fremden durch die menschliche Wahrnehmung, wenn über die Stufen der Kategorisierung, Stereotypisierung und Bewertung letztlich Vorurteile entstünden. Die Religion kommt, wie der Bielefelder Psychologe →Constantin Klein darlegt, dann ins Spiel, wenn über eine Ideologie der Ungleichwertigkeit eine soziale Dominanzordnung gerechtfertigt werde, die ihr Überlegenheitsgefühl auch aus der Orientierung an einer richtigen und nicht weiter hinterfragbaren Norm beziehe – und das ist Religion. Religionen enthalten also Gewaltpotenzial, weil, so der Bielefelder Soziologe →Wilhelm Heitmeyer, immer auch „Ideologien der Überlegenheit und Ungleichwertigkeit eingebaut sind“. Damit aus einer latenten Gewaltbereitschaft aber ein Klima der Gewalt entsteht, in dem dieses Potenzial manifest wird, komme es auf bestimmte gesellschaftliche Konstellationen an. Gruppenbezogene Menschenfeindlichkeit, die auf dichotomem Denken beruht, sei geeignet, potenzielle Gewalt zu legitimieren.

Nicht Toleranz zeigt hier einen möglichen Ausweg, denn Toleranz bedeutet nach Heitmeyer immer auch „Ungleichwertigkeit der anderen in großherziger

Verkleidung". Unabdingbar sei das Aushandeln von Modalitäten des Miteinanders bei gleichzeitiger voller Anerkennung des anderen als gleichwertigem Partner, um so zu „geregelten Konflikten" zu gelangen. Dass und inwieweit ein solcher Weg erfolgreich sein kann, belegt der in Leipzig und Jerusalem lehrende Historiker →Dan Diner, der zunächst einmal deutlich macht, dass sowohl das Judentum als auch der Islam als Gesetzesreligionen aufgrund der jeweiligen Entstehungsgeschichte religiöse Gebote formuliert haben, die die Grundlage des gesellschaftlichen Miteinanders bildeten. Erst als sich diese Religionen in einer Diasporasituation wiederfanden, ergab sich die Notwendigkeit, die eigenen religiösen Gesetze mit den abweichenden Gesetzen des Gastlandes in Übereinstimmung zu bringen. Während der Islam dabei über wenig Erfahrung verfüge, befinde sich das Judentum seit 2000 Jahren in dieser Diasporasituation und handele nach dem Prinzip, das Gesetz des Gastlandes wie das eigene Gesetz zu achten. Dass dies zeitweilig auch schmerzhafte Eingriffe in eigene Überzeugungen und Gewohnheiten notwendig gemacht habe, legt Diner eindrücklich dar: Als im Zuge der napoleonischen Reformen auch den Juden in Frankreich die volle Staatsbürgerschaft zuerkannt werden sollte, mussten sie sich in Fragen der Eheschließung mit Nichtjuden oder der Loyalität zu Frankreich von alten halachischen Vorschriften trennen.

Dass es bei Gewalt zwischen unterschiedlichen Religionsgruppen weniger um Glaubensfragen, sondern mehr um Gruppenidentitäten ganz im Sinne der von Heitmeyer thematisierten gruppenbezogenen Menschenfeindlichkeit handelt, macht der Beitrag des Psychologen →Sudhir Kakar deutlich. Konflikte zwischen Muslimen und Hindus in Indien entstünden, indem Negativbilder des jeweils anderen zunächst in verbalen Diskriminierungen manifest werden und in einem nächsten Schritt der andere dann nur noch als Stereotyp wahrgenommen werde. Komme es dann noch zu gezielten Provokationen, auch vonseiten gewissenloser Politiker, sei ein Ausbruch physischer Gewalt kaum noch zu vermeiden. Es ist also neben der Religion immer auch die Gesellschaft, und es ist das Dominanzstreben bestimmter gesellschaftlicher Gruppen, das neben einem den Religionen inhärenten Gewaltpotenzial dann letztlich die Gewalt ausbrechen lasse.

Auf einen weiteren Konfliktfaktor macht der Jenaer Religionswissenschaftler →Bertram Schmitz aufmerksam: Nicht nur die Tatsache, dass Religionen in Ausnahmefällen und unter einschränkenden Bedingungen Gewalt gestatten, sei das Problem bei Konflikten zwischen den abrahamitischen Religionen, sondern die Tatsache, dass die aus einer gemeinsamen Wurzel stammenden abrahamitischen Religionen als Offenbarungsreligionen den Anspruch stellten, dass die jeweils jüngere Offenbarung die ältere aufhebe – dass also beispielsweise das Judentum im Christentum und das Christentum einschließlich dem Judentum wiederum im Islam hätten aufgehen müssen, eine Erwartung, die sich nicht erfüllt habe und die die Anhänger der jeweiligen Religion vor große Herausforderungen stellt.

Dass allein die Religionen oder ihre Konfessionen für alles Leid der Welt verantwortlich seien, wird von dem Jenaer Theologen →Martin Leiner relativiert. Bei allem Unglück, das religiöse Auseinandersetzungen über die Menschheit gebracht hätten, seien es letztlich doch die Auseinandersetzungen zwischen den säkularen Nationalstaaten gewesen, die den höchsten Blutzoll gefordert hätten. Stereotypisierungen können also auch die Religionen selbst betreffen, indem sie pauschal für Auseinandersetzungen verantwortlich gemacht werden.

Die Problematisierung der Verhältnisse in Deutschland ließ die theologischen und wissenschaftlichen Überlegungen konkret werden. Auch hier sind Diskriminierungen religiöser Minderheiten alltäglich, wie →Charlotte Knobloch, ehemalige Präsidentin des Zentralrats der Juden in Deutschland, darlegt. Die Brisanz wird deutlich, denn Charlotte Knobloch zeigt aus einer ganz persönlichen Perspektive, was es immer noch heißt, zu einer Bevölkerungsgruppe zu gehören, die beargwöhnt, gelegentlich ausgegrenzt, immer wieder diskriminiert und gelegentlich physisch angegriffen wird. Sie hat schließlich selbst erlebt, wie rasch aus einer latenten gruppenbezogenen Menschenfeindlichkeit blanker Hass und mörderischer Vernichtungswille entstehen kann. Auch hier wird wieder im Zusammenhang mit der in Deutschland vehement und sehr unglücklich geführten Beschneidungsdebatte die Frage nach der Toleranz angesprochen. Im Unterschied zum von Heitmeyer geforderten Ausdiskutieren der verschiedenen Standpunkte flüchtet sich – so die Kritik der Symposiumsteilnehmer – die Politik in die herablassende Großzügigkeit der Toleranz und setze damit kein gutes Zeichen für ein zukünftiges gleichberechtigtes Miteinander.

Einen Weg der kleinen Schritte in Richtung auf ein gleichberechtigtes Miteinander zeigt der ehemalige Präsident des Deutschen Fußballbundes (DFB) und Mitglied im FIFA-Exekutivkomitee →Theo Zwanziger. Gerade als Jurist, bekennender leidenschaftlicher Fußballfan und engagierter Sportfunktionär sieht er im Sport, besonders im Fußball, eine große Chance, vor allem die Jugend gegen jede Form von Rassismus und gruppenbezogene Menschenfeindlichkeit zu immunisieren. Längst laufen auch auf den Rasenflächen in deutschen Stadien kleine und große Sportler aller Hautfarben, jeder Herkunft und Religionszugehörigkeit. Für alle gelten dieselben Regeln, und wer dagegen verstößt, bekommt die rote Karte und fliegt vom Platz. So weit sind bislang weder die Politik noch die Anhänger der hier angesprochenen Religionen.

Religionen haben, da sind sich auch die Theologen einig, ein Gewaltpotenzial oder sind zumindest ein „zweischneidiges Schwert" (unterschiedliche Aspekte bei →Gerard Tlali Lerotholi, →Margot Käßmann, →Omar Hamdan, →Mariano Delgado, →Frederek Musall, →Bertram Schmitz). Während ihr Konflikt- bzw. Gewaltpotenzial einerseits auf den Ursprung von Religion in Zusammenhang mit menschlichem Territorialverhalten (→Ina Wunn) und die psychologischen Mechanismen hinsichtlich der Wahrnehmung des anderen beziehungsweise der Fremdgruppe (→Constantin Klein, →Sudhir Kakar) zurückzuführen sei, verstärkten andererseits gesellschaftliche Faktoren wie das Denken in Dichotomien sowie eine in vielen europäischen Gesellschaften verbreitete gruppenbezogene Menschenfeindlichkeit (→Frederek Musall, →Wilhelm Heitmeyer, → Sudhir Kakar, →Charlotte Knobloch) diesen Effekt und ließen aus latenter Feindlichkeit massive Gewalt werden. Allerdings ist nicht allein die Religion/sind nicht allein die Religionen für die mörderische Gewalt auf dieser Welt verantwortlich (→Martin Leiner). Religionen hätten nicht nur negative Effekte für das menschliche Miteinander; wir verdankten viele positive Entwicklungen, wie z. B. die Menschenrechte, gerade auch den Religionen (→Gerard Tlali Lerotholi, →Margot Käßmann). Zu Recht werden Religionen nicht nur als Konfliktfaktor, sondern im Gegenteil auch als Heilmittel gegen die Übel dieser Welt gesehen (→Reza Ramezani), wobei dann eine mögliche Konfliktlinie zwischen der (Gesetzes-)religion mit ihrem Anspruch auf universelle Gültigkeit und dem Säkularstaat verliefe – ein Szenario, das aus historischer Perspektive von →Dan Diner beschrieben wird.

Religionen sind immer wieder zweischneidig, auch wenn sich Theologen und Vertreter der Religionsgemeinschaften sowohl in ihren schriftlichen Beiträgen als auch auf dem Symposium selbst eindrücklich gegen jede Form von Gewalt ausgesprochen haben. Niemand, der die Lehren seiner Religion ernst nimmt und sich um eine verantwortungsvolle Exegese bemüht, kann heute Gewaltakte religiös legitimieren. Andererseits, so hat das Symposium gezeigt, sind wir von einem klaren Regelwerk des Miteinanders, wie es der Fußball hat, noch weit entfernt.

Immerhin – das Symposium, dessen Ergebnisse hiermit schriftlich vorliegen, hat Türen aufgestoßen. Maßgebliche und hochrangige Repräsentanten der christlichen Kirchen, der Muslime und der Juden haben ebenso miteinander wie mit hochkarätigen Wissenschaftlern diskutiert – und sie haben zu einem großen Publikum gesprochen. So manches Vorurteil konnte ausgeräumt werden, manche stereotype Vorstellung von „den Muslimen" oder „den Juden" erwies sich als nicht haltbar. Ein großes Verdienst kommt in diesem Zusammenhang auch den Medien, allen voran der Mediengruppe Madsack als Mitveranstalter, zu, die dazu beigetragen haben, den Beteiligten eine öffentliche Plattform zu bieten und damit eine bisher vorwiegend akademische Diskussion aus dem unzugänglichen Elfenbeinturm der Wissenschaft heraus in die Mitte unserer Gesellschaft zu holen. Diese Zielsetzung wurde von den Religionsgemeinschaften großzügig unterstützt: der Landesverband der Jüdischen Gemeinden von Niedersachsen, die Schura Niedersachsen, die evangelisch-lutherische Landeskirche Hannovers, das Bistum Hildesheim. Dafür und für die konstruktive Zusammenarbeit bedanken wir uns herzlich. Unseren aufrichtigen Dank möchten wir gegenüber der Deutsche Bank AG, der Sparkasse Hannover, der NORD/LB und der Hannoversche Volksbank genauso zum Ausdruck bringen wie gegenüber den Stiftungen, die uns gefördert haben: Das sind die Stiftung Niedersachsen, die Klosterkammer und die Dr. Buhmann Stiftung für interreligiöse Zusammenarbeit. Der Kunstverein Hannover im Künstlerhaus mit seinem Direktor René Zechlin und seiner Vorstandsvorsitzenden Ellen Lorenz war uns ein engagierter und mehr als aufmerksamer Gastgeber: Auch hierhin geht unser Dankeschön. Nicht zuletzt fühlen wir uns dem Präsidenten der Gottfried Wilhelm Leibniz Universität Hannover, Prof. Dr. Ing. Erich Barke, der das Zustandekommen des Symposiums von Beginn an nach Kräften unterstützt hat, sowie der Philosophischen Fakultät verpflichtet; auch sie seien herzlich bedankt.

Wir bedanken uns vielmals bei Corinna Kastner für das sorgfältige Lektorat und die Umsetzung der vielfältigen Manuskripte.

Hannover, im August 2014

Ina Wunn, Beate Schneider

Vorwort des Niedersächsischen Ministerpräsidenten Stephan Weil

Die Frage nach dem Gewaltpotenzial der Religionen ist ein aktuelles und hochbrisantes Thema, das über Fach-, Kultur- und Landesgrenzen hinweg eine der großen Herausforderungen der Menschheit darstellt. Der Teilnehmerkreis des Symposiums macht deutlich: Eine gerechte und friedliche Zukunft kann nur gemeinsam von allen Menschen und Religionsgemeinschaften mit Respekt und Toleranz gestaltet werden.

Das Bild von Religionen in der Öffentlichkeit ist ambivalent. Einerseits stehen Religionen für ein Friedenspotenzial. Anderseits spielt Religion aber auch bei gewalttätigen Auseinandersetzungen eine nicht unwesentliche Rolle; Religion in Gestalt von Terror und Angst oder sogar als Rechtfertigung für Gewaltanwendungen. Diese Ambivalenz ist in vielen Veröffentlichungen, auf Tagungen und Veranstaltungen problematisiert worden. Forschungsdisziplinen wie die Sozialwissenschaften oder auch die Geschichtswissenschaft fragen nach dem Verhältnis von Religion und Gewalt. Innerhalb der Politikwissenschaft ist sogar ein eigener Bereich entstanden, die Religionspolitologie.

Jährlich am 11. September wird an die zahlreichen Opfer der Anschläge von New York gedacht. Die Bilder des Tages erschüttern noch heute, auch wenn er schon mehr als zwölf Jahre zurückliegt. Seitdem vergeht kaum ein Tag, an dem die Medien nicht von Gewalt, Konflikten oder gar Kriegen berichten, in die die „Religion" in irgendeiner Weise involviert ist. Konkurrierende Wahrheitsansprüche, rivalisierende Glaubensgemeinschaften, fanatische Religionsvertreter: Sie prägten und prägen das Bild, das viele Menschen mit dem Wort „Religion" oder „Religionen" verbinden. Und für viele sind die Religionen dann auch die großen „Brandstifter" der Weltgeschichte, ohne die die Welt erheblich friedlicher wäre. Der Zusammenhang von Religion und Gewalt ist jedoch nicht erst seit dem 11. September 2001 ein Thema. Bereits in der Christlichen Kirchengeschichte ist darüber viel zu lesen: Kreuzzüge, Inquisition und Hexenverbrennungen. Nimmt man dann noch die anderen Religionen hinzu, dann wird deutlich, dass die Zahl von Konflikten beträchtlich ist, in denen Religionen zumindest eine Rolle spielen. Das vorschnelle Urteil, Religion sei der Brandstifter der Weltgeschichte, ist dennoch fehl am Platz. Laut den Ergebnissen der umfassenden Studie der Bertelsmann Stiftung zu den kulturellen Konflikten im globalen Konfliktgeschehen seit 1945 sind bislang die meisten Konflikte in und zwischen Staaten auf politische und ökonomische Gründe zurückzuführen. Betrachtet man danach die Gesamtzahl der erfassten Auseinandersetzungen, haben nur elf Prozent aller Konflikte einen religiösen Hintergrund. Das unterstreicht: Religion hat im Laufe der Geschichte schon immer als Legitimation für Gewalt gedient und ist gegen ihren ureigenen religiösen Auftrag, gegen geltendes Recht oder schlicht gegen Prinzipien allgemeiner Menschlichkeit eingesetzt worden. Dieses gilt besonders für fundamentalistische Ausformungen von Religionen. Diese erschweren für viele den Zugang zur Wahrheit der Religion.

So deutlich man solchem Fundamentalismus entgegentreten muss, so klar muss man auch erkennen, dass religiöser Analphabetismus keine zureichende Antwort auf Fundamentalismus ist. Zureichend ist vielmehr allein eine Antwort, die eine geklärte religiöse Identität mit der Bereitschaft zu Frieden und Toleranz im Verhältnis der Religionen zueinander verbindet. In diesem Kontext muss das große Friedenspotenzial, mit dem die Religionen die Menschheit zu allen Zeiten auch zum Besseren verändert haben, in den Fokus genommen werden: Im Einsatz für Humanität und Menschenrechte, als Friedensvermittler bei Konflikten und Kriegen. Dabei denkt man an große Gestalten der Geschichte, wie beispielsweise an Franz von Assisi oder Mahatma Gandhi und natürlich auch an Jesus von Nazareth, der mit seiner Botschaft von der Nächsten- und Feindesliebe ohne Zweifel die Welt verändert hat.

Hannover, im Februar 2014

Stephan Weil
Niedersächsischer Ministerpräsident

Religion als Ursache von Frieden und Konflikt

Gerard Tlali Lerotholi, OMI

Abstract

Religion ist ein menschliches Phänomen, das von keiner Gesellschaft oder Regierung ignoriert werden kann und mit dem vorsichtig umgegangen werden muss, weil es dazu dienen kann, die Gesellschaft aufzubauen oder zu vernichten, menschliches Leben zu retten oder zu zerstören. Religion hat das Potenzial, in beide Richtungen eingesetzt zu werden, und wurde in beide Richtungen benutzt. Die Geschichte zeigt, dass mit religiöser Praxis oftmals Gewalt einhergeht. Alle großen Religionen sind trotz ihres Anspruchs, auf Frieden gegründet zu sein, und der Behauptung, Frieden zu predigen, mit Gewalt behaftet. Ihre jeweiligen Texte und Rituale stiften nicht nur Beziehungen zwischen ihren Anhängern und Gott, sie begründen auch Haltungen anderen Religionen gegenüber: Sie verpflichten ihre Anhänger zu einer Reihe von Glaubensinhalten und Dogmen, die andere Religionen ausschließen. Dadurch kann es zu religiöser Intoleranz und zu religiösem Extremismus kommen. Nicht Religion an sich ist der Grund für Konflikte, es sind diejenigen, die Religion für ihre eigenen Zwecke instrumentalisieren. Das Streben nach Weltfrieden ist die Aufgabe jedes Einzelnen: Entweder leben wir zusammen in Frieden und Harmonie, oder wir gehen gemeinsam im Streit unter. Aufgrund der Unwissenheit im Bezug auf andere Religionen ist es notwendig, die religiösen Lehren und Praktiken des anderen zu studieren. Von den Gläubigen muss eine bewusste Anstrengung unternommen werden, Liebe und Verständnis zwischen unterschiedlichen Menschen zu fördern. Sie müssen davon absehen, Religion politisch einzusetzen, um Feindschaft und Gewalt anzufachen. Letztlich müssen sie davon Abstand nehmen, ihre eigene Religion als anderen Religionen überlegen, als die einzig wahre oder endgültige zu bezeichnen. Religiöse Konflikte haben eine lange Geschichte. Wir können die Vergangenheit nicht ungeschehen machen, aber wir können die Zukunft gestalten.

1. Was ist Religion?

Bekanntermaßen gibt es keine allgemein anerkannte Definition von Religion, denn der Begriff Religion kann für verschiedene Menschen ganz unterschiedliche Bedeutung haben, und Menschen können völlig unterschiedliche Handlungen im Namen ihrer Religion und als essenziellen Bestandteil ihrer Religion ausführen. Was für den einen Religion ist, kann für den anderen bloßer Aberglaube sein, und was der eine als heilige Handlung vollzieht, ist für den anderen sinnloses Tun, bedeutungsloses Tun oder sogar ein krimineller Akt. Religion ist also ein schwieriges, aber nichtsdestoweniger mächtiges Phänomen, das mit Sorgfalt behandelt und betrachtet werden muss.

Wir sollten daher gar nicht erst versuchen, eine allgemein gültige Definition zu formulieren, denn wir würden unweigerlich scheitern. Wir werden uns stattdessen an die Wurzeln der Weltreligionen begeben und den Begriff zunächst einmal einer etymologischen Betrachtung unterziehen. Der Begriff „Religion" lässt sich auf drei lateinische Worte zurückführen: auf „ligare", binden; auf relegere mit der Bedeutung von wieder auflesen, wieder aufsammeln, bedenken und beachten; und zuletzt auf „religio", Bedenken, Gewissenhaftigkeit, aber auch Bindung. Die etymologische Bedeutung des Begriffs „Religion" macht also deutlich, dass Religion etwas ist, das Menschen aneinander bindet, das Menschen vereint und sie in eine Beziehung zueinander oder aber auch zu etwas bringt. Religion bindet in zweierlei Weise: mit Gott einerseits und mit den Mitgeschöpfen andererseits.

Sie verbindet den Adoranten mit Gott (oder mit der transzendenten Person oder Kraft, an die er glaubt), sie vereint ihn mit Gott und stellt eine Verbindung zu Ihm her. Gleichzeitig bindet Religion ihre Anhänger untereinander und stellt auch hier Bindungen her. Religion ist also immer beides: individuell und auf die Gruppe bezogen, genau wie der Mensch selbst einerseits ein unabhängiges Individuum und andererseits Teil einer des sozialen Miteinanders ist.[1] Keine Religion wurde jemals nur von einem einzelnen Menschen praktiziert, sondern stets von einer Gruppe von Menschen, sei es eine Familie, ein Stamm, eine Ethnie, eine Nation oder eine weltweit verbreitete Gemeinschaft – Letzteres ist der Fall bei den Weltreligionen wie Buddhismus, Christentum, Islam, Baha'i und anderen. Alle die genannten Religionen sind Universalreligionen, deren Gültig-

[1] Vgl. *Joseph Omoregbe*, A Philosophical Look at Religion, Lagos 1993, 1–15.

keitsbereich sich nach dem Willen ihrer Stifter auf die gesamte Menschheit erstreckt. Ihr Erlösungsversprechen gilt für jeden, und nicht etwa nur für ein bestimmtes Volk oder eine Nation, wie ursprünglich das Judentum (für das jüdische Volk) oder der Hinduismus (für die Inder).

2. Die Religion und die Natur des Menschen

Religion ist nicht nur Teil der menschlichen Natur, sie ist geradezu eine Dimension der menschlichen Natur. Deshalb ist Religion so alt wie die Menschheit und wird bestehen bleiben, solange es Menschen auf dieser Welt gibt, genau wie es auch im Laufe der Menschheitsgeschichte niemals eine Zeit gegeben hat, in der Menschen nicht irgendeine Form von Religion praktiziert haben. Daher ist es auch reine Zeitverschwendung zu versuchen, Menschen an der Religionsausübung zu hindern, denn – wie gesagt – Religion gehört zum Menschsein. Alle Versuche, eine Religion auszurotten, führten zum Martyrium ihrer Anhänger und anschließend – gerade aufgrund des über den Tod hinausgehenden Zeugnisses ihrer Anhänger – zu einer noch stärkeren Ausbreitung der verfolgten Religion. Auguste Comte, herausragender französischer Geschichtsphilosoph des 18. und frühen 19. Jahrhunderts und Begründer des Positivismus, glaubte (in seinen frühen Schriften) voraussagen zu können, dass sich Religion in den kommenden Jahrzehnten überlebt haben und einem wissenschaftlichen Weltbild Platz machen würde, aber die Geschichte hat ihn widerlegt.

Religion hat – in unterschiedlicher Form – überlebt, und zwar zusammen mit dem Siegeszug moderner Ingenieurs- und Naturwissenschaften. Karl Marx, der die Ausbeutung und das daraus resultierende Elend der Massen im kapitalistischen System als Ursache der Religiosität auszumachen können glaubte, sagte den Untergang des Kapitalismus und, mit ihm, der Religion voraus.[2] Auch hier hat die Geschichte anders entschieden, denn sowohl der Kapitalismus als auch die Religion existieren weiter; mehr noch, sie blühen und gedeihen mehr als hundert Jahre nach Marx.

Religion allerdings ist das bei Weitem ältere Phänomen, denn es ist – wie bereits gesagt – ungleich dem Kapitalismus Teil der menschlichen Natur und so alt wie die Menschheitsgeschichte. Selbst die ursprünglichsten und landläufig oft

[2] Vgl. *L. P. Paradat*, Political Ideology, Upper Saddle River, 2000, 159–182.

als „primitiv“ beschriebenen Gesellschaften (heute: Gesellschaften mit aneignender Wirtschaftsform), für die Kapitalismus ein ebenso sinnloser wie unbekannter Begriff ist, praktizierten und praktizieren Religion in der einen oder anderen Weise. Und ungleich der Voraussage Auguste Comtes, dass Wissenschaft und Technologie Religion überflüssig machen würden, erfreuen sich Religionen gerade in den hochtechnisierten Gesellschaften unserer Zeit regen Zulaufs. Die Menschheitsgeschichte und unsere eigenen Erfahrungen lehren uns also, dass Religion/en bisher ihre Verfolger stets überlebt hat/haben. Religionsgegner unterschiedlichster Couleur kommen und gehen, aber die Religion besteht weiter, weil sie über bloße Menschenmacht oder die Macht irgendeiner Regierung hinausgeht – weil sie etwas anderes ist, das über irdische Macht hinausweist. Das imperiale Rom wollte das Christentum auslöschen, scheiterte und ging unter. Die UdSSR bekämpfte die Religion und zerbrach – das orthodoxe Christentum ging ungeschwächt aus den hundert Jahren der Unterdrückung hervor. Um es kurz zu machen: Es ist unmöglich, Religion in irgendeiner Gesellschaft auszulöschen, und zwar deshalb, weil Religion ein Teil der menschlichen Natur ist – wir erwähnten dies bereits wiederholt! – und weil sie auf einer Macht beruht, die Menschenmacht übersteigt. Solange es Menschen geben wird, wird es auch Religion geben – die Existenz einer religionslosen Gesellschaft ist schlicht ein Ding der Unmöglichkeit. Genauso unmöglich ist es, Menschen davon abhalten zu wollen, ihre Religion zu praktizieren; sie würden eher sterben. Das ist der Grund, warum es immer wieder Märtyrer gibt und geben wird; ein Phänomen, dem daher mit Sorgfalt und Weisheit zu begegnen ist und nicht mit der Demonstration von Macht und (staatlicher) Autorität! Religion ist wie ein zweischneidiges Schwert.

Religion ist ein mächtiges und gleichermaßen heikles Phänomen innerhalb der menschlichen Gesellschaft; ein Phänomen, das zu ignorieren sich keine Gesellschaft und keine Regierung leisten kann, mit dem sorgfältig umzugehen ist, denn: Religion kann Gesellschaften aufbauen oder zerstören, kann Menschenleben retten oder vernichten. Religion hat das Potenzial zu beidem, und tatsächlich wurde sie für beides eingesetzt. Religion ist ein zweischneidiges Schwert mit durchschlagender und möglicherweise fataler Wirkung, denn dieses Schwert kann sowohl im Dienste des Guten wie auch des Bösen eingesetzt werden. Und tatsächlich wurde es, das Schwert der Religion, auch im Laufe der menschlichen Geschichte sowohl in der einen wie auch in der anderen Weise eingesetzt, wie wir zeigen werden: Die gute Religion dient den Menschen.

Religion hat überall auf der Welt herausragende Menschen und große Heilige hervorgebracht, indem sie das Leben der Menschen verändert und die Furcht vor Gott und moralische Prinzipien in ihnen erweckt hat: Es ist die Religion, die Menschen zu gesetzestreuen Bürgern ihrer Länder macht. Es ist die Religion, die Menschen selbstlos zum Wohle ihrer Nächsten handeln lässt; religiöse Menschen sind bereit, anderen Gutes zu tun, wie es Mutter Theresa in Kalkutta vorgelebt hat. Überall auf dieser Welt, besonders aber in den Entwicklungsländern, wird man Menschen finden, die ihr ganzes Leben damit zubringen, selbstlos unter den Armen zu arbeiten, sich um die Behinderten zu kümmern, den benachteiligten Mitgliedern der Gesellschaft zur Seite zu stehen, um ihr Leben ein klein wenig zu erhellen und zu erleichtern. Genau das war es, was Mutter Theresa ihr Leben lang in Kalkutta tat und worin ihr Tausende von gläubigen Menschen dieser Welt folgen. Es sind die Religionsgemeinschaften, die weltweit für Ausbildung und Erziehung, für die Gesundheitsversorgung und soziale Dienste sorgen: Es gibt von den Religionsgemeinschaften unterhaltene Schulen, Krankenhäuser, Waisenhäuser, Heime für Behinderte, Sozialstationen. Darüber hinaus gibt es Hilfe und Beratung in Konfliktsituationen und existenzbedrohenden Lebenslagen, wenn Menschen verzweifeln und keinen Ausweg aus ihrer Situation sehen – es sei denn Suizid. Auch hier helfen religiöse Gemeinschaften mit Rat, Tat und vor allem schrankenloser Zuwendung. Ein Mensch kann in den Augen seiner Mitmenschen arm sein; arm an materiellen Gütern, aber reich in den Augen Gottes. Wenn ein Mensch sein Leben verfehlt und sinnlos findet und daran verzweifelt, kann die Religion ihm helfen, den wahren Wert seines Lebens zu finden und mit ihm einen neuen Lebenssinn. Es ist die Religion, die den Verzweifelten Rat erteilt, den Kranken Hilfe und Heilung bringt, den Einsamen die Geborgenheit in einer Gemeinschaft. Religion tröstet die Trauernden, die den Verlust eines geliebten Menschen zu beklagen haben, indem sie ihm versichern, dass der Verstorbene nicht ewig verloren ist, sondern nur sein irdisches endliches Leben gegen ein ewiges Leben in der spirituellen Welt eingetauscht hat.[3] Die hier aufgeführten Dienste der Nächstenliebe, die Religionsgemeinschaften ihren Mitmenschen anbieten, helfen der Gesellschaft, indem sie dem menschlichen Leben eine tiefere Bedeutung geben, schlimme Erfahrungen weniger schmerzhaft erscheinen lassen und die Gesellschaft Schritt für Schritt ein wenig besser und das Leben in ihr ein wenig lebenswerter für alle machen.

---

[3] Vgl. *Peter Connelly* (Ed.) Approaches to the Study of Religion, London 1999, 105–127.

Es ist nicht zu leugnen, dass es die Religion war, die enorm zum Weltfrieden beigetragen hat, die friedliche Koexistenz der Völker fordert, die soziale Gesellschaften aufbaut, den zivilisatorischen Fortschritt fördert und die zuletzt Initiatorin und Grund für die Errichtung architektonischer Meisterwerke ist: Im Namen der Religion wurden wundervolle Bauwerke errichtet, die noch heutigen Generationen Bewunderung abnötigen. Dadurch dass Religion Nächstenliebe, ethisches Verhalten und Gottesfurcht von ihren Anhängern einfordert, hat sie zum Weltfrieden und der friedlichen Koexistenz der Völker beigetragen. Auch wird niemand leugnen, dass in der westlichen Welt die Religion Vorreiter in Sachen Bildung war: Während der dunklen Jahrhunderte, in denen Aberglaube und Ignoranz herrschten, wurde das Christentum zum Hort von Wissen und Bildung. Mönche und Priester waren die Gelehrten ihrer Zeit, die das Licht der Bildung inmitten des Dunkels der Unwissenheit leuchten ließen, und sie waren es, die den entscheidenden Beitrag zur Entwicklung westlicher Philosophie und Wissenschaft lieferten (Beispielhaft seien hier die Namen Thomas von Aquin, Albertus Magnus, Roger Bacon, Kopernikus und Gregor Mendel genannt). Mit Kopernikus hat im 17. Jahrhundert ein christlicher Mönch für eine Revolution der Astronomie gesorgt (die sogenannte kopernikanische Wende!), indem er das bis dahin anerkannte geozentrische ptolemäische Weltbild falsifizierte und mit seinem die Weltsicht verändernden Werk *De Revolutionibus Orbis Celestium* durch ein heliozentrisches Weltbild ersetzte. Es war gleichfalls ein christlicher Mönch, Gregor Mendel, der als Erster eines der drängendsten Rätsel der Biologie lösen konnte, nämlich wie sich Eigenschaften der Elterngeneration auf die Kindgeneration vererben, und der damit die Grundlagen zur modernen Genetik legte. Bevor noch die ersten Universitäten in Europa entstanden, waren die Klöster die Zentren der Gelehrsamkeit und Orte der Wissensvermittlung, und die ersten europäischen Universitäten überhaupt, die Universitäten von Bologna, von Neapel, Paris, Oxford und Cambridge, Salamanca usw. waren christliche Einrichtungen. Als solche wurden sie die großen europäischen Zentren von Forschung und Lehre, und sie sind es bis heute. Nach dem Gesagten dürfte kaum zu bestreiten sein, dass die westliche Welt ihre Kultur und Zivilisation allein dem Christentum verdankt.[4] In Europa blieb nichts beim Alten, nachdem man das Christentum übernommen hatte: Das Christentum veränderte die alte europäi-

[4] Vgl. *Jean-Pierre Lonchamp*, Science and Belief, London 1992, 93–118.

sche Kultur im positiven Sinne und wurde zum Motor des Aufstiegs seiner Völker.

Damit steht das Christentum jedoch nicht allein; dasselbe gilt für Indien, für China oder auch die arabische Welt. Der Hinduismus hat in Indien jeden Lebensbereich transformiert und Indien zu der großen Nation gemacht, die sie heute ist. Der Hinduismus umfasst nicht nur die Religion, sondern auch die Philosophie und die Kultur der Inder, von denen 80 Prozent diese Religion bis heute praktizieren. Mahatma Gandhi, der große indische Heilige und ein Held unseres Zeitalters, weltweit bewundert und bis heute großes Vorbild, war ein typisches „Produkt" seiner Religion, des Hinduismus. Er war der Mann, der „ahimsa" (das Gebot absoluter und umfassender Gewaltlosigkeit gegen alle, alles und jeden) nicht nur selbst praktizierte und zu seinem persönlichen Lebensmotto machte, sondern zum Prinzip politischen Handelns erhob und sein Leben lang befolgte.

China, einer der größten Staaten des gegenwärtigen Zeitalters, verdankt seine Größe, seine Philosophie und seine Kultur den prägenden Religionen Taoismus und Konfuzianismus. Chinas Treue zur eigenen Kultur und zu seinen Traditionen, seine Weigerung, westliche Lebensart unkritisch zu kopieren, geht auf Konfuzius (551 v. Chr. bis 479 v. Chr.) zurück, den großen Sittenlehrer und Verehrer der Weisheit der Alten, der sich die Verbindung sittlichen Wesens mit der allumfassenden (kosmischen) Ordnung zur Aufgabe gemacht hatte. Die Chinesen blieben den Lehren ihres großen Meisters bis heute treu, und genau dies ist die Quelle ihrer heutigen Größe.

Auch die arabische Welt blieb nicht dieselbe, nachdem der Islam dort Fuß gefasst hatte. Der Beitrag des Islam zur Entwicklung der arabischen Welt ist nicht zu leugnen und vor allem in den Bereichen der Mathematik, Philosophie, Naturwissenschaften und Medizin ohne Beispiel; eine Entwicklung, von der letztlich auch die westliche Welt ungemein profitierte.

Allein die Tatsache, dass auch in der westlichen Welt die römischen Ziffern und damit das lateinische Rechnen durch die arabischen Ziffern abgelöst wurden und damit die Dezimalrechnung und die gesamte Mathematik ermöglicht wurden, ist beredter Beleg für den Beitrag muslimischer Kultur zur heutigen Weltkultur. Darüber hinaus kann der sorgfältige Leser der Werke des Thomas von Aquin (1225 bis 1274), des vielleicht größten der westlichen mittelalterlichen Philosophen, leicht feststellen, in welchem Maße dieser große Gelehrte seine Erkenntnisse islamischen Vorgängern verdankte, darunter vor allem Ibn Arabi (Averroes; 1165 bis 1240) und Ibn Sina (Avicenna; 980 bis 1037), die er regelmäßig zitiert. Es waren Gelehrte der muslimischen Welt, durch die der Westen in Kontakt mit der verloren geglaubten griechischen Philosophie und Wissenschaft kam. Die Muslime waren die Ersten, die griechische Philosophie, Mathematik, Naturwissenschaften, Astronomie, Medizin und Optik studierten; über die islamische Welt gelangten sie ins christliche Abendland, wurden ins Lateinische übersetzt und kommentiert und auf diese Weise für westliche Gelehrte zugänglich gemacht. Tatsächlich dominierten muslimische Gelehrte die Wissenschaften vom 8. bis zum 12. Jahrhundert unangefochten. So war Ibn Yunus (ca. 950 bis 1009) ein herausragender Astronom, dessen Erkenntnisse seiner Zeit weit voraus waren. Avicennas Werk stellt dagegen einen Meilenstein vor allem der Medizin dar, das bis über das 17. Jahrhundert hinaus unübertroffen blieb.[5]

3. Die Ursachen religiöser Konflikte

Religion, die den Menschen unzweifelhaft viel Gutes gebracht hat, wurde unglücklicherweise auch missbraucht, um den Menschen Böses zuzufügen. Wie oben ausgeführt, ist Religion eben ein zweischneidiges Schwert, das im guten wie im bösen Sinne eingesetzt werden kann; Letzteres durch Bigotterie, Intoleranz, Extremismus, Fundamentalismus, Machtbesessenheit, Geldgier und Habsucht, und das alles im Namen der Religion.[6]

Bigotterie: Das *Cambridge Advanced Learner's Dictionary* definiert einen bigotten Menschen als „eine Person, die starke unangemessene Überzeugungen hat und der Ansicht ist, dass jeder irrt, der ihre Überzeugungen nicht teilt“. Unglücklicherweise gibt es viele solcher Menschen nicht nur bei uns, sondern in allen Religionen. Diese Menschen bestehen darauf, dass ausschließlich ihre Religion die richtige sei und dass alle Menschen, die etwas anderes glauben oder eine andere Religion praktizieren, falsch liegen. Demzufolge verdammen sie andere Religionen und sind der festen Überzeugung, nur sie selbst könnten sich berechtigte Hoffnungen auf das Heil und die Erlösung machen, während auf alle anderen das Höllenfeuer warte. Eine solche Auffassung ist die Wurzel allen

---

[5] Vgl. *Joseph Omoregbe*, Fundamental Issues in the Philosophy of Science, Saarbrücken 2011, 12.

[6] Vgl. *Joseph Omoregbe,* An Introduction to the Academic Study of Religion, Saarbrücken 2011, 1–8.

Übels und die Ursache für manchen religiösen Konflikt. Es ist tragisch, dass sich in allen Religionen diese Form von Bigotterie finden lässt.

Zwangsbekehrung: Der Versuch, andere Menschen durch Gewaltanwendung oder Drohungen zur eigenen Religion bekehren zu wollen, ist eine weitere Ursache religiöser Konflikte. Entsprechende Aktivitäten lassen sich im Allgemeinen auf politische Ambitionen zurückführen mit dem Ziel, Menschen mit Hilfe der Religion gewaltsam der eigenen Autorität zu unterstellen. In diesem Zusammenhang ist es nicht immer leicht, zwischen wohlmeinender Bekehrung, Kolonisierung und politisch-ökonomischer Ausbeutung zu unterscheiden!

Intoleranz: Tolerieren bedeutet, die abweichenden Auffassungen und Ansichten anderer Menschen zu respektieren; hinsichtlich der Religion bedeutet es, auch dem anderen die Ausübung seiner Religion und das freimütige öffentliche Bekenntnis zu seinen Überzeugungen frei von Behinderungen zu ermöglichen. Unglücklicherweise ist die Geschichte reichlich versehen mit religiös motivierten Konflikten, religiöser Diskriminierung und religiöser Verfolgung, die alle auf die Intoleranz politischer Institutionen und Herrscher zurückgehen.

Fundamentalismus: In theologischer Hinsicht ist Fundamentalismus die wörtliche Auslegung der heiligen Schriften einer Religion, eine Wort-für-Wort-Interpretation, die in vielen Fällen zu Zwist und Spaltung selbst innerhalb ein und derselben Religion führt.

Extremismus und Fanatismus: Religiöser Extremismus führt zwangsläufig zu Konflikten. Religiöse Extremisten sind üblicherweise Fundamentalisten und Fanatiker, die die wörtliche Auslegung der heiligen Texte ins Extrem treiben. Der heutige Konflikt zwischen Hindus und Muslimen in Indien, der christlich-islamische Konflikt im Rahmen der Kreuzzüge während des Mittelalters, der Konflikt zwischen Katholiken und Protestanten im Zeitalter der Reformation, der in einem Blutbad endete, der heutige Konflikt zwischen Sunniten und Shiiten im Irak sind die hässlichen Resultate der oben genannten religiös motivierten Verirrungen.

Daher sollten, obwohl alle Religionen ihren Beitrag zum Erhalt des Friedens in dieser Welt leisten, zwei Religionen besondere Erwähnung finden – die Bahai-Religion und der Sikhismus. Gerade die Bahai-Religion sieht ihre Bestimmung darin, Frieden zu bringen. Unmittelbar nachdem Baha'ullah (1817 bis 1892), die zweite große prophetische Persönlichkeit der Bahai, sein Berufungserlebnis hatte, schickte er Sendschreiben an die großen Machthaber seiner Zeit, um Frieden einzufordern. Die Religion der Bahai verbietet ihren Anhängern politisches Engagement, da die Politik nur allzu oft den Frieden gefährdet; einen Frieden, der das Ziel jeder Religion sein sollte.[7] Der Sikhismus ist dagegen eine Religion, die Hinduismus und Islam miteinander versöhnen soll. Als der Sikhismus gestiftet wurde, lagen Hinduismus und Islam in Indien in ständigem Streit. Der Religionsstifter, Guru Nanak Dev (1469 bis 1539 n. Chr.), versuchte, die beiden Religionen miteinander zu versöhnen, indem er über die beiden Religionen eigene Mystik (Sufismus und Bhakti) die Einheit Gottes jenseits der vielfältigen religiösen Formen betonte.[8]

4. Fazit

Religion, so konnten wir feststellen, ist Teil der menschlichen Natur, eine Dimension des Menschseins. Teil der menschlichen Natur sind jedoch auch sein Wunsch nach Frieden einerseits, seine Neigung zu Gewalt zur Durchsetzung eigener Interessen andererseits. Philosophen haben beide Veranlagungen intensiven Analysen und Erörterungen unterzogen und haben die menschliche Natur entweder als aggressiv oder als unschuldig, als gut und friedfertig charakterisiert. Der Heilige Augustinus (354 bis 430 n. Chr.) bezeichnet den Menschen als sündig in Folge des biblischen Sündenfalls, und das heißt: Der Mensch ist schwach, undiszipliniert und von Natur aus aggressiv. So wie der Sündenfall den Ungehorsam des ersten Menschen begründete, rebellieren auch die Nachfahren des ersten Menschen gegen Gottes Gebote. Das ist der Grund, warum Menschen eine Obrigkeit brauchen, warum Gesetze erlassen und ihre Einhaltung erzwungen werden muss – damit nämlich die niederen Eigenschaften des Menschen unter Kontrolle gehalten werden können. So kam es laut Augustinus zum Staatenwesen mit Regierung, Gesetzen und staatlicher Gewalt. Mehr als ein Jahrtausend später zeichnete der britische Philosoph Thomas Hobbes (1588 bis 1679 n. Chr.) ein ganz ähnliches Bild des Menschen: Von Natur aus, so Hobbes, sei der Mensch selbstsüchtig und aggressiv und zeige sich stets bereit, mit seinen Mitmenschen in Streit zu geraten; so sei das menschliche Miteinander gewesen, bevor es irgendeine Form sozialer Organisation (Staaten) gegeben habe. Die menschliche Aggressivität und Selbstsucht habe zu Chaos, allgemeiner Unsi-

[7] Vgl. *Joseph Omoregbe*, Religions of the World in Dialogue with Christianity, Saarbrücken 2010, 174–189.

[8] Vgl. *Omoregbe*, Religions (Anm. 7), 191–207.

cherheit und ständiger Gewalt geführt – dies sei die natürliche Verfasstheit des Menschen. Daraus resultiere die Notwendigkeit sozialer Organisation mit Staatenbildung einschließlich der Obrigkeit, um nämlich Ordnung zu ermöglichen, indem die aggressiven Elemente der Gesellschaft bestraft würden.

Ganz anders der Schweizer Philosoph Jean-Jacques Rousseau (1712 bis 1778 n. Chr.) in Westeuropa und Konfuzius in China, die beide der Auffassung waren, dass der Mensch von Natur aus gut, unschuldig und friedliebend sei. Im Gegenteil machte Rousseau die Gesellschaft dafür verantwortlich, dass sich der Mensch vom friedliebenden zu einem aggressiven Wesen gewandelt habe. Es sei die Gesellschaft, die den Menschen korrumpiere. Auch nach Konfuzius ist die menschliche Natur gut, er hat gute Anlagen. Allerdings bedarf er einer angemessenen Umgebung in Form einer moralischen Gesellschaft, um diese Anlagen entfalten zu können. Aristoteles dagegen sah sowohl die positiven wie auch die negativen Eigenschaften im Menschen angelegt. Es komme nun darauf an, welche Anlagen entwickelt würden, bis sich daraus Eigenschaften entwickelt hätten, die dann kaum mehr zu verändern seien. Demnach sei ein friedliebender Mensch derjenige, der immer wieder Akte des Friedens ausgeübt habe und dem Handeln im Dienst des Friedens zur Gewohnheit geworden sei. Ein solcher Mensch wird auch Religion immer im Hinblick auf ihre friedensstiftenden Aspekte nutzen. Ein selbstsüchtiger und zur Gewalt neigender Mensch hat dagegen durch eine Vielzahl von selbstsüchtigen und aggressiven Taten einen entsprechend selbstsüchtigen und bösartigen Charakter ausgebildet und wird dementsprechend auch Religion in diesem Sinne einsetzen. Dies heißt aber, dass, solange Menschen auf dieser Welt sind, immer auch einige ihre Religion instrumentalisieren werden, um ihre eigenen selbstsüchtigen Interessen mit Gewalt durchzusetzen. Gerade weil Menschen so sind, wie sie sind, und weil sie Religion für ihre Ziele instrumentalisieren, müssen die Menschen aktiv an ihren Tugenden arbeiten, und zwar in Richtung intellektueller Offenheit, Toleranz, gegenseitigem Respekt und Friedfertigkeit.

Es ist nicht die Religion an sich, die die Ursache für Konflikte ist, sondern es sind diejenigen, die Konflikte auslösen durch Intoleranz, Bigotterie, Extremismus, Fundamentalismus, Fanatismus, politischen Ehrgeiz, Herrschsucht und durch einen Mangel an Achtung vor dem Nächsten usw. Diese negativen Eigenschaften müssen ausradiert werden, und zwar vor allem unter den Anhängern der jeweiligen Religionen, bevor wir wirklich unser Ziel eines weltumspannenden Friedens erreichen.

Ich will am Beispiel eines chemischen Elements, dem Uran, zeigen, was ich meine. Im Uran stecken unglaubliche Kräfte. Diese Kräfte können friedlich genutzt werden, um über eine gesicherte Energieversorgung die Industrialisierung einer ganzen Nation voranzutreiben und damit den Wohlstand eines jeden zu sichern. Aber dieselben Kräfte können auch genutzt werden, um mit einer tödlichen Waffe Leben zu vernichten. Iran nimmt seit einigen Jahren das Recht für sich in Anspruch, Uran für friedliche Zwecke anzureichern und entsprechende Technologien zu entwickeln, aber die westliche Welt bezweifelt diese Darstellung und ist vielmehr der Ansicht, Iran arbeite an der Atomwaffe. Der Westen tut alles, um die weitere Entwicklung atomarer Technik in Iran aufzuhalten, einschließlich des Verhängens strikter Wirtschaftssanktionen.

Genauso wie das chemische Element Uran ist auch Religion. Sie hat die innere Dynamik, die Kraft, die in beiderlei Richtung eingesetzt werden kann: zur Wohlfahrt des Menschen im Guten, zur Gewalt bis zur Massenvernichtung von Menschenleben im Schlechten.

Es liegt am Menschen selbst, wie er die ungeheure Kraft der Religion einsetzt.

Reformation und Toleranz

Margot Käßmann

Abstract

Reformation und Toleranz – ist das nicht eine völlig unpassende Kombination? Die Geschichte der Reformation und Gegenreformation ist doch eine Geschichte der Intoleranz, die an den unversöhnlichen Haltungen der Akteure zu Glaubensfragen, an Konfessionskriegen und an dem Verhältnis zu anderen Religionen ablesbar wird. Sie wirkt bis in unsere Tage fort, zum Beispiel in der Frage, ob die 500-jährige Wiederkehr der Veröffentlichung der 95 Thesen in Wittenberg 1517 ökumenisch gefeiert werden kann, und im blutigen Nordirlandkonflikt des 20. Jahrhunderts. Schon früh lässt sich jedoch auch eine reformatorische Lerngeschichte der Toleranz erkennen. Auf der theologischen Basis der Glaubens- und Gewissensfreiheit des Einzelnen wurde im Verhältnis zu anderen Konfessionen und Religionen immer wieder um Toleranz gerungen und Toleranz gelebt. Wenn Toleranz nicht bedeuten soll, das Trennende aufzuheben, sondern Differenzen auszuhalten, muss um die Grenzen der Toleranz auch heute immer wieder neu und mit Respekt vor der Position des anderen gerungen werden. Die aktuelle Herausforderung des Zusammenlebens der Konfessionen, Kirchen und Religionen in Toleranz und Respekt zeigt sich vor diesem Hintergrund als historisches Erbe der Reformationszeit.

Reformation und Toleranz – ist das nicht eine völlig unpassende Kombination? Die ganze Geschichte von Reformation und Gegenreformation steht doch geradezu für Intoleranz. Das beginnt bereits mit dem Wettern Luthers gegen die „Papisten“, gegen den „Antichristen“, den er in Rom sieht, und der Erklärung durch Rom, er sei ein Ketzer. Das hat Auswirkungen bis in unsere Tage, wenn sich etwa die Frage stellt, ob die 500-jährige Wiederkehr der Veröffentlichung der 95 Thesen in Wittenberg 1517 ökumenisch gefeiert werden kann.

Die Geschichte der Intoleranz wurde fortgeführt mit der Spaltung der reformatorischen Bewegung in ihre reformierte und ihre lutherische Variante, mit der Abkehr Thomas Müntzers (um 1489 bis 1525) von Luther und der gegenseitigen Verachtung, die beide Männer entwickelten, und auch mit der Trennung der sogenannten „Schwärmer" bzw. Täufer von der Reformation des Mainstream. Mit Reformation und Gegenreformation begann eine grausame Geschichte der Intoleranz, in der Konfessionskriege im Namen der konfessionellen Wahrheit vom Dreißigjährigen Krieg über die Bartholomäusnacht mit der Ermordung Tausender von Hugenotten bis hin zum blutigen Nordirlandkonflikt des 20. Jahrhunderts ausgefochten wurden. Aber es wurde auch eine Geschichte der Intoleranz fortgeführt, in der Christen nicht für Menschen jüdischen oder muslimischen Glaubens eintraten. Gewalt, Vertreibung, Flucht und Auswanderung waren die Folge religiöser Intoleranz in Europa, auch wenn ihre Motive immer wieder mit machtpolitischen Interessen verquickt waren. Die Herausforderung des Zusammenlebens der Konfessionen, Kirchen und Religionen in Toleranz und Respekt ist ein historisches Erbe der Reformationszeit. Das gilt im Zeitalter der Säkularisierung auch für das Zusammenleben von Menschen mit und ohne Religion.

Es ist gut, dass die Evangelische Kirche in Deutschland in der Lutherdekade, mit der sie sich auf das 500-jährige Reformationsjubiläum 2017 vorbereitet, im Jahr 2013 bei aller Freude über die Errungenschaften auch die Schattenseiten der Reformation in den Mittelpunkt rückt.[1]

1. Intoleranz der Reformation

Lassen Sie mich im Folgenden drei Themenkreise kurz andeuten, in denen die Reformation definitiv intolerant war.

Glaubensfragen: Mit Blick auf Glaubensfragen war die Reformation ebenso intolerant wie die anderen Beteiligten der religiösen Auseinandersetzungen des 16. Jahrhunderts. Als Martin Luther 1517 seine Thesen veröffentlichte, ging es ihm zunächst primär um eine Auseinandersetzung mit der Praxis von Ablasshandel. Im Laufe der so ausgelösten Diskussion wurde ihm deutlich: Ablass insgesamt, ob gegen Geld oder nicht, ist mit den Überzeugungen, die Luther aus der

[1] Vgl. auch das EKD Magazin Schatten der Reformation. Der lange Weg zur Toleranz, Hannover 2012.

Bibel abgeleitet hat, nicht vereinbar. Niemand kann sich vor Gott Freiheit von Sünde und Verfehlung erkaufen. Und die Kirche kann nicht darüber entscheiden, ob ich von Gott angenommen bin. Nein, „der Gerechte wird aus Glauben leben" (Röm 1,17), die Gnade Gottes allein, sola gratia, ist entscheidend und dem korrespondierend allein der Glaube, sola fide. Kriterium der Beurteilung ist für Luther nicht Dogma oder spirituelle Erfahrung, sondern allein die Bibel, sola scriptura. Die Mitte der Schrift aber ist Christus, und an ihm entscheidet sich daher alles, solus christus.

Auf dieser Grundlage kritisierte Luther seine eigene Kirche scharf; bald nicht mehr nur mit Blick auf den Ablass, sondern auch mit Blick auf das Papsttum, auf das theologische Verständnis der Messe und die Art ihrer Feier und auch hinsichtlich der Missstände des Priestertums. Das Wort der Bibel als Maßstab ist für ihn entscheidend. Und das macht es für ihn unmöglich, in irgendeinem Sinne tolerant zu sein gegenüber Entscheidungen in Rom, sie gar gegen sein eigenes Gewissen zu akzeptieren.

Die Leitungsinstanzen seiner Kirche wiederum konnten nicht tolerieren, dass einer ihrer Priester, ja ein Professor der Theologie, ihr Verständnis von Kirche, Amt und Abendmahl derartig radikal von der Schrift her in Frage stellte. Hätte sie das akzeptiert, wäre eine radikale Veränderung unausweichlich gewesen.

Nachdem sich in der Schweiz eine eigenständige reformatorische Bewegung – insbesondere geprägt durch Ulrich Zwingli – entwickelt hatte, bemühten sich Reformierte und Lutheraner, ihre Differenzen beizulegen. Beim Marburger Religionsgespräch 1529 gelang das allein in der Abendmahlsfrage nicht, und es kam zu einer langfristigen Spaltung der Reformation in ihren reformierten und ihren lutherischen Zweig.

Die theologischen Auseinandersetzungen waren zum Teil auch von nichttheologischen Faktoren bestimmt. Etwa von der Zuwendung der Fürsten bzw. vom Schutz durch sie oder aufgrund der Angst vor politischen Aktionen. Aber auch rein menschliche Faktoren spielten eine Rolle. Die Hinrichtung Müntzers nach der Schlacht von Mühlhausen am 27. Mai 1525 ist trauriger Abschluss eines nicht gelungenen Versuchs einer Verständigung. Auch der Theologe Michael Servet wurde am 27. Oktober 1553 grausam hingerichtet. Johannes Calvin schützte ihn nicht, weil Servet gegen die Kindertaufe plädierte und die Lehre von der Trinität Gottes in Frage stellte.[2] Uwe Birnstein schreibt: „Calvin, der sonst

---

2 Vgl. *Uwe Birnstein*, Toleranz und Scheiterhaufen: Das Leben des Michael Servet, Göttingen 2012.

als Seelsorger einen guten Ruf hat, überlässt den verzweifelten Servet trost- und vergebungslos seinem Schicksal.“[3]

1.1 Gewalt bzw. Krieg und Frieden

Glaubensfragen auch mit Mitteln der Gewalt auszufechten schien den Reformatoren wie ihren Gegenspielern nicht nur im 16. Jahrhundert völlig legitim. Zeigte Luther beispielsweise zunächst noch Verständnis für die Lage der Bauern, so schrieb er 1525 in seiner Schrift *Wider die räuberischen und mörderischen Rotten der Bauern*:[4] „So sol die Obrigkeit hier getrost fortfahren und mit gutem Gewissen dreinschlagen, solange sie einen Arm regen kann. Denn hier ist der Vorteil, daß die Bauern böse Gewissen und unrechte Ursachen haben… Aber die Obrigkeit hat ein gutes Gewissen und rechte Ursachen und kann zu Gott mit aller Sicherheit des Herzens so sagen: Sie, mein Gott, du hast mich zum Fürsten oder Herrn gesetzt, daran ich nicht zweifeln kann, und hast mir das Schwert über die Übeltäter befohlen, Röm 13,4. Es ist dein Wort und kann nicht lügen…“.[5] Eine politische Auseinandersetzung auf demokratische Weise zu führen, schien in jener Zeit ganz offensichtlich unvorstellbar.

Im Augsburger Bekenntnis 1530 wurde festgehalten, dass „Christen ohne Sünde in Obrigkeit, Fürsten – und Richteramt [tätig] sein können, nach kaiserlichen und anderen geltenden Rechten Urteile und Recht sprechen, Übeltäter mit dem Schwert bestrafen, rechtmäßig Krieg führen (iure bellare)…“.[6] Und so spielten konfessionelle Gegensätze in den folgenden Kriegen, insbesondere im 30-jährigen von 1618 bis 1648, bei allen anderen Faktoren auch eine gewichtige Rolle.

[3] Vgl. *Birnstein*, Toleranz (Anm. 2), 83.
[4] *Martin Luther*, Wider die räuberischen und mörderischen Rotten der Bauern, in: Luther Deutsch, hg. v. Kurt Aland, Band VII, Göttingen [3]1983, 191ff.
[5] *Luther*, Bauern (Anm. 4), 195.
[6] Das Augsburger Bekenntnis, in: Unser Glaube. Die Bekenntnisschriften der evangelisch-lutherischen Kirche, Gütersloh [4]2000, 53ff. und 71.

1.2 Andere Religionen

Auch für das Zusammenleben der Religionen, eine der großen Herausforderungen unserer Zeit, hatte die Reformation Folgen. Luthers Schriften gegen die Juden haben dem Luthertum von Anfang an einen Antijudaismus mit auf den Weg gegeben, der seinen entsetzlichen Höhepunkt im Versagen während der Zeit des Nationalsozialismus fand.

Mit dem Islam befasst sich Luther weniger als Religion denn als Phänomen der Endzeit. In seiner Schrift *Vom Kriege wider die Türken* sieht er 1529 „die Türkengefahr" als Strafe Gottes. Auch mit solchen Äußerungen hat er der Kirche, die sich nach ihm benannte, keinen Weg der Toleranz gewiesen.

Ein Ringen um den Weg in die Zukunft auf der Grundlage von Toleranz schien in der Zeit der Reformation offenbar unvorstellbar. Der Historiker Schilling macht das an der Person Luthers deutlich, wenn er in seiner jüngst erschienenen Lutherbiografie schreibt: „Dass er in der Wahrheitsfrage keinen Kompromiss eingehen konnte, sicherte seine Lehre und damit die geistkulturelle Differenzierung der europäischen Christenheit. Das bedeutete aber zugleich, dass für ihn Vermittlungsgespräche keinen Sinn ergaben, solange seine Kontrahenten ihrerseits auf ihrer Wahrheit beharrten. So kam mit Luthers Größe und Entschiedenheit auch der Fundamentalkonflikt um die religiöse Wahrheit in die Welt, der die Christenheit und Europa zeitweilig an den Rand des Chaos brachte."[7] Diese vermeintlich notwendige Intoleranz um der Freiheit des Glaubens und Gewissens, ja sogar um der Ordnung willen, begleitete Reformation und Gegenreformation. Es sollte Jahrhunderte dauern, ja auch die Impulse der Aufklärung brauchen, bis deutlich wurde: ohne Toleranz kein Zusammenleben in Frieden.

2. Lerngeschichte der Toleranz

Auf die Erfahrung der fatalen Auswirkungen religiöser Intoleranz folgte eine inzwischen fast 500-jährige Lerngeschichte, die ebenfalls in drei Kategorien angedeutet werden soll.

---

[7] *Heinz Schilling*, Martin Luther. Rebell in einer Zeit des Umbruchs, München 2012, 238.

2.1 Theologische Grundlagen

Schilling hält fest, dass der Reformator „weder in den frühen Sturmjahren der Reformation noch je später (wollte), dass mit Gewalt und Töten für das Evangelium gestritten wird."[8] Und er macht deutlich, dass Luther zwar „Toleranz im modernen Sinne fremd" war, er aber immer dafür eingetreten sei, „dass der Glaube eine innere, geistige Sache und dem Zugriff irdischer Mächte entzogen sei."[9]

Insofern gibt es gute theologisch-reformatorische Grundlagen für religiöse Toleranz. Es ist eben jene Glaubens- und Gewissensfreiheit, die Luther dazu bringt, klar zu seinen Überzeugungen zu stehen, die eine Grundlage bietet, jene Freiheit den anderen ebenso zuzugestehen. Ist jeder Mensch Geschöpf Gottes und Gottes Ebenbild, so ist jeder Mensch in seinen Überzeugungen zu respektieren, solange sie nicht die Grenze erreichen, die anderen jenen Respekt abspricht. Soll nicht „mit Gewalt und Töten" gestritten werden, müssen gewaltfreie Formen des Dialogs gesucht werden. Für den Reformator Philip Melanchthon (1497 bis 1560) war Friedenserziehung Teil des reformatorischen Bildungsverständnisses.

Es ist offensichtlich, dass die Kirchen der Reformation, aber auch die römisch-katholische Kirche heute in einem respektvollen Dialog zu den theologischen Differenzen stehen. Hier gab es definitiv eine Lerngeschichte. Seit dem Beginn der ökumenischen Bewegung Anfang des 20. Jahrhunderts hat sich eine Diskussionskultur entwickelt, die sich in unzähligen Kommissionen zu Themen wie Taufe, Kirche, Eucharistie und Amt bilden, aber auch im Alltag der Gemeinden vor Ort.

2.2 Errungene Toleranz

Schon im Zeitalter der Reformation setzt das Ringen um ein Miteinanderleben in Frieden ein. Beim Augsburger Reichstag 1555 wird der sogenannte Augsburger Religionsfriede ausgehandelt. Indem die Fürsten in ihren Herrschaftsgebieten den Glauben vorgeben, soll für eine Abgrenzung der lutherischen und altgläubigen Kontrahenten gesorgt werden. Auch in anderen Regionen des Reiches wurde

---

[8] *Schilling*, Luther (Anm. 7), 209.

[9] *Schilling*, Luther (Anm. 7), 627.

versucht, die religiösen Gegensätze zu befrieden. Am 13. April 1598 wurde das Edikt von Nantes erlassen, das die Duldung der Hugenotten festschrieb – die allerdings 1685 widerrufen wurde. Und so ging das Ringen mit immer neuen Bemühungen und Verabredungen weiter: etwa mit dem Toleranzedikt in Brandenburg 1664, das den evangelischen Konfessionen Toleranz auferlegte, bis hin zum Edikt von Potsdam 1685, das im lutherischen Preußen die Religionsfreiheit reformierter Hugenotten festlegte.

Alles in allem zeigen diese Beispiele: Es wurde um Strukturen der Toleranz gerungen, um ein gewaltfreies Nebeneinander, wenn nicht Miteinander der verschiedenen kirchlichen Ausprägungen des christlichen Glaubens. Es geht nicht um billige Kompromisse, sondern um hart errungenes Leben mit der Differenz.

2.3 Erlebte Toleranz

Was solches mühsam erwirkte Nebeneinander langfristig auch an konstruktivem Miteinander erbringen kann, zeigt die *Leuenberger Konkordie von 1973*, deren 40-jähriges Jubiläum 2013 gefeiert wurde. Sie ist das Ergebnis eines jahrelangen Diskussionsprozesses zwischen den reformierten, unierten und lutherischen Kirchen Europas und ermöglicht, dass trotz aller Verschiedenheiten eine gegenseitige Anerkennung als Kirche, eine gegenseitige Anerkennung der Ämter erfolgt und daher miteinander Abendmahl gefeiert werden kann.

1999 wurde in Augsburg die *Gemeinsame Erklärung der Römisch-katholischen Kirche und des Lutherischen Weltbundes zur Rechtfertigung* unterzeichnet. Es wurde festgehalten: So wie die beiden Kirchen ihre Lehre heute formulieren, werden sie von den Verwerfungen des 16. Jahrhunderts nicht getroffen. Dass es gelungen ist, zumindest gemeinsame Formulierungen zu einer theologischen Frage zu finden, an der einst die Einheit zerbrochen ist, ist ein enormer Schritt auf dem Weg zu gelebter Gemeinsamkeit bei bleibender Verschiedenheit.

Bei seiner Vollversammlung in Stuttgart hat der Lutherische Weltbund am 22. Juli 2010 ein Schuldbekenntnis gegenüber den Mennoniten als geistlichen Erben der zur Reformationszeit brutal verfolgten Täuferbewegung (s. o.) abgelegt.

„Versöhnte Verschiedenheit“, ein Begriff, der für die lutherischen Kirchen im ökumenischen Gespräch das Ziel von Einheit umschreibt, zeigt eine theologische Konzeption von religiöser Toleranz: Das Eigene lieben und leben, das Verschiedene respektieren und beides so miteinander versöhnen, dass gemeinsames Leben möglich ist, ohne die Differenzen zu vertuschen. Das könnte auch erweitert werden mit Blick auf Menschen ohne Glauben, indem sie als „verschieden“ respektiert und nicht von vornherein als defizitär beschrieben werden.

►In den fünfhundert Jahren seit der Reformation zeigt sich eine Lerngeschichte, die sich um einen konstruktiven Dialog zu den theologischen Differenzen bemüht und Strukturen des friedlichen Miteinanderlebens geschaffen hat. Dazu gehören auch Durchbrüche, die Spaltung überwunden haben.

3. Notwendige Toleranz und notwendige Intoleranz in unserer Zeit

Religiöse Intoleranz, die Grundlagen für ein Miteinanderleben von verschiedenen Glaubensüberzeugungen und politische Optionen zerstört, erleben wir immer wieder hochaktuell. Ich denke an jüngste Auseinandersetzungen in Belfast, in Ägypten, in Indonesien. Aber auch in Deutschland zeigen Debatten etwa um die Beschneidung von Jungen als religiöses Ritual oder um konfessionellen Religionsunterricht, aber auch die Auseinandersetzung um Moscheebauten oder das Tragen von Kopftüchern in staatlichen Einrichtungen aktuelles Ringen um Toleranz. Offensichtlich muss auch im Zeitalter der Trennung von Religion und Staat die notwendige Balance stets neu gefunden werden.

3.1 Konfessionelle Differenzen

Es geht mir darum, einerseits klar zu machen, dass die Fragen Martin Luthers an seine Kirche mit Blick auf Ablass, Kirchenverständnis, Abendmahlsverständnis, Priestertum, Zölibat und Papsttum bleibende Fragen für die Kirchen sind, die aus der Reformation hervorgegangen sind. Gleichzeitig ist heute klar: Uns verbindet mehr, als uns trennt. Es geht um einen Balanceakt: Ökumenisches Miteinander und konfessionelles Selbstbewusstsein können in Spannung treten.

3.2 Interreligiöser Dialog

Es geht doch darum: zeigen, dass ich meinen Glauben mit Freude lebe, hier Lebenskraft und Halt finde. Wo das mitreißend, überzeugend, ansteckend wirkt, werden andere sich fragen, ob es auch ihr Weg zu Gott sein kann. Wo das auf andere verachtend, hochmütig, auf Abgrenzung bedacht wirkt, wird es wenig einladend erscheinen.

Heute können wir auf eine Lerngeschichte der Toleranz mit Blick auf das Judentum zurückschauen. Nach dem Erschrecken über das eigene Versagen in der Zeit des Holocaust begann nach 1945 eine Abkehr der Kirchen der Reformation vom Antijudaismus; als Geschwister im Glauben werden Jüdinnen und Juden heute gesehen. Viele Jahre des jüdisch-christlichen Dialogs haben das gegenseitige Verständnis vertieft. Im November 2013 wurde in Potsdam erstmals in Deutschland jüdische Theologie als Studienfach an einer deutschen Universität eingeführt, das ist auch für die christliche Theologie eine große Freude.

Eine besondere Beschwernis ist derzeit die Reduktion des Islam auf gewaltbereite Selbstmordattentäter oder Taliban, die Menschen im Namen des Koran versklaven. „Die", gemeint sind meist die Muslime, sind angeblich intolerant, gewalttätig, hetzen gegen Christen und verfolgen sie. In der Tat, Christenverfolgung ist ein hochbrisantes Thema, und unsere Geschwister im Glauben in aller Welt brauchen unsere Solidarität. Aber es ist absurd, alle Muslime mit einem kleinen Prozentsatz fundamentalistischer, gewaltbereiter, ideologisch getriebener Gewalttäter gleichzusetzen. Fundamentalismus ist irreführend in jeder Religion. Mit so manchen Aussagen, die im Namen des christlichen Glaubens gemacht werden, möchte ich als Christin nicht identifiziert werden. Hass und Angst zu schüren ist und bleibt ein Irrweg in jeder Religion. Es gibt nicht „wir" und „die", sondern Menschen verschiedenen Glaubens und nichtreligiöse Menschen, die ihre tiefen Überzeugungen von Freiheit, Toleranz und Verantwortung so umzusetzen haben, dass ein Leben in Frieden und Gerechtigkeit für alle Menschen auf dieser Welt möglich wird. Da ist Vernunft eine wesentlich bessere Ratgeberin als Verführung, Ideologie und Angst.

Bei alledem führe ich gern einen intensiven „Streit um die Wahrheit". Es ist ein Streit des Interesses aneinander. Ich kann das Kirchenverständnis der römisch-katholischen Kirche nicht nachvollziehen, die russische Orthodoxie erscheint mir zu erstarrt, das Judentum versuche ich zu begreifen, der Islam irritiert mich in vielem, der Buddhismus bleibt mir fremd. Aber mich interessiert der Glaube anderer, und ich halte es für entscheidend, dass Religionen miteinander im Gespräch sind. Ihre Intoleranz hat allzu oft Öl in das Feuer politischer und ethnischer Konflikte gegossen. Es wird Zeit, dass sie Faktor der Konfliktentschärfung werden, weil sie eine Toleranz kennen, die Unterschiede nicht mit

Gewalt vernichten will, sondern als kreative Kraft sehen, die Welt und Zukunft menschenfreundlich gestalten kann. Das scheint mir eine Konsequenz des reformatorischen Erbes.

Die Kirche der Reformation muss sich beständig erneuern, das wussten die Reformatoren. Reformatorische Theologie in Deutschland im 21. Jahrhundert muss demnach die Gedanken von vor 500 Jahren weiterentwickeln. Mit Blick auf die lebensvernichtenden, menschenverachtenden Erfahrungen der Intoleranz der vergangenen Jahrhunderte muss die Frage gestellt werden: Wird nicht durch Intoleranz der Glaube verdunkelt? Wird das Evangelium recht gepredigt, wie es das Augsburger Bekenntnis fordert, wenn Nächstenliebe auf der Strecke bleibt, Krieg gestiftet wird statt Friede, der Fremdling nicht geschützt wird? Was ist es, das „Christum treibet", wenn wir nach Wegen suchen, den eigenen Glauben zu bekennen und gleichzeitig Menschen zu respektieren, die einen anderen Glauben haben oder ohne Glauben leben?

Wenn ich über meinen Glauben nachdenke und Luthers These von der Freiheit eines Christenmenschen, die niemandem und jedermann gleichermaßen untertan ist, komme ich zu dem Schluss, dass ich den Glauben anderer tolerieren kann, gerade weil ich mich in meinem Glauben beheimatet weiß. Mich bedrückt, wie bei Diskussionen immer wieder heftigst mit Koranversen gegen Menschen muslimischen Glaubens gewettert wird. Ich bin keine Korankennerin, aber als Christin ist mir bewusst: Ebenso könnten Muslime gewalthaltige Verse aus der Bibel zitieren. Die Frage ist: Ruhe ich mit Glaubensgewissheit in meiner eigenen Religion? Ich bin überzeugt, wer das im Leben kann und praktiziert, hat auch die innere Offenheit zu respektieren, dass andere anders und anderes oder nicht im religiösen Sinne glauben. Gewiss, für mich ist Jesus Christus „der Weg, die Wahrheit und das Leben". Aber das bedeutet nicht, dass ich nicht respektieren kann, dass für einen anderen Menschen Mohammed Gottes Prophet ist. Das erschüttert doch meinen Glauben nicht. Eine Glaubenshaltung, die anderen Glauben nicht erträgt – und noch einmal: tolerare meint ertragen –, ist eher schwach, weil sie Angst davor hat, was eine Anfrage an eigenem Zweifel auslösen könnte. Wer den anderen bedroht, mit Worten, Gewalt und Waffen, kann nicht toleriert werden. Einem Dialog wäre dann jede Grundlage entzogen.

Ich feiere meinen Glauben gern in der Gemeinschaft, praktiziere ihn in der Welt. Es ist meine Freiheit, in der ich niemandem untertan bin. Und gerade deshalb kann ich respektieren, dass andere Menschen anders glauben oder nicht glauben. Das ist meine Freiheit, in der ich jedermann untertan bin. Und am Ende kann ich Gott überlassen, wie dieses Geheimnis der verschiedenen Religionen sich einst nach dieser Zeit und Welt lüften wird. Mit Religionsvermischung oder Toleranz gegenüber Fundamentalismus hat das nichts zu tun.

3.3 Gesellschaftliche Konflikte und ethische Entscheidungen

Immer wieder lässt sich Religion dazu verführen, Öl in das Feuer gesellschaftlicher Konflikte zu gießen. Als ich im Somer 2013 in Oxford war, gab es eine Diskussion über die jüngsten Auseinandersetzungen um das Hissen der britischen Flagge in Belfast. Ich meinte, es ginge doch nun definitiv nicht um einen religiösen, sondern um einen politischen, nämlich pro-britischen beziehungsweise pro-irischen Kurs. Ein Ire erklärte, da würde ich nun die Iren schlecht kennen, es sei ein zutiefst religiöser Konflikt. Ich habe gefragt, um welche religiöse, theologische oder kirchliche Frage es gehe. Daraufhin sagte er: Den Unterschied zwischen Protestanten und Katholiken in der Glaubenslehre könnte eigentlich niemand benennen. Das verstehe nun, wer kann …

Mir liegt daran, dass Religionen Konflikte entschärfen und nicht länger verschärfen. Dazu gibt es gute und gelungene Beispiele. So sind die Kirchen in Deutschland beispielsweise immer wieder dafür eingetreten, dass Muslime in Deutschland Moscheen bauen dürfen. Gewiss, sie treten auch dafür ein, dass christliche Gemeinden in der Türkei, in Indonesien und in Pakistan in aller Freiheit Kirchen bauen können. Aber die Religionsfreiheit hier einzuschränken, dient gerade nicht der Freiheit in anderen Ländern.

Gern wird eine Gefährdung der toleranten Gesellschaft durch Zuwanderung als Drohkulisse aufgebaut. Wer das erklärt, übersieht aber geflissentlich, dass der absolut und bei Weitem überwiegende Teil der Zuwandernden gerade die Freiheit und die Toleranz der westlichen Gesellschaft schätzt. Wie viele Frauen sind froh und dankbar, ohne die Zwänge einer patriarchalen Gesellschaft zu leben! Auf die gemeinsame Bereitschaft, ein Unterhöhlen der errungenen Freiheitsrechte zu bekämpfen, kommt es an, mag diese Anfrage aus religiös-fundamentalistischem oder säkular-rassistischem Gedankengut stammen …

Und die ethischen Fragen? In einem langen Gespräch mit einem führenden Theologen haben wir einmal überlegt, an welchem Punkt eigentlich eine gegenseitige Verwerfung in ethischen Fragen entscheidend wäre. Nehmen wir die Frage der Präimplantationsdiagnostik: Wäre nicht dagegen im Sinne der Gottebenbildlichkeit jedes Menschen und *dafür* im Sinne der Vermeidung von unnötigem Leid zu argumentieren? Oder die Frage der Homosexualität, die viele Christen derart umtreibt: Die einen sehen sie als Sünde, die anderen als Schöpfungsvariante. Aber gibt es hier nicht eine Grenze? Etwa wenn afrikanische oder russisch-orthodoxe Kirchenführer Menschen homosexueller Prägung scharf verurteilen und mit Tieren vergleichen? Muss dann nicht dem biblischen Gebot der Nächstenliebe Geltung verschafft werden? Papst Franziskus hat das deutlich gemacht, als er sagte: „Wer bin ich, dass ich urteile?" Oder: Wie verhält es sich andererseits mit der Todesstrafe? Es gibt Befürworter, die vermeintlich christlich argumentieren, vor allem in den USA. Aber was ist mit dem Gebot, das Töten bzw. Morden verbietet?

Wir alle kommen sehr schnell an die Grenzen unserer persönlichen Toleranz bei solchen ethischen Themen. Bei einem Vortrag Anfang 2013 zum Potenzial von Religionen zur Konfliktbewältigung hatte ich versucht, von Küngs Projekt des Weltethos her zu erklären, dass alle Religionen, wenn sie sich nicht durch Ideologie oder Fundamentalismus verführen lassen, ein Friedenspotenzial haben. Anschließend kam eine Frau zu mir und sagte: „Frau Käßmann, Sie haben keine Ahnung! Muslime sind nicht fähig zur Toleranz."

Zum Tolerieren in ethischen Auseinandersetzungen gehört sicher der Respekt vor der anderen Position statt all der Emotion, wie sie schnell zutage tritt, etwa in der Debatte um Beschneidung. Hier liegt ja ganz offensichtlich ein Konflikt zwischen Religionsfreiheit und Unversehrtheit, der nicht so schlicht zu lösen ist. Es gilt ebenso, eine differierende Position nicht als Abfall von Glaube oder Verrat von Tradition abzutun. Der Vorwurf der orthodoxen Kirchen gegenüber den Kirchen der Reformation, die Zulassung von Frauen zu allen Ämtern sei eine Anbiederung an den westlichen Zeitgeist, will schlicht übersehen, dass es hier um Entscheidungen auf theologischer Grundlage, vor allem um Konsequenzen aus reformatorischer Tauftheologie geht. Intoleranz beginnt da, wo ich meine Position zum alleinigen Wahrheitsbesitz erkläre und für mich kein Ringen um Wahrheit mehr denkbar ist.

Ethische Diskurse zuzulassen, unterschiedliche Positionen einnehmen zu können, ohne die andere Position abgrundtief, ja hasserfüllt mit Vernichtungswillen zu verurteilen, das ist das Gebot der Toleranz. Sie endet, wo Menschen in ihrem Selbstwert angegriffen werden, wo ihre Würde in Frage gestellt wird.

Um Toleranz ist jeweils neu zu ringen in den konfessionellen Auseinandersetzungen unserer Zeit, im Dialog der Religionen, angesichts gesellschaftlicher

Herausforderungen und ethischer Entscheidungen. Der Respekt vor der anderen Position bleibt ihr Kerngeschäft.

Zuletzt: Was also ist Toleranz? Zum einen meint sie nicht Gleichgültigkeit nach dem Motto, jeder Mensch möge nach der eigenen Façon selig werden.

- Toleranz bedeutet Interesse am anderen, am Gegenüber, an der anderen Religion oder am Nicht-Glauben, an der anderen politischen oder ethischen Option. Dazu braucht es Begegnung und Zeit für Gespräche, Bereitschaft zum Zuhören.
- Es geht darum, die Differenz auszuhalten um des friedlichen Zusammenlebens willen. Dazu ist Respekt notwendig für die andere Position, auch wenn es für mich manchmal schwer zu ertragen ist.
- Aber Toleranz heißt nicht Grenzenlosigkeit. Wahre Toleranz wird ihre Grenze an der Intoleranz finden und alles daran setzen, sie im Recht klar zu regeln.
- Zum Respekt gehört die Achtung vor der Integrität des anderen. Wo sie durch Rassismus, Sexismus, Erniedrigung, Gewalt oder Gewaltandrohung verletzt wird, ist die Grenze der Toleranz überschritten.

Oder, wie es der Göttinger Kirchenrechtler Michael Heinig ausgedrückt hat: „Toleranz in evangelischer Perspektive ist nicht, die Unterschiede zwischen den Konfessionen, Religionen und Weltanschauungen zu ignorieren oder zu verleugnen. Doch sie prägt den Umgang mit der Differenz. […]Toleranz in evangelischer Perspektive ist auf Gegenseitigkeit angelegt, setzt diese jedoch nicht voraus."

Das heißt, Toleranz meint keine statische Haltung, sondern ein dynamisches Geschehen auf Gegenseitigkeit. Es geht um ein lebensfähiges Miteinander unterschiedlicher Glaubensüberzeugungen, nicht um ein Nivellieren von Unterschieden. Und das gilt auch aktuell für Religionen und Gesellschaft. Nicht um Kleinmut oder Angst vor dem Konflikt geht es, sondern um *streitbare Toleranz*, die zur eigenen Position ermutigt, aber fähig ist zum Dialog, ja offen für Lernerfahrungen und Horizonterweiterungen.

Der Islam – Eine Religion der Spiritualität, Ethik, Vernunft, Gerechtigkeit und Toleranz

Reza Ramezani

Abstract

Der Islam misst Aspekten wie Spiritualität, Logik und Sicherheit eine besondere Bedeutung bei: Indem er die Barmherzigkeit Gottes und Seines Gesandten betont, lädt er die Menschheit zu Freundlichkeit, Vergebung und Güte ein. Indem der Islam einen Schwerpunkt auf die Vernunft legt und versucht, den logischen Diskurs zu fördern, weist er einen Weg, auf dem sich unzählige Probleme der Menschheit lösen lassen. Ebenso klar und deutlich wird im Koran ein Verhalten betont, das auf Menschlichkeit beruht, was Frieden, Sicherheit und Ethik impliziert. Daraus ergibt sich die Verpflichtung des Menschen, Gerechtigkeit sowohl sich selbst wie auch seinen Mitmenschen gegenüber zu üben. Ein gläubiger Muslim wird alles daran setzen, sowohl die Grenzen der Menschlichkeit wie auch die Menschenwürde zu achten. Die individuellen Rechte aller Menschen sind auf allen Ebenen einzuhalten, und niemand darf seiner Rechte beraubt werden. Der Koran fördert die Entwicklung einer Sozialethik, mit Hilfe derer ein friedvolles Zusammenleben mit Nicht-Muslimen garantiert werden kann: „Allah verbietet euch nicht, gegen jene, die euch nicht des Glaubens wegen bekämpft haben und euch nicht aus euren Häusern vertrieben haben, gütig zu sein und redlich mit ihnen zu verfahren; wahrlich, Allah liebt die Gerechten." (Al-Mumtahana, Q. 60:8)

Der Koran stellt als heiligstes Buch der Muslime die Sendung des Propheten Muhammad (s.) als umfassende göttliche Gnade dar. Alle Menschen können dieser Gnade teilhaftig werden: „Und wir haben dich nur als Barmherzigkeit für die Welten gesandt." (al-Anbiya'| 21:107) Dass die Sendung des Propheten eine Gnade auf der Ebene des Glaubens an den einen Gott ist, belegt der folgende

Vers: „Sag: Mir wird als Offenbarung nur eingegeben, dass euer Gott nur ein einziger Gott ist. Werdet ihr nun Allah[1] ergeben sein?" (al-Anbiya' | 21:108) Anders ausgedrückt ist dieser Glaube an den einen Gott, auf Arabisch Tauhid, gleichzeitig auch Tauhid im Glauben, Tauhid in der Gesellschaft, Tauhid in den Gesetzen und Tauhid in der Anbetung. Und in Wirklichkeit ist es dieses Tauhid, das sich in allen religiösen Lehren, sei es in den Grundlagen oder in den Details, quasi in der gesamten Religion manifestiert.

Die beiden Wörter „rahman – gnädig" und „rahim – barmherzig" stammen von der Wurzel „rahmat – allumfassende Gnade" ab. Das erste Wort kommt 56-mal und das zweite 228-mal im Koran vor.[2] Die allgemeine Gnade Gottes umfasst alle Lebewesen, und es ist offenbar, dass die Gnade Gottes vollkommen und allumfassend ist. Denn ohne den kleinsten Mangel werden die Bitten der Bedürftigen erfüllt, und seine Gnade umfasst das Diesseits und das Jenseits. Und da seine Gnade dazu dient, um Gutes zu erweisen, ist sie vollkommen.

Was in Wirklichkeit den Weg der Rechtleitung des Menschen klarmacht, ist die göttliche Gnade, die sich in der Botschaft des Propheten manifestiert. So sagt der Prophet: „Ich bin als göttliche Gnade von Gott auserwählt worden."[3] Der Prophet des Islam ist die Erscheinung der absoluten Gnade Gottes, so wie es im Koran ausgedrückt wird: „Und Wir haben dich nur als Barmherzigkeit für die Weltenbewohner gesandt." (al-Anbiya' | 21:107) Und: „Zu euch ist nunmehr ein Gesandter aus euren eigenen Reihen gekommen. Bedrückend ist es für ihn, wenn ihr in Bedrängnis seid, er ist eifrig um euch bestrebt, zu den Gläubigen gnädig und barmherzig." (at-Tauba | 9:128)

Diese Gnade umfasst all diejenigen, die dafür aufnahmebereit sind, egal auf welcher Ebene der Existenz sie immer sein mögen. Weil Gott gnädig ist, lädt der Prophet die Menschen freundlich und geduldig ein. Deshalb verhält sich der Prophet in Bezug auf die Menschen freundlich und demütig, und er leitet die Gesellschaft auf die beste Art und Weise. In diesem Zusammenhang heißt es im Koran: „Durch Erbarmen von Allah bist du mild zu ihnen gewesen; wärst du aber schroff und hartherzig, so würden sie wahrlich rings um dich auseinanderlaufen. So verzeihe ihnen, bitte für sie um Vergebung und ziehe sie in den An-

---

[1] Obwohl Allah auch als Gott übersetzt werden kann, so hat es doch nicht die gleiche Bedeutung. Allah bezeichnet als Name alle Eigenschaften des Schöpfers in absoluter Form: Wissen, Macht, Weisheit, Gnade, Liebe, Güte, Gerechtigkeit etc.

[2] Abgesehen von den Basmala-Formeln zu Beginn der Suren.

[3] *Muhammad Baqer ibn Muhammad Taqi Majlesi*, Bihar-ul-Anwar, Bd. 10, Teil 2, S. 30, H. 1.

gelegenheiten zu Rate. Und wenn du dich entschlossen hast, dann verlasse dich auf Allah! Gewiss, Allah liebt die sich auf Ihn Verlassenden.“ (Al-i-Imran | 3:159) „Er ist es, Der über euch den Segen spricht – und auch Seine Engel –, damit Er euch aus den Finsternissen ins Licht hinausbringt; und Er ist zu den Gläubigen barmherzig.“ (al-Ahzab | 33:43)

Der Prophet, der die Manifestation der Gnade Gottes ist, ist zu den Menschen freundlich und liebenswürdig. Er ist in Wirklichkeit ein klares und reinigendes Wasser, das sein Volk läutert und reinigt. Ein Gesandter von Allah, der reine Schriften verliest (al-Bayyina | 98:2). Und das alles basiert auf Gnade und Liebe.

Im Buch der Muslime wird der Prophet durch Eigenschaften beschrieben, die jeweils auf seinen Rang und seine Stufe hinweisen, wie zum Beispiel: „Er ist der Gesandte Gottes, der dem Menschen die gute Nachricht des Paradieses überbringt, solange sich die Menschen auf dem Weg der Güte und des Guten befinden, und in Bezug auf die Hölle verwarnt er den Menschen, wenn er den Weg der Schlechtigkeit und des Bösen beschreitet.“ Dieser große Prophet sorgt sich um alle Menschen; deshalb zerbricht er sich den Kopf über die Probleme und Nöte der Menschen (at-Tauba | 9:128), und deshalb ist er auf dem Weg der Rechtleitung der Menschen eifrig, und er ist zu ihnen freundlich und besorgt. Der Koran beschreibt den Propheten Gottes als Menschen, der genauso Mensch ist wie die anderen Menschen, die die göttliche Offenbarung für die Rechtleitung und Führung der Menschen aufgrund der ihnen durch ihre Gottergebenheit gegebenen Kapazität und Bereitschaft empfangen (al-Kahf | 18:110; al-Fussilat | 41:6: „Sag: Gewiss, ich bin ja nur ein menschliches Wesen wie ihr.“; al-Fath | 48:28: „Er ist es, Der Seinen Gesandten mit der Rechtleitung und der Religion der Wahrheit gesandt hat, um ihr die Oberhand über alle Religionen zu geben. Und Allah genügt als Zeuge.“) Seine Botschaft war aufgrund der Gnade Gottes global und weltumfassend (al-Anbiya' | 21:107: „Und Wir haben dich nur als Barmherzigkeit für die Weltenbewohner gesandt.“).

Er war mild und nicht streng (Al-i-Imran | 3:159: „Durch Erbarmen von Allah bist du mild zu ihnen gewesen; wärst du aber schroff und hartherzig, so würden sie wahrlich rings um dich auseinanderlaufen. So verzeihe ihnen, bitte für sie um Vergebung und ziehe sie in den Angelegenheiten zu Rate. Und wenn du dich entschlossen hast, dann verlasse dich auf Allah! Gewiss, Allah liebt die sich (auf Ihn) Verlassenden.“), er zeigte ein gutes und großzügiges Verhalten (al-Qalam | 68:4: „Und du bist wahrlich von großartiger Wesensart.“), das für alle Menschen vorbildlich ist (al-Ahzab | 33:21: „Ihr habt ja im Gesandten Allahs ein schönes

Vorbild, (und zwar) für einen jeden, der auf Allah und den Jüngsten Tag hofft und Allahs viel gedenkt."). Er bat für die Menschen in ihrem Namen um Verzeihung beim Schöpfer, damit den Menschen vergeben werde, er sah über ihre Fehler hinweg und war nicht streng, sondern er ging respektvoll mit den Menschen um und beriet sich mit ihnen auf Gottes ausdrücklichen Geheiß (Al-i-Imran | 3:159: „Durch Erbarmen von Allah bist du mild zu ihnen gewesen; wärst du aber schroff und hartherzig, so würden sie wahrlich rings um dich auseinandergelaufen. So verzeihe ihnen, bitte für sie um Vergebung und ziehe sie in den Angelegenheiten zu Rate. Und wenn du dich entschlossen hast, dann verlasse dich auf Allah! Gewiss, Allah liebt die sich (auf Ihn) Verlassenden.").

Der Prophet des Islam hatte von niemandem gelernt und sein Wissen war göttlichen Ursprungs (al-Dschum'a | 62:2: „Er ist es, Der unter den Schriftunkundigen einen Gesandten von ihnen hat erstehen lassen, der ihnen Seine Zeichen verliest, sie läutert und sie das Buch und die Weisheit lehrt, obgleich sie sich ja zuvor in deutlichem Irrtum befanden"; al-A'raf | 7:158: „Sag: O ihr Menschen, ich bin der Gesandte Allahs an euch alle, …"). Er war beauftragt, Gerechtigkeit in der Gesellschaft auszuüben (asch-Schuara' | 26:15: „Darum rufe du auf und verhalte dich recht, wie dir befohlen wurde. Und folge nicht ihren Neigungen und sage: Ich glaube an das, was Allah an Büchern herabgesandt hat, und mir ist befohlen worden, unter euch gerecht zu handeln …"), und er scheute keine Mühe, um sein Ziel zu erreichen (Ta Ha | 20:2). Der Prophet tat Wunder, um, wie auch schon Propheten vor ihm, sein Prophetentum bestätigen und legitimieren zu können. Sein größtes Wunder jedoch ist der heilige Koran, der in jeder Hinsicht ein Wunder und frei von Mängeln und Widersprüchen ist. Was er gesagt hat, war wahr, da er ein wahrhaftiger Prophet war und nicht ein Zauberer, Dichter, Magier, Dschinn oder etwas anderes. Der Prophet Gottes hat besonders den Weg des Wissens und der Erkenntnis unterstrichen, um die menschliche Vernunft aufblühen zu lassen: „Wenn der Mensch in seiner Jugend lernt, so ist das, als würde das in einen Stein gemeißelt werden! Wenn der Mensch im Alter lernt, so ist das, als würde er auf Wasser schreiben!"[4]

---

[4] *Nama bin Muhammad Tamimi Magrebi*, Duaiuml Islam, Bd. 1, 82.

1. Spiritualität

Was aus den Lehren des Koran, die durch den Propheten des Islam überbracht wurden, hervorgeht, ist, dass dieser heilige Mann versucht hat, dem Menschen ein sinnvolles Leben in einer Welt mit Sinn vor Augen zu führen, damit er weiß, dass er als höchstes Lebewesen gilt. So heißt es im Koran, der den Menschen als bestes Geschöpf vorstellt: „Wahrlich, wir haben den Menschen in seiner schönsten Form der Schöpfung erschaffen!“ (at-Tin | 95:4) „Ihr seid die besten Menschen, die für die Menschheit hervorgebracht worden sind. Ihr gebietet das Rechte und verbietet das Verwerfliche und glaubt an Allah. Und wenn die Leute der Schrift glauben würden, wäre es wahrlich besser für sie. Unter ihnen gibt es Gläubige, aber die meisten von ihnen sind Frevler.“ (al-i-Imran | 3:110)

Es ist nicht so, dass die Menschen von Natur aus schlecht und verdorben sind, sondern von Natur aus bewegen sie sich auf die Wahrheit zu. Um die Welt der Spiritualität betreten zu können, bietet der Islam dem Menschen ein Lebensprogramm an. Was in diesem Zusammenhang wichtig ist, ist genau die seelische und innere Ebene des menschlichen Daseins und die Hinwendung zu immateriellen Dingen.[5] „In Wirklichkeit, wenn diese Ebene im Menschen nicht existierte, hätte er keinen speziellen Wert, denn es ist genau diese Ebene, die den Wert im Menschen ausmacht und die das Leben des Menschen so besonders macht. Denn er hat etwas Göttliches anvertraut bekommen, etwas, das nicht einmal die Himmel und die Erde aufnehmen konnten: „Wir haben das anvertraute Gut den Himmeln und der Erde und den Bergen angeboten, aber sie weigerten sich, es zu tragen, sie schreckten davor zurück. Der Mensch jedoch trug es – doch wahrlich, er ist oft im Unrecht, ungerecht und töricht.“ (al-Ahzab | 33:72)

Aus dem Grund hat Gott den Menschen Wissen gelehrt (al-Baqara | 2:31: „Und Er lehrte Adam alle Namen. Hierauf legte Er sie den Engeln vor und sagte: ‚Teilt Mir deren Namen mit, wenn ihr wahrhaftig seid!‘“), und ihn die gesamte göttliche Schöpfung (al-Baqara | 2:30: „Und als dein Herr zu den Engeln sagte: ‚Ich bin dabei auf der Erde einen Statthalter einzusetzen.‘“) nutzen lassen. Es scheint, dass besonders in der heutigen Zeit diese Eigenschaft des Menschen betont werden sollte, da der Mensch nicht nur ein materielles Wesen ist, sondern vielfältige Kapazitäten und eine besondere Größe besitzt. Wenn jedoch diese Ebene im Menschen ignoriert wird, gibt es keine Freude und Hoffnung mehr für

[5] *Muhammad bin Jacub Kulaini*, Kafi, Bd. 2, 12.

den Menschen. Deshalb muss der Mensch die Lebensfreude auf der Basis spiritueller Motivation in sich wiederbeleben.

Es scheint, dass heutzutage die Verbreitung esoterisch angehauchter Scheinspiritualität genau das verhindern soll, dass nämlich die geistigen und seelischen Kapazitäten des Menschen zum Einsatz auf dem Wege in die Ewigkeit kommen. Dieser Gefahr müssen wir uns bewusst sein. Es gibt Leute, die über säkulare oder weltliche Spiritualität sprechen und diese Ideen verbreiten. Doch bei genauerem Hinsehen gelangt man zu der Überzeugung, dass das letztendliche Ziel der menschlichen Seele wesentlich höher und besser ist, als diese vom Menschen verstandenen und veränderten Angebote. Durch die Diskussion über die Offenbarung sollte der Weg über die wahre Spiritualität in die richtige Richtung geführt werden. Die Frage, die sich hier stellt, ist, warum der Mensch in der heutigen Zeit so durstig nach Spiritualität ist und warum so viele „Spiritualität versprechende" Sekten heftig darum bemüht sind, Anhänger zu finden. Tatsächlich kann eine „echte" Spiritualität nur in der göttlichen Offenbarung gefunden werden, worüber wissenschaftlich diskutiert werden sollte.

2. Moral

Zu den anderen wichtigen Lehren des verehrten Propheten gehören die Verbreitung von Ethik und Moral im individuellen, gesellschaftlichen und religiösen Bereich. Das geht so weit, dass der Prophet gesagt hat, dass der Grund für seine Erwählung die Vervollkommnung des Verhaltens und der Moral sei. Er sprach: „Wahrlich, ich wurde deshalb auserwählt, um das Verhalten zu vervollkommnen."[6] Die Wichtigkeit von Moral und Ethik bei den abrahamitischen Religionen und sogar bei denjenigen, die die Buchreligionen nicht akzeptieren, ist so hoch, dass in dieser Frage bei allen Theologen und Wissenschaftlern Konsens besteht. Wenn das menschliche Verhalten in der Gesellschaft den menschlichen Prinzipien und wahren Werten entspräche, würden sich viele Probleme, an denen der Mensch heutzutage leidet, lösen. Deshalb werfen auch manche Ideologen das Konzept einer globalen Ethik auf, verteidigen dieses ernsthaft und sind der Meinung, dass alle Menschen trotz kultureller, nationaler, religiöser und politischer Unterschiede über die Akzeptanz gewisser Gemeinsamkeiten die Menschheit zur

---

[6] *Mirza Hassan Nuri,* Mustadrak al-Wasa'il wa Mustanbat al-Masa'il, Bd. 11, 187.

Moral führen können. Sie diskutieren über Prinzipien wie menschliches Verhalten untereinander, Gleichheit aller Menschen, Verneinung von Gewalt usw. und sind der Meinung, dass damit Probleme wie Armut und Unterdrückung gelöst werden könnten. Dafür ist allerdings die Kooperation von Politikern, Theologen und Wissenschaftlern erforderlich.

Es ist nicht von ungefähr, dass der Islam die Wichtigkeit von Ethik und Moral unterstreicht und der Prophet durch sein Verhalten in kürzester Zeit so viele Anhänger finden konnte: „Durch Erbarmen von Allah bist du mild zu ihnen gewesen; wärst du aber schroff und hartherzig, so würden sie wahrlich rings um dich auseinanderlaufen." (al-i-Imran | 3:159) Der Prophet konnte in seiner Zeit bewirken, dass sich das Verhalten der Menschen änderte und die Stämme miteinander Frieden schlossen, die Menschen das Problem der anderen auch als ihr Problem ansahen und bereit waren, für die Lösung dieser auch fremden Probleme Opfer zu bringen. Das ging so weit, dass die Ansar [Anhänger des Propheten Mohammed aus der Stadt Yathrib; Anm. d. Herausgeber] sich gegenüber den Muhadschirin [Anhänger des Propheten aus der Stadt Mekka; Anm. d. Herausgeber] so selbstlos zeigten, dass sie bereit waren, ihr Vermögen und ihre Unterkunft zu teilen und so zuerst an die anderen und dann erst an sich selber dachten. Diese Art von Selbstlosigkeit kann man in mehreren Situationen beobachten.

Im Koran heißt es über den Propheten: „Und du besitzt wahrlich großartige Charakterzüge." (al-Qalam | 68:4) Diese Aussage Gottes zeigt die Qualität der Moral des Propheten, und deshalb bemühte sich der Prophet auch so stark um die Erziehung des Menschen im Hinblick auf die Moral. Eben darum hat er Prinzipien und Grundlagen des Glaubens wie zum Beispiel den Glauben an den einen Gott, den Glauben an das Jenseits, den Glauben an die Wahrheit der himmlischen Bücher einschließlich des Korans bekräftigt. Das alles spielte eine erhebliche Rolle bei der Erziehung des Menschen.

3. Vernunft

Zu den vom Propheten betonten Lehren des Islam gehört auch die Diskussion über die Vernunft. Die Vernunft nimmt in der islamischen Theologie eine wichtige und wertvolle Stellung ein. Deshalb wird im Koran auf das Thema Vernunft immer wieder hingewiesen, so zum Beispiel: „Wenn ihr doch nachdenken würdet; wenn sie doch nachdenken würden; vielleicht werden sie nachdenken" usw.

Wenn der Mensch seine Angelegenheiten unter die Führung der Vernunft stellt, werden viele Schwierigkeiten in den unterschiedlichsten Lebenssituationen gelöst. Hier ist die Vernunft der „Botschafter zur Wahrheit", der „innere Wegweiser" oder Mittel zum Erreichen des Ziels. In Wirklichkeit sind die von Gott gesandten Propheten gekommen, um den Verstand zu üben. Um den Menschen zu kennen, bedarf es des Verstandes und der Vernunft[7], und das ist die größte Gnade[8], mit deren Hilfe die Menschen großartige menschliche Tugenden[9] erwerben können.

Der Stellenwert der Vernunft ist im Islam so hoch, dass viele der religiösen Lehren mit Hilfe der Vernunft und über rationale Argumentation entstehen. In einer schönen Aussage des sechsten Imams heißt es: „Die Vernunft ist der Wegweiser des Gläubigen."[10] Der Verstand verleiht dem Menschen die Fähigkeit des Vorausdenkens, der Analyse und des Hinterfragens unterschiedlicher Dinge, damit die Menschen ein schönes Leben genießen können. Der sechste Imam sagte auch: „Die Vernunft ist der Freund jedes Menschen, wo doch die Feinde der Menschen Unwissenheit und Ignoranz sind."[11] Vernunft bedeutet im islamischen Gedankengut die Kraft und die geistige Aktivität, die genutzt wird, um das Ziel des idealen materiellen und spirituellen Lebens zu erreichen. Es ist die Vernunft, die die geeigneten Mittel auswählt, um die wichtigen Ziele des Lebens zu erreichen.[12]

Im Heiligen Koran wird oft über den Stellenwert der Vernunft diskutiert, und in manchen Versen werden sogar diejenigen kritisiert, die nicht den Weg der Vernunft beschritten haben (al-Baqara | 2:44. 76; Yunus | 10:167; al-Anbiya' | 21:10.). Es ist daher naheliegend, dass immer da, wo Verstand und Vernunft fehlen, der Mensch zu Verirrungen, zu Extremismus und Übertreibung neigt. Vernunft und Verstand spielen in jeder Phase des menschlichen Lebens eine positive Rolle und sind eine der wichtigsten Instrumente der Erkenntnis.

---

7 *Tamimi Omadi, Abdul Wahid*, Ghurar-ul-Hikam, 41, Hadis 12.

8 *Tamimi Omadi, Abdul Wahid,* Ghurar-ul-Hikam (Anm. 7), 51.

9 *Tamimi Omadi, Abdul Wahid,* Ghurar-ul-Hikam (Anm. 7), 50.

10 *Muhammad ibn Jakub Kulain*, Kafi, Bd. 1, Buch der Vernunft und Ignoranz, 25, Hadis 24.

11 *Kulaini*, Vernunft (Anm. 10), 11, Hadith 4.

12 *Muhammad Taqi Jafari*, Muhammad der letzte Prophet, B. 2, Nashria Husseinie Irschad, 1348.

4. Gerechtigkeit

Zu den Lehren des Islam, die der Prophet besonders betont hat, zählt die Gerechtigkeit, und zwar in allen Lebensbereichen. Gerechtigkeit bedeutet, dass alles im Leben seinen ihm zustehenden Platz hat, dass niemand unterdrückt wird und jeder, der bestimmte Rechte für sich beanspruchen kann, diese Rechte auch zugestanden bekommt. Im heiligen Buch der Muslime zählt die Frage der Gerechtigkeit zu den wichtigsten und geradezu existenziellen Fragen im Hinblick auf das soziale Miteinander, und daher war es ein Hauptanliegen aller von Gott gesandten Propheten, mit Hilfe der Autorität der heiligen Schriften in der Gesellschaft Gerechtigkeit durchzusetzen. Leider ist die in zahlreichen Ländern herrschende Unterdrückung und Ungerechtigkeit eine Folge fehlender Gerechtigkeit, und dies zu ändern wird im heiligen Buch der Muslime vehement gefordert. Allein das Wort „Gerechtigkeit" kommt vierzehnmal in zwölf Versen und sieben Suren des Korans vor. Ableitungen dieses Wortes erscheinen sogar fünfundzwanzigmal in elf Suren des Korans. Das Wort „Qist" mit der Bedeutung Gerechtigkeit findet man fünfzehnmal in fünfzehn Versen und zehn Suren des Korans.

Aus islamischer Sicht ist der Sinn für Gerechtigkeit eine der wichtigsten Tugenden des Menschen und einer Gesellschaft, die Unterdrückung, Diskriminierung, Ungleichheit und Verdorbenheit verhindert. Manche Leute, häufig beeinflusst durch die mediale Berichterstattung, werfen den Muslimen Gewalt, Terror und Kriegslust vor, aber dies alles sind Handlungen, die nicht mit den islamischen Prinzipien vereinbar sind. Leider ist es eine Tatsache, dass immer wieder Gewaltakte von Extremisten im Namen der Religion begangen werden, obwohl doch keine einzige abrahamitische Religion in ihren Lehren Gewalt und Terror gutheißt. Vielmehr sehen sich alle Religionen in der strikten Verantwortung für den Schutz menschlicher Würde und sind bemüht, ihren Anhängern den richtigen Weg zu weisen.

Gerechtigkeit im weiteren Sinne umfasst alle ideellen, moralischen, kulturellen, politischen, sozialen und wirtschaftlichen Angelegenheiten und gilt überall als Maßstab zur Beurteilung einer Gesellschaft oder eines Menschen.

Dementsprechend oft spielt die Thematik der Gerechtigkeit auch in den Überlieferungen (Hadithe) eine wichtige Rolle. So hat zum Beispiel nach einer Überlieferung Imam Ali (a.) gesagt[13], dass Gerechtigkeit der Maßstab für Gut und

---

13 Ghurar-ul-Hikam wa Dar-al-Kam.

Böse ist. Die Gerechtigkeit ist immer und überall gut, genauso wie Unrecht überall und gleichgültig, wer es begeht, stets schlecht ist. Daher betont der Koran: „Wenn ihr sprecht, soll es ein gerechtes Wort sein." (al-An'am | 6:152), und „Wenn ihr unter den Menschen urteilt, sollt ihr gerecht urteilen." (al-Nisa | 4:58) und „Eure Zeugenaussage soll auch auf der Basis von Wahrheit sein, auch wenn es zu eurem eigenen Nachteil oder dem Nachteil eurer Eltern ist." (Al-Nisa | 4:135)

Die Verpflichtung, nach den Prinzipien der Gerechtigkeit zu handeln, wird in jeder Art von Handel und in der Rechtsprechung betont (al-Baqara | 2:282). Vom Propheten wird die Aussage überliefert, dass eine Stunde gerecht zu handeln besser sei als siebzig Jahre der Anbetung, auch wenn die Tage und die Nächte mit Gebet und der Anbetung Gottes verbracht werden würden.[14] Von Imam Sadschad (a.), dem vierten Imam der Schiiten, wurde Folgendes überliefert: „Die gesamte Gesetzgebung manifestiert sich in drei Dingen: Erstens die Wahrheit zu sagen, zweitens gerecht zu urteilen und drittens seine Versprechen einzuhalten."[15]

Das Thema Gerechtigkeit ist aus islamischer Sicht von so großer Bedeutung, dass das gesellschaftliche Leben des Menschen überhaupt darauf basiert, und, sollte das nicht der Fall sein, die Gesellschaft als tote Gesellschaft gilt. Somit ist Gerechtigkeit die Basis für ein wahrhaftiges Leben der Menschen, und die Bedeutung eines solchen wahrhaftigen Lebens zeigt sich in der Verwirklichung von Gerechtigkeit. Nur im Schatten der Gerechtigkeit können die Menschen in den Genuss eines wahrhaftigen Lebens kommen. Auf der anderen Seite machen Unterdrückung und Unrecht eine Gesellschaft zu einer abgestorbenen und freudlosen Gemeinschaft von Menschen mit getäuschter Hoffnung. Fassen wir zusammen: Der Islam ist eine Religion der Güte und versucht Frieden, Sicherheit und Harmonie zu verbreiten.

Er kann seine Ziele jedoch wegen der Machtgier und der Arroganz der Menschen, die zu Unrecht und Unterdrückung führen, nicht erreichen. Was in dieser Diskussion allerdings besondere Aufmerksamkeit verdient, ist, dass die Maßstäbe für das, was Gerechtigkeit bedeutet, nicht überall gleich sind und manchmal auf bedenkliche Weise interpretiert werden, und zwar ganz anders, als es Gelehrte, also die Experten der Religion, tun. Die Definition und Bedeutung von

[14] Bihar-ul-Anwar, Bd. 75, 354.

[15] *Scheich Saduq*, Chisal, 113.

Gerechtigkeit müssen unbedingt unter die Lupe genommen werden, damit die wahre Würde des Menschen nicht durch Fehlinterpretationen zu Schaden kommt. Im Islam spielt Gerechtigkeit in verschiedenen Bereichen eine bedeutende Rolle, angefangen bei individueller Gerechtigkeit bis zur Gerechtigkeit im Bereich von Ethik und Moral, Philosophie, Gesellschaft, Wirtschaft und Kultur.

Was hinsichtlich der überlieferten Verhaltensweisen des Propheten und anderer herausragender Persönlichkeiten des Islams auffallend ist, sind überlieferte Eigenschaften wie Milde, Umgänglichkeit, freundliches Verhalten und Toleranz; Eigenschaften, die in allen Buchreligionen und speziell im Islam betont werden und auf die im Koran in verschiedenen Versen hingewiesen wird, wie zum Beispiel in Sure 7 (al-A'raf | 7:199). Hier werden drei Grundzüge freundlichen Verhaltens beschrieben. Die erste Regel, die als allgemeine Empfehlung im Umgang gilt und auf die mehrere Verse hinweisen (al-i-Imran | 3:159; at-Tauba | 9:6; Asch-Schuara | 26:215), ist das Verzeihen einschließlich des Verzeihens von Fehlern und entsprechender Milde. Dies muss sich sowohl in der Sprache als auch im Handeln zeigen. Die zweite wichtige Eigenschaft auf dem Wege zu tadellosem Verhalten ist die Aufforderung zu guten Taten, indem man positiv auf andere reagiert und sie zu Gutem anhält, was ausführlich im Vers 104 der Sure 3 (Al-Imran) beschrieben wird: „Es sollte unter euch eine Gemeinschaft sein, die zum Rechten auffordert und das Gute gebietet und das Böse verwehrt. Diese allein sollen Erfolg haben." (Al-i-Imran | 3:104)

Die letzte wichtige Eigenschaft betrifft die Art und Weise, wie mit Menschen umgegangen werden soll, die ignorant und unwissend sind, sich auf ihre Unwissenheit etwas einbilden, immun gegen jegliche Aufforderung zur Besserung sind und sich nicht belehren lassen. Mit solchen Menschen soll nicht diskutiert oder gar gestritten werden, weil hier keine Aussicht auf Erfolg besteht. Vielmehr sollen diese Menschen sich selbst überlassen werden. Der Koran stellt jedoch noch eine weitere Gruppe vor, die nämlich andere Menschen zur Leugnung der Wahrheit zwingt und zu Schlechtem verleitet. Hier sagt der Koran eindeutig, dass solchen Menschen nicht gehorcht werden darf, da sie nicht nur selbst auf dem falschen Wege sind, sondern auch andere auf den falschen Weg führen wollen. Für das Heil des Menschen wird im Koran empfohlen, solchen Personen nicht zu gehorchen.[16]

Der Prophet hat von Gott den Auftrag bekommen, sich den Dienern Gottes

---

[16] Und folge nicht den Lügnern.

gegenüber mild, freundlich, umgänglich und gütig zu verhalten.[17] Genau den gleichen Auftrag erhielt der Prophet Jesus (a.), nämlich ein Mensch der Gnade, der Freundlichkeit, des Verzeihens und der Nachsicht zu sein.[18] Dem Propheten Moses (a.) wurde von Gott nahegelegt: „Oh Musa sei gnädig und freundlich zu den Menschen, die weniger Ansehen haben als du und sei nicht neidisch auf diejenigen, die einen höheren Rang haben als du.“[19] Somit gehören ein freundlicher, milder und gütiger Umgang zu den explizit vom Islam empfohlenen Eigenschaften wie Milde, Sanftmut und die Großherzigkeit, absichtlich Fehler der anderen zu übersehen; dazu das Verzeihen von Fehlern anderer sowie Geduld und Ausdauer.

Auch die Vernunft legt einen milden und sanften Umgang als wichtiges Prinzip des sozialen Miteinanders nahe. In den Überlieferungen (Hadithe) werden diejenigen, die Milde und Sanftmut an den Tag legen, als die vernünftigsten Menschen dargestellt.[20] Der Gläubige besitzt diese Eigenschaften gar als Basis der Vernunft[21] und als Fundament der Weisheit.[22] Ein gutes Verhalten ist im Islam so wichtig, dass der Prophet gerade um dieser Eigenschaften willen für sein Amt erwählt wurde. Von ihm selbst sind die Worte überliefert: „Ich bin herabgesandt worden, um einen freundlichen, gütigen und sanften Umgang zu verbreiten.“[23] Er weiß, dass es sein ganz besonderer Auftrag ist, sich den Menschen gegenüber freundlich zu verhalten.[24] An einer anderen Stelle findet sich der Befehl des guten Umgangs in unmittelbarer Nachbarschaft zu dem Befehl, die göttliche Botschaft zu verbreiten.[25] Ein freundlicher Umgang wird nicht nur mit Muslimen, sondern auch mit Anhängern anderer monotheistischer Religionen und sogar mit Polytheisten empfohlen.

Der Prophet hat die Methode des guten Umgangs zum Schutz der menschlichen Würde ausgesucht. Der Islam betont, dass die Würde und die Größe des Menschen schützenswerte Güter sind. Doch es gibt Menschen, die andere in ihrer Entwicklung und Entfaltung behindern und dabei auch nicht vor Gewalt

---

17 *Scheich Saduq*, Al-Itiqadat, 84.
18 *Kulaini*, Arausa minal Kafi, Bd. 8, 134.
19 *Kulaini*, Arausa (Anm. 18), 45.
20 Bihar-ul-Anwar, B. 75, 52.
21 Bihar-ul-Anwar (Anm. 20), Bd. 77, 147.
22 Ghurar-ul-Hikam; Rasul Hikma; Madarahunas.
23 Jami'-us-Saqir, Bd. 1, 486.
24 Tuhaf-ul-Uqul, 48.
25 Mishkat-ul-Anwar, 117.

zurückschrecken. In der Geschichte der Menschheit sieht man allenthalben, wie machthungrige und herrschsüchtige Menschen anderen Völkern ihren Willen und ihre Sitten aufgezwungen haben. Hier bewirkt der milde Umgang mit solch gewalttätigen Menschen allerdings, dass die Gesellschaft ihr eigentliches Ziel aus den Augen verliert und sich Armut, Unterdrückung und Diskriminierung verbreiten. In diesem Falle teilt sich die Gesellschaft in zwei Schichten, nämlich die der Herrschenden und die der Unterdrückten, und hier werden dann die Menschenrechte unter den Teppich gekehrt. Daher schränken sogar diejenigen, die eigentlich die absolute individuelle Freiheit befürworten, ihre Aussage insofern ein, dass die Grenzen dieser Freiheit da sind, wo die Freiheit des anderen beginnt. Wo göttliches Recht oder die Menschenrechte mit Füßen getreten werden, Gerechtigkeit und Vernunft Schaden erleiden und die Menschen unterdrückt werden, ist daher Nachsicht nicht am Platze, sondern gilt aus islamischer Sicht sogar als Schwäche im Glauben. Stattdessen muss gemäß der menschlichen Pflicht gegenüber Gott für den Schutz seiner Gesetze und der Menschenrechte gehandelt werden.

Der Islam empfiehlt den freundlichen Umgang, ob innerhalb familiärer Beziehungen, im Rahmen von Beziehungen zu Freunden und sogar für Beziehungen zu Feinden. Im Koran wird das Pflegen von guten Beziehungen als wichtige göttliche Regel bezeichnet, die für alle Menschen gilt (al-Baqara | 2:83: „Und seid zu den Menschen freundlich!“). Allama Tabatabai schreibt in seiner Koraninterpretation über Vers 83 der Sure Baqara (al-Baqara | 2:83), dass ein richtiger Muslim jemand sei, der einen guten Umgang pflege und dort Nachsicht übe, wo es empfohlen wurde, aber dort, wo das Gesetz Gottes oder die Menschenrechte in Gefahr sind, ist Nachsicht nicht am Platze.

5. Schlussfolgerungen

Leider wird besonders in der letzten Zeit der Islam von manchen als Religion der Gewalt dargestellt, und nicht wenige Filme bemühen dieses Stereotyp. Dies zeigt allerdings, dass den jeweiligen Autoren die Grundlehren und Hauptziele des Islam nicht bekannt sind, nämlich der Schutz der menschlichen Würde. Dementsprechend ist es die Aufgabe der Gelehrten und gebildeten Theologen, die Gesellschaften zur Religion und zu den religiösen Wahrheiten zurückzuführen, damit durch die religiösen Lehren und durch die göttlichen Befehle die Menschen in den Genuss der wahren Lehren der Religion kommen und folgerichtig Glückseligkeit im Diesseits und im Jenseits genießen und bereits hier die Erfahrung von Harmonie und dem Paradies auf Erden machen können.

Diese geistig-seelische Veränderung kann nur stattfinden, wenn sowohl den Religionen als auch ihren Propheten der nötige Respekt gezollt wird, und deshalb muss denjenigen, die das in den Schmutz ziehen, was anderen heilig ist, und die himmlischen Propheten schmähen, durch verständliche und vernünftige Argumentationen klargemacht werden, dass ihr Handeln sinnwidrig, unvernünftig und nicht rechtschaffen ist und niemals mit solchen Methoden eine Gesellschaft von Religion und Religiosität getrennt werden kann.

Gerade diese abstoßenden Methoden bewirken eine Zunahme des Wunsches nach der Wahrheit. Die bisherigen Leugner täten also besser daran, zu sich zu kommen und den Boden für die Verwirklichung der Ziele der von Gott berufenen Propheten zu ebnen.

Ich hoffe, dass diese Konferenz dazu beitragen wird, die Menschen einander näher zu bringen. Gleichzeitig möchte ich der Hoffnung Ausdruck verleihen, dass diese Konferenz deutlich gemacht hat, dass sowohl die Religionen als auch die Propheten Gottes Respekt verdienen. Wir alle tragen den Wunsch in uns, dass die Welt eines Tages zu einem Ort des Friedens, der Gerechtigkeit, der Sicherheit und der Vernunft wird und dass wir selbst Zeugen davon werden, dass jede Art von Unterdrückung, Unrecht, Diskriminierung und Ungerechtigkeit verschwindet und sich alle Freunde der Gerechtigkeit und Spiritualität miteinander verbünden und somit mit Liebe zur Wahrheit die Glückseligkeit für das Diesseits und Jenseits vorbereiten.

Zur Gewaltdebatte in der klassischen und modernen Koranexegese

Omar Hamdan

> Μὴ νομίσητε ὅτι ἦλθον βαλεῖν εἰρήνην ἐπὶ τὴν γῆν· οὐκ ἦλθον βαλεῖν εἰρήνην ἀλλὰ μάχαιραν.
>
> *„Denkt nicht, ich sei gekommen, um Frieden auf die Erde zu bringen. Ich bin nicht gekommen, um Frieden zu bringen, sondern das Schwert."*
>
> Matthäus 10,34

Abstract

Der Koran spricht sowohl vom Frieden als auch vom Krieg. Dabei stellt sich die Frage: Wie ist das Verhältnis von Aussagen über Frieden und Krieg zueinander? Von den 500 rechtsverbindlichen Koranversen, die knapp ein Sechstel des gesamten Korans ausmachen, befassen sich lediglich zwei Verse zentral mit den Themen Kämpfen und Töten, nämlich *āyat al-sayf* (der Vers des Schwertes, Q. 9:5) und *āyat al-qitāl* (der Vers des Kämpfens, Q. 9:29). Die Verse, die zu Frieden, Vergebung, Offenheit, Toleranz und Wahrnehmung des anderen aufrufen, haben dagegen eine viel stärkere Präsenz. Wie kann es trotzdem zu der Meinung kommen, dass solche Verse im Koran kaum vertreten seien? Der Grund dafür liegt in der Auslegung dieser Verse: Mehrere Korankommentatoren vertreten den Standpunkt, dass *āyat al-sayf* 124 Stellen in 52 Suren sowie *āyat al-qitāl* acht Stellen in sieben Suren abrogiert habe. Die meisten Verse, deren Rechtsverbindlichkeit dadurch aufgehoben wurde, gehören zu den Friedensversen. Durch Missbrauch und Fehlinterpretationen der Abrogationslehre haben die beiden genannten Verse ein Übergewicht über die Verse des Friedens, der Vergebung und der Toleranz gewonnen. Dieses Vorgehen löste eine Reihe von Diskussionen und Reaktionen aus; am weitestgehenden waren Versuche, die Abrogation abzuschaffen, um den Versen des Friedens erneut Gewicht zu verleihen und die zwei Verse des Kämpfens und Tötens zu neutralisieren. Beide Positionen sind problematisch, sie zeigen kein objektives, realistisches Verständnis der koranischen Botschaft, deren Rechtsverbindlichkeit immer auch an eine konkrete Situation gebunden ist.

1. Vorbemerkungen

Niemand würde wohl ernsthaft versuchen, das oben stehende Matthäus-Wort aus dem Kontext des Evangeliums herauszureißen und Jesu Botschaft damit eine besondere Gewaltbereitschaft zu unterstellen. Ein solcher Schritt müsste nämlich zwangsläufig bedeuten, eine der beeindruckendsten Passagen des Neuen Testaments zu ignorieren, deren moralische Maximen das Christentum im Grunde transzendieren: die *Bergpredigt* (Mt 5–7). Außerdem sähe man sich genötigt, auch das Christusbild, welches die übrigen 25 Kapitel des Evangeliums entfalten, vollständig aus der Betrachtung herauszunehmen. Das Ergebnis wäre eine absolut haltlose These. Man kann nicht einen *einzigen* Satz 1069 anderen im Matthäus-Evangelium gegenüberstellen; schon gar nicht, wenn es sich dabei um eine mehrdeutige Aussage handelt, welcher zahlreiche andere – wie etwa das Gebot der Feindesliebe (Mt 5,43–48) – entgegenstehen.

Ähnliches lässt sich hinsichtlich des Koran feststellen. Es trifft zu, dass der Koran nicht allein vom Frieden spricht, sondern auch Verse enthält, die von Krieg und Gewalt berichten. In welchem Verhältnis stehen diese Koranstellen jedoch zueinander? Um diese Frage angemessen beantworten zu können, gilt es zunächst zu unterscheiden, welche der einschlägigen Verse rein narrativer Natur sind und welche wiederum normative Relevanz besitzen (können). Der Koran umfasst insgesamt 6236 Verse. Nur etwa 500 davon, also weniger als ein Zehntel, sind von rechtlicher Bedeutung. Unter diesen immerhin noch recht zahlreichen Versen lassen sich allerdings nur zwei Stellen ausmachen, die sich ganz zentral mit dem Sachverhalt des Kämpfens und Tötens auseinandersetzen. Beide Verse tauchen in der 9. Sure (*sūrat at-tawba*, dt. „Die Reue“) auf, deren Offenbarung zu einem für die islamische Urgemeinde äußerst kritischen Augenblick erfolgt: Der Prophet Muḥammad (st. 632) und die Muslime von Medina hatten in der kürzlich zurückliegenden Schlacht bei Uḥud eine verheerende Niederlage gegen die Mekkaner erleiden müssen. Bei den Gläubigen machten sich nun

Zweifel dahingehend breit, ob Allāh sein Versprechen halten und der islamischen Sache zum Sieg verhelfen würde. Die 9. Sure des Koran, die im Übrigen als einzige nicht mit der sogenannten *basmala* – also der Segensformel (*bi-smi llāhi r-raḥmāni r-raḥīmi*, dt. „im Namen Allāhs, des Erbarmers, des Barmherzigen“) – eingeleitet wird, setzt sich intensiv mit diesen Glaubenszweifeln der Muslime sowie ihrer mangelnden Kampfbereitschaft auseinander. Der Kleinglaube vieler Gemeindemitglieder sowie ihre fehlende Loyalität zum Propheten werden letzten Endes für die Niederlage bei Uḥud verantwortlich gemacht. Kurz: Es ist eine empfindliche Zeit der Anfechtung und Prüfung der Frühgemeinde, in deren Kontext die 9. Sure herabgesandt wird. Soviel zum Vorverständnis.

2. Zwei Verse zur Aushebelung der übrigen koranischen Weisungen?

Die beiden Verse, die für die nachfolgende Betrachtung von Belang sein werden, sind der sogenannte „Schwertvers“ (ar. *āyat as-sayf*) in 9:5 sowie der „Kampfvers“ (ar. *āyat al-qitāl*) in 9:29. Während sich Ersterer auf das Verhältnis zu den heidnischen Mekkanern bezieht (insbesondere als Reaktion auf ihr offensives und gewalttätiges Vorgehen gegen die Muslime), betrifft letzterer Vers Juden und Christen. Wie wir weiter unten sehen werden, wird 9:29 im Vergleich zu 9:5 nur äußerst selten als Argumentationsgrundlage für eine kriegerische Haltung gegen Juden und Christen ins Feld geführt. Die beiden Verse lauten wie folgt:

> *(fa-iḏā -nsalaḫa l-ašhuru l-ḥurumu, fa-qtulū l-mušrikīna, ḥaiṯu waǧadtumūhum, wa-ḫuḏūhum wa-ḥṣurūhum wa-q'udū la-hum kulla marṣadin! fa-in tābū wa-aqāmū ṣ-ṣalāta wa-ātawu z-zakāta, fa-ḫallū sabīlahum! inna l-Lāha ġafūrun raḥīmun.) [Q. 9:5]*
>
> *„Wenn nun die Schutzmonate abgelaufen sind, dann tötet die Götzendiener, wo immer ihr sie findet, ergreift sie, belagert sie und lauert ihnen aus jedem Hinterhalt auf! Wenn sie aber bereuen, das Gebet verrichten und die Abgabe entrichten, dann lasst sie ihres Weges ziehen! Gewiss, Allah ist allvergebend und barmherzig.“*

> *(qātilū l-laḏīna lā yu'minūna bil-Lāhi wa-lā bil-yawmi l-āḫiri wa-lā yuḥarrimūna mā ḥarrama l-Lāhu wa-rasūluhū wa-lā yadīnūna dīna l-haqqi mina l-laḏīna utū l-kitāba ḥattā yu'ṭū l-ǧizyata 'an yadin wa-hum ṣāġirūna!) [Q. 9:29]*
>
> *„Kämpft gegen diejenigen, die nicht an Allah und nicht an den Jüngsten Tag glauben und nicht verbieten, was Allah und Sein Gesandter verboten haben, und nicht die Religion der Wahrheit befolgen – von denjenigen, denen die Schrift gegeben wurde –, bis sie den Tribut aus der Hand entrichten und gefügig sind!“*

Diese beiden Textstellen sprechen eine deutliche Sprache und werden von Islamkritikern dementsprechend nicht selten als Belege für ein religiöses Gewaltpotenzial von Muslimen angeführt, welches gewissermaßen bereits im Koran selbst begründet sei. Auch der unbefangene Leser mag diese Verse bestenfalls als befremdlich empfinden, wenn er sie losgelöst vom großen Rest der koranischen Offenbarung betrachtet. Dass Exegese vor allem heiliger Texte nicht auf diese Weise vonstatten gehen kann, versteht sich von selbst. Die Entstehung des weitverbreiteten Bildes vom Koran als einer „Lektüre des Schreckens", wie es der deutsche Publizist Ralph Giordano (geb. 1923) einmal polemisch ausdrückte[1], lässt sich allerdings nicht gänzlich auf islamophobe Propaganda zurückführen. Auch unter den islamischen Gelehrten haben es in der Vergangenheit einige verstanden, den Koran sehr einseitig auszulegen.

Die Antwort auf diese eindimensionale Wahrnehmung der koranischen Offenbarung dürfte demnach auch in der muslimischen Auslegung der genannten Verse zu suchen sein. Durch Missbrauch und Fehlinterpretation der koranischen Abrogationslehre[2] haben mehrere Korankommentatoren den beiden oben genannten Textstellen ein Übergewicht gegenüber denjenigen Versen gegeben, die Frieden, Vergebung und Toleranz predigen. Und Verse dieser Art gibt es in der Tat sehr viele, wie die folgenden Wortbelege veranschaulichen. Während der Begriff *ḥarb* (dt. „Krieg") beispielsweise nur viermal im Koran auftaucht [vgl. 2:279, 5:64, 8:57, 47:4], kommt das Wort *salām* (dt. „Frieden") an 42 verschiedenen Stellen vor, in morphologischen Ableitungen dazu sogar weitere siebenmal, d. h. viermal (*salam*), zweimal (*salm*) und einmal (*silm*). Weitere Beispiele sind (teilweise abgewandelt erscheinend): *maġfira* (dt. „Vergebung", 28-mal), *raḥma* (dt. „Barmherzigkeit", 114-mal), *ʿafw* (dt. „Verzeihung", 35-mal), *ṣafḥ* (dt. „Vergebung", sechsmal), *istiġfār* (dt. „Buße", 42-mal), *amn* (dt. „Sicherheit", fünfmal), *sakīna* (dt. „Seelenfrieden", sechsmal) und *iḥsān* (dt. „Wohltätigkeit", 21-mal).

---

[1] Am 16.08.2007 bezeichnete Giordano den Koran in einem offenen Brief an DITIB als „*Stiftungsurkunde einer archaischen Hirtenkultur*" (vgl. http://www.focus.de/politik/deutschland/ralph-giordano_aid_70018.html).

[2] Zu dieser Lehre s. *Muḥammad ʿAbd al-ʿAẓīm az-Zurqānī*, Manāhil al-ʿirfān fī ʿulūm al-Qur'ān, Kairo 1373/1953, 2/173–270 (Kap. 14); *Fārūq Ḥamāda*, Madḫal ilā ʿulūm al-Qur'ān wat-tafsīr, Rabat, [1]1399/1979, 137–148 (Kap. 8); *Ṣubḥī aṣ-Ṣāliḥ*, Mabāḥiṯ fī ʿulūm al-Qur'ān, Beirut, [17]1988, 259–274 (Kap. 6); *Mannāʿ al-Qaṭṭān*, Mabāḥiṯ fī ʿulūm al-Qur'ān, Riad, [2]1408/1988, 231–244 (Kap. 14); auch *David S. Powers*, The Exegetical Genre nāsikh al-Qur'ān wa mansūkhuhu, in: *Andrew Rippin* (Ed.), Approaches to the History of the Interpretation of the Qur'ān, Oxford 1988, 117–138 und *John Burton*, The Sources of Islamic Law: Islamic Theories of Abrogation, Edinburgh 1990.

Trotz der beachtlichen zahlenmäßigen Dominanz von Versen, die zu Frieden, Vergebung, Offenheit und Wahrnehmung des anderen aufrufen, haben manche muslimische Gelehrte den Versen 9:5 und 9:29 zu besonderer Prominenz verholfen, wie wir gleich sehen werden. Die „Karriere" des *āyat as-sayf* lässt sich anhand der folgenden Tabelle gut verdeutlichen. Sie zeigt die Koranstellen, welche der mittelalterliche Korankommentator Ibn al-Bārizī (st. 738/1334) kraft der Verse 9:5 und 9:29 für abrogiert erachtete. Abrogation bedeutet im koranischen Kontext eine vorübergehende oder dauerhafte Aufhebung bestimmter Verse bzw. ihrer Gültigkeit.

2.1 Die abrogierten Koranstellen in Ibn al-Bārizīs Nāsiḫ al-Qur'ān al-'azīz wa-mansūḫuhu

Bevor wir uns der Tabelle zuwenden, seien an dieser Stelle noch einige Werke aus dem 8. bis 14. Jahrhundert n. Chr. genannt:

Verfasser	Titel des Werkes	Ort und Erscheinungsjahr
Qatāda b. Di'āma (st. 118/736)	*Kitāb an-nāsiḫ wal-mansūḫ fī kitāb Allāh ta'ālā*	Beirut ^{3}1405/1985
Az-Zuhrī (st. 124/742)	*An-nāsiḫ wal-mansūḫ*	Beirut ^{3}1405/1985
Abū 'Ubayd (st. 224/838)	*An-nāsiḫ wal-mansūḫ fī l-Qur'ān al-'azīz wa-mā fīh min al-farā'iḍ was-sunan*	Riyadh ^{1}1410/1990
Abū 'Abd Allāh Muḥammad Ibn Ḥazm (st. um 320/933)	*An-nāsiḫ wal-mansūḫ fī l-Qur'ān al-karīm*[3]	Beirut ^{1}1406/1986
An-Naḥḥās (st. 338/950)	*an-nāsiḫ wal-mansūḫ fī kitāb Allāh 'azza wa-ǧalla wa-ḫtilāf al-'ulamā' fī ḏālik*	Riyadh ^{1}1430/2009

[3] In diesem Werk behauptet der Verfasser beispielsweise, dass alle Koranstellen, die sich auf die Meidung jedweden Umgangs mit den Paganen (*al-i'rāḍ 'ani l-mušrikīn*) bezögen, durch den Schwertvers (9:5) abrogiert worden seien. Es handele sich also um 114 abrogierte Stellen in insgesamt 48 Suren (vgl. § 4, 12–18).

Ibn Salāma (st. 410/1019)	*An-nāsiḫ wal-mansūḫ*	Kairo ^{2}1387/[1967]
ʿAbd al-Qāhir al-Baġdādī (st. 429/1037)	*An-nāsiḫ wal-mansūḫ*	Amman 1407/1987
Makkī al-Qaysī (st. 437/1045)	*Al-Īḍāḥ li-nāsiḫ al-Qur'ān wa-mansūḫih wa-ma'rifat usūlih wa-ḫtilāf an-nās fīh*[4]	Jedda ^{1}1406/1986
Ibn al-ʿArabī (st. 543/1146)	*An-nāsiḫ wal-mansūḫ fī l-Qur'ān al-karīm*	[Kairo] 1413/1992
Ibn al-Ǧawzī (st. 597/1201)	*Nawāsiḫ al-Qur'ān*[5]	Beirut ^{1}1422/2001
Šuʿla (st. 656/1258)	*Ṣafwat ar-rāsiḫ fī 'ilm an-nāsiḫ wal-mansūḫ*	Kairo ^{1}1415/1995
Ibn al-Bārizī (st. 738/1338)	*Nāsiḫ al-Qur'ān al-'azīz wa-mansūḫuh*	Beirut ^{3}1405/1985

Interessanterweise lässt sich im Zusammenhang mit diesen Werken feststellen, dass der Umfang bzw. die Zahl der Abrogationsfälle mit der Zeit dramatisch ansteigt. Dieser Trend beginnt bei Qatāda b. Diʿāma (st. 118/736), einem basrischen Exegeten und Traditionarier, der in einem ihm zugeschriebenen Traktat über die Abrogationslehre im Koran 42 aufgehobene Stellen behandelt.[6] Darunter werden seiner Ansicht nach elf Stellen durch den „Schwertvers" (9:5)[7] und nur drei weitere durch den „Kampfvers" (9:29)[8] abrogiert. Eine Generation später lässt sich beobachten, dass die Zahl solcher Koranstellen wächst, wie zum Beispiel bei Muqātil b. Sulaymān (st. 150/767), einem der frühen Korankommentatoren, welcher in seinem großen *Tafsīr*-Werk 44 abrogierte Stellen anführt

---

[4] In *Al-Īḍāḥ li-nāsiḫ al-Qur'ān* diskutiert der Verfasser insgesamt 247 Koranstellen, die seinerzeit als abrogiert „gehandelt" werden. Er kommt dabei zu dem Ergebnis, dass lediglich in 62 dieser Fälle eine tatsächliche Aufhebung stattgefunden habe.

[5] In diesem Werk setzt sich der Verfasser mit 200 Koranstellen auseinander, die zu jener Zeit für aufgehoben erachtet wurden, wobei er an den meisten Stellen die Abrogation widerlegt und nur wenige zur Kategorie des *mansūḫ* zählt (vgl. seine Einleitung, 25).

[6] *Kitāb an-nāsiḫ wal-mansūḫ fī kitāb Allāh ta'ālā,* 36–53.

[7] *Kitāb an-nāsiḫ wal-mansūḫ fī kitāb Allāh ta'ālā,* 37 (9:5 > 2:191 u. 2:217), 43–44 (9:5 > 4:90 u. 5:2), 45 (9:5 > 6:70), 45–46 (9:5 > 8:61), 48 (9:5 > 45:14), 50 (9:5 > 47:4) u. 52 (9:5 > 60:10/10/11).

[8] *Kitāb an-nāsiḫ wal-mansūḫ fī kitāb Allāh ta'ālā,* 36–37 (9:29 > 2:109), 44–45 (9:29 > 5:13), 48 (9:29 > 29:46).

(16 davon verdrängt durch den „Schwertvers“).[9] Auf die Spitze treibt diese Tendenz allerdings der bereits genannte Ibn al-Bārizī, der in seinem Werk über die koranische Abrogationslehre insgesamt 249 Stellen angibt.[10] Etwa die Hälfte dieser Stellen wird mit Vers (9:5)[11], einige weitere werden mit (9:29)[12] in Verbindung gebracht. Werfen wir darauf nun einen näheren Blick:

Nr.	*Abrogierte Koranstellen*	*Deutsche Übersetzung*	*Abrogierende Verse*
1	2:83	(Und sagt Gutes zu den Menschen)	*āyat al-sayf*
2	2:139	(Für uns sind unsere Werke und für euch eure Werke)	*āyat al-sayf*
3	2:190	(Und kämpft auf Allahs Weg gegen diejenigen, die gegen euch kämpfen, doch übertretet nicht! Allah liebt nicht die Übertreter.)	*āyat al-sayf*
4	2:191	(Kämpft jedoch nicht gegen sie bei der geschützten Gebetsstätte, bis sie dort (zuerst) gegen euch kämpfen.)	*āyat al-sayf*
5	2:217	(Sag: In ihm (i.e. dem heiligen Monat) zu kämpfen ist schwerwiegend: Aber von Allahs Weg abzuhalten – und Ihn zu verleugnen –, und von der geschützten Gebetsstätte [abzuhalten] und deren Anwohner von ihr vertreiben, ist [noch] schwerwiegender bei Allah.)	*āyat al-sayf*
6	2:256	(Es gibt keinen Zwang im Glauben.)	*āyat al-sayf*
7	2:109	(Doch verzeiht und seid nachsichtig, bis Allah mit Seiner Anordnung kommt.)	*āyat al-qitāl*
8	2:190	(doch übertretet nicht! Allah liebt nicht die Übertreter.)	*2:194, 9:36 u. āyat al-sayf*
9	3:20	(Kehren sie sich aber ab, so obliegt dir nur die Übermittlung [der Botschaft].)	*āyat al-sayf*
10	3:28	(es sei denn, daß ihr euch [durch dieses Verhalten] vor ihnen wirklich schützt.)	*āyat al-sayf*

[9] *'Abd al-Lāh Maḥmūd Šaḥātah*, 'Ulūm al-Qur'ān, Kairo 2002, 360.

[10] Vgl. dessen Werk *Nāsiḫ al-Qur'ān al-'azīz wa-mansūḫuh* (23), „*fa-ğumltu l-mawāḍi'i l-mansūḫati mi'atāni wa-tis'atun wa-arba'ūna mawḍi'an*“.

[11] Exakt 114 abrogierte Stellen in 52 Suren, vgl. *Nāsiḫ al-Qur'ān al-'azīz wa-mansūḫuh* (22), „*nusiḫa bi-hā mi'atun wa-arba'ata 'ašra mawḍi'an fī -ṯnataini wa-ḫamsīna sūratan*“.

[12] Genau acht abrogierte Stellen in sieben Suren, vgl. *Nāsiḫ al-Qur'ān al-'azīz wa-mansūḫuh* (23), „*nusiḫa bi-hā ṯamāniyatu mawāḍi'a fī sab'i suwarin*“.

11	3:111	(Sie werden euch keinen Schaden zufügen, außer Beleidigungen.)	*āyat al-qitāl*
12	3:120	(Wenn ihr aber geduldig seid und gottesfürchtig,)	*āyat al-qitāl*
13	4:63	(So wende dich von ihnen ab und ermahne sie)	*āyat al-sayf*
14	4:80	(und wer sich abkehrt, – so haben Wir dich nicht als Hüter über sie entsandt.)	*āyat al-sayf*
15	4:81	(So wende dich von ihnen ab)	*āyat al-sayf*
16	4:84	(du wirst nur für dich selbst verantwortlich gemacht)	*āyat al-sayf*
17	4:88	(Was ist mit euch, daß ihr hinsichtlich der Heuchler (in) zwei Scharen [gespalten] seid,)	*āyat al-sayf*
18	4:90	(außer denjenigen, die sich einem Volk anschließen, zwischen dem und euch ein Abkommen besteht,)	*āyat al-sayf*
19	4:91	(Ihr werdet andere finden, die vor euch Sicherheit und vor ihrem [eigenen] Volk Sicherheit wollen.)	*āyat al-sayf*
20	5:2	(noch die, die das geschützte Haus aufsuchen, indem sie nach Huld von ihrem Herrn trachten und nach Wohlgefallen.)	*āyat al-sayf*
21	5:99	(Dem Gesandten obliegt nur die Übermittlung (der Botschaft).)	*āyat al-sayf*
22	5:13	(Aber verzeihe ihnen und übe Nachsicht.)	*āyat al-qitāl*
23	6:66	(Sag: Ich bin nicht als Sachwalter über euch [eingesetzt].)	*āyat al-sayf*
24	6:91	(Sodann lass sie mit ihren ausschweifenden Gesprächen ihr Spiel treiben.)	*āyat al-sayf*
25	6:104	(Wer einsichtig wird, der ist es zu seinem eigenen Vorteil, und wer blind ist, der ist es zu seinem eigenen Nachteil. Und ich bin nicht Hüter über euch.)	*āyat al-sayf*
26	6:106	(Und wende dich von den Götzendienern ab!)	*āyat al-sayf*
27	6:107	(Und Wir haben dich nicht zum Hüter über sie gemacht, noch bist du [als] Sachwalter über sie [eingesetzt].)	*āyat al-sayf*
28	6:108	(Und schmäht nicht diejenigen, die sie außer Allah anrufen, damit sie nicht in Übertretung ohne Wissen Allah schmähen!)	*āyat al-sayf*
29	6:112/ 137	(so lass sie [stehen] mit dem, was sie an Lügen ersinnen) / (so lass sie [allein] mit dem, was sie an Lügen ersinnen –)	*āyat al-sayf*
30	6:135	(Sag: O mein Volk, handelt nach eurer Stellung [d. h., wie es euch eure Stellung erlaubt]!)	*āyat al-sayf*

31	6:158	(Sag: Wartet ab! Wir warten ebenfalls ab.)	*āyat al-sayf*
32	6:159	(Gewiß, mit denjenigen, die ihre Religion spalteten und zu Lagern geworden sind, hast du nichts gemein: Ihre Angelegenheit steht [allein] bei Allah.)	*āyat al-sayf*
33	6:70	(Und lass diejenigen allein, die ihre Religion zum Gegenstand des Spiels und der Zerstreuung nehmen)	*āyat al-qitāl*
34	7:183	(Und Ich gewähre ihnen Aufschub.)	*āyat al-sayf*
35	7:199	(und wende dich von den Toren ab!)	*āyat al-sayf*
36	8:61	(Und wenn sie sich dem Frieden zuneigen, dann neige auch du dich ihm zu)	*āyat al-qitāl*
37	10:20	(So wartet ab! Ich gehöre mit euch zu denjenigen, die abwarten.)	*āyat al-sayf*
38	10:41	(Und wenn sie dich der Lüge bezichtigen, dann sag: Für mich ist mein Tun, und für euch ist euer Tun.)	*āyat al-sayf*
39	10:46	(Ob Wir dich nun einen Teil dessen, was Wir ihnen androhen, sehen lassen oder dich [vorher] abberufen,)	*āyat al-sayf*
40	10:99	(Willst du etwa die Menschen dazu zwingen, gläubig zu werden?)	*āyat al-sayf*
41	10:102	(Haben sie denn etwas anderes zu erwarten als was den Tagen derer gleicht, die vor ihnen dahingegangen sind?)	*āyat al-sayf*
42	10:108	(Wer sich rechtleiten läßt, der ist nur zu seinem eigenen Vorteil rechtgeleitet.)	*āyat al-sayf*
43	10:109	(Und folge dem, was dir [als Offenbarung] eingegeben wird, und gedulde dich, bis Allah richtet! Er ist der Beste derer, die richten.)	*āyat al-sayf*
44	11:12	(Du aber bist nur ein Warner.)	*āyat al-sayf*
45	11:121–122	((121) Und sag zu denen, die nicht glauben: Handelt nach eurer Stellung, wir werden [ebenfalls so] handeln. (122) Und wartet ab, wir warten ebenfalls ab.)	*āyat al-sayf*
46	13:40	(so obliegt dir nur die Übermittlung [der Botschaft], und Uns obliegt die Abrechnung.)	*āyat al-sayf*
47	15:3	(Lass sie nur essen und genießen und sich durch (falsche) Hoffnung ablenken. Sie werden [es noch] erfahren.)	*āyat al-sayf*
48	15:85	(So übe schöne Nachsicht.)	*āyat al-sayf*

49	15:88	(Richte ja nicht deine Augen auf das, was Wir manchen von ihnen paarweise als Nießbrauch gewähren. Und sei nicht traurig über sie: Und senke deine Flügel für die Gläubigen,)	*āyat al-sayf*
50	15:89	(und sag: Ich bin ja der deutliche Warner.)	*āyat al-sayf*
51	15:94	(und wende dich von den Götzendienern ab.)	*āyat al-sayf*
52	16:82	(Wenn sie sich abkehren, so obliegt dir nur die deutliche Übermittlung [der Botschaft].)	*āyat al-sayf*
53	16:125	(und streite mit ihnen in bester Weise.)	*āyat al-sayf*
54	16:127	(Sei standhaft; deine Standhaftigkeit ist nur durch Allah (möglich).)	*āyat al-sayf*
55	17:54	(Und Wir haben dich nicht als Sachwalter über sie gesandt.)	*āyat al-sayf*
56	19:39	(Warne sie vor dem Tag der gramvollen Reue,)	*āyat al-sayf*
57	19:75	(Sag: Wer sich im Irrtum befindet, den möge der Allerbarmer lange darin verharren lassen.)	*āyat al-sayf*
58	19:84	(So wünsche nichts gegen sie zu beschleunigen;)	*āyat al-sayf*
59	20:130	(So ertrage standhaft, was sie sagen,)	*āyat al-sayf*
60	20:131	(Und richte deine Augen nur auf das, was Wir manchen von ihnen, paarweise als Nießbrauch gewähren – den Glanz des diesseitigen Lebens –)	*āyat al-sayf*
61	20:135	(Sag: Jeder wartet ab; so wartet auch (ihr) ab.)	*āyat al-sayf*
62	22:49	(Sag: O ihr Menschen, ich bin euch nur ein deutlicher Warner.)	*āyat al-sayf*
63	22:68	(Und wenn sie [doch] mit dir streiten, dann sag: Allah weiß sehr wohl, was ihr tut.)	*āyat al-sayf*
64	23:54	(So lasse sie in ihrer Verwirrung für eine gewisse Zeit)	*āyat al-sayf*
65	23:96	(Wehre mit dem, was besser ist, das Böse ab.)	*āyat al-sayf*
66	24:54	(Doch wenn ihr euch abkehrt, dann obliegt ihm [i.e. dem Propheten] nur das, was ihm auferlegt ist, und euch obliegt, was euch auferlegt ist.)	*āyat al-sayf*
67	25:63	(Die Diener des Allerbarmers sind diejenigen, die maßvoll auf der Erde umhergehen und die, wenn die Toren sie ansprechen, sagen: „Frieden!")	*āyat al-sayf*
68	27:92	(Wer sich nun rechtleiten läßt, der ist nur zu seinem eigenen Vorteil rechtgeleitet. Und wenn einer irregeht, dann sag: Ich gehöre ja nur zu den Überbringern von Warnungen.)	*āyat al-sayf*

69	28:55	(Und wenn sie unbedachte Rede hören, wenden sie sich davon ab und sagen: „Wir haben unsere Taten und ihr habt eure Taten (zu verantworten). […])	*āyat al-sayf*
70	29:50	(Und ich bin nur ein deutlicher Warner.)	*āyat al-sayf*
71	29:46	(Und streitet mit den Leuten der Schrift nur in bester Weise,)	*āyat al-qitāl*
72	30:60/60	(So sei standhaft) / (Und diejenigen, die nicht überzeugt sind, sollen dich ja nicht ins Wanken bringen.)	*āyat al-sayf*
73	31:23	(Und wer ungläubig ist, dessen Unglaube soll dich nicht traurig machen.)	*āyat al-sayf*
74	32:30	(So wende dich ab von ihnen und warte ab; sie warten ebenfalls ab.)	*āyat al-sayf*
75	33:48	(beachte nicht die Beleidigungen, die sie dir zufügen)	*āyat al-sayf*
76	34:25	(Sag: Ihr werdet nicht danach befragt werden, was wir an Übeltaten begangen haben)	*āyat al-sayf*
77	35:23	(Du bist nur ein Warner.)	*āyat al-sayf*
78	36:76	(Ihre Worte sollen dich nicht traurig machen.)	*āyat al-sayf*
79	37:174–175	((174) So kehre dich für eine gewisse Zeit von ihnen ab (175) und sieh sie dir an.)	*āyat al-sayf*
80	37:178–179	((178) Und kehre dich für eine gewisse Zeit von ihnen ab (179) und sieh zu.)	*āyat al-sayf*
81	38:70	(Mir wird ja (als Offenbarung) eingegeben, dass ich nur ein deutlicher Warner bin.)	*āyat al-sayf*
82	38:17	(Ertrage standhaft, was sie sagen.)	*āyat al-sayf*
83	38:88	(Und ihr werdet die Kunde darüber ganz bestimmt nach einer gewissen Zeit erfahren.)	*āyat al-sayf*
84	39:15	(So dient nun, wem ihr wollt, anstatt Seiner.)	*āyat al-sayf*
85	39:39	(Sag: O mein Volk, handelt nach eurer Stellung, ich werde [ebenfalls so9 handeln.)	*āyat al-sayf*
86	39:41	(Wer sich nun rechtleiten läßt, der [tut das] zu seinem eigenen Vorteil; und wer in die Irre geht, der geht nur zu seinem eigenen Nachteil in die Irre.)	*āyat al-sayf*
87	40:55/77	(So sei standhaft)	*āyat al-sayf*
88	41:34	(Wehre mit einer Tat, die besser ist, [die schlechte] ab)	*āyat al-sayf*
89	42:6	(und du bist nicht ihr Sachwalter.)	*āyat al-sayf*

90	42:40	(Wer aber verzeiht und Besserung bringt, dessen Lohn obliegt Allah.)	*āyat al-sayf*
91	42:43	(Wahrlich, wenn einer standhaft erträgt und vergibt,)	*āyat al-sayf*
92	42:48	(Wenn sie sich nun abwenden, so haben Wir dich nicht als Hüter über sie gesandt.)	*āyat al-sayf*
93	42:15	(Uns unsere Werke und euch eure Werke. Es gibt keine [gemeinsame] Beweisgrundlage zwischen uns und euch.)	*āyat al-qitāl*
94	43:41	(Sollten Wir dich [vorher] fortnehmen, so werden Wir [doch] an ihnen Vergeltung üben.)	*āyat al-sayf*
95	43:83	(So lass sie ausschweifende Gespräche führen und ihr Spiel treiben, bis sie ihrem Tag begegnen, der ihnen angedroht ist.)	*āyat al-sayf*
96	43:89	(Übe Nachsicht mit ihnen und sag: „Friede!")	*āyat al-sayf*
97	44:10	(So erwarte den Tag, an dem der Himmel deutlichen Rauch hervorbringt.)	*āyat al-sayf*
98	44:59	(Warte nun ab; auch sie warten ab.)	*āyat al-sayf*
99	45:14	(Sag zu denjenigen, die glauben, sie sollen denjenigen vergeben, die nicht Allahs Tage erhoffen)	*āyat al-sayf*
100	50:39	(So ertrage standhaft, was sie sagen)	*āyat al-sayf*
101	50:45	(und du bist nicht als Gewalthaber über sie [eingesetzt].)	*āyat al-sayf*
102	51:54	(So kehre dich von ihnen ab; du bist (hierin) nicht zu tadeln.)	*āyat al-sayf*
103	52:31	(Sag: Wartet ab! Gewiss, ich gehöre mit euch zu denjenigen, die abwarten.)	*āyat al-sayf*
104	52:45	(Lass sie nur, bis sie ihrem Tag begegnen, an dem sie wie vom Donnerschlag getroffen zusammenbrechen werden.)	*āyat al-sayf*
105	52:48	(Sei standhaft gegenüber dem Urteil deines Herrn. Gewiß, du bist ja vor Unseren Augen.)	*āyat al-sayf*
106	53:29	(Lass nun ab von jemandem, der sich von Unserer Ermahnung abkehrt und nur das diesseitige Leben will.)	*āyat al-sayf*
107	54:6	(So kehre dich von ihnen ab.)	*āyat al-sayf*
108	60:8	(Allah verbietet euch nicht, gegenüber denjenigen, die nicht gegen euch der Religion wegen gekämpft und euch nicht aus euren Wohnstätten vertrieben haben, gütig zu sein und sie gerecht zu behandeln. Gewiss, Allah liebt die Gerechten.)	*āyat al-sayf*
109	68:44	(Lass Mich [allein] mit denjenigen, die diese Aussage für Lüge erklären;)	*āyat al-sayf*

110	68:48	(So sei standhaft in Bezug auf das Urteil deines Herrn.)	*āyat al-sayf*
111	70:5	(Darum sei standhaft in schöner Geduld.)	*āyat al-sayf*
112	70:42	(So lass sie nur ausschweifende Gespräche führen und ihr Spiel treiben, bis sie ihrem Tag begegnen, der ihnen angedroht ist,)	*āyat al-sayf*
113	73:10	(Und ertrage standhaft, was sie sagen, und meide sie auf schöne Weise.)	*āyat al-sayf*
114	73:11	(Und überlass die Leugner [der Botschaft] […] [ruhig] Mir)	*āyat al-sayf*
115	73:19	(Gewiss, dies ist eine Erinnerung; wer nun will, [der] nimmt [diesen] einen Weg zu seinem Herrn.)	*āyat al-sayf*
116	74:11	(Lass mich [allein] mit demjenigen, den Ich als Einsamen erschaffen habe)	*āyat al-sayf*
117	76:8	(und sie geben – obwohl man sie liebt – Speise zu essen einem Armen, einer Waisen und einem Gefangenen)	*āyat al-sayf*
118	76:29	(wer nun will, nimmt [diesen] einen Weg zu seinem Herrn.)	*āyat al-sayf*
119	86:17	(So lass den Ungläubigen noch Zeit; lass ihnen nur eine Weile Zeit.)	*āyat al-sayf*
120	88:22	(Du übst nicht die Oberherrschaft über sie aus.)	*āyat al-sayf*
121	109:6	(Euch eure Religion und mir meine Religion [d. h. ihr habt eure Religion (zu verantworten), und ich habe meine Religion (zu verantworten)].)	*āyat al-sayf*

3. Die beiden Gewaltverse und die Frage nach dem Geist der Offenbarung

Die Tabelle zeigt, dass laut Ibn al-Bārizīs Verständnis insgesamt 124 Koranverse in 52 Suren dem sogenannten „Schwertvers" (9:5) zum Opfer fallen. Der „Kampfvers" (9:29) abrogiert acht weitere Stellen, die in sieben Suren vorkommen. Fehlinterpretationen dieser Art versuchen offenbar bewusst, der koranischen Botschaft eine offensive (wenn nicht gar aggressive) Prägung zu geben, indem sie die überwiegende Mehrheit der friedfertigen Verse einfach ihrer rechtlichen Gültigkeit berauben. Lassen sich die übrigen Koranstellen aber überhaupt dauerhaft aushebeln, oder spricht nicht vielmehr die Gesamtheit der koranischen Offenbarung eine andere Sprache als die Verse 9:5 und 9:29? Tut man dem Geist des Gotteswortes selbst nicht Gewalt an, indem man diese zwei Stellen absolut setzt und ihnen eine universelle Anwendbarkeit zuspricht? Müssen die *āyat as-sayf* und *āyat al-qitāl* nicht im Zusammenhang mit ihrer speziellen Offenbarungssituation verstanden und ausgelegt werden?

Wie dem auch sei, die extrem einseitige Auslegung der Verse 9:5 und 9:29, wie sie beispielsweise von Ibn al-Bārizī (aber auch von anderen Gelehrten) betrieben worden ist, hat eine ganze Reihe von Diskussionen und Reaktionen in der islamischen Welt ausgelöst. Nicht wenige zeitgenössische Korangelehrte sehen sich aufgrund der zweifellos bestehenden Missbrauchsgefahr zu einer grundsätzlichen Ablehnung der Abrogationslehre (ar. *nasḫ*) veranlasst, wie etwa Aḥmad Ḥiǧāzī as-Saqā in *Lā nasḫa fī l-Qur'ān* (Kairo 1978), Aḥmad Ṣubḥī Manṣūr in *Lā nāsiḫa wa-lā mansūḫa fī l-Qur'ān* (ohne Erscheinungsort 1997) oder Ḥusām Rušdī al-Ġālī in *Bil-huǧǧati wal-burhāni lā nasḫa fī l-Qur'ān* (Kairo 2005).[13] Solche Bestrebungen, „problematische" Koranverse zu neutralisieren, um den friedliebenden Passagen des Korans wieder mehr Geltung zu verschaffen, sind allerdings ebenfalls kritisch zu betrachten. Es stimmt zwar, dass man – wie es der zeitgenössische ägyptische Religionsgelehrte Yūsuf al-Qaraḍāwī (geb. 1926) sinngemäß einmal in einem TV-Interview formulierte – nicht zulassen könne, dass der „Schwertvers" sich verselbständige und in der Tat wie ein Schwert den Korantext in Stücke schneide, dennoch kann man existierende Koranverse weder leichtfertig beseitigen noch auf ein derart erkenntnisreiches und wichtiges Werkzeug wie die Abrogationslehre verzichten.

Wer nicht die Gesamtheit der koranischen Botschaft zur Interpretationsgrundlage nimmt, kommt wohl auch zu keinen objektiven bzw. vertretbaren Ergebnissen. Man täte der koranischen Botschaft sicherlich Unrecht, würde man sie in die eine oder andere Richtung hin zuspitzen. Dadurch liefe man Gefahr, dem Koran seine universellen Qualitäten und somit auch seine Anpassungsfähigkeit an die jeweils gegebenen politischen und sozialen Umstände zu nehmen. Vielmehr scheint es erforderlich zu sein, jeden rechtlich relevanten Koranvers vor dem Hintergrund seiner Herabsendung zu betrachten und dann zu prüfen, ob er in der jeweiligen Situation der Auslegung zum Tragen kommt oder nicht. Demnach stellt die Abrogation eine wichtige Methode im Rahmen von Koranexegese und

---

[13] Zu dieser Gruppe gehören auch *Muḥammad al-Ġazālī*, Naẓarāt fī l-Qur'ān, Kairo, [5]1383/1963, 227–262; *'Abd al-Muta'āl Muḥammad al-Ǧabrī*, Lā nāsḫa fī l-Qur'ān: li-māḏā? Kairo [1]1400 und *'Abd al-Karīm al-Ḫaṭīb*, at-Tafsīr al-qur'ānī lil-Qur'ān, Kairo 1386–90/1967–70.

Rechtsfindung dar. Sie sollte weder aufgegeben noch übermäßig bzw. einseitig verwendet werden.

Zum besseren Verständnis der oben stehenden Tabelle soll abschließend noch eine grobe Chronologisierung der darin vorkommenden Verse vorgenommen werden. Damit soll versucht werden, die sich – im Laufe des Offenbarungszeitraums schrittweise – wandelnden Handlungsanweisungen des Korans an die Muslime zu veranschaulichen.

4. Versuch eines Phasenmodells der koranischen Offenbarung

4.1 Stadium 1 – Das schöne Vorbild

In der ersten Phase geht es darum, die Mekkaner für die islamische Botschaft zu gewinnen. Es gilt, in Güte mit ihnen umzugehen und freundschaftlich mit ihnen zu streiten. Ihrem Unverständnis gegenüber Muḥammads Botschaft ist mit Nachsicht zu begegnen. Sofern sie den Islam schmähen oder seinen Anhängern Unrecht tun, so sei ihnen verziehen. Keinesfalls darf man im Gegenzug ihre Religion beleidigen. Insgesamt 15 Verse sind diesem Stadium zuzuordnen.

– *Respekt und Güte* (6 Verse)

1	2:83	53	16:125	71	29:46
28	6:108	67	25:63	108	60:8

– *Nachsicht und Vergebung* (9 Verse)

7	2:109	63	22:68	90	42:40
22	5:13	65	23:96	96	43:89
48	15:85	88	41:34	99	45:14

4.2 Stadium 2 – Friedliches Nebeneinander

In dieser Phase zeichnet sich bereits ab, dass sich trotz des guten Willens der Muslime bei Weitem nicht jeder Mekkaner dem Islam anschließt und die freundliche Einladung zum Islam nur begrenzt erfolgreich ist. Da Allāh allerdings keinen religiösen Zwang fordert, sollen die Gläubigen ein Leben in friedfertiger Koexistenz mit den übrigen Mekkanern führen. Vom Götzendienst sollen sie sich innerlich distanzieren und den Umgang mit schlechten Menschen in friedlicher Zurückhaltung meiden. Muḥammad ist den Ungläubigen nur ein Warner. Er und die Muslime haben weder Vollmacht über sie noch sollen sie sich in deren Angelegenheiten einmischen. Jeder ist für sein eigenes Handeln verantwortlich. Insgesamt 68 Verse vertreten diese Geisteshaltung.

– *Glaubensfreiheit* (10 Verse)

6	2:256	109	68:44	118	76:29
40	10:99	114	73:11	121	109:6
42	10:108	115	73:19		
84	39:15	116	74:11		

– *Distanzierung von Götzendienern und Frevlern* (11 Verse)

26	6:106	79	37:174f	106	53:29
35	7:199	80	37:178f	107	54:6
51	15:94	102	51:54	113	73:10

– *Koexistenz und Nichteinmischung* (20 Verse)

2	2:139	45	11:121f	93	42:15
30	6:135	47	15:3	98	44:59
31	6:158	61	20:135	103	52:31
32	6:159	64	23:54	104	52:45
33	6:70	69	28:55	119	86:17
37	10:20	74	32:30		
38	10:41	85	39:39		

– *Muḥammad als Warner vor göttlicher Vergeltung und Verantwortlichkeit des Einzelnen* (27 Verse)

9	3:20	46	13:40	73	31:23
14	4:80	50	15:89	76	34:25
15	4:81	52	16:82	77	35:23
16	4:84	55	17:54	81	38:70
21	5:99	56	19:39	86	39:41
23	6:66	62	22:49	89	42:6
25	6:104	66	24:54	92	42:48

27	6:107	68	27:92	101	50:45
44	11:12	70	29:50	120	88:22

4.3 Stadium 3 – Standhaftigkeit und Aufschub

In dieser Phase leiden die Muslime bereits schwer unter der Tyrannei der mekkanischen Götzendiener, welche den Islam gewaltsam zu bekämpfen und den standhaften Willen der Gläubigen zu brechen suchen. Es ist eine Zeit der göttlichen Prüfung. Allāh ermahnt den Propheten und seine Gemeinde zur Geduld. Sie sollen den Glauben an die göttliche Gerechtigkeit nicht verlieren. Noch wird den Übeltätern Aufschub gewährt, doch wenn die Zeit gekommen ist, wird keiner von ihnen der Rechenschaft Allāhs entgehen können. Insgesamt 32 Verse rufen die Muslime dazu auf, ihre Gegner noch gewähren zu lassen und die vorübergehende Zwangslage geduldig zu ertragen.

11	3:111	54	16:127	87	40:55, 77
12	3:120	57	19:75	91	42:43
17	4:88	58	19:84	94	43:41
24	6:91	59	20:130	95	43:83
29	6:112, 137	60	20:131	97	44:10
34	7:183	72	30:60	100	50:39
39	10:46	75	33:48	105	52:48
41	10:102	78	36:76	110	68:48
43	10:109	82	38:17	111	70:5
49	15:88	83	38:88	112	70:42

4.4 Stadium 4 – Angemessene Gegenwehr

In der letzten Phase haben die Muslime die göttliche Erlaubnis erhalten, sich gegen ihre Peiniger zur Wehr zu setzen. Nicht religiöse Differenzen haben hierzu den Anlass gegeben, sondern der Tatbestand des Frevels und der Gewalt gegen eine friedfertige muslimische Minderheit. Die Verteidigung der Gemeinde soll jedoch verhältnismäßig sein, d. h., es darf lediglich erduldetes Unrecht vergolten werden. Die Gläubigen sollen nicht vom Hass geleitet Grausamkeiten begehen und somit Sünde auf sich laden, denn Allāh toleriert keine Übertretung. Das Recht von Gefangenen, Nicht-Kombattanten und politisch neutralen Verbündeten darf nicht gebrochen werden. Getroffene Abkommen bleiben rechtskräftig. Feinde, die Zuflucht im mekkanischen Heiligtum suchen, sollen unbehelligt bleiben, solange sie sich dort aufhalten und ihren Gottesdienst verrichten. Ebenso sollen die Waffen nicht während der heiligen Monate erhoben werden. Für die Haltung zum Krieg gilt allgemein ferner: Sobald der Feind zum Friedensschluss bereit ist, sind sämtliche Kampfhandlungen einzustellen. Neun Verse setzen sich mit dieser Thematik auseinander.

– *Verhältnismäßige Reaktion auf erfahrenes Leid* (3 Verse)

3+8	2:190	10	3:28	36	8:61

– *Politische Bündnisse und Kriegsrecht* (3 Verse)

18	4:90	19	4:91	117	76:8

– *Beachtung von heiligen Orten und Monaten als kampffreie Sphären* (3 Verse)

4	2:191	5	2:217	20	5:2

5. Wichtige Schlussbemerkung

Phase 4 stellt keinen unveränderlichen Zustand dar! Dies zeigt die friedliche Eroberung Mekkas durch den Propheten Muḥammad und die Muslime, welche weder von Vergeltungsakten noch von einem Kriegstribunal begleitet wurde. Nach Beendigung des Kriegszustands wurde vielmehr das normale gesellschaftliche Leben vollständig wiederhergestellt. Da Verse über Frieden, Vergebung, Toleranz, Rücksicht und respektvoller Wahrnehmung des anderen einen zentralen Grundsatz der koranischen Botschaft widerspiegeln, können sie im Grunde auch gar nicht aufgehoben werden.

L’havdil oder von der Ambivalenz der Unterscheidung

Frederek Musall

Abstract

Die Lehre des Judentums basiert im Wesentlichen auf Prinzipien von Unterscheidungen: zwischen Licht und Dunkelheit, zwischen Heiligem und Profanem, zwischen Reinem und Unreinem, zwischen dem eigenen und dem fremden Kult, zwischen Israel und den Völkern. Unterscheidungen dienen der grundsätzlichen Orientierung des jüdischen Menschen in der Welt, verleihen dieser überhaupt erst eine Struktur, indem sie die Dinge und Phänomene definieren und voneinander abgrenzen; doch diese dialektische Spannung unterliegt zugleich auch einer Gefahr: Wenn aus Sehnsucht nach Vollkommenheit und Vollständigkeit die dialektische Einheit – d. h. die Beziehung und gegenseitige Angewiesenheit des dialektischen Begriffspaares – aufgelöst, das Unterschiedene jeweils als getrennt voneinander gedacht und schließlich als ausschließlich und absolut aufgefasst wird, dann wird nicht nur die bestehende Ordnung der Dinge überschrieben/neu definiert/neu normiert, sondern mit ihr auch die Kriterien des Unterscheidens und des Urteilens – und folglich auch die Grundsätze und Maßstäbe des Handelns; Exklusivitäten und Partikularitäten, bei denen die Linie zwischen Wert- und Moralurteil oftmals verschwimmt, können also entsprechend mit unterschiedlichen Prinzipien von Wert und Moral operieren – und damit auch unterschiedliche Formen der Gewalt als ein gerechtfertigtes Mittel für einen gerechten Zweck religionsgesetzlich legitimieren; wenn der oder das „andere“ erst aus dem eigenen Wertesystem herausfällt, dann bedarf es auch keiner Rücksichtnahme darauf. War sich das klassisch-rabbinische Judentum dieser inhärenten Gefahrenmomente bewusst und problematisierte diese, begegnen wir in der Moderne anderen, durchaus auch verstörenden Repräsentationen. Der Beitrag setzt sich mit diesen Diskursen auseinander und fragt nach möglichen Antworten und Reaktionen darauf innerhalb des zeitgenössischen Judentums.

1. Masada oder Javneh?

Die vielleicht größte Herausforderung der Moderne besteht in ihrer Diversität und Differenz, denn eben diese scheinen unserem Bedürfnis nach Orientierung, Eindeutigkeit, Klarheit, Gewissheit oftmals diametral entgegenzustehen. Kein Wissensbestand vermag mehr in Anspruch zu nehmen, die Wirklichkeit absolut zu erfassen. Vielmehr nimmt das von den Vertretern der Postmoderne postulierte Ende der „großen Erzählungen" uns in die Verantwortung, Wissensbestände kontinuierlich einer Überprüfung zu unterziehen und dadurch unsere Sinnsysteme diskursiv auszuhandeln. In diesen Aushandlungsprozessen liegt nun auch eine besondere Herausforderung für Religionen in der Moderne: Wie vermag man sich angesichts des Pluralismus von religiösen und ideologischen Sinnsystemen selbst zu behaupten, ohne dabei die eigenen Wahrheitsansprüche, Wertvorstellungen und Normen zu relativieren?

Wie andere kollektive Systeme stiften Religionen Sinnzusammenhänge. Sie artikulieren die Wertvorstellungen, Normen und Institutionen einer Gesellschaft. Sie ermöglichen soziale Handlungsfähigkeit, indem sie den Umgang mit bestimmten Handlungsressourcen definieren und sanktionieren. Eine dieser Handlungsressourcen kann Gewalt sein, auf die insbesondere dann zurückgegriffen wird, wenn dieses System in irgendeiner Weise – ob nun real oder imaginiert, ob nun von außen oder innen – bedroht wird. Gewalt kann symbolisch, strukturell, psychisch oder physisch sein; sie reicht von Diskriminierung, Marginalisierung, Deprivation bis hin zur Vernichtung. Dementsprechend kann sich auch religiöse Gewalt unterschiedlich äußern, wie wir dies fast täglich den Medien entnehmen können. Doch sind Religionen damit *per definitionem* Verursacher von Gewalt, wie ihre Kritiker ihr vorwerfen?

Der folgende Beitrag nimmt sich der Frage nach dem Umgang mit religiöser Gewalt im Judentum an. Dabei lassen sich, wie es Robert Eisen in seiner Studie *Peace and Violence in Judaism* treffend auf den Punkt gebracht hat, zwei extreme Positionen ausmachen: Entweder spricht man Juden aufgrund ihrer politischen Ohnmacht in der Diaspora jegliches Gewaltpotenzial ab; oder aber man bezieht dies im Gegensatz dazu auf jene beiden Kontexte, in denen Juden politische Macht ausgeübt haben bzw. gegenwärtig ausüben, wie die Kriege der Israeliten gegen die Kanaaniter oder aber den Israel/Palästina-Konflikt,[1] wobei

---

[1] *Robert Eisen*, Peace and Violence in Judaism – From the Bible to Modern Zionism, New York, NY 2011, 7–8.

Letzterer nur bedingt religiös motiviert ist (insofern man Gruppierungen wie Hamas oder die radikale national-religiöse Siedlerbewegung in den Blick nimmt). Das erinnert nicht von ungefähr an die beiden Modelle jüdischer Existenz, die Daniel Boyarin in seinem Aufsatz *Masada or Yavneh?* konstatiert hat:[2] 1.) das Diaspora-Modell, repräsentiert von dem Typus des physisch schwachen, aber intelligenten Jeshivah-Schülers, der zwar bewusst Konflikte meidet, dem es aber dadurch gelingt, eine authentische, jüdische Lebensweise zu bewahren; und 2.) das Jishuv-Modell, repräsentiert durch Max Nordaus potenten zionistischen Muskeljuden bzw. den israelischen Soldaten, die sich zwar durch bedingungslose Opferbereitschaft für den jüdischen Staat auszeichnen, aber im Grunde den politischen Habitus anderer Nationalstaaten imitieren. Wenngleich Boyarins Aufsatz mehr politisches Statement als kulturwissenschaftliche Analyse ist, so stellt sich dennoch die Frage, welche Zusammenhänge zwischen politischer Macht und religiös motivierter Gewalt bestehen bzw. ob das Judentum aufgrund seiner historischen Erfahrung in der Diaspora nicht vielleicht einen anderen Umgang mit religiös motivierter/begründeter Gewalt definieren musste.

2. „Du sollst nicht morden!"

Religiöse Gewalt bedarf einer Sanktionierung auf Basis bestimmter autoritativer Instanzen. Im rabbinischen Judentum, in dessen Tradition das moderne Judentum steht, fungiert die Torah als selbstverständlicher Ausgangs- und Rückbezugspunkt von Argumentation und Legitimation. Sie ist allerdings mehr als nur Medium der Beziehung zwischen Mensch und Gott, sondern definiert eben auch den normativen Bezugsrahmen dieser Beziehung, nämlich die Erfüllung des göttlichen Willens durch die in der Torah enthaltenen 613 Ver- und Gebote. Dennoch differieren die darauf basierenden Positionen und Rechtsentscheidungen der Rabbinen teilweise erheblich vom einfachen Aussageinhalt der biblischen Gebote, so dass leicht der Eindruck entstehen kann, dass die rabbinische Tradition im Grunde genommen wenig mit der biblischen gemeinsam hat.

Die Rabbinen waren sich durchaus bewusst, dass sich aufgrund veränderter

---

[2] *Daniel Boyarin*, Masada or Yavneh? Gender and the Arts of Jewish Resistance, in: *Jonathan Boyarin / Daniel Boyarin* (Eds.), Jews and Other Differences, Minneapolis, MN, 1997, 306–329.

historischer und gesellschaftlicher Kontexte ihre eigenen religiösen Sensibilitäten von denen der Bibel unterscheiden. Von daher spiegelt sich in ihren weitläufigen Diskursen das Bestreben wider, biblische Tradition und die jeweilige aktuelle Situation in Beziehung zueinander zu setzen, wodurch die Kontinuität einer als dynamisch verstandenen Tradition gewährleistet wird. Entsprechend muss man die Torah als einen komplexen Bezugsrahmen verstehen. Wie der kürzlich verstorbene kanadisch-israelische R. David Hartman (1931 bis 2013) treffend beschreibt, kann sie in einem weiten Sinn als das verstanden werden, was sich eben aus der schriftlichen Torah (d. h. den biblischen Schriften), der mündlichen Torah (Midrash, Talmud), der mittelalterlichen und modernen Responsenliteratur, aber auch der kabbalistischen Literatur, den chassidischen Lehren oder mittelalterlicher und moderner jüdischer Philosophie zusammensetzt; sie umfasst damit Generationen mit unterschiedlichen religiösen Sensibilitäten und reflektiert ein weites Spektrum an Fragen und Problemen, mit denen jüdische Tradition im Lauf der Geschichte konfrontiert wurde.[3] Doch die offerierte Breite an möglichen Positionen und Perspektiven wirft ein fundamentales Problem auf: Wer vermag letztlich in Anspruch zu nehmen, die Torah ‚richtig' zu deuten? Ist so etwas überhaupt möglich, angesichts der offensichtlichen Gegensätze und Widersprüche, mit denen man sich im biblischen Text konfrontiert sieht? Wie kann auf der einen Seite im Rahmen des sogenannten Dekalogs (*aseret ha-dibrot*) ein Gebot formuliert werden, welches die Ermordung eines Menschen eindeutig verbietet, während Gott auf der anderen Seite von den Israeliten verlangt, ihre Feinde rücksichtslos und vollständig zu vernichten?

Im Unterschied zum Christentum haben die im Dekalog formulierten Ge- und Verbote nach rabbinischem Verständnis keinerlei Vorzug vor den anderen der insgesamt 600 biblischen Ge- und Verboten.[4] Traditionell werden die auf den „zwei [steinernen] Tafeln des Bundes" (*shnei luchot ha-brit*) aufgeschriebenen Gebote in zwei Gruppen aufgeteilt: Die ersten fünf Gebote (Ex 20,2–10 bzw. Dtn 5,6–14, d. h. die Anerkennung der göttlichen Herrschaft, keine anderen Götter anzubeten bzw. Abbilder von Gott herzustellen, den Namen Gottes nicht

---

[3] *David Hartman*, Israelis and the Jewish Tradition: An Ancient People Debating Its Future, New Haven, CN, 2000, 161.

[4] Die rabbinische Tradition folgert nicht etwa zehn, sondern 13 Ge- und Verbote aus dem Dekalog, was einerseits mit den aus Ex 34,6–7 abgeleiteten 13 Gnadeneigenschaften Gottes (*shlosh esreh middot shel rachamim*) korrespondiert, andererseits durch die gematrische Entsprechung des Zahlenwertes 13 mit dem Wort *echad* („eins") auf die Einheit Gottes verweist.

zu missbrauchen, den Shabbat zu heiligen, Vater und Mutter zu ehren) bestimmen das Verhältnis des Menschen zu Gott, während die folgenden fünf Gebote (Ex 20,11–13 bzw. Dtn 5,15–17, also nicht zu morden, nicht die Ehe zu brechen, nicht zu stehlen, kein falsches Zeugnis abzulegen, nicht das Eigentum des Nachbarn zu begehren) das Verhältnis des Menschen zu seinen Mitmenschen regeln und damit die moralischen Grundprinzipien gemeinschaftlichen Zusammenlebens artikulieren.

In der rabbinischen Literatur wird ein Bezug zwischen den beiden Gruppen hergestellt, etwa indem das 6. Gebot dem 1. Gebot gegenübergestellt wird, da die Tötung eines Menschen im übertragenen Sinne auch einen Gewaltakt gegen Gott selbst darstellt, denn dieser hat den Menschen in seinem Ebenbild erschaffen: „Wer das Blut eines Menschen vergießt […] Denn in seinem Ebenbild erschuf Gott den Menschen." (Gen 9,6).[5]

Nicht von ungefähr korrespondiert die zweite Gruppe von Geboten auch mit den sogenannten „sieben noachidischen Geboten" (*sheva mitzwot bnej noach*),[6] welche die rabbinische Tradition aus Gen 2,16 ableitet.[7] Diese Gebote artikulieren nach rabbinischem Verständnis eine universelle normative Handlungsgrundlage, zu welcher die gesamte Menschheit als Nachkommenschaft Noachs verpflichtet ist.[8] So heißt es etwa im 5. bzw. nach rabbinischer Zählung 6. Gebot: „Du sollst nicht morden! (*lo tirtzach*)" (Ex 20,12; Dtn 5,16), was in den sieben noachidischen Geboten als das Verbot des „Blutvergießens" (*shefikhut damim*) definiert wird. Wir haben es hier also mit einem partikularen (im Rahmen der Sinai-Offenbarung auf Israel bezogen) sowie einem universellen (auf den Bund mit Noach und seinen Nachkommen bezogen) Verbot, ein Menschenleben zu nehmen, zu tun, was die zentrale Bedeutung dieses Gebotes herausstellt. Damit geht, wie im Folgenden noch deutlich werden wird, die rabbinische Deutung von Ex 20,12 weit über den biblischen Aussageinhalt hinaus. Denn im 5. bzw. 6. Gebot wird der Verbalstamm *resh-tzadi-chet* verwendet, welcher sich in der Hebräischen Bibel fast ausschließlich auf die Tötung eines Menschen außerhalb normativ geregelter Kontexte (wie etwa im Kriegsfall oder bei der Vollstreckung

---

[5] *Mekhilta de-Rabbi Jishma'el*, *Jitro*, *Ba-Chodesh* 7.

[6] *Tosefta Avodah Zarah* 9,4; babylonischer Talmud *Sanhedrin* 56a/b. Siehe weiterführend auch *Aharon Lichtenstein*, The Seven Laws of Noah, New York, NY ^{2}1986; *David Novak*, The Image of the Non-Jew in Judaism: An Historical and Constructive Study of the Noahide Laws, New York, NY 1983; *Nahum Rakover*, Law and the Noahides: Law as a Universal Value, Jerusalem 1998.

[7] Babylonischer Talmud *Sanhedrin* 56b.

[8] *Moses Maimonides*, Mishneh Torahh, Sefer Shoftim, Hilkhot Melakhim u-Milchamotehem 9,1.

von Kapitalstrafen[9]) bezieht. Dadurch wird im Unterschied zu dem in den noachidischen Geboten artikulierten Verbot des Blutvergießens hier zunächst kein – wie oftmals angenommen – allgemeines Tötungsverbot formuliert, sondern vielmehr die illegitime Ausübung von Gewalt innerhalb der eigenen Gemeinschaft sanktioniert.[10]

In der Torah werden unterschiedliche Handlungsräume definiert. Dementsprechend gelten in Situationen wie dem Kriegsfall, die sich nicht auf das Handeln innerhalb der eigenen Gemeinschaft beziehen, sondern das Verhältnis zu anderen Gemeinschaften betreffen, auch andere Ge- und Verbote. Aufgrund der zahlreichen militärische Konflikte, in welche die Israeliten bei der Eroberung des ihnen verheißenen Landes mit ihren Nachbarvölkern verwickelt sind, müssen beispielsweise Regelungen bezüglich der Truppenmusterung bis zur Verteilung der Kriegsbeute getroffen werden. Da Kriege auch nicht um ihrer selbst willen geführt werden, sondern einen spezifischen Kriegsgrund voraussetzen – wie beispielweise Expansion, Ressourcenerwerb, Verteidigung oder Prävention –, muss ferner geklärt werden, ob dieser Grund 1.) gerechtfertigt ist und 2.) wie der daraus resultierende Konflikt zu führen ist. In der Hebräischen Bibel werden unterschiedliche Arten von Kriegsführung definiert.[11] Im Kontext der sogenannten Landnahme spielt beispielsweise der sogenannte *cherem* eine zentrale Rolle.[12] Das von dem Verbalstamm *chet-resh-mem* abgeleitete Wort *cherem* bezeichnet in seinem ursprünglichen Sinn etwas „Abgesondertes“ oder „Verbotenes“; *cherem* steht damit in einem begrifflichen Bezug zu Bereichen, die durch Absonderung oder Verbot definiert werden, wie etwa das „Heilige“ (*kodesh*) in seiner Unterscheidung vom „Profanem“ (*chol*):[13] „Jedoch alles Geweihte, das jemand dem Herrn geweiht hat (*akh-kal-herem asher jacharim ish le-Hashem*)

---

[9] Kapitalstrafen sind vorgesehen im Fall von Mord (Ex 21,12; Lev 24,17), falschem Zeugnis bei Kapitalverbrechen (Dnt 19,8–21), verbotenen Sexualbeziehungen (Lev 20,9–16) oder Idolatrie (Ex 22,20).

[10] Siehe hierzu auch Num 35,16–21.

[11] *Susan Niditch*, War in the Hebrew Bible – A Study in the Ethics of Violence, New York, NY 1993; *Robert Eisen*, Peace (Anm. 1), 15–64; *Re'uven Firestone*, Holy War in Judaism: The Fall and Rise of a Controversial Idea, New York, NY 2012, 17–24; bezüglich einer literaturwissenschaftlichen Annäherung zu dem Thema siehe auch *Warren Rosenberg*, Legacy of Rage: Jewish Masculinity, Violence, and Culture, Amherst, MA 2009, 37–41.

[12] Siehe hierzu ausführlich *Susan Niditch*, War (Anm. 11), 28–77.

[13] *Niditch*, War (Anm. 11), 29–30.

[…]" (Lev 27,28).[14] Demzufolge bezeichnet der Begriff *cherem* beispielsweise einen ausschließlich den Priestern zustehenden Anteil an Opfergaben: „Alles Geweihte (*kol-cherem*) in Israel gehört dir" (Num 18,14).[15] Da es somit etwas in einem bestimmten Bezugsrahmen Verbotenes und damit für die Gemeinschaft Tabuisiertes definiert, wird der *cherem* meist mit „Bann" übersetzt. Unter *cherem* kann man also eine Art ‚Bannkrieg' verstehen, der zum Ziel hat, den religiös anderen aus dem von Gott für sein Volk beanspruchten Land zu ‚(ver-)bannen', da er das Besiedlungsvorhaben potenziell gefährdet:

> „Denn er wird abtrünnig machen deinen Sohn von mir, und sie werden fremden Göttern dienen; und der Zorn des Herrn wird erglühen über euch und er wird dich schnell austilgen" (Dtn 7,4).

Zugleich scheint die Verpflichtung zum *cherem* auch als eine Vergewisserung göttlichen Beistandes zu fungieren: „Und Israel leistete dem Herrn einen Schwur und sprach: Wenn Du dieses Volk in meine Hand gibst, dann werde ich ihre Städte vernichten (*we-hacharamti*)!" (Num 21,2) Insofern Gott Israel Beistand leistet, wird es dessen Feinde vernichten. Ferner verzichtet Israel darauf, einen materiellen Vorteil aus der Vernichtung seiner Feinde zu ziehen. Das bedeutet aber in der radikalen Konsequenz, dass auch die Ressourcen des Feindes – egal, ob es sich dabei um Menschen oder materielle Güter handelt – als ein Tabu zu betrachten und damit vollständig zu vernichten sind, wie aus den in Dnt 20 artikulierten Kriegsgesetzen hervorgeht:

> „Jedoch von den Städten dieser Völker, die der Herr, dein Gott, dir zum Besitz gibt, sollst du keine Seele leben lassen; sondern vollständig vernichten (*ki-hacharem tacharimem*) sollst du den Hethiter und den Amoriter, den Kanaaniter und den Perisiter, den Hiwiter und den Jebusiter, wie dir geboten hat dein Gott" (Dnt 20,16–17).

In diesem Zusammenhang kann der *cherem* als Vernichtungskrieg charakterisiert

---

[14] *Moses Maimonides*, Mishneh Torahh, Sefer Hafla'ah, Hilkhot Arakhim wa-Charamim 6,1. Nach Maimonides ist mit *cherem* die Überführung – und damit gewissermaßen auch Transformation – von etwas aus einem bestimmten Bezugsrahmen in einen anderen gemeint, beispielsweise durch die Weihe eines Gegenstandes, der dadurch aus dem Bereich des Profanen in den Bereich des Heiligen überführt wird.

[15] So übersetzt R. Leopold Zunz (1794 bis 1886) beispielsweise *cherem* im Kontext von Num 18,14 mit „Banngut"; R. Aryeh Kaplan (1934 bis 1983) übersetzt *ad locum* in seiner 1981 erschienenen englischen Übersetzung *Living* Torahh *cherem* mit „declare taboo", worunter er Dinge versteht, die rituell aus der profanen Sphäre „gebannt" werden, um für den priesterlichen Gebrauch nutzbar zu sein.

werden, wobei ihn aufgrund der hier geforderten Totalität der Vernichtung auch jüngst einige Bibelwissenschaftler mit einem Genozid gleichgesetzt haben (diesbezüglich muss man kritisch zurückfragen, ob es sich bei dem *cherem* nicht vielmehr um eine literarische Verarbeitung einer Konflikterfahrung handelt).[16]

Wir begegnen in der Hebräischen Bibel aber noch einer weiteren Art des Krieges, die sich als Vergeltungskrieg charakterisieren lässt. In Num 31 ergeht der göttliche Befehl, Vergeltung an den Midianitern zu üben: „Und der Herr redete zu Moses: Übe Rache (*nekom nikmat*) für die Kinder Israel an den Midianitern; danach sollst du versammelt werden zu deinen Stämmen." (Num 31,1–2) Das Vergeltungsprinzip, welches sich biblisch aus verschiedenen Stellen ableiten lässt (Ex 21,22–27; Lev 24,17–22; Dtn 19,16–21), setzt zuvor begangenes Unrecht voraus; die rabbinische Tradition begründet die hier geforderte Retaliation mit dem in Gen 37,36 durch die Midianiter vollzogenen Verkauf Josefs an Potifar.[17] Wenngleich die in Num 31 verwendete Kriegsrhetorik in vielen Aspekten der in Dtn 20 geäußerten ähnelt, ist die militärische Kampagne gegen die Midianiter kein *cherem*; die Ressourcen der Midianiter sind nicht tabuisiert, und die Israeliten dürfen deren Frauen, Kinder, Vieh und Habe sogar ausdrücklich behalten, wie aus Num 31,9 hervorgeht. Daraus wird deutlich, dass es im Unterschied zum *cherem*, der eben auf eine vollständige Vernichtung eines Volkes und seiner materiellen Güter zielt, hier vielmehr um eine Form der Restitution geht.[18]

Dieses Vergeltungsprinzip ist aber in seiner praktischen Anwendung ausschließlich auf Fremdvölker beschränkt: „Du sollst nicht Rache üben (*lo tikkom*), noch Groll behalten gegen die Söhne deines Volkes, sondern du sollst deinen Nächsten lieben wie dich selbst; denn ich bin der Herr." (Lev 19,18) Im Unterschied zu Kants kategorischem Imperativ, der keine inhaltliche Norm darstellt, sondern vielmehr ein Kriterium moralischen Handelns ist, ist das hier artikulierte biblische Gebot – unabhängig von seiner moralischen Implikation – in erster

---

[16] *Ra'anan S. Boustan / Alex P. Janssen / Calvin J. Roetzel*, Introduction: Violence, Scripture, and Textual Practice in Early Judaism and Christianity, in: *dies.* (Eds.), Violence, Scripture, and Textual Practice in Early Judaism and Christianity, Leiden 2010, 1–11, hier 4; *Carl S. Ehrlich*, Joshua, Judaism, and Genocide, in: *Judit Targarona Borrás / Ángel Sáenz-Badillos* (Eds.), Jewish Studies at the Turn of the Twentieth Century, Leiden 1999, 117–124, hier 122.

[17] *Talmud Bavli Sota* 43a. Siehe hierzu auch *Shaul Magid*, Subversion as Return: Scripture, Dissent, Renewal, and the Future of Judaism, in: *Beth Hawkins Benedix* (Ed.), Subverting Scriptures: Critical Reflections on the Use of the Bible, New York, NY 2009, 217–236, hier 234.

[18] *Niditch*, War (Anm. 11), 81–82.

Linie normativ bindend. Aber wenige Zeilen später wird ein weiteres Gebot eingeführt, welches die vermeintliche Exklusivität von Lev 19,18 auszuhebeln scheint:

„Der Fremde, der sich bei euch aufhält (*ha-ger hagar itkhem*), soll euch wie ein Einheimischer gelten (*ke-ezrach mikem*) und du sollst ihn lieben wie dich selbst, denn ihr seid selbst Fremde (*ki-gerim*) in Ägypten gewesen; ich bin der Herr, euer Gott." (Lev 19,34).[19]

Durch die Aussage „[I]ch bin der Herr, euer Gott." werden Lev 19,18 und 19,34 nicht nur normativ sanktioniert, sondern auch in einen unmittelbaren hermeneutischen Bezug zueinander gesetzt. Demnach soll aufgrund der eigenen existenziellen Erfahrung von Fremdheit in Ägypten kein Unterschied zwischen dem Einheimischen und dem Fremden in Israel, dem sogenannten *ger toshav*, herrschen; d. h., das Gebot gilt innerhalb der Grenzen des Landes Israel.

In der rabbinischen Literatur wird dieser Gedanke nun noch weiter expliziert:

„[D]u sollst deinen Nächsten lieben wie dich selbst." (Lev. 19,18) R. Akiva sagte: ‚Dies ist eine Hauptregel (*klal gadol*) in der Torah.' Ben Azzai [aber] sagte: ‚Dies ist das Buch der Nachkommen (*toldot*) von Adam. (Gen 5,1) – Das ist eine noch viel wichtigere Hauptregel.'"[20]

Ben Azzai geht hier sogar noch deutlich weiter als sein Zeitgenosse R. Akiva, da er die aus Lev 19,18 zu ziehenden Konsequenzen durch den allen Menschen gemeinsamen Ursprung in dem ersten Menschen, Adam, begründet und somit das biblische Gebot der Nächstenliebe universalisiert: Aus Nächstenliebe wird Menschenliebe. Aber R. Akiva und Ben Azzai formulieren ihre Positionen in einem historischen Kontext, in welchem Juden ihre politische Autonomie bereits eingebüßt haben und in ihrem eigenen Land Verfolgungen durch die Römer ausgesetzt sind. Die veränderten religiösen Sensibilitäten scheinen eine entsprechende Umdeutung des Gebotes nötig zu machen.

Durch die zeitliche Diskrepanz von biblischem Traditionskontext und eigener aktueller Situation muss sich die rabbinische Literatur zudem immer wieder mit der Frage auseinandersetzen, wie Ge- und Verbote gedeutet werden können, die im unmittelbaren Kontext keinerlei Relevanz mehr haben. Beispielsweise disku-

[19] Vgl. hierzu auch Ex 12,49; Lev 24,22.

[20] *Sifra, Parashat Kedoshim* IV, 12; vgl. auch *Talmud Jerushalmi Nedarim* IX, 4; *Genesis Rabba* 24,7.

tiert der mittelalterliche andalusisch-jüdische Philosoph und Rechtsgelehrte R. Moses Maimonides (1138 bis 1204) in seinem in Ägypten verfassten Rechtskodex *Mishneh Torah* (*Die Wiederholung der Torah*), der wohl umfassendsten Systematisierung jüdischen Rechts, die aus Dtn 20 abgeleiteten Gesetzesverfügungen (*hilkhot*) bezüglich der Kriegsführung gegen die Kanaaniter. Normativ gesehen ist das Gebot bezüglich der Vernichtung der Kanaaniter nicht nur eindeutig, sondern gilt theoretisch auch nach der erfolgreichen Landnahme als nicht aufgehoben, so dass es bei aller Unwahrscheinlichkeit auch in der aktuellen Situation Anwendung finden müsste: „Jeder, der einem begegnet und ihn nicht tötet, verstößt gegen ein negatives Gebot, denn es heißt: ‚[K]eine Seele sollst Du leben lassen.‘ (Dtn 20,16).“[21] Nun fügt Maimonides an dieser Stelle eine interessante Bemerkung hinzu: „Die Erinnerung an sie wurde [bereits] ausgelöscht.“[22] Er re-kontextualisiert also den *cherem* gegen die Kanaaniter, wodurch er deutlich macht, dass dieses Gebot nur in einer spezifischen historischen Situation relevant war; da in der aktuellen Situation die Kanaaniter im wahrsten Sinne des Wortes Geschichte sind, ist folglich auch dieses Gebot nicht länger als gültig zu betrachten.

Aber auch bezüglich der eigentlichen Kriegsführung erschließt Maimonides eine interessante neue Perspektive:

> „Kein Krieg – weder ein freiwilliger [aus expansorischen oder ökonomischen Interessen geführter] Krieg (*milchemet reshut*) noch obligatorischer [aus Verteidigungs- oder religiösen Gründen geführter] Krieg (*milchemet mitzwah*) – soll gegen jemanden geführt werden, bis man ihnen [nicht] die Möglichkeit unterbreitet Frieden zu machen, wie es heißt: ‚Wenn du dich einer Stadt näherst, um sie zu bekriegen, so rufe sie zum Frieden auf.‘ (Dtn 20, 10) Falls der Feind [nun] das Friedensangebot annimmt und sich zur der Erfüllung der sieben Gebote verpflichtet, die Noahs Nachkommen geboten worden sind, soll niemand getötet werden. Vielmehr sollen sie unterworfen werden, wie es heißt: ‚[Sie sollen] dir Abgaben leisten und dir dienen.‘ (Dtn 20,11) Falls sie zustimmen Abgaben zu leisten, aber nicht die Unterwerfung akzeptieren, oder falls sie die Unterwerfung akzeptieren, nicht aber zustimmen die Abgaben zu leisten, soll ihr Angebot nicht beachtet werdet. Sie müssen beide [Bedingungen] akzeptieren.“[23]

Das Gebot, die Kanaaniter zu vernichten, kann also demnach nicht in einem absoluten Sinn gedeutet werden. Wie er am Beispiel von Joshua deutlich macht, stellte dieser die Kanaaniter vor die Wahl, entweder zu fliehen oder aber zu blei-

---

[21] *Maimonides*, Mishneh (Anm. 8), 5,4.
[22] *Maimonides*, Mishneh (Anm. 8).
[23] *Maimonides*, Mishneh (Anm. 8), 6,1.

ben und mit den Israeliten Frieden zu schließen, wie im Fall der Gibeoniter (Jos 9,15).[24] Nach Maimonides eröffnete Joshua den Kanaanitern damit Handlungsoptionen, welche die Kanaaniter jedoch ausschlugen (Jos 11,19). Da die Kanaaniter also über die Konsequenzen ihres möglichen Handelns in Kenntnis gesetzt worden sind, tragen sie damit eine Mitverantwortung an ihrer eigenen Vernichtung.

Für die Israeliten ergeht aber nach Maimonides' Deutung zwingend das Gebot, im Vorfeld einer Kriegshandlung Friedensgespräche einzuleiten. Er führt damit auf Grundlage von Dtn 20,10 allgemeingültige ethische Kriterien in die Kriegsführung ein.

Diese Kriterien wendet Maimonides nun auch auf das vielleicht extremste Gebot der Torah an, nämlich die von Gott geforderte vollständige Ausrottung der Amalekiter:

> „Erinnere dich (*zakhor*) [daran], was Amalek dir antat auf dem Weg, als du auszogst aus Ägypten: wie er dich unterwegs angriff und deine Nachzügler erschlug, all die Schwachen hinter dir, während du müde und matt warst; und er fürchtete Gott nicht" (Dtn 25,17–19).

Zwar wird der Krieg gegen Amalek zunächst mit Retribution begründet, jedoch fallen hier die Charakteristika von Vergeltungs- und Vernichtungskrieg zusammen, wie durch die Verwendung des Begriffes *cherem* deutlich wird:

> „Nun geh hin und erschlage Amalek, und vernichte (*we-hacharamtem*) alles, was ihm gehört, und verschone ihn nicht; sondern erschlage [alles] vom Mann bis zur Frau, von Säugling bis zum Kleinkind, vom Ochsen bis zum Schaf, vom Kamel bis zum Esel." (1 Sam 15,3) […] „Und er [d. h. Samuel] ergriff den Agag, König von Amalek, lebendig, und das ganze Volk vernichtete (*hecherim*) er mit der Schärfe des Schwertes!" (1 Sam 15,8)

Wenngleich aus 1 Sam 15,8 der Eindruck entstehen könnte, dass Samuel die Amalekiter vollständig vernichtet habe, ist dieser Konflikt im Gegensatz zu den Kriegen gegen die Midianiter und die Kanaaniter nicht auf eine spezifische historische Situation festgelegt: „Der Herr wird gegen Amalek Krieg führen, von Generation zu Generation (*mi-dor dor*)" (Ex 17,16). Anders als im Fall der Kanaaniter ist die „Erinnerung" an die Amalekiter somit keineswegs verblasst,[25]

---

[24] *Maimonides*, Mishneh (Anm. 8), 6,4–5.
[25] *Maimonides*, Mishneh (Anm. 8), 5, 5.

sondern sie ist durch die in Dtn 25,17 ergehende Aufforderung „Erinnere dich!" (*zakhor*) allzeit gegenwärtig. Entsprechend ist damit auch das positive Gebot (*mitzwah 'asseh*), die Amalekiter zu vernichten, aktuell gültig.[26] Dennoch, und das ist bemerkenswert, bezieht Maimonides die Verpflichtung, dass Israel mit seinen Feinden Frieden schließen muss, ausgerechnet auch auf die Amalekiter.[27] Analog zu dem *cherem* gegen die Kanaaniter kann man folgern, dass die Amalekiter durch ein Ausschlagen des Friedensangebotes den Konflikt eingeleitet haben. Die Pointe besteht darin, dass sie dadurch auch zu verstehen gegeben haben, dass sie sich bewusst außerhalb des normativen Rahmens der sieben noachidischen Gebote stellen und sich entsprechend nicht an das Verbot des „Blutvergießen" halten, wodurch ihnen mit Gegengewalt begegnet werden kann.

Es stellt sich in diesem Zusammenhang nun die Frage, warum Maimonides es nicht bei dem einfachen Aussageinhalt des Gebotes belässt, nämlich die Amalekiter zu vernichten. Warum soll man mit jemandem Frieden stiften, der aufgrund seines aggressiven Verhaltens keinerlei Interesse an einer Beilegung des Konfliktes äußert?

Ein Blick in den babylonischen Talmud mag einen Grund für Maimonides' offensichtliche moralische Bedenken an dem Gebot liefern: Dort wird die andauernde Feindschaft mit Amalek als Strafe dafür begründet, dass die drei Erzväter Abraham, Isaak und Jakob Timna, die Mutter Amaleks,[28] aus Hochmut nicht als Proselytin (*gerit*) in ihre Sippe aufnehmen wollten.[29] Hier zeigt sich die feinsinnige dialektische Argumentation der Rabbinen: Das eigene Fehlverhalten kann also weitreichende und fatale Konsequenzen haben. Zudem erfährt die Geschichte eine interessante Wendung, denn an anderen Stellen wird davon berichtet, dass die Nachkommen Hamans des Agagiters (*ha-agagi*), welchen der Midrash als Nachfahre des oben erwähnten Amalekiter-Königs Agag identifiziert, in B'nei Brak Torah lernten, darunter ausgerechnet rabbinische Autoritäten wie R. Akiva und R. Sh'muel bar Shilat.[30]

Ist damit die aus Ex 17,16 abgeleitete ewige Feindschaft zu Amalek und damit das Gebot, die Amalekiter zu vernichten, aufgehoben? In der rabbinischen Lite-

[26] *Moses Maimonides*, Sefer ha-Mitzwot, Mitzwah 'Asseh, 187.

[27] *Maimonides*, Mishneh (Anm. 8), 6, 4.

[28] „Timna war die Konkubine des Elifaz, des Sohnes von Esau, und sie gebar Amalek dem Elifaz." (Gen 36,12).

[29] *Talmud Bavli Sanhedrin* 99b.

[30] *Talmud Bavli Gittin* 57b; *Talmud Bavli Sanhedrin* 96b.

ratur wird ein weiteres Problem aufgeworfen: Die Nachfahren Amaleks wurden von dem Assyrier-König Sancherib (reg. 705–680 v. Z.), der die Amalekiter besiegte, mit anderen Völkern vermischt.[31] Fortan ist es nicht mehr möglich, die Amalekiter als solche zu identifizieren und zu vernichten.

Der andauernde Konflikt mit Amalek ist damit explizit keine Aufforderung zum Genozid. Die rabbinische Tradition transformiert Amalek von einem konkreten und greifbaren Gegner zu einer Repräsentation von Gewalt und Grausamkeit, die es aus moralischen Gründen zu bekämpfen gilt. Denn Rabbinen geht es folglich nicht mehr um Vergeltung und Vernichtung, sondern um restitutive Gerechtigkeit.

3. „Wer einen Menschen tötet, der vernichtet die ganze Welt!"

In der historischen Erfahrung eigener politischer Ohnmacht artikulieren die Rabbinen eine deutliche Kritik an politischer Macht und der von ihr in Anspruch genommenen Gewalt.[32] Diese Kritik wird nicht nur auf fremde politische Mächte bezogen, unter denen man zu leben und zu leiden hat, sondern wird – wenn auch meistens retrospektiv – konsequent auch auf die eigenen politischen Institutionen angewandt. Beispielsweise darf im Sinne der Wiederherstellung von Gerechtigkeit in bestimmten Fällen auf retributive Gewalt, wie beispielsweise Kapitalstrafen, zurückgegriffen werden; dennoch verurteilen die Rabbinen die Vollstreckung der sanktionierten vier Todesstrafen (Steinigung, Verbrennen, Enthauptung, Erhängen[33]) durch ihre eigene politische Institution, den Sanhedrin („Hoher Rat"):

> „Ein Sanhedrin, das einmal in sieben Jahren [einen Menschen] hinrichtet, wird ein verderbendes genannt. R. Eliezer ben Azarija sagt: Einmal in siebzig Jahren. R. Tarfon und R. Akiva sagen: Wenn wir in einem Sanhedrin wären, so würde niemals ein Mensch hingerichtet. Rabbi Shimon ben Gamliel sagt: Sie würden auch die Blutvergießer in Israel mehren."[34]

Wenngleich die drei hier erwähnten Rabbinen der 3. Generation tannaitischer

---

[31] *Mishnah Jadajim* IV, 4; *Talmud Bavli Berakhot* 28a.

[32] *Mishnah Avot* I, 10; vgl. demgegenüber auch Rabban Gamliels verhaltenere Position in *Mishnah Avot* II, 3.

[33] *Mishnah Sanhedrin* VII, 1.

[34] *Mishnah Makkot* I, 10.

Gelehrter um die Zeit des Bar-Kokhba-Aufstandes angehörten und ihre Vorbehalte damit anachronistisch artikulieren, da zu ihren Lebzeiten der Sanhedrin seine eigentliche Funktion als rabbinischer Gerichtshof bereits verloren hat, wird dennoch deutlich, dass ihrer Meinung nach in der politischen Gewaltkompetenz der Institution ein inhärentes Risiko für den sozialen Frieden liegt. Ferner lässt sich auch anhand dieser Stelle zeigen, dass nach rabbinischem Verständnis die In-Beziehung-Setzung zur Tradition in der aktuellen Situation eine wichtige pädagogische Funktion erfüllt, nämlich die Ableitung zentraler Prinzipien und Werte.

Wir begegnen in der rabbinischen Literatur also einem selbstbestimmten Umgang mit der eigenen, insbesondere der biblischen Tradition. Dies wird anschaulich in der berühmten Erzählung vom sogenannten „[Schlangen-]Ofen von Akhnai" (*tanur shel akhnai*) dargestellt. Sie handelt von einem halakhischen Disput zwischen R. Eliezer ben Hyrkanos und den anderen Rabbinen bezüglich der Frage, ob besagter Schlangenofen nun rituell tauglich oder untauglich sei. R. Eliezer beharrt hartnäckig auf seiner Meinung, was er mittels einiger wundersamer Beweise zu bekräftigen versucht, doch die anderen Rabbinen lassen sich nicht von seinen Argumenten überzeugen. Schließlich ergreift Gott selbst Partei für R. Eliezer:

> „Da erscholl eine himmlische Stimme (*bat kol*) und sprach: Was habt ihr gegen R. Eliezer; die Halakhah ist stets nach ihm zu entscheiden. Da stand R. Jehoshuah [auf] und sprach: Sie ist nicht im Himmel (*lo ba-shamajim hi'*) (Dtn 30,12)! Was heißt: Sie ist nicht im Himmel? R. Jirmijah erwiderte: Torah ist am Berg Sinai verliehen worden; wir beachten die himmlische Stimme nicht, da bereits vom Berg Sinai her in der Torah geschrieben steht: ‚Nach der Mehrheit ist zu entscheiden' (Ex 23,2)."[35]

Die Erzählung vom „[Schlangen-]Ofen von Akhnai" ist von zentraler Bedeutung, denn sie begründet sowohl das rabbinische Mehrheitsprinzip als auch die rabbinische Entscheidungskompetenz, welche beide durch die Torah legitimiert sind. Bezüglich Letzterer heißt es ausführlich:

> „Denn dieses Gebot, das ich dir heute gebiete, ist dir nicht verborgen und ist nicht fern. Es ist nicht im Himmel (*lo ba-shamajim hi'*), auf dass du nicht sagt: Wer steigt für uns in den Himmel hinauf und holt es uns und macht es uns kund, auf dass wir es tun (Dtn 30,11–12)."

---

[35] *Talmud Bavli Baba Metzi'a* 59b.

Wie sich im Rahmen der Erzählung zeigt, kann dies radikale Konsequenzen haben: Die von R. Eliezer ben Hyrkanos vertretene Position repräsentiert die göttliche Wahrheit, doch die Rabbinen entscheiden sich aus bestimmten Gründen dagegen (man kann auch sagen, im bewussten Eintreten für ihre Entscheidungsfreiheit). Selbst als die göttliche Stimme interveniert, sind sie und R. Eliezer immer noch numerisch in der Minderheit. Nicht die absolute Wahrheit ist auschlaggebend, sondern der gemeinschaftliche Konsens.

Der jüdische Mensch kann also – und vielleicht muss auch – in bestimmten Situationen mit seinen Entscheidungen gegen göttliche Wahrheit verstoßen, da er letzten Endes Verantwortung für die Torah und deren Erfüllung trägt. Zwar ist er keineswegs frei, sich von dem „Joch der Torahh" *('ol ha-Torah*) zu entbinden,[36] aber er ist innerhalb dieses Bezugsrahmens frei in seinen Entscheidungen und seinem Handeln.

Dies verdichtet sich in dem rabbinischen Prinzip von *pikuach nefesh* („Lebensrettung"),[37] wonach die Rettung eines Menschenlebens auch Gebote wie den Shabbat, Jom Kippur oder die Speisegesetze außer Kraft setzen kann,[38] was auf den folgenden Vers zurückgeführt wird: „Und ihr sollt meine Satzungen und Rechtsordnungen befolgen, denn wenn ein Mann dieses tut, soll er durch diese leben (*wa-chai bahem*); [denn] ich bin der Herr" (Lev 18, 5). Das rabbinische Ethos überschreibt hier biblische Gebote, da der Mensch in seinem Handeln nicht nur der Halakhah, sondern der Schöpfung Rechnung tragen muss: „Wer einen Menschen tötet, der vernichtet die ganze Welt; wer ein Menschenleben rettet, der rettet die ganze Welt."[39]

4. Die Ambivalenz der Unterscheidung

Die Ausübung der Torah ist also kein bloßes Befolgen von Ge- und Verboten, sondern sie fordert ein darauf basierendes, verantwortungsbewusstes Entscheiden und Handeln. Doch um sich richtig entscheiden zu können, muss man zunächst lernen, zwischen den Dingen zu unterscheiden.

Die Torah fungiert als Orientierungsrahmen, der eine bestimmte Ordnung der

[36] *Mishnah Avot* II, 21.
[37] *Talmud Bavli Joma* 84b.
[38] *Talmud Bavli Joma* 82a; 83a; 85a/b.
[39] *Mishnah Sanhedrin* IV, 5.

Wirklichkeit vorgibt: „Im Anfang schuf (*bara*) Gott den Himmel und die Erde." (Gen 1,1): Bereits im allerersten Satz des biblischen Textes werden grundlegende Unterscheidungen getroffen: Zwischen Gott und seiner Schöpfung, zwischen Himmel und Erde. Die hier wie im Folgenden getroffenen Unterscheidungen verleihen dem Sein überhaupt erst eine Struktur und ermöglichen, die existierenden Dinge voneinander zu differenzieren – und folglich zu definieren. Ohne Unterscheidungen würde das konturlose und unbegreifliche kosmische Chaos, das *tohu wa-vohu*, weiterhin Bestand haben.

In diesem Zusammenhang ist es jedoch auch bedeutsam, wie die im Prozess des Schöpfungsaktes vorgenommenen Unterscheidungen vollzogen werden: Sie werden durch Sprechakte formuliert. Auf diese Gleichsetzung von Schöpfungsakt und Sprechakt weist das hebräische Verb *bara* hin, welches im Unterschied zu dem Verb *jatzar* allein in Bezug auf Gottes schöpferische Fähigkeit gebraucht wird. Dieser performative Schöpfungsakt findet eine rituelle Entsprechung in der sogenannten *Havdalah*-Zeremonie, die am Ausgang des Shabbat den Beginn der neuen Woche einleitet. Das hebräische Wort *havdalah* bedeutet „Unterscheidung", denn „[Gott] unterscheidet (*ha-mavdil*) zwischen Heiligem und Profanem, zwischen Licht und Dunkelheit, zwischen Israel und den Völkern, zwischen dem siebten Tag und den sechs Tagen des (Schöpfungs-)Werkes."[40] Durch sie wird performativ wiederholt.

Damit endet der Shabbat *de facto* nicht, ehe nicht mittels eines Sprachaktes diese Unterscheidung artikuliert wird.

Eine Unterscheidung ist einerseits kategoriales Differenzieren und Trennen, andererseits zugleich auch ein In-Beziehung-Setzen des Unterschiedenen: ohne Heiliges kein Profanes, ohne Licht keine Dunkelheit etc. Eine Unterscheidung ist jedoch nicht gleichbedeutend mit einer (Be-)Wertung. Eine Wertung ist etwas, das sich anhand definierter Kriterien bestimmen lässt, die wiederum entsprechenden Aushandlungsprozessen unterliegen. Doch für die rabbinische Tradition sind nicht allein die binären Optionen entscheidend, sondern gerade die zwischen dem Unterschiedenen bestehende Dialektik.

Das hieraus abgeleitete Prinzip der Unterscheidung durchzieht den gesamten biblischen Narrativ: Egal ob Mann und Frau, das Paradies und der Zustand nach der Vertreibung daraus, die Abfolge von Generationen, die unterschiedlichen Erblinien der Erzväter und -mütter – durch immer neu eingeführte Unterschei-

[40] Siehe etwa *Siddur Sfat Emet*, x.

dungen finden weitere Differenzierungen statt, die den Bezugsrahmen zwischen Gott und Israel präzisieren und spezifizieren. Gerade im Kontext des sogenannten Auszuges aus Ägypten (*jetzirat mitzrajim*) artikuliert sich durch die hier eingeführten Unterscheidungen – die Erstgeburt von den Späteren, die Kohanim von den Leviten, die Leviten von den Israeliten, die Reinen von den Unreinen und schließlich die Israeliten von den anderen Völkern – nach und nach das theologische Konzept der sogenannten ‚Auserwählung Israels':[41] „Denn ein heiliges Volk (*am kadosh*) bist du dem Herrn, deinem Gott; und der Herr hat dich ausgewählt (*bekha bachar Ha-Shem*), damit du unter allen Völkern, die auf dem Angesicht der Erde sind, sein auserwähltes Volk bist (*lehijot lo le-am segullah*)." (Dtn 14,2)[42] Die hier konstatierte besondere Beziehung zwischen Gott und Israel wird gerade durch den in diesem Zusammenhang verwendeten Begriff der Heiligkeit deutlich: „Und ihr sollt mir heilig sein, denn ich der Herr bin heilig; und ich habe dich unterschieden *(wa-avdil*) von den anderen Völkern, [auf] dass du mein bist" (Lev 20, 26). Dabei ist die Auserwählung kein besonderes Verdienst vonseiten Israels, sondern Gottes Entscheidung; er hat es nun einmal so bestimmt. Erst durch den Bund am Sinai (Ex 24, 7) erwidert Israel die Auserwählung, indem es sich zur Annahme der Gebote verpflichtet.

Doch die Unterscheidung von anderen Völkern bezeichnet eben nicht nur eine Besonderheit im positiven Sinn, sondern auch ein Anders- und Fremdsein, dem mit Ausgrenzung, Verfolgung und Vernichtung begegnet wird. „I know, I know, that we are the chosen people. But once in a while, can't you choose someone else?", fragt der Milchmann Tewje Gott in dem auf einer Erzählung von Sholem Aleichem basierenden Film *Fiddler on the Roof*. Dennoch spielt die Auserwählung Israels im jüdischen Denken eine konstitutive Rolle, und das nicht nur aus theologischen Gründen; gerade vor dem Hintergrund der Diasporaerfahrung vermag sich das Judentum dadurch selbst zu behaupten und – was aufgrund der eigentlichen Ortlosigkeit der Diaspora vielleicht noch viel tiefgreifender ist – selbst zu verorten.

Hier sollen nun exemplarisch zwei Positionen gegenübergestellt werden, die beide von ähnlichen Erfahrungsmomenten (nämlich religiöser Verfolgung durch die Almohaden) geprägt sind, und doch radikal unterschiedliche Perspektiven in Bezug auf die Konsequenzen des Auserwähltseins aufweisen.

---

[41] *S. Leyla Gürkan*, The Jews as a Chosen People: Tradition and Transformation, New York, NY 2009, insb. 9–21.

[42] Vgl. hierzu auch Ex 19,5–6.

In seinem oft missverständlicherweise als Religionsdialog eingeordneten *Sefer ha-Kuzari* (*Buch des Chazaren[königs];* ursprüngl. arab. *Kitāb ar-radd wa-'l-dalīl fi nuṣr ad-dīn aḏ-ḏalīl* oder *Buch des Arguments und des Beweises zur Verteidigung des verachteten Glaubens*) konstatiert der mittelalterliche andalusisch-jüdische Dichter und anti-aristotelische Philosoph Jehudah ha-Lewi (1075 bis 1142), dass geborene Juden eine entscheidende Qualität (arab. *ṣafwa;* hebr. *segullah*) besitzen, die sie von Nichtjuden unterscheidet und – das ist die besondere Pointe des Textes – welche selbst ein Konvertit wie der titelgebende Chazarenkönig nicht zu erlangen vermag. Dadurch kann das „Göttliche [Ding]" (arab. *'amr ilāhī*; hebr. *ha-injan ha-elohi*) mit ihnen in Kontakt treten (arab. *ittiṣāl*; hebr. *devekut*) und interagieren; durch diese Erfahrung des „Göttlichen" sind sie im Besitz eines Wissens, welches anderen Erkenntniszugängen wie der universellen Vernunft überlegen ist. Folglich hat man in der gegenwärtigen, auch wissenschaftlichen Rezeption seine partikularistische und exklusivistische Position als chauvinistisch und sogar rassistisch charakterisiert (und zugegeben, seine Deutung durch nationalreligiöse Kreise in Israel ist diesbezüglich nicht ganz unproblematisch).

Knapp fünfzig Jahre später formuliert Moses Maimonides in seinem philosophischen Hauptwerk *Moreh Nevukhim* (ursprüngl. arab. *Dalālat al-ḥā'irīn* oder *Wegweiser für die Verwirrten*) gewissermaßen eine Antwort darauf, obgleich er seinen Vorgänger mit keiner einzigen Zeile erwähnt (was allerdings nicht verwundert, da Maimonides grundsätzlich keine anderen jüdischen Autoren erwähnt). Für Maimonides eröffnet die Vernunft, trotz ihrer Grenzen in Bezug auf metaphysische Erkenntnis, einen universellen Zugang zur Gotteserkenntnis. Ferner bezieht sich Maimonides sowohl im Rahmen seines Kommentars zu *Mishnah Sanhedrin* X,1, dem sogenannten *Perek Chelek* als auch in der *Mishneh Torah*,[43] dass ganz Israel Anteil an der kommenden Welt habe, nicht nur exklusiv auf Juden, sondern auf alle Menschen, die die noachischen Gebote befolgen.

An unserem heutzutage oftmals bemühten Kriterium religiöser Toleranz bemessen, scheint der Fall klar zu sein: Jehudah ha-Lewis Haltung gegenüber Nichtjuden ist eindeutig abwertend, während Maimonides die Möglichkeit reli-

---

[43] *Moses Maimonides*, Mishneh Torah, Sefer ha-Mada', Hilkhot Teshuvah 3,5; *Maimonides*, Mishneh (Anm. 8), 8,11.

giöser Toleranz gegenüber Andersgläubigen eröffnet.[44] Aber sobald es um die politischen Dimensionen beider Positionen geht, offenbart sich die eigentliche Ambivalenz dieser Wahrnehmung. Denn ausgerechnet Maimonides avisiert in den beiden Schlusskapiteln seiner *Mishneh Torah*, dass sich in messianischer Zeit alle Völker der göttlichen Einheit zu unterwerfen haben; sie müssen die noachidischen Gebote jedoch nicht aus Vernunftgründen, sondern aus religiöser Überzeugung annehmen.[45] Das Prinzip der absoluten göttlichen Einheit erlaubt demnach keine Kompromisse für andere religiöse Überzeugungen. Auf der anderen Seite überrascht Jehudah ha-Lewi mit einer ungewöhnlichen Aussage: Im 1. Teil des Buches lässt er den Rabbi (*chaver*), der als Gesprächspartner des Chazarenkönigs fungiert, die moralische Überlegenheit des Judentums preisen, welche auf das Ideal der Demut zurückzuführen sei; doch der Chazarenkönig merkt hierzu kritisch an: „Das wäre richtig, wenn eure Demut eine freiwillige wäre, aber sie ist eine gezwungene. Hättet ihr die Macht dazu, ihr würdet eure Feinde erschlagen."[46] Der Rabbi muss schließlich eingestehen, dass ausgerechnet die in der Diaspora so ersehnte politische Autonomie und Macht die moralische Integrität des Judentums zu gefährden droht: „Da hast du unsere schwache Seite getroffen, König von Kusar."[47]

Jehudah ha-Lewi teilt also die weiter oben skizzierte rabbinische Kritik an politischer Macht und Gewalt, während Maimonides die Wahrnehmung dieser (wenn auch in der utopischen messianischen Zeit) als Möglichkeit begreift, den sozialen Frieden zu gewährleisten. Zugegeben, die hier vorgenommene Gegenüberstellung ist – von der Reduktion und Vereinfachung des komplexen religionsphilosophischen Denkens der beiden Autoren mal abgesehen – nicht ganz korrekt, da es sich um unterschiedliche literarische Gattungen handelt (Maimonides' *Mishneh Torah* ist ein Rechtskodex, ha-Lewi's *Sefer ha-Kuzari* eine mystisch-philosophische Apologie) und sich beide Werke somit an unterschiedliche Adressatenkreise richten. Aber durch die hier aufgezeigte Dialektik der beiden Positionen wird dennoch eines deutlich: Jüdisches Denken ist ein weites Dis-

---

[44] Christen und Muslime erfüllen nach einem ursprünglich zensierten Passus in Mishneh Torah, Sefer Shoftim, Hilkhot Melakhim u-Milchamotehem 11,4 aufgrund ihrer auf dem Judentum basierenden Lehren sogar eine wichtige Funktion in der Vorbereitung der Menschheit für das messianische Zeitalter.

[45] *Maimonides*, Mishneh (Anm. 8), 11 & 12, insb. 12,5.

[46] *Jehuda Halevi*, Sefer ha-Kuzari/Der Kusari, ed. David Cassel, Jerusalem 1990, I, 114 (hebr. 104–106/deut. 105).

[47] *Jehuda Halevi*, Sefer (Anm. 46), I, 115 (hebr. 106/deut. 107).

kursfeld, in welchem sich unterschiedliche Meinungen und Positionen artikulieren und trotz der bestehen Unterschiede gleichberechtigt nebeneinander stehen können. Sie alle spiegeln die bereits mehrfach erwähnte Intention wider, Tradition und aktuelle Situation in Beziehung zu setzen in dem Bewusstsein, dass die daraus resultierende dialektische Spannung sich nicht einfach auflösen lässt, sondern ausgehalten werden muss. Gelingt dies, eröffnet die Dynamik des Aushandlungsprozesses schließlich ein Reservoir an Wissen und Entscheidungsmöglichkeiten, auf das in einer konkreten Situation zurückgegriffen werden kann; ein Reservoir, welches man Traditionsbestand nennt.

Der litauisch-amerikanische R. Joseph Dov Soloveitchik (1903 bis 1993) hat in seinem 1944 verfassten Essay *Ish ha-Halakhah* (*Der halakhische Mensch*) geschrieben, dass der Mensch immer an einem existenziellen Scheideweg steht und Verantwortung für seine Wahl übernehmen muss;[48] dass das, was den Menschen zum Menschen macht, eben seine Fähigkeit ist, zu unterscheiden und auf Basis dieser Unterscheidung Entscheidungen bezüglich der eigenen Existenz zu treffen. Aber er ist nicht existenziell allein gelassen in dieser Entscheidung, sondern eben Teil eines größeren Traditionsdiskurses, aus dem er schöpfen kann. R. Soloveitchiks Schüler R. David Hartman hat diesen Gedanken noch einmal erweitert, indem er feststellt, dass jüdische Existenz ohne Halakhah (als normativer Rahmen von Entscheidung und Handeln) keinen Bestand habe; aber er merkt auch an, dass es durchaus eine Rolle spiele, was für eine Halakha (d. h. die formalistische Erfüllung von Pflichten oder aber moralische Erziehung) damit gemeint sei:

> „We need halakha – but the question is, what halakha? When we are deadened to its true purpose, the details of halakha, no matter how meticulously observed, do not create a relational mode and fail to lead us to the further stages of spiritual life. Halakha does not necessarily lead us to moral behavior. As we are well aware, a halakhically observant person is not always an ethical person. Personal morality and menschlichkeit (being a mensch) are beyond the halakha's purview. What halakha can do is keep us in relationship with a world in which God is present. And when that takes place, it creates an opening for the larger purpose of halakha to infuse our thinking."[49]

---

[48] *Josef D. Soloveitchik*, Ish ha-Halakhah, in: *Pinchas Peli* (Ed.), Be-Sod ha-Jachid we-ha-Jachad, Jerusalem 1976, 37–188, hier 146.

[49] *David Hartman*, From Defender to Critic: The Search for a New Jewish Self, Woodstock, VT 2012, 255.

Wie in diesen Ausführungen hoffentlich deutlich geworden ist, lehrt die rabbinische Tradition, dass man heiligen Texten keine Verantwortung zuweisen kann; vielmehr ist es der Mensch, der Verantwortung für heilige Texte übernimmt, indem er sie problematisiert, interpretiert, diskutiert und aktualisiert. Aber er muss dies immer im Bewusstsein des gesellschaftlichen Kontextes tun, in welchem er steht. Was bezogen auf unsere Zeit bedeutet, dass man sich der pluralistischen Wirklichkeit und ihren Herausforderungen stellen muss und halakhische Fragen nicht isoliert davon entscheidet: Denn, und das kann man scheinbar nicht oft genug betonen, „sie ist nicht im Himmel!“

Das Lamm ist stärker als der Drache

Überlegungen zur Gewalt aus christlicher Sicht

Mariano Delgado

Abstract

In den letzten Jahren wurde die These von der immanenten Intoleranz oder Friedensunfähigkeit des Monotheismus kontrovers diskutiert. Auch und gerade die christliche Religionsgeschichte kann als Gewaltgeschichte gelesen werden. Ebenso ist sie ein gutes Feld zum Studium konstanter, religionstheologisch-anthropologischer Paradoxien: Das Christentum geht einerseits davon aus, dass wir „aus Gott" sind, andererseits aber die ganze Geschichte „unter der Gewalt des Bösen" (1 Joh 5,19) steht. Es hegt die Hoffnung auf den endgültigen Sieg des Lamms über den Drachen. In diesem Konflikt gefangen muss der einzelne Mensch „beständig kämpfen um seine Entscheidung für das Gute, und nur mit großer Anstrengung kann er in sich mit Gottes Gnadenhilfe seine eigene innere Einheit erreichen" (II. Vatikanum, Gaudium et spes 37,2). Der Beitrag wird zunächst die Aussagen der theologischen Anthropologie skizzieren, um anschließend drei historische Formen des Christentums als Friedensreligion vorzustellen: die Vision des Bartolomé de Las Casas (16. Jhdt.), die Theorie des gerechten Krieges und die Friedensdoktrin der letzten Päpste seit der Enzyklika „Pacem in terris" (1963) von Johannes XXIII.

Seit den Attentaten vom 11. September 2001 ist das Gewaltpotenzial der Religionen in aller Munde. Internationale Symposien und Konferenzen werden immer wieder organisiert, und eine Flut von Publikationen überschwemmt Buchhandlungen und Bibliotheken, während sich vorher die Aufmerksamkeit mehr oder weniger auf die wissenschaftliche Diskussion der anthropologischen Thesen René Girards über „Das Heilige und die Gewalt" oder auf den Streit über die von

Odo Marquard und später auch von Jan Assmann und Ulrich Beck bezweifelte Demokratie- und Toleranzfähigkeit des Monotheismus beschränkte.[1]

Bei einer Diskussion über das Gewaltpotenzial der Religionen wären christliche Vertreter schlecht beraten, wenn sie sich mit einem belehrenden Ton daran beteiligten. Als Kirchen- und Religionshistoriker kann ich sagen: Selbst wenn man in Goethes Spruch „Es ist die ganze Kirchengeschichte/Mischmasch von Irrtum und von Gewalt“[2] eine grobe, unzutreffende Vereinfachung findet, kann man nicht umhin, mit dem Kirchen- und Religionshistoriker Ernst Benz Folgendes festzuhalten: „Weder der Islam noch der Buddhismus noch der Hinduismus haben auch nur entfernt so viele Menschen um ihres Glaubens willen getötet wie die christlichen Kirchen.“[3] Aufgrund seines Ausschließlichkeitsanspruchs vermochte das Christentum der Versuchung der Intoleranz, „zur Aufrichtung einer heillosen innerweltlichen Absolutheit, die den anderen für Zeit und Ewigkeit in Frage stellt“,[4] nicht zu widerstehen. Von daher hat das Christentum seine Unschuld längst verloren. Künstler wie der Mexikaner José Clemente Orozco haben dieses Bewusstsein sehr drastisch ausgedrückt: Wenn Christus zurückkäme, würde er als Erstes das Kreuz zerstören, weil Christen unter diesem Zeichen eine Spur der Gewalt in der Geschichte hinterlassen haben, so die Botschaft seines Bildes (Öl auf Leinwand) „Christus zerstört sein Kreuz“.[5]

Die Gewaltgeschichte im Namen des Christentums hat natürlich nicht nur mit dem Christentum zu tun, sondern wurzelt zunächst in der Natur des Menschen, in der Anthropologie. Vergessen wir nicht, dass nach dem biblischen Narrativ die Menschheitsgeschichte nicht zuletzt eine „kainitische Abstammung“ hat und aus der Gewalt und dem Brudermord hervorgegangen ist. Die Menschheitsge-

---

[1] Vgl. u. a. *René Girard*, Das Heilige und die Gewalt, Ostfildern [2]2012; *Aloys Halbmayr*, Lob der Vielheit. Zur Kritik Odo Marquards am Monotheismus, Innsbruck 2000; *Jan Assmann*, Monotheismus und die Sprache der Gewalt, Wien [6]2013; *Ulrich Beck*, Der eigene Gott. Von der Friedensfähigkeit und dem Gewaltpotenzial der Religionen, Frankfurt am Main 2008.

[2] *Johann Wolfgang Goethe*, Zahme Xenien, in: *J. W. G.*, dtv – Gesamtausgabe Bd. 4, München 1961, 70f. (Sprüche Nr. 178).

[3] *Ernst Benz*, Ideen zu einer Theologie der Religionsgeschichte, in: Akademie der Wissenschaften und der Literatur (Abhandlungen der geistes- und sozialwissenschaftlichen Klasse, Jahrgang 1960, Nr. 5), Wiesbaden 1961, 64.

[4] *Joseph Ratzinger*, Das Problem der Absolutheit des christlichen Heilsweges, in: *ders.* (Hg), Das neue Volk Gottes. Entwürfe zur Ekklesiologie, Düsseldorf 1969, 363–375, hier 372.

[5] *Egbert Baqué / Heinz Spreitz* unter Mitarbeit von *Olav Münzberg / Michael Nungesser (Hgg.)*, José Clemente Orozco 1883–1949, Berlin 1981, 71.

schichte mutet in der Tat wie eine „Höllenmaschine“ an, um es mit Adornos *Minima Moralia* zu sagen.[6]

Zwischen der Steinschleuder der Vorzeit und den Massenvernichtungswaffen per Knopfdruck unserer Zeit gibt es zweifelsohne einen technischen Fortschritt – aber auch einen moralischen? Das ist mehr als zweifelhaft; vielmehr spricht vieles dafür, dass die Natur des Menschen bei allen Zivilisationsschüben eine Strukturkonstante der Geschichte geblieben ist. Kant ahnte deshalb, dass der Fortschritt hin zur Idee der Menschheit „gerade an der Natur des Menschen scheitern könnte“: „aus so krummem Holze, als woraus der Mensch gemacht ist, kann nichts ganz Gerades gezimmert werden“[7] – hielt der Königsberger Philosoph in seiner Schrift *Idee zu einer allgemeinen Geschichte in weltbürgerlicher Absicht* fest. Nicht zuletzt aus diesem Grund hat der Prozess der Zivilisation einschließlich des Beitrags der Religionen das Gewaltproblem nicht gelöst.

Ich werde zunächst von der Lehre der katholischen Kirche über den Menschen ausgehen, von ihrer Betrachtung der Geschichte als Kampf zwischen Heil und Unheil, dem Lamm und dem Drachen, einem Kampf, der von der Hoffnung getragen ist, dass am Ende der Geschichte das Lamm stärker als der Drache sein wird. In einem zweiten Schritt werde ich aufzuzeigen versuchen, wie im Verlauf der Christentumsgeschichte bestimmte Pathologien eine Spur der Gewalt hinterlassen haben. Diese wurden durch das Wirken von Christen, die um den grundsätzlich friedlichen Charakter dieser Religion und ihrer Botschaft vom Reich Gottes wussten, überwunden. Einige zusammenfassende Überlegungen werden abschließend folgen.

1. Das Lamm ist stärker als der Drache

„Wir wissen: Wir sind aus Gott, aber die ganze Welt steht unter der Gewalt des Bösen“ (1 Joh 5,19), heißt es im ersten Johannesbrief. Unter Bezug auf diese Stelle spricht der *Katechismus der Katholischen Kirche* von einer „dramatischen

[6] *Theodor W. Adorno*, Minima Moralia. Reflexionen aus dem beschädigten Leben, Frankfurt am Main 1987, 315 (Nr. 149).

[7] *Immanuel Kant*, Idee zu einer allgemeinen Geschichte in weltbürgerlicher Absicht (Werkausgabe hg. von *Wilhelm Weischedel*, Bd. XI), Frankfurt am Main 1981, 31–50, hier 41. Vgl. dazu *Michael Wimmer* et. al. (Hgg.), Das „zivilisierte Tier“. Zur historischen Anthropologie der Gewalt, Frankfurt am Main 1996.

Situation“, die das Leben des Menschen zu einem Kampf macht,[8] und er verweist auf *Gaudium et spes* 37. Unter der Überschrift „Das von der Sünde verderbte menschliche Schaffen“ sagt das Konzil: „Die ganze Geschichte der Menschheit durchzieht ein harter Kampf gegen die Mächte der Finsternis, ein Kampf, der schon am Anfang der Welt begann und nach dem Wort des Herrn bis zum letzten Tag andauern wird. In diesen Streit hineingezogen, muss sich der Mensch beständig darum bemühen, dem Guten anzuhängen, und er kann nicht ohne große Anstrengung in sich mit Gottes Gnadenhilfe die Einheit erlangen.“

In der Tat ist *Gaudium et spes* jenes Konzilsdokument, in dem die Kirche für unsere Zeit das Narrativ christlicher Anthropologie am deutlichsten ausgedrückt hat. Die theologische Anthropologie geht davon aus, dass der Mensch vom Schöpfer mit Verstand und freiem Willen ausgestattet wurde und daher ein sittliches Subjekt ist. Denn diese „geschenkte Freiheit“ sieht die Theologie als „Ermöglichungsgrund der Ethik“.[9] Daher wird im ersten Kapitel von *Gaudium et spes* die Verstandes- und Willensfreiheit als „ein erhabenes Kennzeichen des Bildes Gottes im Menschen“ bezeichnet (GS 17); es wird betont, dass der Mensch „auf Anraten des Bösen gleich von Anfang der Geschichte an seine Freiheit missbraucht“ hat (GS 13); aber nach der katholischen Tradition wird festgehalten, dass der Mensch trotz der Verwundung seiner Natur durch die Erbsünde und die entsprechende Neigung zum Bösen „immer noch nach dem Guten“ verlangt (GS 13). Anders als die protestantische Theologie, die in der Schule des strengen Augustinismus „die Ohnmacht des Menschen unter der Sünde und seine radikale Angewiesenheit auf eine besondere Gnade Gottes vertritt“,[10] neigt die katholische Theologie zu einer stärkeren Betonung der menschlichen Freiheit im Heilsgeschehen und zu einer eher optimistischen Sicht der menschlichen Natur.

Aus dem Gesetz „Ut vim: Die Natur schuf eine gewisse Verwandtschaft unter den Menschen“, das im Titel „De iustitia et iure“ in den *Digesta* vorkommt,[11] zieht Francisco de Vitoria in seiner Vorlesung *De Indis* (1537/1539) folgenden Schluss: „Daher ist es naturrechtswidrig, dass ein Mensch einem anderen Menschen ohne irgendeinen Grund in feindlicher Absicht entgegentritt. Es ist näm-

8 Katechismus der Katholischen Kirche. Oldenbourg u. a. 1993, Nr. 409.

9 *Eberhard Schockenhoff*, Theologie der Freiheit, Freiburg 2007, 193.

10 *Gisbert Greshake*, Art. Pelagianismus, in: LThK Bd. 8 (^{3}1999) 8–9, hier 8.

11 Corpus Iuris Civilis. Volumen primum. Institutiones. Ed. *Paul Krüger*. Digesta. Ed. *Theodor Mommsen / Paul Krüger*, Dublin/Zürich ^{20}1968, Digesta I, 1, 3 (S. 29).

lich nicht so, dass ‚der Mensch dem Menschen ein Wolf ist', wie der Komödiendichter sagt, sondern ein Mensch".[12] Mit dem Komödiendichter ist bekanntlich Titus Macius Plautus gemeint, der in Asinaria (2,4) den Satz „homo homini lupus est" geprägt hatte. Der protestantische Philosoph Thomas Hobbes betont in seinem *Leviathan* (1651) auch die Wolfsnatur des Menschen. Ich weiß, dass Hobbes' Denken viel komplexer ist und nicht reduziert werden kann auf die Patenschaft für eine Staatskonzeption, „die dem diktatorischen Missbrauch staatlicher Gewalt Tür und Tor öffnet".[13] Man hat auch „auf das konstruktivistische ‚Kunstwerk' des Friedens in der politischen Philosophie des Thomas Hobbes" verwiesen und den Leviathan als „(innen)politischen Friedensstifter" verstanden.[14] Entscheidend ist aber, dass Hobbes angesichts der Anarchie der englischen Bürgerkriege von einer Konfliktnatur des Menschen ausgeht, während die *Salmantiner* die Entstehung der Polis und des Staates auf die natürliche „Soziabilität" des Menschen zurückführten – gemäß der aristotelisch-thomistischen Tradition. Diese optimistische Sicht wird heute in der historischen Anthropologie vielfach vertreten, so etwa, wenn aufgrund von Fallstudien angenommen wird, dass nicht der Mord, sondern die Kooperation am Anfang der Kulturentwicklung gestanden haben dürfte.[15]

Bartolomé de Las Casas geht in seinem anthropologischen Optimismus sogar ein wenig weiter. Auf der einen Seite kennt er ganz genau die Wirkung der Konkupiszenz, also der verderbten, sündhaften Natur bei den *Conquistadores* und *Encomenderos*, deren Herrsch-, Ehr- und Habsucht er mit allen möglichen rhetorischen Registern anprangert. Auf der anderen Seite sagt er aber von den Bewohnern mancher karibischen Insel (Bahamas), sie seien so einfältig, gelassen und friedfertig, dass es scheine, Adam habe in ihnen nicht gesündigt.[16] Und die Einheit des Menschengeschlechts begründet er mit einer Formel, die nicht nur durch den Glauben an die Gotteskindschaft aller Menschen geprägt ist, sondern

---

[12] *Francisco de Vitoria*, Vorlesungen II. Völkerrecht – Politik – Kirche, in: *Ulrich Horst* et al. (Hgg.), Theologie und Frieden 8, Stuttgart 1997, 464–465 (Lateinisch-Deutsch).

[13] *Alfred Schöpf*, Aggression als Zerstörung von Anerkennung, in *ders (Hg.)*, Aggression und Gewalt. Anthropologisch-sozialwissenschaftliche Beiträge (Studien zur Anthropologie 9), Würzburg 1985, 65–84, hier 73.

[14] *Arno Waschkuhn*, Aggression und Gewalt im Lichte der Friedens- und Konfliktforschung, in: *Schöpf*, Aggression (Anm. 13), 273–289, hier 276f.

[15] Vgl. *Richard Leakey / Roger Lewin*, Die Menschen vom See: neueste Entdeckungen zur Vorgeschichte der Menschheit, Frankfurt am Main 1982.

[16] Vgl. *Bartolomé de Las Casas*, Obras completas. Vol. VIII, ed. *Vidal Abril Castelló* et al., Madrid 1992, 1319.

auch durch die Betonung der Lernfähigkeit des Menschen und seines natürlichen Hanges zum Guten – trotz der Ursünde: „Für alle Menschen und jeden einzelnen gibt es nur eine Definition, und diese ist, dass sie vernunftbegabte Lebewesen sind; alle haben eigenen Verstand und Willen und Entscheidungsfreiheit, weil sie nach dem Ebenbild Gottes geschaffen sind […] und demzufolge haben alle die innere Kraft und Befähigung oder Eignung und den natürlichen Hang zum Guten, um in Ordnung, Vernunft, Gesetzen, Tugend und allem Guten unterwiesen, für sie gewonnen und zu ihnen geführt zu werden.“[17]

Für diese optimistische Sicht steht heute nicht zuletzt die Allgemeine Erklärung der Menschenrechte der Vereinten Nationen vom 10. Dezember 1948. Wir wissen, dass die christliche Lehre von der sittlichen Gleichheit und Freiheit aller Menschen die Entwicklung zu den Menschenrechten entscheidend mitgeprägt hat, auch wenn die Kirchen die logischen Konsequenzen daraus (demokratisch-säkularer Staat, Autonomie von Politik und Kultur, Religionsfreiheit) erst später gezogen haben. Der erste Artikel der genannten Erklärung konvergiert zum Beispiel mit der Anthropologie der katholischen Scholastiker des 16. Jahrhunderts: „Alle Menschen sind frei und gleich an Würde und Rechten geboren. Sie sind mit Vernunft und Gewissen begabt und sollen einander im Geiste der Brüderlichkeit begegnen.“

Fassen wir das Narrativ christlicher Anthropologie zusammen, so können wir festhalten: Die Theologie ist sich des dramatischen Charakters der Geschichte und der darin wirkenden „Gewalt des Bösen“ voll bewusst; sie setzt aber darauf, dass im historischen Kampf das Lamm stärker als der Drache sein wird. Wenn der Mensch sich Christus und seiner göttlichen Barmherzigkeit öffne, könne daher die Kraft des Guten die Mächte des Bösen überwinden. Daran erinnerte der Augustinuskenner Benedikt XVI. in seiner Ansprache an das Kardinalskollegium und die Mitglieder der römischen Kurie vom 22. Dezember 2005.[18] Nun, es wäre natürlich leichter, daran zu glauben, wenn die Christentumsgeschichte selbst nicht so sehr von Gewalt durchzogen wäre.

---

[17] *Las Casas*, Werkauswahl. Bd. 2: Historische und ethnographische Schriften, hg. von *Mariano Delgado,* Paderborn 1995, 377.

[18] Vgl. den deutschen Text in: http://www.vatican.va.

2. Einige Gewaltpathologien und deren Überwindung

Kommen wir nun zum zweiten Schritt, zum Aufzeigen der Wirkung, aber auch der Überwindung einiger Gewaltpathologien in der Christentumsgeschichte.

2.1 Krieg nach biblischer Vorlage

Im 16. Jahrhundert bemühte der Humanist Juan Ginés de Sepúlveda (um 1489/90 bis 1573) das Argument des Unglaubens oder des Götzendienstes der Indianer, um ihre kriegerische Eroberung zu rechtfertigen. Krieg aufgrund der Religionsverschiedenheit war ein Novum in der Kirchengeschichte. Daher versuchte Sepúlveda, den Krieg „biblisch" zu begründen, etwa unter Bezug auf das Buch Deuteronomium, in dem Gott selbst die gewaltsame Landnahme des Gelobten Landes durch die hebräischen Heerscharen zu rechtfertigen scheint, weil die dort wohnenden Völker „Götzendiener" waren. Hatte Augustinus gemeint, dass ein Krieg nur gerecht sei, wenn er als Antwort auf erlittenes Unrecht erfolge, so meint Sepúlveda, dass mit dem Krieg gegen die götzendienerischen Indianer vor allem das Unrecht gegen Gott gerächt werden müsse, „das ja auch am meisten der Rache würdig ist".[19] Er meint, dass die Bewohner des Gelobten Landes „des Götzendienstes und der Menschenopfer wegen" von Gott zerstört wurden, wie es in Dtn 9,4 heißt: „während diese Völker ihrer Gottlosigkeit willen vertilgt wurden". Und dass die anderen Völker, die sich nicht in solchem Ausmaß versündigt hatten, „aufgrund ihres Unglaubens und des Götzendienstes" dem treuen Volk der Juden durch Krieg unterworfen werden durften. Und er beruft sich dabei u. a. auf Dtn 20,15: „‚So sollst du mit allen Städten verfahren, welche sehr weit von Dir entfernt liegen', d. i. ‚religionsverschieden sind', wie die Glossa interlinearis erläutert."[20] Daraus folgerte Sepúlveda nicht nur, „dass wir gegen irgendwelche Leute, nur weil sie einer anderen Religion als der unseren zugehören, Krieg führen dürfen".[21]

Mit der Rechtfertigung des Krieges aufgrund der Religionsverschiedenheit

---

[19] *Juan Ginés de Sepúlveda,* Demócrates segundo – o De las justas causas de la guerra contra los Indios (lat.-span.), ed. *Ángel Losada*, Madrid 1984, 60.

[20] *Las Casas*, Werkauswahl. Bd. 1: Missionstheologische Schriften, hg. v. *Mariano Delgado,* Paderborn 1995, 374.

[21] *Las Casas*, Werkauswahl (Anm. 20), 352.

handelte sich Sepúlveda die akademische Verachtung der scholastischen Theologen ein. Für sie war er „in der Kunst der Rhetorik berühmt“, aber eher „laienhaft in der Theologie“.[22] Aber die biblische Begründung brachte sie in Verlegenheit. Denn die von Gott selbst bewirkte oder von ihm zugelassene Zerstörung oder Eroberung der Völker Palästinas durch die hebräischen Heerscharen kann aus der Bibel nicht entfernt werden. Die unverhältnismäßige „Blutrünstigkeit“ des biblischen Gottes bei dem Exodus und der Landnahme ist für liberale Zeitgenossen ein Grund, Kirche und Synagoge den Rücken zu kehren.[23] Heutige Theologen versuchen, die in der Bibel dokumentierte Gewalt zu relativieren, indem sie darauf hinweisen, dass etwa die altisraelitische Landnahme viel weniger gewaltsam war, als berichtet wird, ja, dass viele Gewaltberichte der literarischen Gattung der nationalen Legendenbildung und des Mythos angehören und nicht wörtlich zu nehmen sind.[24] Las Casas konnte damals auf diese Erkenntnisse moderner Exegese nicht zurückgreifen; und dennoch verrät seine Antwort nicht nur Verlegenheit, sondern auch ein großes Gespür für den Umgang mit den unverständlichen Blutbädern im Namen Jahwes: Die – entweder von Gott selbst ausgeführte oder von ihm angestiftete – unverhältnismäßige „befreiende Gewalt“ gegen die unterdrückenden Ägypter sowie die „erobernde Gewalt“ gegen die götzendienerischen Kanaaniter im altisraelitischen Exodus ist für Las Casas ein Faktum, das mit der Erfüllung der „Verheißung“ an Abraham zu tun habe; zugleich hält er diese Gewaltgeschichte für ein unergründliches Rätsel, eine wundersame Tat des allmächtigen Gottes, über die wir staunen, aber die wir keineswegs nachahmen sollten (admirari, sed non imitari), denn dies sei einmalig gewesen und nicht übertragbar auf andere Völker und Zeiten.[25] „Admirari, sed non

---

[22] *Melchor Cano*, De locis theologicis, ed. *Juan Belda Plans*, Madrid 2006, 555 (Buch IX, Kap. 2).

[23] Vgl. die Diskussion um *Franz Buggle*, Denn sie wissen nicht, was sie glauben – oder Warum man redlicherweise nicht mehr Christ sein kann, Reinbek 1992; *Karl-Josef Kuschel*, Ist das Christentum inhuman? Kritische Anmerkungen zu einer Streitschrift, in: Herder Korrespondenz 46 (1992) 222–226; *Raymund Schwager*, Erlösung durch das Blut – Inhumanität eines gewalttätigen Gottes? Zu einem Buch von Franz Buggle, in: Stimmen der Zeit 211 (1993) 168–176.

[24] *Erich Zenger*, Das Erste Testament. Die jüdische Bibel und die Christen, Düsseldorf [3]1993, 48–85.

[25] Vgl. *Las Casas,* Werkauswahl (Anm. 20), 354. Las Casas bezieht sich dabei auf das *Decretum Gratiani*: C.2, q.7, c.41 und C.22, q.2, c.17: Corpus Iuris Canonici. Ed. *Emil Friedberg*. Pars prior: Decretum Gratiani, Graz 1959, S. 496.872. Die erste Stelle ist von Gregor dem Großen, die zweite von Augustinus. In dem Kommentar Gratians zur ersten Stelle (ebd., S. 497) kann man Folgendes nachlesen: „Miracula (et maxime veteris testamenti) sunt admiranda, non in exemplum nostrae actionis trahenda.“ (Die Wunder – besonders die des Alten Testaments – sind zu bestaunen, aber

imitari" – mit diesem Prinzip kann man jedem Fundamentalismus in der Bibelauslegung den Boden entziehen.

Wohlwissend, dass nach der Theorie des gerechten Krieges nur das erlittene Unrecht, nicht aber die Religionsverschiedenheit einen Krieg rechtfertigen kann, fragt sich Las Casas zudem: „Warum ist des weiteren im gesamten Alten Testament nicht zu lesen, dass die Juden als gläubiges Volk allein aufgrund des Götzendienstes und des Unglaubens gegen irgendein Volk außerhalb des Gelobten Landes Krieg geführt hätten? Es ist offenkundig, wenn sie dies des Unglaubens und Götzendienstes wegen getan hätten, so stünde es in irgendeinem Buch der Hl. Schrift. Aber man wird in keinem von all den Kriegen, welche die Juden gegen irgendwelche Völker außerhalb des Gelobten Landes vom Buch Exodus bis zu den Makkabäern geführt haben, den Kriegsgrund des Götzendienstes oder des Unglaubens finden, sondern allein das Unrecht und die Schäden, die sie von jenen erlitten haben. Selbst wenn es aber irgendein Beispiel gibt, warum benennt es der Doktor dann nicht? Und so erscheint als völlig unzutreffend, was er aus der *Glossa interlinearis* über jene Worte [Dtn 20,15] anführt: ‚So sollst du mit allen Städten verfahren, welche sehr weit von dir entfernt liegen', was nach der Glosse besagt: ‚religionsverschieden'. Auf diese Weise möchte also der ehrwürdige Doktor beweisen, dass einzig der Religionsverschiedenheit wegen die Juden hätten Krieg führen dürfen und wir Christen es heute gegen die Heiden tun dürften. Wie sehr dies im Widerspruch zum Evangelium Christi steht [...] sowie gegen die gesamte Lehre und das Wirken der Apostel und die Sitte der universalen Kirche, mag ein jeder gebildete Christ beurteilen."

Wir sagten, dass nach der Theorie des „gerechten Krieges" allein das erlittene Unrecht, nicht aber die Religionsverschiedenheit einen Krieg rechtfertigen kann. Aus diesem Grund sagte ein spanischer Autor des beginnenden 14. Jahrhunderts, dass der Krieg der Christen gegen die Muslime in Spanien nicht aus Gründen der Religionsverschiedenheit geschah, sondern wegen des Landes. Daher werde der Krieg dauern, „bis die Christen die Länder zurückgewinnen, die ihnen die Mauren gewaltsam entrissen haben".[26] Die sogenannte „Reconquista", wie der jahr-

---

nicht als Beispiel für unser Handeln heranzuziehen.) In Anlehnung daran hat Las Casas die Sprachformel *admirari, sed non imitari* geschaffen. Vgl. dazu *Bruno Rech*, Las Casas und das Alte Testament, in: Jahrbuch für Geschichte von Staat, Wirtschaft und Gesellschaft Lateinamerikas 18 (1981) 1–30.

[26] *Américo Castro*, Obra reunida. Vol. 3: España en su historia, Ensayos sobre historia y literatura, ed. *José Miranda*, Madrid 2004, 305.

hundertelange Krieg gegen die Mauren auf Spanisch genannt wird, war im christlichen Selbstverständnis ein legitimer Rückeroberungs- oder Verteidigungskrieg, kein Angriffskrieg.

2.2 Willkürlicher Krieg aus Gier nach Macht

Ohne ein sicher feststehendes, schwerwiegendes und von Dauer erlittenes Unrecht ist die Gewinnung von Lebensraum oder die Territorialerweiterung bzw. die Gier nach Macht kein legitimer Kriegsgrund – und doch sind die meisten Kriege schließlich aus diesem Grund geführt worden. Die Theorie des „gerechten Krieges" geht von der Betrachtung des Krieges als „Übel" aus und versucht, den Krieg der Willkürlichkeit zu entziehen, ihn einzudämmen, nicht ihn zu fördern. Augustinus entwickelt erstmals eine Kriteriologie, die es ermöglicht, fallweise die Legitimität von Kriegen zu beurteilen. Dabei greift er auf die stoische Lehre vom gerechten Krieg zurück, die er theologisch vertieft. Damit ein Krieg gerecht ist, muss er aus einem gerechten Grund (*causa iusta*), mit dem Willen zum Frieden *(recta intentio*) und auf Befehl der rechten Autorität (*legitima auctoritas*) geführt werden. Wenn sich Christen an einem gerechten Krieg beteiligen, befolgen sie Jesu Liebesgebot; wenn sie also im Kampf für eine gute und gerechte Sache sterben, kommen sie in den Himmel. Thomas von Aquin bringt die drei Kriterien für einen gerechten Krieg, die sich bei Augustinus verstreut finden, in die von da an übliche Reihenfolge: *legitime Autorität, gerechter Grund und rechte Intention.* Darüber hinaus vertieft er den theologischen Grundgedanken: Die Übel eines Krieges müssen notfalls in Kauf genommen werden, wenn ein Unrechtstäter und andere, die zur Nachahmung neigen, nur so von weiteren Sünden abgeschreckt werden können.

Im 16. Jahrhundert haben die Theologen und Juristen von Salamanca weitere Kriterien für den gerechten Krieg eingeschärft, um den Krieg noch weiter einzudämmen: Verhältnismäßigkeit der kriegerischen Aktion und Aussicht auf Erfolg (*proportionalitas*); letztes Mittel, um dem Schaden ein Ende zu bereiten, nachdem sich alle anderen Mittel als undurchführbar oder wirkungslos erwiesen haben (*ultima ratio*); und dass im Krieg auch das Recht bzw. das sittliche Gesetz weiterhin gilt (*ius in bello*), so dass nicht alles erlaubt ist. Dieses letzte Prinzip hat zu den Genfern Konventionen geführt.

Die Wirkungsgeschichte der Theorie des „gerechten Krieges" entbehrt nicht einer gewissen Ambivalenz: Zum einen sollte sie zur Eindämmung des Krieges führen; zum anderen diente sie auch der Rechtfertigung der Kreuzzüge und der spanischen Reconquista, weil diese nicht als Religions- oder Expansionskriege nach dem bloßen Willen zur Macht galten, sondern als Notwehr und Antwort auf erlittenes Unrecht durch die Muslime. Heute aber hört die katholische Kirche nicht auf, den Krieg als Übel zu brandmarken. Sie ist eine der stärksten Stimmen, die für eine Ächtung des Krieges und für Dialog, Vergebung und Versöhnung eintreten: „Krieg bedeutet immer das Scheitern des Friedens, er ist immer eine Niederlage für die Menschheit", hat Papst Franziskus am 7. September 2013 im Schatten des Syrienkonfliktes und in der Tradition der letzten Päpste gesagt. Und er fügte hinzu: „Wir haben unsere Waffen vervollkommnet, unser Gewissen ist eingeschlafen, und wir haben ausgeklügeltere Begründungen gefunden, um uns zu rechtfertigen."[27]

2.3 Krieg zur Glaubensverbreitung

In der Kirchengeschichte finden wir auch die Konstruktion eines „Missionsrechts". Darunter verstand man im Mittelalter das Recht auf die Sicherung der Glaubenspredigt auf der ganzen Welt – also das Recht der Glaubensboten zu predigen und sei es unter dem Schutz christlicher Waffen, nicht das Recht, die Andersgläubigen zum Anhören der Predigt zu zwingen. Im Zusammenhang mit der Eroberung und Evangelisierung der Neuen Welt spielte dieses Argument auch eine wichtige Rolle.

Aus dem Evangelisierungsauftrag Christi (Mk 16,5; Mt 28,18), den der Papst Alexander VI. 1492 für die Neue Welt den Spaniern exklusiv anvertraut habe, leitet Francisco de Vitoria ein graduales Interventionsrecht ab, d. h. bei Behinderung des Missionsrechts notfalls die Besetzung fremder Länder, „bis sich Gelegenheit und Sicherheit zur Verkündigung des Evangeliums einstellen".[28] Dasselbe gilt bei Verhinderung der Bekehrung oder bei Gewalt gegen die zu Christus Bekehrten, so dass diese getötet oder zur Wiederaufnahme des Götzendienstes genötigt werden. Auch hier können die Spanier „die Satzungen des Kriegsrechtes" zur Anwendung bringen. Und schließlich könne der Papst den

[27] http://www.vatican.va/holy_father/francesco/homilies/2013/documents/papa-francesco_2013 0907_veglia-pace_ge.html.

[28] *Vitoria*, Vorlesungen II (Anm. 12), 476–477.

Barbaren, wenn ein großer Teil von ihnen zu Christus echt bekehrt wäre – gleich, ob dies friedlich oder unter Einschüchterung oder Drohungen geschah und gleich, ob sie ihn darum gebeten haben oder nicht –, „einen christlichen Herrscher geben und die anderen, ungläubigen Herren entfernen".[29] Sepúlveda geht einen Schritt weiter, indem er – zum Entsetzen der Theologen – meint, dass die Indianer von den Spaniern auch „zum Hören der Glaubenspredigt" gezwungen werden können.[30]

Las Casas hingegen schränkt auch im Falle einer Behinderung des Missionsrechts das Recht der Christen auf gewaltsame Intervention stark ein. Diese wäre nämlich nur dann rechtens, wenn die Indianer im Wissen um den Glauben die Predigt behinderten, was bei ihnen nicht der Fall sein kann: „Wenn sie uns hingegen behinderten in der Annahme, wir würden sie als unsere Feinde berauben und töten, ohne dass sie zuvor überhaupt etwas von unserem Glauben erfahren hätten, dürften sie sich rechtmäßig gegen die Unseren zur Wehr setzen, und wir könnten keinen gerechten Krieg gegen sie führen."[31] Auch den Schutz durch bewaffnete Soldaten lässt Las Casas nicht gelten, da er darin eine subtile Form der Nötigung sieht, die die Freiheit des Glaubensaktes beeinträchtige.

An die Reziprozität, d. h. an das Recht anderer Religionen zur Mission – etwa in christlichen Territorien –, dachte man im Schatten des Missionsrechts nicht. Es war eine Einbahnstraße zur Evangelisierung der Welt. Papst Innozenz IV. hatte dies 1243 in seinem Dekretalkommentar bereits klargestellt. Darin wird die Verpflichtung der Heiden zur Zulassung christlicher Missionare bekräftigt, zugleich aber verneint, dass christliche Herrscher verpflichtet wären, etwa Verkünder des Islam zuzulassen:

> *„Verpflichtung der Heiden zur Zulassung christlicher Missionare*
> ‚Wenn des weiteren die Ungläubigen auch nicht zum (christlichen) Glauben gezwungen werden dürfen, da man allen Menschen ihre freie Willensentscheidung belassen soll und bei dieser Berufung allein die Gnade Gottes wirken soll, so kann doch der Papst Ungläubigen die Weisung erteilen, dass sie in den Ländern, die ihrer Herrschaft unterliegen, Verkünder des Evangeliums zulassen sollen. Denn wenn ein jedes vernunftbegabtes Geschöpf dazu erschaffen ist, Gott zu loben […], begehen sie, falls sie Prediger an der Verkündung des Wortes hindern, eine Sünde und sind daher zu bestrafen'.

---

[29] *Vitoria*, Vorlesungen II (Anm. 12), 478f.
[30] *Losada*, Sepúlveda (Anm. 19), 64.
[31] *Las Casas*, Werkauswahl (Anm. 20), 367.

> *Aber keine Verpflichtung, Verkünder des Islam zuzulassen*
> ‚Aber kann man nun etwa sagen, in entsprechender Weise sei (auch) der Papst verpflichtet, jene zuzulassen, die etwa das Gesetz des Mohammed verkünden wollen? Die Antwort ist nein. Man darf über jene nicht in gleicher Weise urteilen wie über uns, da sie im Irrtum befangen sind, wir aber auf dem Weg der Wahrheit gehen, was uns als Glaubensgewissheit verbürgt ist'."[32]

Die katholische Kirche dachte in den Koordinaten des „Missionsrechts" bis ins 20. Jahrhundert hinein. Denn sie vertrat noch am Vorabend des Zweiten Vatikanischen Konzils die Meinung, dass Religionsfreiheit nur der wahren Religion, d. h. dem katholischen Glauben, zustehe.[33] Beim Zweiten Vatikanischen Konzil löste sie sich auch von dieser Pathologie ab und wurde zur Verteidigerin der Religionsfreiheit. Johannes Paul II. hat zum Beispiel wiederholt betont, dass die Religionsfreiheit „der Grund",[34] die „Garantie",[35] der „Eckstein",[36] das „Maß",[37] das „Herz"[38] sowie die „Wurzel"[39] aller anderen Menschenrechte und „einer der Eckpfeiler der zeitgenössischen Zivilisation"[40] ist. Gleichwohl gilt hier die Erkenntnis von Ernst-Wolfgang Böckenförde: dass wir die Religionsfreiheit als einklagbares Menschenrecht nicht den Kirchen und deren Theologen verdanken. Sie ist vielmehr Ergebnis westlicher Staats- und Gesellschaftsentwicklung, wenn auch auf dem „zweiten mühsamen Weg", d. h. nach der Überwindung der Verschmelzung von Staat und Christentum durch die Französische Revolution. Erst damit sind in der westlichen Welt die Voraussetzungen, auf denen das Christentum als öffentliche Polis-Religion verstanden werden konnte, geschaffen worden – und dies nicht zuletzt auch als Folge der Religionskriege und der damit verbundenen europäischen Erfahrung, dass die Religion als das „Wesen des Unterschieds", wie Karl Marx sie nannte, keine tragfähige Grundlage zur Regelung des friedlichen Zusammenlebens in einem politischen Gemeinwesen darstellt.

---

[32] *Wilhelm G. Grewe*, Fontes Historiae Iuris Gentium / Quellen zur Geschichte des Völkerrechts. Bd. 1, Berlin/New York 1988, 350.

[33] Vgl. *Mariano Delgado*, Vierzig Jahre „Dignitatis humanae" oder Die Religionsfreiheit als Bedingung für Mission und interreligiösen Dialog, in: Zeitschrift für Missionswissenschaft und Religionswissenschaft 89 (2005), 297–310.

[34] *Alessandro Colombo* (Ed.), La libertà religiosa negli insegnamenti di Giovanni Paolo II (1978–1998), Milano 2000, 7 (1980), 12 (1984), 46 (1995), 259 (1998).

[35] *Colombo* (Anm. 34), 9 (1980).

[36] *Colombo* (Anm. 34), 14 (1987), 158 (1988), 225 (1994).

[37] *Colombo* (Anm. 34), 16 (1987), 145 (1988), 158 (1988).

[38] *Colombo* (Anm. 34), 51 (1998).

[39] *Colombo* (Anm. 34), 220 (1993).

[40] *Colombo* (Anm. 34), 231 (1995).

Die Kirchen dürfen nicht vergessen, dass die Entwicklung zur religiös-weltanschaulichen Neutralität des Staates und zur säkular-pluralistischen Gesellschaft aus einer historischen Zwangslage der westlichen Welt entstand, „die gerade von den Kirchen – als den damaligen Religionsparteien – herbeigeführt worden ist“.[41]

2.4 Gewalt zur Ketzerbekämpfung

Eine weitere Pathologie, die von den Kirchen mühsam überwunden worden ist, ist die der gewaltsamen Ketzerbekämpfung bis zur Auslöschung der Ketzer und ihrer Werke im Flammentod. Das Ketzerrecht – das letztlich eine paradoxe Übernahme des heidnischen römischen Rechts gegenüber den Verweigerern des Kaiserkultes durch die Kirche darstellt, obwohl die Christen zu den bevorzugten Opfern desselben gehörten – geriet erst im 16. Jahrhundert in die Krise. Auschlaggebend waren dabei der Genfer Prozess gegen den Spanier Michael Servet und dessen Hinrichtung am 27. Oktober 1553.

Unter den Humanisten ist Servet (1511? bis 1553) eine singuläre Erscheinung. Die Umstände seiner Leidensgeschichte und seines Ketzertodes im Genf Calvins haben bereits im 16. Jahrhundert eine lebhafte Toleranzdebatte ausgelöst und bis in die Gegenwart Romane und Theaterstücke entstehen lassen.[42] Für viele Autoren ist er ein heterodoxer quijotischer Hitzkopf, der erst durch den infamen Genfer Prozess zum Märtyrer der Meinungsfreiheit gemacht wurde. In der Dogmengeschichte wird er als „Antitrinitarier und Pantheist“ eingestuft; aber sein wahres Anliegen war eine Verständigung mit Juden und Muslimen; und dieser stand und steht bekanntlich das Trinitätsdogma entgegen. Aus diesem Grund bemühte sich Servet um eine „Restitutio“ des dogmatischen Christentums auf seine ursprüngliche, d. h. nicht-trinitarische Version. Der Trinitätsglaube war für ihn eine Folge der „Hellenisierung des Christentums“. Servets Hauptwerk *Restitutio Christianismi* (1553) steht Calvins *Institutio Christianae Religionis* (u. a. 1550) diametral entgegen.

Sein Unitarismus und Antitrinitarismus ist bereits in seinem Frühwerk *De*

---

[41] *Ernst-Wolfgang Böckenförde*, Religionsfreiheit. Die Kirche in der modernen Welt (Schriften zu Staat, Gesellschaft, Kirche Bd. 3), Freiburg i. Br. 1990, 207.

[42] Vgl. neuerdings dazu: *Uwe Birnstein*, Toleranz und Scheiterhaufen. Das Leben des Michael Servet, Göttingen 2013.

trinitatis erroribus zu spüren, das er im Winter 1529/30, d. h. unmittelbar nach der Türkenbelagerung Wiens, geschrieben hat: „Die Juden halten uns für ‚schismatisch', die Mohammedaner werfen uns Blasphemie vor."[43] 1531 hatte er Schwierigkeiten mit dem Reformator Oekolampad in Basel. Dieser bezeichnete das erwähnte Buch als „ein dreifaches und vierfaches blasphemisches und häretisches Buch".[44] Servet reagierte mit Quijoterie: „Ich glaube, dass bei uns allen ein wenig Wahrheit und ein wenig Irrtum vorhanden ist; nun, ein jeder von uns macht auf den Irrtum des anderen aufmerksam, ohne den eigenen wahrzunehmen. Möge Gott in seiner Barmherzigkeit uns dazu führen, unsere Irrtümer in Ruhe wahrzunehmen. Dies wäre einfach, wenn im Schosse der Kirche erlaubt wäre im Frieden zu sprechen, wenn alle in Prophetie wetteifern könnten, und wenn diejenigen, die zunächst reden, wie der hl. Paulus sagt, dann in Ruhe auf diejenigen hörten, die nach ihnen das Wort ergreifen sollten. Aber in unseren Tagen wetteifert man nur um des Wetteiferns willen. Möge Gott alle Tyrannen der Kirche zerstören."[45]

Aber nach 1531 saß Servet in einem luftleeren Raum zwischen den Konfessionen. „Das geistige Todesurteil über Servet stand jedenfalls damals schon fest."[46] Es war nur eine Frage der Zeit, bis man ihm das Handwerk legen würde. Ich kann hier nicht im Detail auf Servets Leben nach 1531 eingehen. Er hält sich vor allem in Frankreich auf, studiert Medizin in Paris und verfasst medizinische, geographische und theologische Werke. Wichtig ist für unseren Kontext, dass er in den 1540er Jahren eine polemische Korrespondenz mit Calvin, den er aus der Pariser Studienzeit persönlich kannte, führte. Dieser schrieb 1546 an Gillaume Farel, wenn Servet nach Genf kommt, werde er dafür sorgen, dass er die Stadt nicht lebendig verließe. 1553 war es so weit. Nachdem Servet in Vienne sein reifes Werk *Restitutio Christianismi* in einer Auflage von 1000 Exemplaren gedruckt hatte (Basel hatte 1552 den Druck abgelehnt) und darin seine Hauptthese bekräftigte, man müsse vom dogmatischen Trinitätsglauben Abschied nehmen und das Christentum auf die ursprüngliche biblische Grundlage zurückführen, machte ihm der Bischof von Vienne den Inquisitionsprozess. Sobald er konnte, ergriff Servet die Flucht und ging am 13. August nach Genf, nicht ah-

---

43 *Julia Gauss*, Der junge Michael Servet, in: Zwingliana 12 (1966), 410–459, 429.

44 *Georges Haldas*, Passion et mort de Michel Servet. Chronique historique et dramatique, Lausanne 1975, 32f.

45 *Haldas*, Passion (Anm. 44), 33f.

46 *Gauss*, Michael Servet (Anm. 43), 425.

nend, dass er damit vom Regen in die Traufe kam. Calvin entdeckte ihn beim Sonntagsgottesdienst (es galt die Kirchgangspflicht am Sonntag: Wer nicht erschien, wurde bestraft) und ließ ihn sofort verhaften und der Häresie anklagen.

Die Anklage lautete: Servet leugne das Trinitätsdogma und die Gottheit Jesu Christi, lehne die Kindertaufe ab und vertrete eine pantheistische Theologie. Besonders interessant ist, dass während des Prozesses Servets Haltung zu den Juden, dem Koran und den Muslimen ebenfalls thematisiert wurde. Ob er vielleicht jüdischer Herkunft sei, warum er den Koran gelesen habe und ob er nicht wüsste, dass seine Thesen für Juden und Türken vorteilhaft seien, weil er die Gottheit Christi mit ihren Argumenten zu widerlegen versuche.

Vor der Verurteilung ließ sich Calvin die Unterstützung der anderen reformierten Kirchen der Schweiz zusichern. Auf seine Bitte hin schrieb der Genfer Staatsrat am 21. September an die Kirchen und Staatsräte von Zürich, Basel, Bern und Schaffhausen. Die Antworten der Kirchen lassen keinen Zweifel daran, dass Servet ein Ketzer ist, überlassen aber die Art der Strafe, die er dafür verdiene, den Genfern. Doch sie wussten alle, dass für verstockte Häretiker nur der Feuertod in Frage kam. Am 27. Oktober 1553 wurde Servet zusammen mit seinem Hauptwerk *Restitutio Christianismi* verbrannt. Auf dem Scheiterhaufen hat er den Beistand von Jesus Christus laut erbeten und ihn dabei Sohn des ewigen Gottes genannt, nicht ewiger Sohn Gottes (also präexistente zweite Person der Trinität), wie die dogmatische Orthodoxie verlangte. Am selben Tag wird im Registerbuch der Genfer Pfarrerschaft mit buchhalterischer Kälte festgehalten: „Freitag, der 27. Oktober, meine Herren: nachdem wir die Gutachten der Kirchen von Bern, Basel, Zürich und Schaffhausen über die causa Servet bekommen haben, wurde besagter Servet dazu verurteilt, auf den Champel geführt und dort lebendig verbrannt zu werden. Dies wurde auch getan, ohne dass besagter Servet bei seinem Tod irgendein Zeichen von Reue bezüglich seiner Irrtümer gezeigt hat."[47] Die Tatsache, dass alle Schweizer Reformationskirchen an der Verurteilung Servets beteiligt waren, lässt diese im Sinne der Theorie René Girards als „Gründungsmord" des Schweizer Protestantismus erscheinen. Wir dürfen dabei allerdings nicht vergessen, dass es Servet im katholischen Lager gewiss nicht viel besser ergangen wäre, es sei denn, dass kluge Inquisitoren ihn für „verrückt" erklärt hätten.

Servets Tod entfachte nicht nur eine theologische Kontroverse, sondern auch

---

47 *Haldas*, Passion (Anm. 44), 153.

die erste „moderne“ Toleranzdebatte um die Meinungsfreiheit in religiösen Dingen, ob es also rechtens sei, Ketzer mit dem Tod zu bestrafen. Während des Genfer Prozesses hatte Servet zu verstehen gegeben, dass seine Rückführung des Christentums auf die biblische Grundlage auch einen Abschied von der konstantinischen Wende und dem politischen Augustinismus bedeutet, wonach die Kirche befugt sei, Ketzer mit dem Tod zu bestrafen und dass das zeitliche Schwert das Todesurteil auszuführen habe. Am 22. August 1553 schrieb er in einem Rekurs an die Adresse der Genfer Staatsräte: „Ich sage demütig, dass die Verfolgung aufgrund der Meinungen über die Heilige Schrift oder der Dinge, die mit ihr zusammenhängen, eine neue Erfindung ist, die die Apostel und Jünger der alten Kirche nicht kannten [...]. Aus diesem Grund und der Lehre der alten Kirche folgend, in der nur die geistliche Bestrafung erlaubt war, ersuche ich hiermit, dass dieser Kriminalprozess für null und nichtig erklärt wird.“[48]

Gerade diese Argumentationslinie wird der in Basel lebende Savoyarde *Sebastian Castellio* in der Toleranzdebatte, die Servets Tod folgte, nachdrücklich vertreten. Bereits Ende 1553 verfasste er eine *Historia de morte Serveti,* in dem er seine Empörung zum Ausdruck brachte: dass ein Mensch wegen seiner Religion getötet wurde, was nach dem Gleichnis vom Unkraut unter dem Weizen dem Willen Gottes widerspricht; dass Calvin die Tötung Servets nicht nur zugelassen, sondern willentlich betrieben hat; dass die Grausamkeit der Hinrichtung den Verdacht erwecken konnte, „die Genfer wollten wieder in die Gunst des Papstes kommen“; dass die Tötung Servets wie das Werk einer Verschwörung der Evangelischen und der Papisten wirkt; dass die Tatsache, dass Servet zusammen mit seinen Büchern verbrannt wurde, in diese Richtung weist; dass Servet schließlich auch über seinen Tod hinaus in Streitschriften und Predigten verurteilt werde.

Calvin selbst verfasste Ende Dezember 1553 eine *Defensio orthodoxae fidei de sacra trinitate contra prodigiosos errores Michaelis Serveti Hispani,* die im Februar 1554 erschien. Darin verteidigt er ohne jedes Mitgefühl die Verbrennung Servets, der sich als Ketzer ipso facto selber verurteilt habe. Der „Streitschriftenkrieg“ zwischen Genf und Basel um den Fall Servet und um die grundsätzliche Frage der Ketzertötung wurde damit angeheizt. Castellio antwortet im März 1554 mit einem unter dem Decknamen Martinus Bellius publizierten Buch, das

---

[48] *Marcelino Menéndez Pelayo*, Historia de los Heterodoxos españoles. Vol. 1, Madrid 1986, 913.

als Markstein in die Geschichte der Toleranzforderung und der Religionsfreiheit eingegangen ist: *De haereticis an sint persequendi, et omnino quomodo sit cum eis agendum, Luteri et Brentii aliorumque multorum tum veterum tum recentiorum sententiae.*[49] Castellio verfasst 1554 auch ein Werk *Contra libellum Calvini, in quo ostendere conatur haereticosjure gladii coercendos esse,* das allerdings erst 1612 in den Niederlanden veröffentlicht wurde. Darin schrieb Castellio an die Adresse Calvins jenen denkwürdigen Satz, der in die Geschichte der Toleranz eingegangen ist: „Einen Menschen töten heißt nicht, eine Lehre verteidigen, sondern einen Menschen töten."[50]

Diese intensive Toleranzdebatte führte später zur Abschaffung des Ketzerrechtes, wenn auch, wie oben im Falle der Religionsfreiheit angedeutet, erst auf dem „zweiten mühsamen Weg", d. h. nach der Überwindung der Verschmelzung von Staat und Christentum.

Servet suchte eine Verständigung und eine friedliche Koexistenz mit Juden und Muslimen. Diese Probleme sind uns auch heute aufgegeben. Wir wollen hoffen, dass im Zeitalter der Religionsfreiheit der interreligiöse Dialog und die multikulturelle Koexistenz bessere Chancen als in früheren Zeiten haben. Doch auch heute hängt viel davon ab, inwieweit wir Servets Mahnung beherzigen: „Ich glaube, dass bei uns allen ein wenig Wahrheit und ein wenig Irrtum vorhan-den ist; nun, ein jeder von uns macht auf den Irrtum des anderen aufmerksam, ohne den eigenen wahrzunehmen. Möge Gott in seiner Barmherzigkeit uns dazu führen, unsere Irrtümer in Ruhe wahrzunehmen."[51]

3. Abschließende Überlegungen

Auch in der Gegenwart sind die Religionen ambivalente Phänomene, die zum Frieden, aber auch zur Gewalt beitragen können. Ich sagte eingangs, dass die Kirchen aufgrund ihrer Gewaltverstrickung schlecht platziert sind, um andere

---

[49] Vgl. neuerdings die vorzügliche Ausgabe: *Wolfgang Stammler* (Hg.), Das Manifest der Toleranz. Sebastian Castellio, Über Ketzer und ob man sie verfolgen soll. Aus dem Lateinischen von Werner Stingl. Mit einer historischen Darstellung von Hans R. Guggisberg, Essen 2013.

[50] *Hans R. Guggisberg* (Hg.), Religiöse Toleranz. Dokumente zur Geschichte einer Forderung, Stuttgart 1984, 88. Zur Geschichte der Toleranzdebatte vgl. auch *ders.*, Sebastian Castellio, 1515–1563. Humanist und Verteidiger der religiösen Toleranz im konfessionellen Zeitalter, Göttingen 1997.

[51] *Haldas*, Passion (Anm. 44), 33f.

Religionen Mores zu lehren, aber wer hat denn hier eine reine Weste? Die säkularen Pseudoreligionen der Moderne (Revolutionen, Nationalismus, Nationalsozialismus, Faschismus, Kommunismus) waren gewalttätiger als die Kirchengeschichte im Schatten des Ancien Régime. Und die anderen Religionen waren und sind auch nicht zimperlich, so dass sich der Gewaltverdacht gegen alle Religionen und Ideologien überhaupt richtet. In einer zweiten Version als Wandbild des eingangs erwähnten Motivs „Christus zerstört sein Kreuz“ hat José Clemente Orozco zu erkennen gegeben, dass Christus mit der Zerstörung des Kreuzes nicht nur die Gewalt im Namen des Christentums meint, sondern die Gewalt der Religions- und Menschheitsgeschichte überhaupt, denn auf dem Trümmerhaufen im Hintergrund sieht man auch eine Statue des sanften Buddhas sowie die modernen Waffen der Kriegsmaschinerie.[52]

Aus der Kirchengeschichte können wir zumindest lernen, wie einige darin vorkommende Pathologien der Gewalt mit Hilfe der Vernunft und der säkularen Rechts- und Staatsentwicklung überwunden worden sind. Vielleicht besteht doch Hoffnung, dass die Menschheit zu einer – nicht-kainitischen – Familie zusammenwächst und die Plage des Kriegs überwindet. Eine anthropologische Grundlage für den Sieg des Lammes über den Drachen haben wir zwar nicht – aber die Hoffnung stirbt bekanntlich zuletzt.

[52] José Clemente Orozco (Anm. 5), S. 175.

Religion, Gewalt und der Kampf um Territorien oder: Was kann man vom Ochsen anderes erwarten als Rindfleisch?

Ina Wunn

Abstract

Bereits ein Überblick über die heiligen Schriften der drei großen abrahamitischen Religionen macht deutlich, dass deren Haltung zu Gewalt gegen Andersgläubige zumindest ambivalent ist. Koran, Torah und Neues Testament polemisieren gegen Angehörige anderer Religionsgemeinschaften und rufen im Namen Gottes zum Krieg auf, wobei dieser Krieg oft mit brutalsten Mitteln geführt wird und Gott die völlige physische Vernichtung des Gegners sogar ausdrücklich verlangt. Deutlich wird bei einer solchen Analyse, dass die zur Gewalt aufrufenden Textpassagen stets mit territorialen Ansprüchen verknüpft sind: Religiöse Kriege und Gewalttaten sind also letztlich Territorialkriege im religiösen Gewand. Anders ausgedrückt: Religion legitimiert territoriale Auseinandersetzungen. Ein Rückgriff in die Verhaltensbiologie und Religionsgeschichte erklärt diese Verknüpfung von Religion und Gewalt aus der Entstehungsgeschichte der Religionen in vorgeschichtlicher Zeit, als Wildbeutervölker das Eigentumsrecht an ihren Territorien zunächst mit Verweis auf die Verstorbenen, dann auf übermächtige Ahnen legitimierten.

1. Einführung: Im Namen Gottes in den Tod

Spätestens seit dem Attentat auf das World Trade Center vom 11. September 2001 durch islamische Extremisten wurde einer breiten Öffentlichkeit deutlich, dass Religionen ein mörderisches Potenzial entfalten können, welches nicht nur für die unmittelbar und mittelbar Betroffenen von tragischer Bedeutung ist, sondern das politische Handeln und selbst die bloße Deutung von religiös-politischen Konstellationen durch Entscheidungsträger beeinflussen kann[1] – bis hin zu einem Szenario, wie es Samuel Huntington in seinem *Clash of Civilizations and the Remaking of World Order* entworfen hatte. Hier waren es die großen Kulturkreise des (christlichen) Westens und der islamischen Welt, die sich angeblich unversöhnlich gegenüberstehen und in naher Zukunft gewalttätig aufeinanderprallen sollten.[2] Folgerichtig wurden führende Meinungsbildner wie der amerikanische Journalist und Autor Christopher Hitchens (1949 bis 2011) nach den Terroranschlägen unter dezidierter Berufung auf Huntington zu Befürwortern des militärischen Eingreifens im Irak und zu Gegnern von Religion überhaupt.[3] Noch einen Schritt weiter ging der amerikanische Philosoph und Neurowissenschaftler Sam Harris (*1967), indem er besonders die religiöse Komponente des Terroranschlags betonte und die monotheistischen Religionen Christentum und Islam für Gewalt verantwortlich machte – „the Bible and the Koran both contain mountains of life-destroying gibberish".[4] Während die Öffentlichkeit einschließlich einer islamischen Öffentlichkeit mehr als nur geneigt war, die These vom Zusammenprall zweier Kulturen – aus islamischer Sicht war es der Zusammenprall des unterdrückten Islam mit einem kolonialistischen und moralisch verkommenen Westen[5] – aufzunehmen, hatten Religionswissenschaftler schon lange

---

[1] Vgl. *Thorsten Schüller / Sascha Seiler* (Hgg.), Von Zäsuren und Ereignissen. Historische Einschnitte und ihre mediale Verarbeitung, Bielefeld [1]2010.

[2] *Samuel Phillips Huntington*, Kampf der Kulturen. Die Neugestaltung der Weltpolitik im 21. Jahrhundert, München 2002 (Originaltitel: The Clash of Civilizations and the Remaking of World Order, übersetzt von Holger Fliessbach). Vgl. dazu auch *Jonathan Fox*: Religion, Civilization, and Civil War. 1945 Through the New Millenium, New York, Toronto, Oxford 2004, 17 und 155–174.
Inwieweit Huntingtons These zumindest für die Attentäter vom 11. September zutraf, macht Hans G. Kippenberg an einem Zitat aus der geistlichen Anleitung für die Attentäter deutlich: „Diejenigen, die von der westlichen Zivilisation (hadara) fasziniert sind, haben ihre Liebe zu ihr und ihre Verehrung für sie mit kaltem Wasser getrunken... ‚Ihr sollt nun aber nicht vor ihnen Furcht haben, sondern vor mir, wenn ihr gläubig seid.' [Sure 3,71]." *Hans G. Kippenberg*, Gewalt als Gottesdienst. Religionskrieg im Zeitalter der Globalisierung, München 2008, 179. Ansonsten kritisch: *Kippenberg*, 1–47. Differenzierte Gegenpositionen zu Huntington vertreten neben anderen auch vehement *Noam Chomsky*: War against People. Menschenrechte und Schurkenstaaten, Übersetzung: Michael Haupt, Hamburg 2001; *Amartya Sen*: Die Identitätsfalle. Warum es keinen Krieg der Kulturen gibt, München 2010 (Originaltitel: Identity and Violence. The Illusion of Destiny, übersetzt von Friedrich Griese); *Martin Riesebrodt*, Die Rückkehr der Religionen. Fundamentalismus und der „Kampf der Kulturen", München 2001.

[3] Vgl. *Christopher Eric Hitchens*: Der Herr ist kein Hirte. Wie Religion die Welt vergiftet. München 2007.

[4] Vgl. *Blair Golson*: Sam Harris. The truthdig interview. (http://www.truthdig.com/interview/item/20060403_sam_harris_interview/ vom 3. April 2006).

[5] Vgl. *Peter L. Berger* (Hg.), The Desecularization of the World: A Global Overview, in: *ders.*, The Desecularization of the World. Resurgent Religion and World Politics, Grand Rapids 1999.

zuvor den Themenkomplex Religion und Gewalt ins Visier genommen, als nämlich Angehörige der amerikanischen Religionsgemeinschaft *People's Temple* unter ihrem Leiter und Prediger Jim Jones am 18. November 1978 im mittelamerikanischen Guyana kollektiv Selbstmord begingen; eine religiös motivierte Verzweiflungstat, die 900 Menschen, darunter 270 Kinder, in den Tod riss.[6]

Religionskritiker wie der Biologe Richard Dawkins oder der Philosoph Daniel Dennett waren und sind von solchen Gewaltakten keineswegs überrascht, sind es ihrer Ansicht nach doch Meme, also die den Genen entsprechenden Replikatoren für Bewusstseinsinhalte, die ohne Rücksicht auf ihren Träger, den Menschen, um möglichst weite Verbreitung kämpfen.[7]

Ein Blick in die Inhalte der heiligen Schriften der monotheistischen Religionen mit ihren Gewaltszenarien angefangen vom göttlich verfügten Kindesmord unter den Ägyptern in Zusammenhang mit dem Exodus der Kinder Israel über die Vertreibung und Vernichtung der Juden Medinas (Sure 33:25–27; Sure 59:2; 11.12)[8] bis zu Jesu Aufforderung, in Vollendung seines Auftrags unmittelbar vor dem bevorstehenden Pessachfest zum Schwert zu greifen (Lk 22:37) oder der neutestamentlichen antijüdischen Polemik (z. B. Mt 23:15–33 oder 1 Thess 2:14–18) scheint Religionsgegnern wie Dawkins Recht zu geben.[9]

---

[6] Vgl. *David Chidester*, Salvation and Suicide: Jim Jones, the Peoples Temple, and Jonestown, Bloomington 2003.

[7] Dawkins entwickelte seine These vom grundsätzlich egoistischen, im Falle von Religionen sogar schädlichen Mem in Ergänzung seiner Theorie vom Genegoismus, mit der es ihm gelang, bislang unverständliche, weil die Art schädigende Verhaltensweisen schlüssig zu erklären. Vgl. *Richard Dawkins*, Das egoistische Gen, Reinbek bei Hamburg [2]1998; *Dawkins, Richard*, Universal Darwinism, in: Derek S. Bendall (Hg.), Evolution from Molecules to Men, Cambridge 1983. Religionskritisch aus darwinistischer Sicht: *Daniel C. Dennett*: Darwin's Dangerous Idea: Evolution and the Meanings of Life, New York 1995. Kritisch zur Mem-Theorie: *Ina Wunn*, Die Evolution der Religionen, Habilitationsschrift, Hannover 2002, elektronische Veröffentl. UB/TIB Hannover, 446–474.

[8] Vgl. *W. Montgomery Watt / Alfred T. Welch*, Der Islam I. Mohammed und die Frühzeit – Islamisches Recht – Religiöses Leben, Stuttgart 1980, 111–115; *Adel Theodor Khoury*, Der Koran, erschlossen und kommentiert, Düsseldorf 2005, 44–46.

[9] Vgl. dazu vor allem die ausführliche Darstellung bei *Gerd Lüdemann*, Das Unheilige in der Heiligen Schrift. Die dunkle Seite der Bibel, Lüneburg 2001.

2. Religion, Territorialität und Gewalt: ein Exkurs in die Vor- und Frühgeschichte

Die Beobachtung, dass Religion und Gewalt offensichtlich eng, wenn nicht gar ursächlich miteinander verbunden sind, ist allerdings nicht neu. Bereits der Klassische Philologe und intime Kenner der antiken Religionsgeschichte, James George Frazer (1854 bis 1941), hatte auf die enge Verknüpfung von Religion und Gewalt aufmerksam gemacht und die rituelle Ermordung eines Priesters im Heiligtum der Diana Nemorensis in Zusammenhang mit einem angeblich weltweit verbreiteten Mythos vom sterbenden und wiederauferstandenen Gott in Zusammenhang gebracht. Historisch wurzele diese Vorstellung in der Idee von einem Priesterkönig, dessen Lebenskraft für die Vegetation stehen sollte und der daher beseitigt und durch einen Jüngeren ersetzt zu werden hatte, sobald seine Kräfte schwanden. Allerdings gehörten diese religiösen Bräuche für Frazer zu einem längst vergangenen und auch in religiöser Hinsicht überwundenen Zeitalter; war er als Vertreter des Evolutionismus doch davon überzeugt, dass diese alte und noch magische Religion bereits zu seiner Zeit durch aufgeklärtere und rationalere Religionsformen wie den Protestantismus englischer Prägung und zuletzt ein wissenschaftliches Weltbild abgelöst werden würde.[10]

Während Frazer das Gewaltpotenzial der Religionen als Teil eines vorwissenschaftlichen Weltbildes ansah und blutige Opfer magischen Vorstellungen zuschrieb, erkannte der Literaturwissenschaftler René Girard (*1923), dass Opfer als eine weit verbreitete Form religiöser Gewaltausübung ein Resultat der Aggressionen sind, die sich in jeder menschlichen Gesellschaft zwangsläufig finden und die die Gesellschaft existenziell bedrohen, wenn es nicht gelingt, diese Gewaltgelüste in unschädliche Bahnen zu lenken. Genau das passiert nach Auffassung Girards, wenn diese Aggressionen auf ein unschuldiges Opfer, den Sündenbock, übertragen werden und Gewalt auf diese Weise, gezähmt und im Rahmen eines religiösen Rituals, kanalisiert und unschädlich gemacht wird.[11]

---

[10] *James George Frazer,* Der goldene Zweig. Das Geheimnis von Glauben und Sitten der Völker. Leipzig 1928; Original: The Golden Bough, Third Edition (1907–1915), 12 Bd., Nachdruck Rowohlt: Reinbek 1989. Vgl. dazu *Hans Wißmann,* James George Frazer (1854–1941), in: *Axel Michaels* (Hg.), Klassiker der Religionswissenschaft. Von Friedrich Schleiermacher bis Mircea Eliade, München 1997, 77–89. Zum Thema Gewalt vgl. auch *Kathryn McClymond*: Sacrifice and Violence, in: *Andrew R. Murphy* (Ed.), The Blackwell Companion to Religion and Violence, Oxford 2011, 321.

[11] *René Girard,* La Violence et le sacré, 1972, Deutsche Ausgabe: Das Heilige und die Gewalt, Frankfurt a. M. 1994.

Während Girard, beeinflusst durch die Schriften Sigmund Freuds, Gewalt als allgegenwärtiges gesellschaftliches Phänomen sieht, geht der Klassische Philologe Walter Burkert (*1931) noch einen Schritt weiter und verortet religiöse Gewalt in letzter Konsequenz in der menschlichen Biologie. Der Mensch habe, um zu überleben, jagen und damit töten müssen, so dass das Töten damit zu einer zweiten Natur des Menschen geworden sei. Damit hätten sich aber auch die Aggressionen des Menschen auf die potenzielle Beute, also das Opfer, verlagert, wodurch die Beute immer mehr zum Opfer im religiösen Sinne mutiert sei und das Opfer im Laufe der Generationen eine weit über die ursprüngliche Intention hinausgehende Bedeutung erlangt habe.[12] Burkerts teilweise recht spekulative und aus Sicht der Verhaltensbiologie mehr als strittige Theorie wird allerdings hinsichtlich des vermuteten vorgeschichtlichen Ursprungs des Opfers durch den kenntnisreichen religionsethologischen Ansatz des Altphilologen Karl Meuli gestützt, der als einer der Ersten verhaltensbiologische Erkenntnisse für die Erforschung von Religionen fruchtbar machte und die bis dahin unverstandenen Opferbräuche im Griechenland der Antike auf ältere Bräuche, nämlich die von Jägern, zurückführte.[13] Tatsächlich eröffneten Meuli und nach ihm Burkert einen Blick auf Religionen unter Einbeziehung nicht nur der Religionsgeschichte bis hin zu einem allerdings fiktiven Ursprung der Religionen, sondern auch der Anthropologie und ermöglichten damit völlig neue Erkenntnisse. Auf die angesprochene Frage, warum Religionen, hier konkret den drei großen abrahamitischen Religionen Judentum, Christentum und Islam, auch heute noch ein Gewaltpotenzial geradezu inhärent ist, finden sie aber ebenso wenig eine Antwort wie auf einen sich abzeichnenden Zusammenhang zwischen Religion, Gewalt und Territorialität.

Hier hilft die Verhaltensbiologie weiter. Nicht nur der Mensch, sondern auch seine nächsten Verwandten, die Menschenaffen, sind territorial, verteidigen also ihr Territorium gegen konkurrierende Artgenossen, wobei es zu brutalen Übergriffen bis hin zum Mord kommen kann, in dessen Folge der Unterlegene gelegentlich auch verzehrt wird.[14] Auch Menschen kennen den Kampf um Territo-

---

[12] *Walter Burkert,* Homo Necans: Interpretationen Altgriechischer Opferriten und Mythen (in German). Berlin 1972.

[13] Vgl. *Ina Wunn,* Karl Meuli's „Griechische Opferbräuche – Towards an Ethology of Religion", in: Scientific Annals, School of Geology Aristotle University of Thessaloniki (AUTH), Special Volume 98, Thessaloniki 2006.

[14] Vgl. *Jane Goodall,* The Chimpanzees of Gombe. Patterns of Behaviour. Cambridge, MA 1986.

rien: Entgegen der landläufigen, romantischen Vorstellung von friedliebenden Naturvölkern sind auch hier die Kämpfe um Territorien gang und gäbe, und Verletzungen von Reviergrenzen haben sogleich handgreifliche Auseinandersetzungen zur Folge.[15] Vor Grenzverletzungen wird meist eindrücklich gewarnt: So kennen die Yale, ein noch ursprünglich lebendes Volk Neuguineas, das phallische Drohen, also die formalisierte Vergewaltigungsdrohung, als wirksamen Abwehrgestus. Zu diesem Zwecke tragen die Männer eine Peniskalebasse, die den Penis künstlich verlängert. Dringen ungebetene Besucher in das Gebiet der Yale ein, lösen sie die Schnur, die den Penisköcher hält, so dass der grotesk verlängerte Penis bedrohlich auf und nieder schwingt und damit deutlich macht, was den Eindringlingen droht. Zur Sicherung des Territoriums wird jedoch nicht nur gedroht, sondern auch die Legitimität des Besitzes betont, und zwar durch den Verweis auf entsprechende Traditionen und eine entsprechende Genealogie. Wo das Alte Testament seine Besitzansprüche über Abraham, Isaak, Jakob und seine zwölf Söhne, Moses und zuletzt die großen Könige David und Salomo mit ihren mythischen Großreichen herleitet, genügt schriftlosen Kulturen der Verweis auf die Gräber ihrer Vorfahren oder – besonders überzeugend – deren Schädel. Ein eindrückliches Beispiel liefern hier die Marquesaner, die ihre Abstammung nicht nur auf ihre jeweiligen Vorfahren zurückführen, sondern das auch dokumentieren, indem sie genau die Abbilder der Schädel eben jener Vorfahren in Form von Tatauierungen als sichtbares Zeichen ihrer genealogischen Zugehörigkeit im wahrsten Wortsinne auf der Haut tragen.[16]

Übertragen wir diese Erkenntnisse aus der Verhaltensbiologie und der Völkerkunde auf die Paläoanthropologie und die prähistorische Archäologie, eröffnet sich eine ebenso neue wie aufschlussreiche Perspektive im Hinblick auf die Entstehung von Religion. Bereits unsere nahen Verwandten und Kulturvorläufer, die Neandertaler, bestatteten ihre Toten bevorzugt dort, wo sie auch lebten und Unterschlupf fanden, nämlich in Höhlen und unter Abris, und dort deponierten sie auch deutlich sichtbar für mögliche Konkurrenten die bearbeiteten Schädel der Verstorbenen. Bestattungen und Schädel sollten vor 60 000 Jahren genau wie

---

[15] Vgl. *Irenäus Eibl-Eibesfeldt*, Die Biologie des menschlichen Verhaltens. Grundriß der Humanethologie, Weyarn 1997, 122–127.

[16] Vgl. *Karl von den Steinen*, Die Marquesaner und ihre Kunst: Studien über die Entwicklung primitiver Südseeornamentik nach eigenen Reiseerlebnissen und dem Material der Museen. 3 Bände, Berlin 1925–1928; Reprint: Fines Mundi, Saarbrücken 2006 (Digitalisate von Bd. 1 und 2 (Bodleian Libraries).) Band 1 Tatauierung: mit einer Geschichte der Inselgruppe und einer vergleichenden Einleitung über den polynesischen Brauch, 1925.

heute bei traditionell lebenden Völkern signalisieren: Dieses Revier ist besetzt, und die Revierinhaber haben darauf einen legitimen, über Generationen zurückreichenden Anspruch.[17]

Der Kulturnachfolger des Neandertalers, der anatomisch moderne Mensch, nahm nicht nur die Sitte der Bestattungen und der Schädeldeponierungen auf, sondern unterstrich seinen Eigentumsanspruch an dem von ihm genutzten Territorium noch durch entsprechende, zum Repertoire menschlichen Kommunikationsverhaltens gehörende Abwehrzeichen, darunter die abweisend ausgestreckte Hand, deren Abbild sich in vielen paläolithischen Bilderhöhlen findet, aber vor allem auch durch sexuelle Droh- und Beschwichtigungsgesten. Dazu gehörte nicht nur das bereits erwähnte phallische Drohen, sondern auch sein weibliches Äquivalent, nämlich die obszöne Zurschaustellung des weiblichen Genitales zum Zweck der Abwehr von Feinden. Zur Steigerung des Effektes wurde diese als *Schamweisegestus* bekannte Gebärde durch andere Drohgesten wie die Präsentation von zum Beispiel wehrhaften Tierhörnern ergänzt – vergleiche dazu die berühmte Venus von Laussel – und dem beschwichtigenden Brustweisen. Diese Abwehrgesten entfalten ihre Wirkung nicht nur dann, wenn sie vom Menschen ausgeführt werden, sondern auch als Abbild – die ersten Figurinen mit apotropäischen Eigenschaften entstanden und wurden in den Lagern der jungpaläolithischen Jäger aufgestellt: zunächst nur, um das Territorium zu markieren, später jedoch auch, um generell das Übel vom Lager fernzuhalten. Damit war vor ca. 25 000 Jahren der erste Schritt in Richtung Religion getan: Die Schädel der Toten und apotropäische Figurinen schützten vor allem Bösen, und das Böse waren vor allem Konkurrenten und potenzielle Eindringlinge in das eigene Territorium.

In den kommenden Jahrtausenden wurde hinsichtlich des Weltbildes die einmal eingeschlagene Richtung beibehalten: Die Schädel der Toten wurden weiterhin markiert und machten territoriale Ansprüche deutlich, wurden aber offensichtlich schon bald mit einer Weiterexistenz der Toten in der Unterwelt in Verbindung gebracht, wie zum Beispiel die Schädeldeponierungen in der Höhle von Ofnet (8000 v. Chr.) zeigen. Aber auch die gefahrenabwehrende Frauenfigurine entwickelte sich immer mehr in Richtung auf eine übermächtige mythische Frauengestalt, die dann im Neolithikum in eindeutige Beziehung zur Totenwelt gesetzt wurde. Berühmt auch über einen Kreis von Fachgelehrten hinaus wurden

---

[17] Vgl. *Ina Wunn / Patrick Urban / Constantin Klein*: Götter, Gene, Genesis. Eine Biologie der Religionsentstehung. Heidelberg in Druck.

vor allem drei Fundstellen, hier chronologisch aufgeführt: einmal das noch zum akeramischen Neolithikum gehörige Göbekli Tepe (Anatolien, um 10 000 v. Chr.), dessen hoch massive (und daher fälschlich als Tempelkonstruktionen gedeutete) architektonische Strukturelemente mit territoriale Ansprüche betonenden und damit drohenden (apotropäischen) Tier- und Menschenabbildungen verziert sind, dann das neolithische Çatal Hüyük (Anatolien, um 6000 v. Chr.), in dem eine schamweisende Figur, eine sogenannte Dema oder übermächtige mythische Ahnengestalt in eindeutiger Beziehung zu intramuralen Bestattungen steht, und zuletzt Lepenski Vir (Serbien, um 5000 v. Chr.), wo ebenfalls eine schamweisende Figurine mit klarem Drohgestus den Zusammenhang zwischen den Toten der Siedlung, territorialem Anspruch und übermächtiger weiblicher Gestalt verdeutlicht.

Diese neolithische Vorstellung von Ahnen, die nun in einer Unterwelt im Machtbereich einer weiblichen übermächtigen Gestalt weiter existieren, evolvierte in den nachfolgenden Jahrtausenden und mündete in elaborierte Religionen mit jeweils regionalem oder lokalem Charakter, ohne jedoch ihren Bezug zur Territorialität jemals aufzugeben. So sind die megalithischen Großsteingräber Norddeutschlands nicht nur gigantische kollektive Grablegen eines ganzen Familienverbandes, sondern dokumentieren mit Verweis auf die physische Potenz seiner Mitglieder auch eindrücklich den Anspruch dieses Verbandes auf das umliegende Territorium; sprich die fruchtbaren Äcker. Die eindrücklichste Form nahm die Verehrung der Ahnen in ihrem unterirdischen Reich und gleichzeitige Demonstration von Macht und Besitzanspruch auf Malta an, wo man den Toten riesige Tempel errichtete, und zwar in einer Zeit, in der fruchtbares Ackerland zu einer knappen Ressource wurde – in der die Frage des Eigentums an bebaubarem Boden geradezu existenziell wurde. In Mesopotamien entstanden auf der Basis derselben Weltanschauung auf dem Umweg über die kollektive Grablege und Vorstellungen von Toten, die ihren Nachfahren verpflichtet waren, letztlich Tempel mit Stadtgöttern, die zunächst allein für die Wohlfahrt dieser Stadt zuständig waren und deren Wohnsitz, die Zikkurat, die Macht und Größe nicht nur des in ihr wohnenden Gottes, sondern auch seiner Erbauer demonstrierte.

Auch in Jerusalem entstand ein erster Tempel in Zusammenhang mit der Dokumentation eines territorialen Machtanspruchs. Die biblischen Berichte über die Taten der mythischen Könige David und Salomo sollen nicht mehr oder weniger als den Herrschaftsanspruch der davidischen Dynastie innerhalb eines ebenso mythischen Gesamtisrael dokumentieren und dauerhaft untermauern. Der

Tempel und sein Kult rückten demnach auch hier besonders stark in den Vordergrund, wenn territoriale Ansprüche durchgesetzt werden mussten oder gar gefährdet waren; angefangen bei den Reformbemühungen des Königs Hiskia (725 bis 698 v. Chr.) im Rahmen der Konsolidierung Judas über den Tempelneubau unter dem Perser Darius (550 bis 486 v. Chr.) bis zu seinem prächtigen Ausbau unter Herodes dem Großen (43 bis 4 v. Chr.). Umgekehrt haben Eroberer sich nicht nur damit begnügt, die eroberten Länder zu plündern oder die angestammte Bevölkerung zu vertreiben, sondern haben immer auch das Symbol eines territorialen Besitzes zerstört – bis zu den Römern, die den Zweiten Tempel nicht etwa nur umwidmeten, sondern niederbrannten und abtrugen. Bis heute sind die Überreste dieses Tempels ein Symbol eben nicht nur für den unzerstörbaren Glauben an einen Gott, sondern für das Recht auf Eigentum an einem ganz bestimmten Landstrich, das sich rein religiös herleitet: Ein Gott, und zwar aus historischer Sicht der eisenzeitliche Stadtgott Jerusalems, hat den Bewohnern dieser Stadt und ihren (ebenfalls mythischen) Nachfahren ein ganz bestimmtes Territorium bis in alle Ewigkeiten versprochen, und dieses Territorium gilt es nun zu verteidigen.[18]

3. Opfer, Suizid und Krieg in Torah und Bibel

Ist aber erst einmal deutlich geworden, dass der Ursprung der Religionen im Territorialverhalten zu suchen ist und sich Religionen aus entsprechenden Anfängen sukzessive entwickelt haben, ohne ihre Wurzeln jemals zu leugnen, wundert es nicht, wenn sich genau dieser wesentliche Bestandteil der Religionen, nämlich ihre starke Bindung an Territorialität, auch in den heiligen Schriften derjenigen Religionen wiederfindet, die sich letztlich auf das Bekenntnis zu dem alten Jerusalemer Stadtgott zurückführen lassen.

Besonders deutlich wird der Zusammenhang zwischen territorialen Kämpfen und religiös motivierter Gewalttat im Mythos vom Helden Samson, der durch die Macht seines Gottes über gewaltige Kräfte verfügte und diese Kräfte rücksichtslos gegen die Philister, den damaligen Feind Israels, einsetzte und sie damit existenziell bedrohte. Nur durch den Verrat von Samsons Geliebter Delila gelang

[18] Vgl. *Simon Dein*, Jewish Millenianism and Violence, in: *Madawi al-Rasheed / Marat Shterin* (Hgg.), Dying for Faith. Religiously Motivated Violence in the Contemporary World, New York, London 2009, 153–163.

es den Philistern, den übermächtigen Feind zu überwältigen, ihn zu blenden und in Ketten zu legen. Für die Gefangenschaft, seine Blendung und die Demütigung rächte er sich, indem er einen Tempel, den Ort seiner Gefangenschaft, zum Einsturz brachte und dabei nicht nur selbst starb, sondern 3000 Philister mit in den Tod riss (Ri 16,23–30).

Nur ein Mythos; nur eine Geschichte aus Zeiten, in denen Völker Helden hervorbrachten? Mitnichten! Welche Wirkungsgeschichte der Mythos vom Helden Samson bis heute entfaltet, macht der israelische Autor David Grossman deutlich. Einfühlsam entwirft er das Psychogramm eines im Innersten einsamen Helden, der sein Volk durch Selbstaufopferung vor der Bedrohung durch die feindlichen Philister errettet. Samson wird durch diese Tat zu einer Identifikationsfigur im heutigen Israel, wo sein Schicksal allegorisch gedeutet und auf die politische Situation des Staates Israel übertragen wird. Nach Grossman zeigt sich die Bedeutung des Samson-Mythos auch darin, dass israelische Militärs die angebliche Option, im Yom Kippur-Krieg Atomwaffen einzusetzen, als „Samsons Entscheidung“ bezeichnet hätten, dass es zur Zeit der ersten Intifada eine Einheit „Samson“ gab und dass bereits im Unabhängigkeitskrieg Kampftruppen den Namen „Füchse Samsons“ trugen – jene Füchse hatte Samson mit brennenden Schwänzen in die Kornfelder der Philister gejagt und den Feinden damit ihre Lebensgrundlage zerstört.[19]

Die Bibel belässt es jedoch nicht nur bei der verherrlichenden Darstellung von Selbstopfern, sondern zeigt auch in Zusammenhang mit kriegerischen Auseinandersetzungen ein Gewaltpotenzial, das sich vor allem beim sogenannten Bann im Rahmen eines heiligen Krieges entfaltete und aus heutiger Sicht abstoßend wirkt. Der Theologe Gerd Lüdemann (1946 bis) nennt zahlreiche Beispiele aus der Frühzeit Israels, darunter den Krieg gegen die Kanaaniter (4 Mose 21,1–3), den Feldzug gegen König Sihon von Heschbon (5 Mose 2,30–35), den Krieg gegen König Og von Baschan (5 Mose 3,3–7) und zuletzt auch die Eroberung Jerichos (Jos 6,17–21).[20] Dabei war der Bann konstitutioneller Teil eines heiligen Krieges, der unter Befolgung bestimmter Regeln und kultischer Handlungen (Reinigung, geschlechtliche Askese, Opfer und Bußriten) vorbereitet wurde, bevor Jahwe in einem Orakel zum selbstverständlich positiven Ausgang der Schlacht

---

[19] Vgl. *David Grossman*, Löwenhonig. Der Mythos von Samson. Übersetzt von Vera Loos und Naomi Nir-Bleimling, Berlin 2006, 18; *Seymour Hersh*: The Samson Option: Israel's Nuclear Arsenal and American Foreign Policy, 1991.

[20] Vgl. *Lüdemann*, Unheilige (Anm. 9), 42–44.

befragt wurde. Hatte der Führer den Heerbann ausgesprochen – „Jahwe hat die Feinde in eure Hand gegeben“ –, zog das Heer mit seinem Gott Jahwe in die Schlacht. Dieser Gott war es letztlich auch, der unter die Feinde fuhr, dort Schrecken verbreitete und so den Sieg ermöglichte. „Den Höhepunkt und Abschluss bildet der Bann, die Übereignung der Beute an Jahwe. Wie beim ganzen Heiligen Krieg, so handelte es sich auch hier um eine kultische Angelegenheit: die Menschen und Tiere werden getötet, Gold und Silber usw. gingen […] in den Schatz Jahwes ein (Jos 1,18 f.)“.[21] Allerdings macht der biblische Text deutlich, dass das Ausrauben und Niedermetzeln der Bevölkerung ganzer Städte eben nicht das Ergebnis blindwütigen Hasses und unkontrollierten Plünderns war, sondern ein Opferritual, in dem die Feinde und ihr Eigentum das potenzielle Opfer darstellten, oder, mit Lüdemann:

> „Unzerstörbare Gegenstände aus Gold und Silber […] galten vielmehr als Geschenke für den Gott Israels. Sodann gehört das hebräische Wort für ‚Bann‘ (*hrm*) zum semantischen Feld des Heiligen, Geheiligten, das in der Tat die Übersetzung ‚Weihung zur Zerstörung‘ rechtfertigt. Sie ist dann die negative Seite des Heiligen, die den Aspekt des Entfernens, des Unzulänglichmachens für den allgemeinen Gebrauch zum Inhalt hat […] Es war eine rituale Heiligmachung […] Indem man die Personen in derselben Weise wie die Tieropfer der Gottheit übergab, erhielt Gott sie als Geber des Lebens zurück.“[22]

Lüdemann relativiert allerdings im Folgenden seine Darstellung rituellen Gemetzels im Namen Gottes dahingehend, dass es ähnliche Kriegsrituale auch im antiken Assur, Altbabylon oder Hethiterreich gegeben habe und dass die in der Bibel beschriebenen Kriegszüge keineswegs die Regel gewesen seien. Dieses Argument wird insofern durch die Ergebnisse jüngerer archäologischer Forschungen zum Beispiel durch den israelischen Archäologen Israel Finkelstein gestützt, als generell die früheste Geschichte Israels revidiert werden muss: Archäologische Spuren für die Existenz eines nördlichen jüdischen Staates (Israel) gibt es erst ab etwa 900 v. Chr., und die Staatenbildung im Süden setzte noch rund hundert Jahre später ein. Dementsprechend müssen biblische Textpassagen, die die

---

[21] *Gerhard von Rad*, Der Heilige Krieg im alten Israel, Göttingen ^{1}1951, ^{5}1969, 13, hier zitiert nach *Lüdemann*, Unheilige (Anm. 9), 44.

[22] *Lüdemann*, Unheilige (Anm. 9), 45.

Landnahme der *Kinder Israels* zum Inhalt haben, entsprechend jüngeren Datums sein und können keineswegs reale Vorgänge schildern.[23]

Die Tatsache, dass die als *Heilige Kriege* charakterisierten Feldzüge keine historischen Ereignisse wiedergeben, vermindert jedoch nicht die Brisanz ihrer Darstellung in der Bibel: Gerade weil sich die biblische Tradition wahrscheinlich erst unter König Hiskia (639 bis 586) herausgebildet hat, muss davon ausgegangen werden, dass die entsprechenden Texte einen starken Bezug zur damaligen Politik des Reiches Juda hatten. Jahwe, sein Kult und die ihm geschuldeten Opfer standen in eindeutigem Bezug zu einer kleinen, aber aufstrebenden politischen Macht, für die der Jahwekult im Zentralheiligtum zu Jerusalem das einigende ideologische Band darstellte.[24] Die Opferung von Menschen im Rahmen politischer Auseinandersetzung zur Durchsetzung egoistischer Ziele hat also nicht nur eine lange Vorgeschichte, sondern ist bereits in den alttestamentlichen Schriften fest verankert.

Bleibt noch ein Blick auf das Neue Testament, in dessen Mittelpunkt das ganz andere Gottesbild des Jesus von Nazareth steht: „einer Gottheit, die liebt und nicht haßt, die aufbaut und nicht zerstört, die Leben bewahrt und nicht kaltblütig auslöscht."[25] Trotz dieses nunmehr lichten Bildes eines unendlich liebenden Vatergottes ist das Neue Testament keineswegs der Ausdruck reinster Nächstenliebe; im Gegenteil wird bereits in der ältesten neutestamentlichen Schrift, in dem im Jahre 41 oder 50 entstandenen Brief des Paulus an die Thessalonicher, massiv gegen die Juden polemisiert:

> „Denn, liebe Brüder, ihr seid Nachahmer der Gemeinden Gottes in Judäa geworden, die in Christus Jesus sind; denn ihr habt dasselbe erlitten von euren Landsleuten, was jene von den Juden erlitten haben. Die haben den Herrn Jesus getötet und die Propheten und haben uns verfolgt und gefallen Gott nicht und sind allen Menschen feind." (1 Thess 2,14–15)

Zwar hat, so Lüdemann, Paulus gegen Ende seines Lebens in Röm 11,25–27 seine harsche Kritik an den Juden zurückgenommen und schließt sie ausdrücklich nicht mehr vom endzeitlichen Heil aus:[26]

---

23 Vgl. *Israel Finkelstein / Neil A. Silberman,* Keine Posaunen vor Jericho. Die archäologische Wahrheit über die Bibel, München 2002.

24 Vgl. *Finkelstein*, Posaunen (Anm. 23), 296–316.

25 *Lüdemann*, Unheilige (Anm. 9), 52.

26 Vgl. *Lüdemann*, Unheilige (Anm. 9), 80–83.

> „Ich will euch, liebe Brüder, dieses Geheimnis nicht verhehlen, damit ihr euch nicht selbst für klug haltet: Verstockung ist einem Teil Israels widerfahren, so lange bis die Fülle der Heiden zum Heil gelangt ist; und so wird ganz Israel gerettet werden, wie geschrieben steht (Jesaja 59,20; Jeremia 31,33): ‚Es wird kommen aus Zion der Erlöser, der abwenden wird alle Gottlosigkeit von Jakob. Und dies ist mein Bund mit ihnen, wenn ich ihre Sünden wegnehmen werde.'",

aber das Wort von den Juden als Christusmörder war in der Welt und hat von da an seine unheilvolle Wirkung bis in die jüngste Vergangenheit entfalten können.

Paulus war nicht der Einzige, der gegen Juden polemisierte, sondern diese Tradition setzt sich ungebrochen in den Evangelien fort. Einen unrühmlichen Platz nimmt in dieser Hinsicht auch die Allegorie von den bösen Weingärtnern ein (Mk 12,1–12), die den Sohn ihres Herrn töten, worauf der Herr seinerseits nun die Weingärtner umbringen wird – ein klares Bild für die Verwerfung Israels. Und im Matthäusevangelium heißt es dann sogar:

> „Weggenommen werden wird von euch das Reich Gottes und gegeben werden einem Volke, das seine Früchte bringt." (Mt 21,43)

Eine Steigerung erfahren die Polemiken noch in der Passionsgeschichte, in der bei Markus zunächst nur die jüdischen Oberen, also die Pharisäer und Anhänger des Herodes, bei Matthäus über Lukas und Johannes dann aber das ganze jüdische Volk (und zwar konkret als auserwähltes religiöses Volk – gemeint sind also die Juden im Sinne der Anhänger einer Religion) den Tod des Jesus von Nazareth planen und zuletzt gegen den Widerstand des römischen Statthalters mit Hilfe des jüdischen Mobs erzwingen.[27]

Es wundert daher nicht, dass bereits beim Kirchenvater Origenes (185/6 bis 254) an der Schuld der Juden am Tode Jesu kein Zweifel mehr besteht und sich diese Haltung gegenüber Andersgläubigen durch die Kirchengeschichte ungebrochen bis zu Luther zieht:

> „Denn was außer der Christenheit ist, es seien Heiden, Türken, Juden oder falsche Christen und Heuchler, ob sie gleich nur einen wahrhaftigen Gott glauben und anbeten, so wissen sie doch nicht, was er gegen ihn gesinnet ist, können sich auch keiner Liebe noch Guts zu ihm versehen, darum sie in ewigem Zorn und Verdammnis bleiben." (WA 30,1,192)[28]

---

[27] Entsprechende Textpassagen finden sich in Mk 15,11–14; Mt 27, 19–25; Lk 24,20 und Joh 18,11; hier referiert nach *Lüdemann*, Unheilige (Anm. 9), 86–93.

[28] D. Martin Luthers Werke 30, I. Band, Katechismuspredigten 1528; Großer und Kleiner Katechismus 1529. Weimar, 1883 – 2009, S. 192.

Und in Luthers Schrift „Von den Juden und ihrer Lügen" heißt es:

> „Ein solch verzweifelt, durchböset, durchgiftet, durchteufelt Ding ist's um diese Juden, so diese 1400 Jahr unsere Plage, Pestilenz und alles Unglück gewesen und noch sind." (WA 53,528)

Daraus resultieren klare Handlungsanweisungen:

> „Daß man ihre Synagogen oder Schulen mit Feuer anstecke, und was nicht verbrennen will, mit Erde überhäufe und beschütte […] Und solches soll man tun unserem Herrn und der Christenheit zu Ehren!" (WA 53,523)[29]

Dass sich die Kirchen, ihre Geistlichen und ihre Gläubigen einschließlich Persönlichkeiten des Widerstandes bis auf wenige herausragende Gestalten wie zum Beispiel Dietrich Bonhoeffer so schwer damit taten, während der nationalsozialistischen Herrschaft gegen den Genozid an der jüdischen Bevölkerung zu protestieren und vorzugehen, verwundert demnach kaum.[30] Zwar greift auch hier eine einfache Reihung im Sinne einer von der antijüdischen Polemik des NT über die Kirchenväter und die Kreuzzüge zu Luther und dem Genozid des Nationalsozialismus führenden Kette von Gewalt gegen alle Juden und sogenannte Ketzer zu kurz. Immer sind es auch ganz konkrete und jeweils verschiedene soziale und politische Konstellationen gewesen, die zu Verfolgungen, Kriegszügen und Pogromen bis letztlich zum Genozid geführt haben, aber dass es gerade die Heiligen Schriften des Judentums und des Christentums sind, die bis in die jüngste Vergangenheit Feindbilder, Handlungsmuster und Rechtfertigungen für Gewalt gegen Einzelne, gegen Staaten, Völker und Religionen geliefert haben, bleibt eine traurige Tatsache, der sich neben anderen der Münchner Professor für Religions- und Kulturtheorie Hans Maier gewidmet hat. Im Christentum sei es vor allem das *Compelle intrare*, das als „Begründung für Gewalt in Religionssa-

---

[29] D. Martin Luthers Werke 53. Schriften 1542/43, S. 523 und 528; hier zitiert nach *Lüdemann*, Unheilige (Anm. 9), 116–120.

[30] So hatte sich der als „Löwe von Münster" berühmt gewordene Bischof Clemens August Kardinal Graf von Galen (1878–1946) zwar vehement gegen die von den Nationalsozialisten verordnete Tötung sogenannten „lebensunwerten Lebens" ausgesprochen, verlor aber kein Wort zum Thema Genozid an den Juden. Vgl. z. B. *Karlheinz Deschner / Horst Herrmann,* Der Antikatechismus. 200 Gründe gegen die Kirchen und für die Welt, Hamburg 1991, 240; *Karlheinz Deschner*, Mit Gott und den Faschisten – Vatikan und Faschismus, Stuttgart 1965, 139–14. Zur Haltung der Hannoverschen Landeskirche vgl. z. B. *Heinrich Grosse, Hans Otte / Joachim Perels* (Hgg.), Bewahren ohne Bekennen? Die hannoversche Landeskirche im Nationalsozialismus, Hannover 1996.

chen" herhalten musste,[31] das eindrückliche biblische Gleichnis vom Hausvater, dessen geladene Gäste unter fadenscheinigen Entschuldigungen seiner Einladung fernbleiben und der daraufhin seine Knechte ausschickt, um die Armen, die Gebrechlichen und die Reisenden eben nicht nur zu laden, sondern sie geradezu zu nötigen hereinzukommen (Lk 14,16–24). Gerade die Deutung des Geschehens als Nötigung unter Zwang führte bereits bei Augustinus zu der Auffassung, dass „umsichtiger Zwang [...] unter Umständen zur Bekehrung der vom gemeinsamen Glauben Abweichenden – und damit zum öffentlichen Frieden" beitragen könne;[32] eine Auffassung, die nicht nur zu den Gewaltausbrüchen gegen jede Art von sogenannten Ketzern führte, sondern sowohl die Kreuzzüge als auch den Kolonialismus einschließlich seiner gewalttätigen Exzesse rechtfertigte.[33] Das Neue Testament lieferte also geradezu das Material, um im Laufe der Geschichte Gewalt jeder Couleur zu entschuldigen.

4. Muhammad, der Koran und der Heilige Krieg

Der obige kurze, ebenso wenig systematische wie vollständige Inhaltsaufriss der Bibel im Hinblick auf gewaltlegitimierende Passagen und der daraus resultierenden Haltung von Juden und Christen zur Gewalt gegen Abweichler, Andersdenkende und potenzielle Feinde hat bereits eines deutlich gemacht: Die in der Öffentlichkeit – und damit ist sowohl eine jüdische wie auch eine christliche Öffentlichkeit gemeint – so oft propagierte Dichotomie von einer friedliebenden jüdischen oder christlichen Tradition auf der einen und dem aggressiven Islam auf der anderen Seite entspricht nicht den Tatsachen![34] Aber auch eine simple Umkehrung kommt der Wahrheit kaum näher: Bereits die im Koran dokumentierte Frühzeit des Islam war geprägt durch gewaltsame Auseinandersetzungen,

---

[31] *Hans Maier*, Compelle intrare. Rechtfertigungsgründe für die Anwendung von Gewalt zum Schutz und zur Ausbreitung des Glaubens in der Theologie des abendländischen Christentums, in: *Klaus Schreiner* (Hg.), Heilige Kriege. Schriften des Historischen Kollegs. Kolloquien 78, München 2008, 55–69.

[32] *Maier,* Compelle (Anm. 31), 59 unter Berufung auf Augustinus in: *Alfred Hoffmann* (Übersetzung): Des Heiligen Kirchenvaters Aurelius Augustinus Ausgewählte Briefe. Bibliothek der Kirchenväter Bd. IX, Kempten, München 1917, 333–384.

[33] Vgl. *Ludwig Schmugge*, „Deus lo vult?" Zu den Wandlungen der Kreuzzugsidee im Mittelalter, in: *Schreiner* (Hg.), Kriege (Anm. 31), 93–108.

[34] Vgl. auch die differenzierten Ausführungen von *Beverley Milton-Edwards,* Islam and Violence, in: *Murphy* (Ed.), Companion (Anm. 10), 183–195.

in erster Linie mit den Mekkanern, die die Existenz der jungen Religionsgemeinschaft der Muslime existenziell bedrohten und deren Verteidigung notwendig machten.[35] Zur Verteidigung in einem sehr weiten Sinne – geplant war die Rückkehr der jungen Gemeinde nach Mekka, die allerdings eine komplette Veränderung der Machtverhältnisse in dieser Stadt voraussetzte – gehörten auch Überfälle auf Karawanen der Mekkaner, die in eine Reihe kriegerischer Auseinandersetzungen mündeten und zuletzt tatsächlich die Rückkehr nach Mekka ermöglichten. Dass diese Auseinandersetzungen im Namen Gottes stattfanden und dass Gott den kriegerischen Einsatz geradezu forderte, belegt Sure 4,95:

> „Und nicht jene Gläubigen, welche (daheim) ohne Bedrängnis sitzen, gleich denen, die in Allahs Weg streiten mit Gut und Blut. Allah hat die, welche mit Gut und Blut streiten, im Rang über die, welche (daheim) sitzen, erhöht. Allen hat Allah das Gute versprochen; aber den Eifernden hat er vor den (daheim) Sitzenden hohen Lohn verheißen."

Und sollten die Kämpfer für die Sache Gottes im Kampf getötet werden, ist ihnen das Paradies sicher:

> „Siehe, Allah hat von den Gläubigen ihr Leben und ihr Gut für das Paradies erkauft. Sie sollen kämpfen in Allahs Weg und töten und getötet werden. Eine Verheißung hierfür ist gewährleistet in der Torah, im Evangelium und im Koran; und wer hält seine Verheißung getreuer als Allah? Freut euch daher des Geschäfts, das ihr abgeschlossen habt; und das ist große Glückseligkeit." (Sure 9,111)

Bis heute ist es die Aussicht auf das Paradies, die Menschen, die sich als Kämpfer für den Islam und die Sache Allahs sehen, in den Kampf und in den Tod treibt.[36]

Während die Auseinandersetzungen mit den Mekkanern noch eine Folge der Feindseligkeiten waren, mit denen Mekkas reiche Händlerschicht auf einen Propheten reagierte, der ihr einträgliches Geschäft mit der Wallfahrt zu einem allseits anerkannten polytheistischen Heiligtum, der Kaaba, empfindlich störte, entstanden aus der politischen Situation in Medina neue Problemfelder, die das Verhältnis der Muslime zu den Juden dauerhaft belasten sollten. Zunächst hatten die Juden in Medina wider Erwarten die Lehren Muhammads und vor allem

---

[35] Vgl. *Montgomery / Welch*, Islam (Anm. 8), 81–85, 91, 94; *Khoury*, Koran (Anm. 8), 42, 46–47.

[36] Vgl. *Emad Salib*, Suicide Terrorism: A Case of Folie à Plusieurs?, in: The British Journal of Psychiatry 182 (2003), 475–476.

seine Stellung als Prophet nicht akzeptiert, obwohl er sich wie sie auf Abraham als Stammvater und auf die Propheten berief. Die nachfolgenden Suren spiegeln diese religiöse Auseinandersetzung:

> „Und sie sagen: ‚Werdet Juden oder Christen, so folgt ihr der Rechtleitung.‘ Sprich: Nein, (wir folgen) der Glaubensrichtung Abrahams, als Anhänger des reinen Glaubens; er gehört nicht zu den Polytheisten.“ (Sure 2,135)
> „O ihr Leute des Buches, warum streitet ihr über Abraham, wo doch durch Gott die Torah und das Evangelium erst nach ihm herabgesandt wurden? Habt ihr denn keinen Verstand?“ (Sure 3,65)

Darüber hinaus waren die jüdischen Stämme jedoch auch aus wirtschaftlichem Interesse eher an guten Beziehungen zu Mekka als an einer Konfrontation interessiert, so dass Muhammad in den jüdischen Stämmen nur zögerliche bis gar keine Unterstützer in seinem Kampf gegen die Mekkaner fand. Auf diesem Hintergrund eskalierte ein eher belangloser Streit um die angebliche Beleidigung einer muslimischen Frau durch einen jüdischen Goldschmied und führte letztlich zur Vertreibung des Stammes der Qaynuqa aus Medina. Das Verhältnis zu den Juden verschlechterte sich noch einmal durch die Aktivitäten eines jüdischen Dichters aus dem Stamm der an-Nadir – Dichtung war zu Muhammads Zeiten eine mächtige und wichtige Form der Propaganda –, der in Mekka Schmähgedichte gegen die Muslime verfasste, den daher die Muslime unter einem Vorwand nach Medina lockten und dort ermordeten. Da die Mörder allerdings zu einem mit den an-Nadir verbündeten Klan gehörten, konnte sich der Stamm nicht an ihnen rächen. Die aus dem Vorfall resultierenden Spannungen brachen aus, als es im Zuge einer Blutgeldforderung zu einer zweideutigen Situation kam, die von den Muslimen als mögliche Falle gedeutet wurde. Die Auseinandersetzung endete mit der Vertreibung auch der an-Nadir aus Medina, die im Koran ihren Niederschlag fand und als ein Sieg Gottes dargestellt wird:

> „Er ist’s, welche die Ungläubigen vom Volk der Schrift aus ihren Wohnungen zu ihrer ersten Auswanderung trieb. Ihr glaubtet nicht, dass sie hinausziehen würden, und sie glaubten, dass ihre Burgen sie vor Allah schützen würden. Da aber kam Allah zu ihnen, von wannen sie nicht vermuteten, und warf Schrecken in ihre Herzen. Sie verwüsteten ihre Häuser mit ihren eigenen Händen und den Händen der Gläubigen. Darum nehmt es zum Exempel, ihr Leute der Einsicht!“ (Sure 59,2)

Die letzte und brutalste Aktion gegen die Juden entspann sich im Zuge des Grabenkrieges, in dem der letzte in Medina verbliebene jüdische Stamm, die

Qurayza, nicht die Muslime unterstützte, sondern mit den Mekkanern verhandelte. Dieser Verrat führte zur Einberufung eines neutralen Schiedsgerichtes, das die Tötung aller Männer und den Verkauf von Frauen und Kindern in die Sklaverei verfügte.[37] Auch hier wird der Akt der Vernichtung als eine Tat Gottes gepriesen:

> „Er veranlasste diejenigen vom Volke der Schrift, die ihnen halfen, von ihren Kastellen herabzusteigen, und warf Schrecken in ihre Herzen. Einen Teil erschlugt ihr und einen Teil nahmt ihr gefangen. Und er gab euch zum Erbe ihr Land und ihre Wohnungen und ihr Gut, und ein Land, das ihr nie betratet. Und Allah hat Macht über alle Dinge." (Sure 33,26–27)

Die entsprechenden Koranverse, wiewohl in ganz konkreten Situationen der Bedrohung und der Kriegsführung entstanden und daher nach den Regeln der Koranexegese auch nur für vergleichbare Situationen relevant,[38] haben im Laufe der Jahrhunderte in der islamischen Welt eine breite und teilweise unheilvolle Wirkung entfaltet, die bis heute für das Handeln von Muslimen eine Richtschnur darstellt.[39] So führt der als Islamkritiker bekannte Göttinger Orientalist Tilman Nagel aus, dass sich aus der anfänglichen Bedrohung der jungen Glaubensgemeinschaft durch die Mekkaner und den anschließenden kriegerischen Handlungen unter Einbeziehung der Medinenser ein „Begriff von Gläubigkeit herausbildet[e], der vom kriegerischen Einsatz für die Machtinteressen Mohammeds bestimmt" war.[40] Diese Machtinteressen wurzelten in der von Muhammad tief empfundenen Verpflichtung, seine eigene in der Stadtgeschichte Mekkas bedeutende Sippe vor dem Endgericht zu warnen und zu ihrem Heil den Eingottglauben in Mekka durchzusetzen. In Medina erkannte er, dass sich dieses Ziel nur innerhalb einer spezifisch religiösen Gemeinschaft von Gläubigen – das waren nun außer seinen quraishitischen Anhängern auch seine medinensischen und

---

[37] Zur Vertreibung der Juden aus Medina vgl. *Martin Gilbert*, In Ishmael's House. A History of Jews in Muslim Lands, New Haven, London 2010, 8–26; *Montgomery / Welch*, Islam (Anm. 8), 111–115; *Khoury*, Koran (Anm. 8), 44–46.

[38] Koranexegese, arabisch tafsīr, ist die „Erklärung des Sinns (maʿnā) eines Koranverses, seiner Bedeutung (šaʾn), Geschichte (qiṣṣa) und des Anlasses, aufgrund dessen er herabkam (as-sabab allaḏī nazalat fī-hi)." *Gustav Flügel* (Ed.), ʿAlī Ibn-Muhammad al-Dschurdschani: Kitāb at-Taʿrīfāt, Leipzig 1846, 65, Z. 17–19. Online unter: http://reader.digitale-sammlungen.de/de/fs1/object/display/bsb10249383_00314.html.

[39] Vgl. Gilbert Ishmael's (Anm. 37), 8–26.

[40] *Tilman Nagel*, Kämpfen bis zum endgültigen Triumph. Religion und Gewalt im islamischen Gottesstaat, in: *Schreiner* (Hg.), Kriege (Anm. 31), 44.

andere Helfer – würde durchsetzen lassen, und dazu benötigte er wahre und entschlossene Gläubige: „Diejenigen, die gläubig wurden, auswanderten und auf dem Pfade Allahs dem Djihad nachgehen.“ (Sure 8,72) Muhammads Überzeugungen mündeten damit in eine islamische Eroberungswelle, die auch mit seinem Tod nicht haltmachte, sondern in einem Siegeszug ohnegleichen das Sassanidenreich vernichtete und den Byzantinern Nordafrika und Palästina entriss.[41] Ihren Einzug in die islamische Rechtslehre hielten die Koranverse und entsprechenden Hadithe dann zwei Jahrhunderte später, als der Mitbegründer der hanafitischen Rechtsschule und Begründer des sogenannten islamischen Völkerrechts, Muhammad asch-Schaibānī (749/750 bis 805), die Welt in das Haus des Islam (Dār al-Islām) einerseits und das Haus des Krieges (Dār al-Ḥarb) andererseits einteilte, wobei Letzteres der noch zu erobernde Teil der Welt ist. Jegliche Beziehungen zu nicht muslimischen Staaten sind nach dieser Rechtslehre so zu gestalten, „daß einer Unterwerfung durch die Muslime keine bleibenden Hindernisse in den Weg gestellt werden“.[42] Asch-Schaibānīs Verfahrensweisen bestimmten unter anderem die Expansionspolitik des Osmanischen Reiches bis zum Frieden von Paris im Jahre 1856, der auf der Basis eines religionsunabhängigen Völkerrechts geschlossen wurde, aber keinen Niederschlag in einem entsprechend zu modernisierenden Schariarecht fand und daher im innerislamischen Diskurs nicht zur Kenntnis genommen wurde.[43]

Ihre eigentliche Brisanz entfalteten die Koranverse, die sich auf den Krieg gegen Ungläubige oder auf das Verhältnis zu den Angehörigen anderer Religionen bezogen, jedoch vor allem in der jüngsten Zeit, indem sie die religiöse Begründung für Unternehmungen liefern, die in der westlichen Welt als Terrorismus oder als Aktivitäten von Schurkenstaaten bezeichnet werden.[44] Dazu ein kleiner Exkurs in die Geschichte: Nach dem Untergang des Osmanischen Reiches und der Abschaffung des Kalifates hatten in der islamischen Welt die aufblühenden Ideen von säkularen Nationalstaaten schon bald stark an Strahlkraft

---

[41] Vgl. *Nagel*, Triumph (Anm. 40), 43–54. Zum jihad-Begriff vgl. auch *James Turner Johnson*, Just War and Jihad of the Sword, in: *Murphy* (Ed.), Companion (Anm. 10), 271–281.

[42] *Nagel*, Triumph (Anm. 40), 51.

[43] Vgl. *Nagel*, Triumph (Anm. 40), 52 und *Tilman Nagel*, Das islamische Recht. Eine Einführung, Westhofen 2001, 105.

[44] Dazu kritisch: *Kippenberg*, Gewalt (Anm. 2), 145–160. Kritisch auch *Chomsky*, War (Anm. 2), 24–31.

verloren,[45] weil sie einerseits vom religiösen Establishment nicht unterstützt wurden und andererseits in einer alten Traditionen verhafteten Bevölkerung niemals Anklang gefunden hatten, aber auch, weil die jungen Nationalstaaten autoritär regiert wurden und ihnen eine tatsächliche demokratische Legitimation fehlte.[46] In diesem politischen Klima entwickelte sich eine Opposition um den in Kairo lebenden Syrer Rashid Rida (1865 bis 1935), die Salafi-Bewegung, die gegen den säkularen Nationalismus Front machte und die Wiederherstellung eines islamischen Staates nach dem Vorbild der islamischen Frühzeit forderte; einer Zeit, in der der Kalif als Herrscher der Gläubigen direkt von diesen Gläubigen gewählt worden war.[47] Damit forderte Rida einerseits die Wiederherstellung des Kalifats, stellte dieses andererseits jedoch auf eine demokratische Basis, indem er sowohl allgemeine freie Wahlen als auch die Schaffung von Institutionen demokratischer (westlicher!) Staaten forderte. Seine Ideen wurden weiterentwickelt und radikalisiert durch seinen Schüler Hasan al-Banna (1906 bis 1946), den Begründer der Muslimbruderschaft, der in seinen einflussreichen Schriften die Gegenwart in religiösem Sinne als Zeit der *jahiliyya*, also als eine Zeit der Unwissenheit entsprechend der Zeit vor der Herabsendung des Koran deutete und, dem Beispiel des Propheten folgend, zum *jihad* gegen die Ungläubigen aufrief.[48] Das Gelöbnis, „Truppen für die Botschaft des Islams“ sein zu wollen,[49] bedeutete für die Mitglieder der Muslimbruderschaft nach dem Willen ihres Gründers zunächst jedoch, sich sozial zu betätigen, Schulen für Jungen und Mädchen zu gründen und zu unterhalten oder Krankenhäuser zu errichten – im Übrigen auch in dem damals von Ägypten verwalteten Gaza. Die Aktivitäten der Muslimbrüder wurden als *jihad* verstanden, wobei *jihad* hier noch vor allem den Kampf gegen die eigenen niederen Instinkte meint: Zunächst solle jeder Mus-

---

[45] Zu den Gründen für das Scheitern des säkularen Nationalstaates vgl. *Mark Juergensmeyer*: Die Globalisierung religiöser Gewalt. Von christlichen Milizen bis al-Qaida, Hamburg 2009, 25–40.

[46] Ein kurzer Abriss der Entstehung der modernen Nationalstaaten aus dem zerschlagenen Osmanischen Reich und die gegen einen Großteil der Bevölkerung durchgesetzte Säkularisierung findet sich bei *Daniel Brown*: A New Introduction to Islam, Oxford 2004, 208–214.

Ein erhellendes Interview zu dieser Frage findet sich in Juergensmeyer, Globalisierung (Anm. 45) 14–15. Hier bringt der Dekan der Fakultät für Dawa der al-Azhar-Universität deutlich zum Ausdruck, dass Ägypten der Kraft des Islam bedürfe, um sich von seiner kolonialen Vergangenheit zu befreien.

[47] Damit forderte Rida zwar die Wiederherstellung eines Kalifats, stellte dieses jedoch auf eine demokratische Basis, in dem er sowohl allgemeine freie Wahlen als auch die Institutionen demokratischer Staaten forderte. Vgl. ebd., 214 und *Karen Armstrong*, Im Kampf für Gott. Fundamentalismus in Christentum, Judentum und Islam, München 2004, 277–278.

[48] Vgl. *Armstrong*, Kampf (Anm. 47), 315–316.

[49] *Kippenberg*, Gewalt (Anm. 2), 127.

limbruder „Heidentum und Imperialismus" aus seinem Herzen verbannen, um dann auch andere dazu zu bringen, „das Rechte zu tun und das Verwerfliche zu unterlassen".[50] Erst unter dem Ägypter Sayyid Qutb (1906 bis 1966) fand eine weitere Radikalisierung in Teilen der Muslimbruderschaft statt, die nun unter dezidierter Berufung auf den Koran auch Gewalt als legitimes Mittel zur Zurückdrängung des neuen Heidentums – so deuteten sie den gegenwärtigen Zustand auch der islamischen Welt – ansahen. Aus dieser Strömung vor allem unter jungen Intellektuellen ging die *jihad*-Bewegung hervor, die unter anderem für den Mord an Anwar al-Sadat verantwortlich zeichnete: Der Attentäter, Khalid Al-Islambouli, hatte als Grund für sein Attentat den Friedensschluss Sadats mit Israel angegeben. Der bewaffnete Kampf für die islamische Ordnung galt nun als Pflicht eines jeden aufrichtigen Muslims, das Martyrium als erstrebenswert.[51]

Auf einer einschlägigen Website heißt es aktuell:

> „The Muslim world today is faced with tyranny and injustice. Indeed oppression and hardship is not just limited to the Muslim world, rather many non-Muslim states are subject to oppression at the hands of the world's leading military and economic powers […] Though jihad may be a part of the answer to the problems of the ummah, it is an extremely important part. Jihad is to offer ourselves to Allah for His Cause. Indeed, every person should according to Islam prepare himself/herself for jihad and every person should eagerly and patiently wait for the day when Allah will call them to show their willingness to sacrifice their lives. We should all ask ourselves if there is a quicker way to heaven? It is with this in mind that this booklet is being published […] This is an important booklet […] because it has been written by one of the most prominent Mujahideen of this century – Imam Hasan al-Banna […] Imam Hasan al-Banna is the founder of the Muslim Brotherhood and one of the pioneers of today's

---

[50] *Kippenberg*, Gewalt (Anm. 2).

[51] Bereits der Widerstand der Araber Palästinas gegen die jüdische Einwanderung und die britische Palästinapolitik in den 1930er und 1940er Jahren erweckte enorme Sympathie unter den Ägyptern und führte zu einer Radikalisierung der Muslimbruderschaft, die sich nicht nur in der aktiven Hilfe für die Palästinenser engagierte, sondern die ihr Schicksal auch ideologisch mit der Palästinafrage verknüpfte. Zu ersten gewalttätigen Demonstrationen kam es daher in Ägypten aus Anlass der Gründung des Staates Israel 1947, und der Sechstagekrieg von 1967 führte zu einer weiteren Radikalisierung. Vgl. *Brown*, Introduction (Anm. 46), 215.

In dieser Situation kamen auch antijüdische Einstellungen zum Tragen und führten zu konkretem politischen Handeln, als nämlich der von den Engländern zum Mufti von Jerusalem ernannte Mohammed Amin al-Husseini (1893–1974) aktiven Widerstand gegen die von den Engländern tolerierte Einwanderung von Juden nach Palästina leistete und hier auch nicht vor der Zusammenarbeit mit Nationalsozialisten zurückschreckte. Husseini unterstützte nicht nur die systematische Judenvernichtung in Europa uneingeschränkt und öffentlich, sondern half bei der Mobilisierung von Muslimen des Balkans für die Waffen-SS. Vgl. *Klaus Gensicke,* Der Mufti von Jerusalem. Amin el-Husseini und die Nationalsozialisten, Frankfurt 1988.

> Islamic revival. It is a shame that so many people are unaware of this man and his contribution towards what we see today […] The Imam, may Allah bless him, shows us that ultimately, and insha'Allah (God-willing) time will be a witness to this, only Islam can save mankind from itself. And jihad on the individual and international scale will be a necessary part of this process of change."[52]

Es ist nicht zu leugnen, dass Muslime heute Gewaltakte unter Berufung auf den Koran begehen[53] und ihre Gewalttaten als *jihad*, als Heiligen Krieg[54], ausgeben, und zwar dezidiert als Heiligen Krieg gegen fremde Machthaber, die, wie im Falle von Palästina, islamisches Territorium besetzt haben oder bedrohen. Die politische Situation vor allem Palästinas mit seiner Bedrohung durch je nach Sichtweise antiislamische oder zionistisch-imperialistische Kräfte wurde und wird der Situation der jungen *umma* in der Frühzeit des Islam gleichgesetzt, in der der Krieg das Mittel der Wahl war, der Bedrohung der *umma* durch Ungläubige zu wehren.[55] Dass in diesem *jihad* der Hass auf Juden eine besondere Rolle spielt, ist nicht zuletzt auch auf die Auseinandersetzungen Muhammads mit den jüdischen Stämmen Medinas und dem Nachhall dieser Ereignisse im Koran, in zweiter Linie aber vor allem auch auf das verhängnisvolle Wirken Amin al-Husseinis, des einstigen Mufti von Jerusalem, zurückzuführen.[56]

Auch wenn sich Ideologen wie Said Qutb und Jihadisten auf den Koran und

---

[52] http://web.youngmuslims.ca/online_library/books/jihad/ Eine entscheidende Rolle für den Entschluss, als Märtyrer zu sterben, spielt aus psychologischer Sicht die Auffassung, dass der Islam als Religion von feindlichen Mächten bedroht und aufrechte Muslime verfolgt würden. Vgl. *Salib*, Suicide (Anm. 36), 476.

[53] So der Suizid-Bomber vom 11. September, der folgendes Bekenntnis hinterließ „I and thousands like me are forsaking everything for what we believe. Our driving motivation doesn't come from tangible commodities that this world has to offer. Our religion is Islam – obedience to the one true God, Allah, and following the footsteps of the final prophet and messenger Muhammad […] This is how our ethical stances are dictated." Zitat bei Beverley *Milton-Edwards*, Islam and Violence, in: *Murphy* (Ed.), Companion (Anm. 10), 183.

[54] Die Übersetzung des Ausdrucks „jihad" mit „Heiliger Krieg" ist nicht korrekt, heißt jihad doch eigentlich „Bemühung". Die Gleichsetzung von jihad mit „Heiliger Krieg" entstand vielmehr im europäischen Gelehrtendiskurs unter Bezug auf biblische Kriege. Vgl. *Friedrich Wilhelm Graf*, Sakralisierung von Kriegen, in: *Schreiner* (Hg.), Kriege (Anm. 31), 26.

[55] Vgl. *Johnson,* War (Anm. 41), 271–281.

[56] So soll einer der Attentäter vom 11. September, Mohammed Atta, ein geradezu nationalsozialistisches Weltbild gehabt haben, in dem die Juden mit New York als Zentrum des Weltjudentums die Strippenzieher nicht nur hinter den Kriegen gegen Muslime angefangen vom Golf bis nach Tschetschenien waren, sondern auch die Finanzströme entsprechend lenken sollten. Atta sah sein Attentat als einen Befreiungsschlag gegen die Juden hin zu einem judenfreien Gottesstaat vom Nil bis zum Euphrat. Vgl. *Matthias Küntzel*, Djihad und Judenhass, in: Jüdische Allgemeine, 2. Januar 2003, 3. Zum islamischen Antisemitismus vgl. auch Gensicke, Mufti (Anm. 51).

die Sunna des Propheten berufen, ist die Entstehung der ideologischen Grundlagen des heutigen *jihad gegen die Ungläubigen* das Resultat sehr konkreter politischer Entwicklungen innerhalb der Nachfolgestaaten des Osmanischen Reiches und des britischen Kolonialreiches, bei denen die politischen und wirtschaftlichen Interessen der Kolonialmächte und späteren Großmächte eine verhängnisvolle Rolle gespielt haben, bei denen aber auch religiöse Überzeugungen vor allem aufseiten britischer und amerikanischer Entscheidungsträger von Bedeutung waren.[57] Dabei ging es zwar letztlich um territoriale Konflikte zwischen den jungen Nationalstaaten, die dann aber mit dem Rückgriff auf Religionssemantiken sakralisiert wurden. So heißt es im Palästinaschwur der palästinensischen Flüchtlinge von 1948: „Der Tod wird uns nicht schrecken, Palästina ist unser […] Wir rufen Allah und die Geschichte zu Zeugen an, daß wir unser Blut hingeben wollen, um Dich zurückzugewinnen."[58] Ihre Sprengkraft erhielten diese Konflikte also dadurch, dass alle Beteiligten – und hier meine ich Juden, Christen und Muslime gleichermaßen – auf konkrete Bilder und Handlungsmuster zurückgreifen konnten, die in ihren heiligen Schriften verankert und somit nicht weiter hinterfragbar waren.

5. Fazit

Fassen wir also zusammen: Religion und Gewalt gehören zusammen. Allerdings sind es nicht nur bestimmte religiöse Sondergruppierungen wie der hier einleitend erwähnte *People's Temple*, die besonders zu Gewalt neigen, während die etablierten Religionen die Tugenden der Friedfertigkeit, des Altruismus und der Toleranz pflegen. Es ist auch nicht die eine oder andere bestimmte Religion wie der zumindest im innerdeutschen und auch im westlichen Diskurs in populistischer Weise als angeblich gewaltaffin beschriebene Islam, die eine besondere Neigung zur Gewalt zeigt. Immer sind es gesellschaftliche oder politische Konflikte, in denen es um ganz konkrete Interessen geht, die religiös aufgeladen

[57] Wie stark religiöse Überzeugungen die Handlungen der Amerikaner und Engländer angefangen von der Befürwortung eines jüdischen Staates über ihre Parteinahme im Nahostkonflikt bis zu ihrer Haltung gegen den Iran und das Eingreifen im Irak gespielt haben, belegt *Kippenberg,* Gewalt (Anm. 2).

[58] *Hans Süssmuth,* Heiliger Krieg – Barriere des Friedens, in: Saeculum 22 (1971) 389; hier zitiert aus *Graf,* Sakralisierung (Anm. 54), 30.

werden und bei denen dann diese Konflikte mit Hilfe religiöser Semantiken auf eine Ebene angeblich letzter Werte transferiert werden und so zunächst die Wirklichkeit dichotomisch deuten und von jedem, auch von eigentlich nicht Beteiligten, eine Entweder-oder-Entscheidung fordern.[59] In dieser Situation ist dann ein Interessenausgleich nicht mehr möglich, weil nun die besagten letzten Werte ins Spiel kommen.[60]

Religion spielt also in vielen angeblichen Religionskonflikten erst in zweiter Linie eine Rolle; dann aber eine um so verhängnisvollere, indem sie wirkmächtige Mythen (Mythos im Sinne von sinnstiftender Ursprungserzählung) und Bilder liefert, die als Muster zur Deutung angstauslösender und verunsichernder Situationen dienen. Es sind gerade das Empfinden von Unordnung, fehlender Berechenbarkeit und Sinnhaftigkeit der Existenz und die daraus resultierenden existenziellen Ängste, die mit Hilfe der Religion beherrschbar werden: Religion dient, wie bereits der Bielefelder Soziologe Niklas Luhmann zeigen konnte, der Kontingenzbewältigung.[61]

Diese von der Religion angebotenen Handlungsmuster in Form wirkmächtiger Bilder sind zwar (wie in diesem Artikel gezeigt) im Laufe der Geschichte und auch hier im Rahmen spezifischer (macht-)politischer Konstellationen entstan-

---

[59] Der amerikanische Soziologe John R. Hall spricht in diesem Zusammenhang von einem geradezu „Manichean battle between the forces of good and evil". *John R. Hall*, The Ways Out: Utopian Communal Movements in an Age of Babylon, London 1978, 206.

[60] Aufgrund weltpolitischer Ereignisse wie der iranischen Revolution im Jahre 1979 einerseits, aber auch durch das Gefühl einer sozialen Bedrohung durch die Einwanderungen muslimischer Arbeitsmigranten andererseits wird der Islam in den öffentlichen Debatten zumeist undifferenziert als eine gegen die westlichen Werte gerichtete Religion erfahren. Dazu heißt es auf der Website der Internationalen Konferenz „Horizonte der islamischen Theologie" an der Universität Frankfurt: „Diese Form der Homogenisierung und der Etikettierung des ‚Fremden' und die damit verbundenen Differenzkonstruktionen innerhalb der Gemeinschaft des Eigenen findet hier offenbar nicht mehr nur entlang der Nationalität bzw. eines ethnisch begrenzten Kulturverständnisses, sondern zunehmend entlang einer ethnisch verstandenen Religionszugehörigkeit statt, um somit ‚das Eigene' und ‚das Fremde' in fundamentaler herkunfts- oder abstammungsorientierter Differenz denken zu können. Somit wird der Islam zum Differenzmarker und Scheidepunkt verschiedener Wertesysteme. Sowohl die Geschichte islamisch geprägter Gesellschaften als auch die europäische Geschichte bzw. die Geschichte christlich geprägter Gesellschafen zeigen uns jedoch, dass Kulturen oder Religionen nicht statisch, sondern dynamisch sind. Islamisch geprägte Gesellschaften bzw. Kulturen haben sich nicht in einem hermetisch abgeriegelten Raum entwickelt, sondern entfalten ihr Entwicklungspotenzial in einem relationalen Verhältnis zum Anderen, dem sie begegnen. Die unterschiedlichen sozialen wie politischen Bewegungen aus dem islamischen Spektrum folgen vielfach in ihrer Grundlogik den Strukturmerkmalen moderner Gesellschaften." http://www2.uni-frankfurt.de/48320986/kongress?legacy_request=1, abgerufen am 14.2.2014.

[61] Vgl. *Niklas Luhmann*, Soziale Systeme. Grundriß einer allgemeinen Theorie, Frankfurt a. M. [4]1993, in: *Rolf Balgo*, Bewegung und Wahrnehmung als System, Dortmund 1998.

den, wurden dann aber zum Mythos im eigentlichen Sinn – also zu einer sinnstiftenden Ursprungserzählung! Damit dienen sie nicht nur immer wieder als Folie, auf der eine ansonsten schwer verständliche und erträgliche Wirklichkeit gedeutet werden kann, sondern liefern eben auch klare Handlungsoptionen – und zwar in Form von Gewalt![62]

Eine Wirklichkeit, die gerade heute aufgrund komplexester politischer und wirtschaftlicher Zusammenhänge, multipler Anforderungen an das Individuum und vor allem durch ein Übermaß an Information verunsichernd und erschreckend ist, kann mit Hilfe von Religionen und deren Sinnangebot leichter gedeutet werden; eine verwirrende Vielfalt von Möglichkeiten wird reduziert durch den religiösen Mythos, der über wirkmächtige Erzählungen und Bilder diese Handlungsoptionen auf wenige reduziert! Wirklichkeit, und zwar eine als verwirrend und beängstigend empfundene Wirklichkeit, scheint nun plötzlich beherrschbar: Die Welt erhält einen Sinn, der Lauf der Geschichte scheint klar und einem Ziel zuzustreben.

In diesem Zusammenhang kann es geradezu als eine Tragik bezeichnet werden, dass Religionen aufgrund ihrer Entstehungsgeschichte in Konfliktsituationen zwar Deutungsmuster und Handlungsoptionen bereitstellen, dass diese Optionen und Bilder aber sowohl historisch als auch genetisch mit allzu Menschlichem verknüpft sind: mit der Biologie menschlichen Verhaltens; konkret dem Territorialverhalten. Religionen stützen territoriale Ansprüche, und sie tun es deshalb, weil sie genau in diesem Zusammenhang, nämlich im Rahmen der Sicherung von Territorien, entstanden sind. Selbst wenn Religionen längst dem Kontext einer lokalen oder ethnischen Religion entwachsen sind, sind die territorialen Bezüge in ihnen noch so deutlich und im religiösen Mythos zeitlos konserviert, dass sie jederzeit als Deutungsmuster zur Verfügung stehen, wann immer es um Territorialität oder Besitzstandswahrung geht.

Dabei ist es ein nachgerade tragisch zu nennender Zug der abrahamitischen Religionen, dass sie über die Betonung der eigenen Erwähltheit (das auserwählte Volk!) ein Denken in Dichotomien entwickelt haben, das die eigene Erwähltheit

---

[62] Dazu der amerikanische Religionswissenschaftler und Soziologe Mark Juergensmeyer: „Da man die Religion als die Sprache der ultimativen Ordnung definieren könnte, muss sie ihren Anhängern Visionen der Unordnung liefern, und zwar solche der ultimativen Unordnung des Lebens: Visionen des Todes. Gläubige brauchen die Gewissheit, dass Tod und Unordnung in einem ultimativen Sinne eingebunden und gezähmt werden können. In der Regel zähmt die Religion, wie René Girard überzeugend argumentiert hat, Tod und Unordnung durch die Bilder, die in Mythen, Symbolen, Ritualen und Legenden entworfen wurden.“ *Juergensmeyer*, Globalisierung (Anm. 45), S.

der Verfluchung der Übrigen gegenüberstellt, also mit einer Abwertung des jeweils anderen einhergeht.[63]

Wir fassen zusammen: Religion entstand aus Angst vor feindlichen Konkurrenten aus dem artspezifischen Bedürfnis, das eigene Territorium zu verteidigen. Zwar entwickelten Religionen auch eine hochstehende Ethik, aber ohne die Bindung an Territorialität einerseits und die apotropäische Funktion der Abwehr von Fremden und damit mutmaßlichen Eindringlingen andererseits jemals aufzugeben. Religion entfaltet daher gerade in Zusammenhang mit territorialen Ansprüchen, wobei auch der Geltungsbereich einer Kultur (man denke an das Schlagwort vom christlichen Abendland; heute auch gern jüdisch-christliches Abendland!) als territorialer Anspruch aufgefasst werden kann, zerstörerische Kräfte, die nur schwer oder gar nicht kontrolliert und im Zaum gehalten werden können.

[63] Dazu Lüdemann: „Ein Teil des eigentlichen Problems scheint zu sein, wie ein Volk plötzlich von sich behaupten kann, es sei erwählt. Denn Erwählung setzt oftmals Feindseligkeit gegen die anderen frei, die nicht erwählt sind." *Lüdemann*, Unheilige (Anm. 9), 117.

Wer mein Nächster ist, entscheide ich!

Zur Psychologie des Verhältnisses von Religiosität und Vorurteilen

Constantin Klein

> Der Faustkeil
> ist nicht deshalb schlecht
> weil er als Waffe gebraucht
> Unheil bewirkt – nein!
> Er ist schlecht
> weil er dir gehört
> und nicht
> mir.
>
> Jan C. Valk, „Ende der Urzeit"

Abstract

Viele empirische Studien belegen, dass Religiosität in einem positiven statistischen Zusammenhang mit einer stärkeren Vorurteilsneigung, v. a. gegenüber Angehörigen anderer religiöser oder weltanschaulicher Gruppierungen, steht. Die meisten Studien haben sich dabei auf Stichproben mit mehrheitlich christlicher Prägung konzentriert und deren antisemitische und islamophobe Vorurteile untersucht. Warum aber unterliegen Christen anscheinend dieser Tendenz, Vorurteile gegenüber Angehörigen der anderen abrahamitischen Religionen auszubilden? Der vorliegende Buchbeitrag gibt zunächst einen kurzen Überblick über die Befunde empirischer Untersuchungen zum Zusammenhang zwischen Religiosität und interreligiösen Vorurteilen. Daran anschließend werden grundlegende psychologische Mechanismen der Vorurteilsbildung dargestellt, um besser nachvollziehen zu können, auf welche Weise, unter welchen Umständen und warum Vorurteile eigentlich entstehen. Sodann werden diese Mechanismen in Beziehung zu Religiosität im Allgemeinen und zu bestimmten Dimensionen von Religiosität gesetzt, um zu verstehen, welche Formen der religiösen Orientierung besonders anfällig dafür sind, Vorurteile gegenüber anderen Religionen und auch weiteren Outgroups auszubilden. Abschließend wird auf der Grundlage weiterer empirischer Befunde diskutiert, inwieweit auch religiöse Orientierungen existieren, die mit geringerer Vorurteilsneigung assoziiert sind und deshalb möglicherweise sogar dem Aufkommen interreligiöser Vorurteile entgegenstehen können.

1. Zur Einführung

Innerhalb der empirisch-psychologischen Auseinandersetzung mit Religiosität ist immer wieder festgestellt worden, dass höhere Religiosität grundsätzlich mit einer erhöhten Bereitschaft verbunden zu sein scheint, bestimmte Menschengruppen und insbesondere weltanschaulich und religiös Andersdenkende abzuwerten.[1] Im Bereich interreligiöser Einstellungen wurden bisher im Gefolge des Holocaust v. a. Vorurteile gegenüber Juden[2] und, verstärkt seit dem 11. September 2001, gegenüber Muslimen[3] erforscht. Die meisten der bisher vorliegenden

---

[1] Vgl. dazu die Forschungsübersichten von *Gordon W. Allport*, The Nature of Prejudice, Cambridge 1954, 444–457, über *Charles Daniel Batson / Patricia A. Schoenrade / W. Larry Ventis*, Religion and the Individual. A Social-Psychological Perspective, New York 1993, 293–330 bis hin zu den aktuellen Bestandsaufnahmen von *Ralph W. Hood / Peter C. Hill / Bernard Spilka*, The Psychology of Religion. An Empirical Approach, New York 2009, 411–427 und *Bruce Hunsberger / Lynne M. Jackson*, Religion, Meaning, and Prejudice, in: Journal of Social Issues 61 (2005), 807–826.

[2] Klassisch ist insbesondere die Studie von *Charles Y. Glock / Rodney Stark*, Christian Beliefs and Anti-Semitism, New York 1966. Für jüngere Befunde vgl. z. B. *Beate Küpper / Andreas Zick*, Religion and Prejudice in Europe. New Empirical Findings. Dossier for the Network of European Foundations – Initiative for Religion and Democracy in Europe, London 2010; *Oliver Decker / Marliese Weißmann / Johannes Kiess / Elmar Brähler*, Die Mitte in der Krise. Rechtsextreme Einstellungen in Deutschland 2010, Berlin 2010 sowie *Ruben Konig / Rob Eisinga / Peer Scheepers*, Explaining the Relationship Between Christian Religion and Anti-Semitism in the Netherlands, in: Review of Religious Research 41 (2000), 373–393, als europäische Beispiele. Aus der Fülle der U.S.-amerikanischen Befunde seien als zwei theoretisch und methodisch innovative Beispiele genannt: *Laurie A. Rudman / Anthony G. Greenwald / Deborah S. Mellott / Jordan L. K. Schwartz*, Measuring the Automatic Components of Prejudice: Flexibility and Generality of the Implicit Association Test, in: Social Cognition 17 (1999), 437–465 und *Kenneth I. Pargament / Kelly Trevino / Anette Mahoney / Israela Silberman*, They Killed Our Lord: The Perception of Jews as Desecrators of Christianity as a Predictor of Anti-Semitism, Journal for the Scientific Study of Religion 46 (2007), 143–158.

[3] Vgl. z. B. *Rainer Dollase*, Umfrageergebnisse zur Akzeptanz und Ablehnung des Islam und der Muslime, in: *Christian Augustin / Johannes Wienand / Christiane Winkler* (Hgg.), Religiöser Pluralismus und Toleranz in Europa, Wiesbaden 2006, 281–290; *Jaihyun Park / Karla Felix / Grace Lee*, Implicit Attitudes Toward Arab-Muslims and the Moderating Effects of Social Information, in: Basic and Applied Social Psychology 29 (2007), 35–45; *Wade C. Rowatt / Lewis M. Franklin / Marla Cotton*, Patterns and Personality Correlates of Implicit and Explicit Attitudes Toward Christians and

Befunde stammen aus den USA und Europa und stützen sich auf Befragungen von christlich dominierten Kollektiven, unter denen sich wiederholt antisemitische[4] und islamophobe[5] Einstellungen vorfinden ließen. Erst in den letzten Jahren sind auch einige Studien publiziert worden, die anteilig auch die Einstellungen von in Deutschland lebenden Muslimen gegenüber den hier lebenden Christen und Juden thematisieren.[6] Studien aus anderen Regionen als Europa und Nordamerika, zum Beispiel zu den gegenseitigen Einstellungen von Juden und Muslimen in Israel[7] oder von Christen und Muslimen im Libanon[8] und zu weiteren Religionsgemeinschaften, zum Beispiel zum Verhältnis von Hindus und Muslimen in Indien,[9] finden sich inzwischen ebenfalls zunehmend häufiger in der Fachliteratur. Allerdings liegen in diesen Fällen zumeist noch nicht genügend Untersuchungen vor, um ein differenziertes, empirisch umfassend gesichertes Bild zu vermitteln. Insofern beziehen sich die nachfolgend v. a. unter 3. und 4. berichteten empirischen Untersuchungen zu Religiosität und Vorurteilen durchweg auf Einstellungen von Stichproben, deren Religiosität christlich geprägt ist gegenüber bestimmten Menschengruppen, insbesondere Juden und Muslimen. Wir möchten darum bitten, sich dieser Einschränkung bei der Lektüre des weiteren Texts bewusst zu bleiben.

Muslims, in: Journal for the Scientific Study of Religion 44 (2005), 29–43; *Vassilis Saroglou / Bahija Lamkaddem / Matthieu Van Pachterbeke / Coralie Buxant*, Host Society's Dislike of the Islamic Veil: The Role of Subtle Prejudice, Values, and Religion, in: International Journal for Intercultural Relations 33 (2009), 419–428; *Küpper / Zick*, Religion (Anm. 2).

[4] In den meisten empirischen Studien wird dabei nicht zwischen einem religiösen und einem kulturellen Verständnis des Judentums differenziert. Vorurteile gegenüber Juden werden demzufolge meist pauschal als „Antisemitismus" oder „antisemitische Einstellungen" zusammengefasst.

[5] Vgl. zum Konzept der „Islamophobie" *Jürgen Leipold / Steffen Kühnel*, Islamophobie. Differenzierung tut not, in: *Wilhelm Heitmeyer* (Hg.), Deutsche Zustände. Folge 4, Frankfurt a. M. 2006, 135–155. Mittlerweile wird der Begriff der Islamophobie in der empirischen sozialwissenschaftlichen Literatur häufig als Oberbegriff für Vorurteile gegenüber Muslimen verwendet.

[6] Vgl. z. B. *Wolfgang Frindte / Klaus Boehnke / Henry Kreikenbohm / Wolfgang Wagner*, Lebenswelten junger Muslime in Deutschland. Ein sozial- und medienwissenschaftliches System zur Analyse, Bewertung und Prävention islamistischer Radikalisierungsprozesse junger Menschen in Deutschland, Berlin 2011; v. a. *Heinz Streib / Carsten Gennerich*, Jugend und Religion. Bestandsaufnahmen, Analysen und Fallstudien zur Religiosität Jugendlicher, Weinheim 2011, 113–128.

[7] Vgl. *Daniel Bar-Tal / Daniela Lapin*, The Effect of a Major Event on Stereotyping: Terrorist Attacks in Israel and Israeli Adolescents' Perception of Palestinians, Jordanians and Arabs, in: European Journal of Social Psychology 31 (2001), 265–280.

[8] Vgl. *P. J. Henry / Curtis D. Hardin*, The Contact Hypothesis Revisited. Status Bias in the Reduction of Implicit Prejudice in the United States and Lebanon, in: Psychological Science 17 (2006), 862–868.

[9] Vgl. z. B. *Miles Hewstone / Mir R. Islam / Charles M. Judd*, Models of Crossed Categorization and Intergroup Relations, in: Journal of Personality and Social Psychology 64 (1993), 779–793.

(Christliche) Religiosität trägt also, so scheint die grundlegende Tendenz zu sein, zur Ausbildung von Vorurteilen bei, und dies wird von zeitgenössischen Religionskritikern auch allenthalben als Argument gegen jede Art von Religiosität ins Feld geführt.[10] Gerade weil dieses vermeintlich klare Bild dazu verlockt, in ideologischen Debatten der Gegenwart zur Untermauerung der eigenen Position in Stellung gebracht zu werden, ist es sinnvoll, das Verhältnis von Religiosität und abwertenden Einstellungen gegenüber Angehörigen anderer religiöser oder weltanschaulicher Gemeinschaften genauer zu betrachten. Dazu ist es unter 2. zunächst erforderlich, sich mit den Ursachen und Charakteristika von Vorurteilen auseinanderzusetzen, um in einem weiteren Schritt danach zu fragen, in welcher Wechselbeziehung Religiosität allgemein bzw. bestimmte Formen der religiösen Orientierung zur Vorurteilsbildung stehen (3.). In einem dritten Schritt lässt sich dann weiter fragen, welche religiösen und weltanschaulichen Orientierungen abwertenden Einstellungen möglicherweise auch entgegenstehen – und deswegen im Interesse eines friedlichen Miteinanders der Religionen befördert werden sollten (4.).

2. Zur Entstehung von Vorurteilen

2.1 Stufen der Vorurteilsbildung

Das Zustandekommen von Vorurteilen lässt sich als ein Prozess dreier kognitiver Operationen beschreiben.[11] Die erste Stufe bildet dabei die *Kategorisierung*. Die Vielfalt und ständige Veränderung unserer Welt ist für uns nicht in vollem Umfang durchschaubar; um uns darin orientieren und verhalten zu können, benötigen wir Kategorien, mittels derer wir sie uns kognitiv aneignen können. Solche Kategorien entstehen jedoch nicht aus sich selbst heraus, sondern sind das Ergebnis von Kategorisierungen, d. h. von Einteilungen, die wir anhand spezifischer Merkmale vornehmen (indem wir beispielsweise Menschen aufgrund ihrer

---

[10] Insbesondere durch *Richard Dawkins*, Der Gotteswahn, Berlin 2007, *Sam Harris*, Das Ende des Glaubens. Religion, Terror und das Licht der Vernunft, Winterthur 2007; *Sam Harris*, Brief an ein christliches Land. Eine Abrechnung mit dem religiösen Fundamentalismus, München 2008 sowie *Christopher Hitchens*, Der Herr ist kein Hirte. Wie Religion die Welt vergiftet, München 2007.

[11] Vgl. *Andreas Zick / Beate Küpper / Andreas Hövermann*, Die Abwertung der Anderen. Eine europäische Zustandsbeschreibung, Berlin 2011, 32–35.

Reflexions- und Sprachfähigkeit, ihres aufrechten zweibeinigen Gangs, ihrer Fähigkeit zur Ausbildung komplexer Sozialstrukturen und zur extensiven Kulturproduktion und weiterer Merkmale kategorial von Tieren unterscheiden, wiewohl der Homo sapiens biologisch gesehen nur eine Säugetierspezies unter vielen darstellt). Auch verschiedene Gruppen von Menschen werden von uns anhand von Kategorisierungen unterschieden; das geläufigste Beispiel hierfür ist die Einteilung in die beiden Geschlechtskategorien Mann und Frau (unter Absehung von Phänomenen wie der Intersexualität, dem anteiligen Vorhandensein sowohl von männlichen als auch von weiblichen Geschlechtsmerkmalen). Es wird hier bereits deutlich, dass mit Kategorisierungen immer Vereinheitlichungen vorgenommen werden, die der realen Vielfalt der Phänomene nur unzureichend gerecht werden.

Diese Tendenz setzt sich fort auf der zweiten Stufe des kognitiven Prozesses, der der Vorurteilsbildung zugrunde liegt, der *Stereotypisierung*. Damit ist gemeint, dass wir, aufbauend auf der Identifikation von Gruppen anhand von Kategorisierung, Personen, die wir einer bestimmten Gruppe zugeordnet haben, dieselben Eigenschaften zuschreiben („Attribution"). Stereotypisierung meint also eine Generalisierung von Merkmalen, die allen Mitgliedern einer Gruppe zugeschrieben werden; ungeachtet davon, ob der oder die Einzelne die betreffenden Eigenschaften tatsächlich aufweist. In seinem Lehrbuch zur Sozialpsychologie führt Elliot Aronson dazu ein Beispiel aus dem Bereich der Religion an:[12] Zwei Männer, ein Protestant und ein Katholik, sehen, wie ein katholischer Priester ein Bordell betritt. Der Protestant grinst überheblich, als er an die Heuchelei der katholischen Kirche und ihrer Vertreter denkt. Der Katholik hingegen strahlt über das ganze Gesicht vor Stolz, dass das caritative Engagement seiner Kirche selbst vor dem gesellschaftlichen Abseits nicht halt macht. Es ist ersichtlich, wie stark sowohl der Protestant als auch der Katholik entsprechend ihrer vorgeprägten Denkmuster die Situation interpretieren und dem Priester eine Intention gemäß ihrer Stereotypen zuschreiben: Für den Protestanten sind Katholiken pauschal Frömmler mit fragwürdiger Moral, für den Katholiken hingegen bedeutet die Religiosität „seiner" Gemeinschaft praktizierte Nächstenliebe. Das Beispiel illustriert nicht allein das Phänomen der Stereotypisierung, sondern macht auch deutlich, wie stark die Stereotypen davon abhängen, ob sie eine fremde Gruppe

---

[12] Vgl. *Elliot Aronson*, Sozialpsychologie. Menschliches Verhalten und gesellschaftlicher Einfluss, München 1994, 303.

(„Outgroup“) betreffen oder aber die eigene („Ingroup“). Während wir dazu neigen, die tatsächlich vorhandene Heterogenität von Fremdgruppen zu reduzieren und sie als gleich wahrzunehmen – man denke an die „stereotype“ Redewendung: „Die sind doch eh’ alle gleich!“ –, nehmen wir die Mitglieder unserer Ingroup als recht unterschiedlich wahr.

Allerdings münden nicht alle Formen stereotypen Denkens unweigerlich in Vorurteile ein.[13] Dies geschieht erst im Zuge der dritten Stufe des kognitiven Prozesses, der der Vorurteilsbildung zugrunde liegt, der *Bewertung*. Durch Bewertungen erfahren die vorgenommenen Stereotypisierungen eine Valenz, werden also positiv oder negativ beurteilt, was üblicherweise auch mit positiven oder negativen Empfindungen verbunden ist (affektive Komponente von Vorurteilen). Eine *Be*wertung impliziert also noch nicht zwingend eine *Ab*wertung; neben klar negativ bewerteten Stereotypen („faule Ausländer“) finden sich auch zahlreiche Beispiele für positiv („coole Amis“) oder zumindest ambivalent („heißblütige Latinos“) bewertete Stereotype. Im weiteren Sinne stellen positiv wie negativ verzerrte Wahrnehmungen von Gruppen Vorurteile dar; und tatsächlich beeinflussen auch positive Vorurteile das menschliche Verhalten nicht unwesentlich. Für die Betreffenden bringen positive Vorurteile in aller Regel allerdings keine Nachteile, weswegen sich die sozialpsychologische Forschung zumeist stärker auf Vorurteile im engeren Sinne, die durch die Abwertung bestimmter Gruppen gekennzeichnet sind, konzentriert.[14] Im Anschluss an diese engere Verwendung des Begriffs sollen im Folgenden deshalb auch in diesem Buchbeitrag als Vorurteile *generalisierte negative oder feindselige Einstellungen gegenüber Individuen aufgrund ihrer Zugehörigkeit zu einer sozialen Gruppe oder Kategorie* verstanden werden.[15]

Solche Vorurteile erfüllen, so unerfreulich sie sind, eine Reihe psychosozialer Funktionen für diejenigen, die sie vertreten: Dadurch, dass sie die Ingroup von den diversen Outgroups abgrenzen, stiften sie Identität und vermitteln den Mit-

---

[13] Vgl. *Patricia G. Devine*, Stereotypes and Prejudice: Their Automatic and Controlled Components, in: Journal of Personality and Social Psychology 56 (1989), 5–18.

[14] Vgl. *Zick / Küpper / Hövermann*, Abwertung (Anm. 11), 34–35.

[15] Ähnlich *Allport*, Prejudice (Anm. 1), 7; *Aronson*, Sozialpsychologie (Anm. 12), 298; *Werner Herkner*, Lehrbuch Sozialpsychologie, Bern 2003, 493; *Zick / Küpper / Hövermann*, Abwertung (Anm. 11), 31–32.

gliedern der Ingroup, die die Vorurteile teilen, ein „Wir-Gefühl".[16] Damit dienen sie auch der Steigerung und dem Erhalt des Selbstwerts.[17] Ferner bieten Vorurteile Erklärungsmodelle in Form überlieferter „Mythen" an (z. B. dass Frauen oder Schwarze weniger leistungsfähig seien) und schaffen dadurch Orientierung und Handlungsvorgaben. Mittels entsprechender Mythen lassen sich dann auf gesellschaftlicher Ebene auch bestehende oder angestrebte soziale Hierarchien legitimieren.[18] Der Nutzen von Vorurteilen für die jeweilige Ingroup trägt maßgeblich dazu bei, dass Vorurteile relativ stabil sind und oft trotz widersprechender Informationen und Erfahrungen beibehalten werden.

2.2 Weltanschauliche Prädispositionen von Vorurteilsneigung

Obschon sich, wie der vorige Abschnitt gezeigt hat, niemand gänzlich frei von Vorurteilen machen kann, unterscheidet sich dennoch das Ausmaß, in dem jemand vorurteilsbelastet ist, deutlich in Abhängigkeit von bestimmten Gesinnungsmerkmalen, die im Folgenden kurz vorgestellt werden sollen. Charakteristisch für vorurteilsbehaftetes Denken sind insbesondere zwei Merkmale, zum einen die Vorstellung, dass die menschliche Existenz grundsätzlich genauso wie der Überlebenskampf in der Natur durch Wettbewerb und Rivalität gekennzeichnet ist („competitive jungle"), und zum anderen die Erwartung, dass die Welt prinzipiell bedrohlich und voller Gefahren ist, denen es zu widerstehen gilt („dangerous world view").[19] Die erste Vorstellung entspricht der sogenannten *sozialen Dominanzorientierung*, während die zweite im Konzept des *Autoritarismus* kulminiert.[20]

---

[16] Vgl. *Andreas Zick / Beate Küpper / Wilhelm Heitmeyer*, Prejudices and Group-Focused Enmity – A Socio-functional Perspective. In *Anton Pelinka / Karin Bischof / Karin Stögner* (Eds.), Handbook of Prejudice, Amherst, NY 2010, 273–302.

[17] Vgl. *Henri Tajfel / John Turner*, An Integrative Theory of Intergroup Conflict. In *William G. Austin / Stephen Worchel* (Eds.), The Social Psychology of Intergroup Relations, Monterey, CA 1979, 33–47.

[18] Vgl. *Jim Sidanius / Felicia Pratto*, Social Dominance: An Intergroup Theory of Social Hierarchy and Oppression, New York 1999.

[19] Vgl. *John Duckitt*, A Dual-Process Cognitive-Motivational Theory on Ideology and Prejudice, in: *Mark P. Zanna* (Ed.), Advances in Experimental Social Psychology. Vol. 33, San Diego 2001, 41–113.

[20] Vgl. *Duckitt*, Ideology (Anm. 19); *John Duckitt / Chris G. Sibley*, Right-wing Authoritarianism, Social Dominance Orientation, and the Dimensions of Generalized Prejudice, in: European Journal of Personality 20 (2006), 1–18; *Bart Duriez / Alain van Hiel*, The March of Modern Fascism.

Das Konzept der *sozialen Dominanzorientierung* (SDO) wurde von Jim Sidanius und Felicia Pratto[21] beschrieben und bezeichnet die Akzeptanz bestehender sozialer Rangordnungen zwischen Gruppen; d. h., Menschen mit sozialer Dominanzorientierung finden es richtig, dass manche Gruppen gesellschaftlich höher stehen als andere, und wollen, dass dies auch so bleibt. Sozialer Dominanzorientierung liegt dabei eine Ideologie der Ungleichwertigkeit zugrunde, die auf Überlegenheit durch Kompetenz und Macht beruht – weil manche mehr können und leisten als andere, ist es gerechtfertigt, dass Erstere Letzteren übergeordnet sind. Entscheidend in Bezug auf die Vorurteilsbildung ist dabei, dass sich die befürwortete Ungleichwertigkeit keineswegs auf reale Leistungen begründen muss, sondern auf „Mythen" wie die oben bereits erwähnten stützen kann, um den niedrigeren Status bestimmter Gruppen zu rechtfertigen.

Während für die soziale Dominanzorientierung das Moment der Überlegenheit durch Kompetenz bestimmend ist, wird *Autoritarismus* durch das Gefühl der moralischen Überlegenheit aufgrund der Orientierung an einer unzweifelhaft richtigen Norm konstituiert. Um die Beachtung dieser Norm zu wahren und zu repräsentieren, bedarf es starker Autoritäten, denen man sich ebenso wie der Norm selbst gehorsam unterzuordnen hat. Grundlegend wurde Autoritarismus bereits 1950 in der klassischen Studie von Adorno, Frenkel-Brunswik, Levinson und Sanford zur „autoritären Persönlichkeit" beschrieben;[22] in der jüngeren Forschung hat sich v. a. das von Bob Altemeyer (1981; 1988; 1996) herausgearbeitete Konzept des „rechtsgerichteten Autoritarismus" (*Right-wing Authoritarianism*/RWA) empirisch bestätigen lassen und als brauchbar zur Vorhersage von Vorurteilen erwiesen.[23] RWA umfasst die Orientierung an traditionellen gesellschaftlichen Autoritäten und traditionellen gesellschaftlichen Konventionen

---

A Comparison of Social Dominance Orientation and Authoritarianism. Personality and Individual Differences 32 (2002), 1199–1213; *Bo Ekehammar / Nazar Akrami / Magnus Gylje / Ingrid Zakrisson*, What Matters Most to Prejudice: Big Five Personality, Social Dominance Orientation, or Right-wing Authoritarianism?, in: European Journal of Personality 18 (2004), 463–482; *Bernard E. Whitley*, Right-wing Authoritarianism, Social Dominance Orientation, and Prejudice, in: Journal of Personality and Social Psychology 77 (1999), 126–134.

[21] Vgl. *Felicia Pratto / Jim Sidanius / Lisa M. Stallworth / Bertram F. Malle*, Social Dominance Orientation: A Personality Variable Predicting Social and Political Attitudes, in: Journal of Personality and Social Psychology 67 (1994), 741–763; *Sidanius / Pratto*, Dominance (Anm. 18).

[22] Vgl. *Theodor W. Adorno / Else Frenkel-Brunswik / Daniel J. Levinson / R. Nevitt Sanford*, The Authoritarian Personality, New York 1950.

[23] Vgl. *Bob Altemeyer*, Right-wing Authoritarianism, Winnipeg 1981; *Bob Altemeyer*, Enemies of Freedom: Understanding Right-Wing Authoritarianism, San Francisco 1988; *Bob Altemeyer*, The Authoritarian Specter, Cambridge 1996.

sowie die Neigung zur scharfen Ablehnung und Bekämpfung gegensätzlicher Überzeugungen und Verhaltensweisen. Als „rechtsgerichtet" wird dieser Autoritarismus insofern bezeichnet, als dass er durch eine Bestätigung bestehender Normen und Autoritäten gekennzeichnet ist. Während Vorurteile im Gefolge der sozialen Dominanzorientierung Fremdgruppen aufgrund ihrer als geringer eingeschätzten Kompetenzen abwerten, erfolgt die Abwertung bei autoritär motivierten Vorurteilen deshalb, weil die Fremdgruppen sich den „falschen" Normen und Autoritäten unterordnen und deswegen aus Sicht autoritär gesinnter Personen entschieden bekämpft werden müssen. Insofern weist das Konzept des RWA eine erkennbare Affinität zu religiösen Positionen auf, die auf der exklusiven Wahrheit der eigenen religiösen Tradition beharren und anderen Traditionen und ihren Wahrheitsansprüchen jede Berechtigung absprechen.

Mit sozialer Dominanzorientierung und Autoritarismus korrespondieren verschiedene Werthaltungen, die ebenfalls mit einer stärkeren Vorurteilsneigung assoziiert sind. So geht beispielsweise die Befürwortung von Werthaltungen wie *Konformität* (sich „richtig" verhalten) und *Sicherheit* (in sicheren Verhältnissen leben),[24] die aus der autoritären Wahrnehmung der Welt als bedrohlich erwachsen können, ebenfalls mit einer erhöhten Vorurteilsbereitschaft einher.[25] Auch das Gefühl eines allgemeinen Werte- und Orientierungsverlusts unter den Bedingungen einer sich schnell wandelnden Gesellschaft („Anomia") kann zu verstärkten Vorurteilen beitragen,[26] während Werthaltungen wie *Universalismus* (Betonung der Gleichheit und Würde aller Menschen) und eine *positive Einstellung zu Diversität* (Befürwortung von kultureller Vielfalt) – also Werte, die der Ungleichheitsideologie von sozialer Dominanzorientierung und Autoritarismus entgegenstehen – mit einer geringeren Vorurteilsneigung verbunden sind.[27]

Auch *Offenheit für Erfahrungen* als grundlegende Persönlichkeitsdimension steht RWA und SDO und damit einer vorurteilsbehafteten Weltsicht entgegen.[28] Dies schlägt sich insbesondere im Vermögen nieder, der Ungewissheiten und

---

[24] Vgl. zu beiden Werthaltungen *Shalom H. Schwartz*, Universals in the Content and Structure of Values: Theory and Empirical Tests in 20 Countries, in: *Mark P. Zanna* (Ed.), Advances in Experimental Social Psychology. Vol. 25, New York 1992, 1–65.

[25] Vgl. *Chan-Hoong Leong*, A Multilevel Research Framework for the Analyses of Attitudes toward Immigrants, in: International Journal of Intercultural Relations 32 (2008), 115–129.

[26] Vgl. *Sandra Hüpping*, Anomia. Unsicher in der Orientierung, sicher in der Abwertung. In *Wilhelm Heitmeyer* (Hg.), Deutsche Zustände. Folge 4, Frankfurt a. M. 2006, 93–107.

[27] Vgl. *Zick / Küpper / Heitmeyer*, Prejudices (Anm. 16).

[28] Vgl. *Chris G. Sibley / John Duckitt,* Personality and Prejudice: A Meta-Analysis and Theoretical Review, in: Personality and Social Psychology Review 12 (2008), 248–279.

Aporien der Welt eingedenk zu sein und diese aushalten und akzeptieren zu können. Diese spezifische Fähigkeit wird in der Psychologie als *Ambiguitätstoleranz*[29] oder, in jüngerer Zeit, als *Komplexitätstoleranz* bezeichnet.[30] Das Konzept wurde 1949 von Else Frenkel-Brunswik zunächst über seine negative Ausprägung als „Komplexitätsintoleranz“ eingeführt, um im Zuge der Studien zum autoritären Charakter die Unfähigkeit, Ungewissheiten aushalten zu können und stattdessen in simplen Schwarz-Weiß-Schemata zu denken, zu bezeichnen.[31] Spätere Autoren betonten demgegenüber den Mehrwert nicht allein des Aushaltenkönnens, sondern gerade der Wertschätzung von Ambiguität als interessant und anregend.[32] Die Fähigkeit zur Ambiguitäts-/Komplexitätstoleranz ermöglicht es, den für unser Denken notwendigen Prozessen der Kategorisierung und Stereotypisierung entgegenzusteuern und dadurch der Vorurteilsbildung vorzubeugen. Ist die Ambiguitäts-/Komplexitätstoleranz jedoch nur gering ausgeprägt, so erhöht sich die Wahrscheinlichkeit der Ausbildung von Vorurteilen.

2.3 Soziale und situative Ursachen von Vorurteilen

Neben Merkmalen der weltanschaulichen Gesinnung spielen auch soziale Faktoren und die gesamtgesellschaftliche Situation eine bedeutende Rolle für die Genese von Vorurteilen. Zahlreiche Autoren haben die Auseinandersetzung um

---

[29] Von Lat. ambiguitas = Doppelsinn.

[30] Übersichten zum Konzept der Ambiguitätstoleranz finden sich z. B. bei *Robert W. Norton*, Measurement of Ambiguity Tolerance, in: Journal of Personality Assessment 39 (1975), 607–619, bei *Adrian Furnham / Tracy Ribchester*, Tolerance of Ambiguity: A Review of the Concept, Its Measurement and Applications, in: Current Psychology: Developmental, Learning, Personality, Social 14 (1995), 179–199, bei *Kevin Durrheim / Don Foster*, Tolerance of Ambiguity as a Content Specific Construct, in: Personality and Individual Differences 22 (1997), 741–750 oder bei *Jack Reis*, Ambiguitätstoleranz – Beiträge zur Entwicklung eines Persönlichkeitskonstruktes, Heidelberg 1997. Das Konzept der Komplexitätstoleranz wurde vorgestellt von *Matthias Radant / Claudia Dalbert*, The Dimensions of the Complexity Tolerance: A Synopsis of Personality Constructs, in: International Journal of Psychology 43, Nr. 3/4 (2008), 6.

[31] Vgl. *Else Frenkel-Brunswik*, Intolerance of Ambiguity as an Emotional and Perceptual Personality Variable, in: Journal of Personality 18 (1949), 108–143.

[32] So z. B. *Stanley Budner*, Intolerance of Ambiguity as a Personality Variable, in: Journal of Personality 30 (1962), 29–50; *A. P. Mac Donald*, Revised Scale for Ambiguity Tolerance: Reliability and Validity. Psychological Reports 26 (1970), 791–798; *Uwe Wolfradt / Jeanne Radermacher*, Interpersonale Ambiguitätstoleranz als klinisches Differentialkriterium, in: Zeitschrift für Differentielle und Diagnostische Psychologie 20 (1999), 72–79; *Reis*, Ambiguitätstoleranz (Anm. 30); *Radant / Dalbert*, Dimensions (Anm. 30).

begrenzte Ressourcen (z. B. um Arbeitsplätze oder um Siedlungsgebiete) als wesentliche Ursache von Vorurteilen herausgestellt.[33] So verwundert es nicht, dass *ökonomische Benachteiligung* mit einer stärkeren Vorurteilsneigung verbunden ist und mit niedrigerem Einkommen tendenziell die Bereitschaft zur Ausbildung von Vorurteilen ansteigt. Wie stark die ökonomischen Verhältnisse nicht allein das Aufkommen von Vorurteilen, sondern auch die gewaltsame Diskriminierung bestimmen können, illustriert eine klassische Studie von Carl Iver Hovland und Robert R. Sears, die für die Jahre zwischen 1882 und 1930 die Anzahl der in den Südstaaten der USA an Schwarzen begangenen Lynchmorde durch den Baumwollpreis des jeweiligen Jahres vorhersagen konnten.[34] Entscheidend sind aber nicht nur die tatsächlichen wirtschaftlichen Verhältnisse, sondern auch die subjektive Wahrnehmung, dass die Eigengruppe gegenüber anderen Gruppen schlechter gestellt ist. Dieses Gefühl der Benachteiligung wird als *relative (fraternale) Deprivation* bezeichnet und trägt empirischen Befunden zufolge erheblich zur Ausbildung von Vorurteilen bei.[35] Die Frustration über die reale oder vermeintliche Benachteiligung schlägt sich in der Suche nach „Sündenböcken" nieder, denen die Schuld für die empfundene Benachteiligung zugewiesen wird. Als solche Sündenböcke kommen dabei bevorzugt Gruppen in Frage, die „unbeliebt, leicht erkennbar und relativ machtlos sind".[36]

Begünstigen ökonomische Benachteiligung und relative Deprivation die Entstehung von Vorurteilen, so steht das *soziale Kapital* eines Menschen der Ausbildung von Vorurteilen entgegen.[37] Der Terminus des sozialen Kapitals bezeichnet die Gesamtheit der Ressourcen, die durch die Einbindung in ein Netz vertrauensvoller sozialer Beziehungen (zum Partner, zur Familie, zu Freunden, im Rahmen von Vereinen und anderen zivilgesellschaftlichen Organisationen etc.)

---

[33] Vgl. *Muzafer Sherif,* The Common Predicament: Social Psychology of Intergroup Conflict and Cooperation, Boston 1966; *Robert A. LeVine / Donald T. Cambell,* Ethnocentrism: Theories of Conflict, Ethnic Attitudes, and Group Behavior, New York 1972; *Susan Olzak,* The Dynamics of Ethnic Competition and Conflict, Stanford 1992; *Aronson,* Sozialpsychologie (Anm. 12).

[34] Vgl. *Carl Iver Hovland / Robert R. Sears,* Minor Studies of Aggression: Correlation of Lynchings with Economic Indices, in: Journal of Psychology 9 (1940), 301–310.

[35] Vgl. *Thomas F. Pettigrew / Oliver Christ / Ulrich Wagner / Roel W. Meertens / Rolf Van Dick / Andreas Zick,* Relative Deprivation and Intergroup Prejudice, in: Journal of Social Issues 64 (2008), 385–401.

[36] *Aronson,* Sozialpsychologie (Anm. 12), 326.

[37] Vgl. *Zick / Küpper / Hövermann,* Abwertung (Anm. 11), 148–152.

verfügbar sind.[38] Soziales Kapital kann, zumindest in einem gewissen Umfang, ökonomische Benachteiligung auffangen und durch positive Sozialkontakte das Gefühl der Deprivation verringern und stellt damit einen potenziellen Schutzfaktor gegen die Ausbildung von Vorurteilen dar.

Prinzipiell ist auch der vermehrte *Kontakt zu Angehörigen von Fremdgruppen* dazu angetan, die Vorurteile gegenüber der jeweiligen Outgroup zu verringern, weil durch intensivere Kontakte Erfahrungen zunehmen, die die Individualität der verschiedenen Repräsentanten der Fremdgruppe erkennen lassen und die Wahrnehmung von Ähnlichkeiten zur Eigengruppe ermöglichen.[39] Über eine Vielzahl empirischer Studien hinweg hat sich der Vorurteile verringernde Effekt von Kontakten gut bestätigen lassen.[40] Beispielsweise konnten durch die gezielte Vermittlung von Kontakten zwischen katholischen und protestantischen Studierenden in Nordirland gegenseitiges Vertrauen auf- und bestehende Vorurteile abgebaut werden.[41] Umgekehrt ist allerdings auch darauf hinzuweisen, dass negative Erfahrungen mit Mitgliedern von Fremdgruppen zu einer Verstärkung der bereits bestehenden Vorurteile führen können.

3. Zum Verhältnis von Religiosität und Vorurteilen

3.1 Religiosität als Weltsicht

Dass im vorigen Abschnitt 2. ausführlicher Entstehungsbedingungen und Charakteristika von Vorurteilen vorgestellt wurden, hat den Zweck, die Ursachen verstehbar zu machen, warum Religiosität oder zumindest bestimmte Formen religiöser Orientierung eine Affinität zu Vorurteilen gegenüber anderen religiösen und weltanschaulichen Gruppierungen aufweisen. Dabei ist zu unterscheiden zwischen allgemeinen und spezifischen Merkmalen von Religiosität. Hier soll es

---

[38] Vgl. *Pierre Bourdieu*, Ökonomisches Kapital – Kulturelles Kapital – Soziales Kapital, in: *Reinhard Kreckel* (Hg.), Soziale Ungleichheiten, Göttingen 1983, 183–198; *Robert D. Putnam*, Bowling Alone: The Collapse and Revival of American Community, New York 2000.

[39] Vgl. *Allport*, Prejudice (Anm. 1), 261–282; *Thomas F. Pettigrew*, Intergroup Contact Theory, in: Annual Review of Psychology 9 (1998), 65–85.

[40] Vgl. *Thomas F. Pettigrew / Linda R. Tropp*, A Meta-Analytic Test of Intergroup Contact Theory, in: Interpersonal Relations and Group Processes 90 (2006), 751–783.

[41] Vgl. *Tania Tam / Miles Hewstone / Jared Kenworthy / Ed Cairns*, Intergroup Trust in Northern Ireland, in: Personality and Social Psychology Bulletin 35 (2009), 45–59.

zunächst um die allgemeinen Merkmale gehen, die über verschiedene religiöse Traditionen und Orientierungen hinweg für den Zusammenhang zwischen Religiosität und Vorurteilsneigung gültig sind.

Dabei ist zunächst einmal festzuhalten, dass religiöse Gemeinschaften Gruppen darstellen, die wie alle sozialen Gebilde den Mechanismen der Ingroup-Outgroup-Abgrenzung unterliegen. Innerhalb von Religionsgemeinschaften wird das beispielsweise daran ersichtlich, dass die enge Beziehung der Gläubigen untereinander mitunter in Form von Verwandtschaftsverhältnissen artikuliert wird, indem Glaubensgenossen als „Bruder" oder „Schwester" und religiöse Autoritäten als „Vater" oder „Mutter" angesprochen werden. Durch das Selbstverständnis als „Familie" wird das biologische Bedürfnis nach dem Erhalt des eigenen Genpools symbolisch auf die Glaubensgemeinschaft erweitert, wodurch der Zusammenhalt der Gruppe gestärkt – und die Abgrenzung gegenüber „den anderen" unterstrichen – wird.[42]

Hinzu kommt im Falle religiöser Gruppierungen, dass es sich um *Gesinnungsgemeinschaften* handelt. Die Ausbildung einer weltanschaulichen Gesinnung unterliegt, ebenso wie die Entstehungsbedingungen von Vorurteilen, der Spezifik des menschlichen Denkens und der Kommunikation darüber. Der kognitive Prozess aus Kategorisierung, Stereotypisierung und Bewertung bildet nicht nur die Basis für die Entstehung von Vorurteilen, sondern stellt zugleich auch die Grundlage für die Weltsicht eines Menschen (zumindest im interpersonellen Bereich) dar. Religiosität aber ist das Paradebeispiel einer alle Lebensbereiche umfassenden Weltsicht.[43]

Dass Kategorisierung, Stereotypisierung und Bewertung grundlegend für die Ausbildung einer Weltsicht sind, lässt sich anhand des älteren Begriffs der „Weltanschauung"[44] illustrieren. Der Begriff der Weltanschauung wurde zunächst von Kant[45] 1790 in der „Kritik der Urteilskraft" eingeführt, über seine

---

[42] Vgl. *Lee A. Kirkpatrick*, Attachment, Evolution, and the Psychology of Religion, New York 2005, 246–251.

[43] Vgl. *Constantin Klein*, Religiosität als Gegenstand der Psychologie. Rahmenbedingungen einer empirischen Religionspsychologie, Saarbrücken 2008, 142–147.

[44] Aufgrund seiner im Folgenden dargestellten Probleme wird der Weltanschauungsbegriff im Rahmen dieses Aufsatzes lediglich als Problemaufweis verwendet; ansonsten wird jedoch – wie schon bisher –, wenn spezifische Gesinnungsmerkmale oder eine Pluralität religiöser und weltanschaulicher Überzeugungen artikuliert werden sollen, von „Weltsichten" gesprochen. Aus ästhetischen Gründen wurde und wird in entsprechenden Sinnzusammenhängen allerdings dem Adjektiv „weltanschaulich" der Vorzug vor Neologismen wie „weltsichtig", „weltsichtlich" o. Ä. gegeben.

[45] Vgl. *Immanuel Kant*, Kritik der Urteilskraft, hg. v. *Gerhard Lehmann*, Stuttgart 2006, § 26.

dortige, recht enge Verwendung hinaus in der Romantik und im deutschen Idealismus aber dann dazu verwendet, das vereinheitlichende Insgesamt unserer Wahrnehmungen, Erfahrungen und Empfindungen der Welt zu bezeichnen, um der Rationalität der Aufklärung ein integratives, holistisches Moment entgegenzusetzen.[46] In diesem Sinne kann es je nach Eigenart der individuellen Wahrnehmung unterschiedliche Weltanschauungen geben, so dass im 19. und beginnenden 20. Jahrhundert ein Nebeneinander unterschiedlicher Weltanschauungen postuliert werden konnte.[47] Dadurch, dass die Gründe für eine bestimmte weltanschauliche Position als in der „Anschauung", also der Wahrnehmung eines Individuums selbst angelegt aufgefasst wurden, ließ sich auch die Legitimität religiöser Weltanschauungen begründen.[48] Die notwendigerweise mit Vereinheitlichungen (Kategorisierungen und Stereotypisierungen) einhergehende Gefahr von Reduktionismen und Simplifizierungen wurde dabei wenn nicht übersehen, so wohl doch häufig unterschätzt. Diese Problematik des Weltanschauungsbegriffs trat im 20. Jahrhundert dann brutal in seiner Rezeption durch die Nazis zutage, die an der Rede vom Nationalsozialismus als Weltanschauung gerade schätzten, dass ihre Überzeugung bereits in der Wahrnehmung angelegt und damit nicht hinterfragbar erschien.[49] Aus heutiger Sicht illustriert der Begriff der Weltanschauung insofern auch gerade die Problematik, dass weltanschauliche Überzeugungen aufgrund von Kategorisierung und Stereotypisierung der Gefahr unterliegen, Pauschalurteile zu fällen – und gegebenenfalls ganze Gemeinschaften nicht nur zu verurteilen, sondern auch bis zur Auslöschung zu verfolgen. Von dieser Gefahr können sich auch religiöse Weltsichten keineswegs freisprechen.

Während der Begriff der Weltanschauung eine einigermaßen kohärente Geschlossenheit und eine zeitliche Stabilität weltanschaulicher Positionen unter-

---

[46] Vgl. *Helmut G. Meier*, Weltanschauung. Studien zu einer Geschichte und Theorie des Begriffs. Dissertationsschrift, Münster 1968; *Michael Moxter*, Art. Welt/Weltanschauung/Weltbild III.1. Dogmatisch und Philosophisch, in: *Gerhard Müller* (Hg.), Theologische Realenzyklopädie. Bd. 35, Berlin 2003, 544–555.

[47] Vgl. z. B. *Wilhelm Dilthey*, Die Typen der Weltanschauung und ihre Ausbildung in den metaphysischen Systemen (1919), in: *ders.* (Hg.), Gesammelte Werke. Bd. 8. Weltanschauungslehre, Stuttgart 1991, 75–118; *Karl Jaspers*, Psychologie der Weltanschauungen (1919), München 1994; *Georg Simmel*, Lebensanschauung. Vier metaphysische Kapitel, München 1918.

[48] So z. B. schon durch *Friedrich Daniel Ernst Schleiermacher*, Über die Religion. Reden an die Gebildeten unter ihren Verächtern (1799), in der Ausgabe von Rudolf Otto, Göttingen 2006.

[49] Vgl. *Frank-Michael Kuhlemann*, Art. Welt/Weltanschauung/Weltbild III.2. Kirchengeschichtlich (Neuzeit), in: *Müller* (Hg.), Realenzyklopädie (Anm. 46), 556–559; *Horst Thomé*, Art. Weltanschauung, in: *Joachim Ritter / Karlfried Gründer / Gottfried Gabriel* (Hgg.), Historisches Wörterbuch der Philosophie. Bd. 12, Basel 2005, 453–460.

stellt, unterliegen unsere Weltsichten tatsächlich einem steten Wandel und werden typischerweise, wenn sie im Rahmen von Kommunikation abgerufen werden, im Zuge von Reflexion und Verbalisierung auch auf die neue Situation hin adaptiert und verändert. Im Rahmen seiner Systemtheorie hat Niklas Luhmann herausgearbeitet, dass Religion die Funktion zukommt, *semantische Chiffren* zur Verfügung zu stellen, mittels derer das Ausblenden der Komplexität der Umwelt, die innerhalb einer Kommunikation nicht relevant ist, ihrerseits kommunizierbar gemacht werden kann.[50] Da wir eine Ahnung davon besitzen, dass wir bei allem, was wir erleben oder tun, zugleich anderes nicht erleben oder tun, das somit für uns unbestimmbar bleibt, erfahren wir Luhmann zufolge „Kontingenz". Diese Erfahrung von Kontingenz muss, so Luhmann, durch Kommunikation bewältigt werden, was dadurch geschieht, dass mittels religiöser Sprache das Unbestimmbare in Bestimmbares überführt wird („Kontingenzformel Gott").[51]

Auch ohne dass die Stabilität und Geschlossenheit, die der Weltanschauungsbegriff suggeriert, vorausgesetzt werden müssen, lässt sich also festhalten, dass Religiosität der Komplexitätsreduktion unserer Weltwahrnehmung dient – und damit tendenziell auch anfällig für die Erzeugung von Vorurteilen ist. Religiöse Lehren und Traditionen stellen allerdings nicht allein kognitive Kategorien für den zwischenmenschlichen Bereich, für bestimmte soziale Gruppen, zur Verfügung, sondern bieten darüber hinausgehende grundlegendere Wirklichkeitsdeutungen an. Religionen formulieren, vereinfacht gesagt, Begründungen dafür, warum die Dinge so sind, wie sie sind, und nicht anders. Das geschieht beispielsweise über *Attributionen* auf den Willen Gottes oder die göttliche Ordnung der Welt.[52] Auch enthalten religiöse Erzählungen und Lehren *kognitive Schemata*, die auf die eigene Lebenssituation übertragen werden und Orientierung dafür bieten können.[53] Beispielsweise lässt sich das der jüdisch-christlichen Tradition entstammende Konzept des unter 2.3 bereits erwähnten Sündenbocks als ein entsprechendes Schema verstehen – das als Bestandteil des eigenen Reper-

---

[50] Vgl. *Niklas Luhmann*, Die Funktion der Religion, Frankfurt a. M. 1977; *Niklas Luhmann*, Die Religion der Gesellschaft, hg. v. *André Kieserling*, Frankfurt a. M. 2000.

[51] Vgl. *Luhmann*, Gesellschaft (Anm. 50), 147–186.

[52] Vgl. *Bernard Spilka / Philipp Shaver / Lee A. Kirkpatrick*, A General Attribution Theory for the Psychology of Religion, in: Journal for the Scientific Study of Religion 24 (1985), 1–20.

[53] Vgl. *Daniel N. McIntosh*, Religion-As-Schema, with Implications for the Relation between Religion and Coping, in: The International Journal for the Psychology of Religion 5 (1995), 1–16.

toires an kognitiven Schemata dann in bestimmten Situationen die Suche nach Sündenböcken hervorrufen kann.[54]

Es lässt sich nach dem Gesagten also feststellen, dass Religiosität zunächst einmal deswegen eine Affinität zur Vorurteilsbildung aufweist, weil dies grundsätzlich für jede Form von Weltsicht gilt, da diese auf eine Vereinheitlichung der Weltwahrnehmung abzielen. Durch ihren semantischen Rekurs auf Unbestimmbares ergibt sich für religiöse Weltsichten zudem die Herausforderung, dass religiöse Wirklichkeitsdeutungen (Attributionen, Schemata) auf Chiffren zurückgreifen, die eine nicht hinterfragbare Gültigkeit zum Ausdruck bringen können. Vorurteilen zugrunde liegende Mythen, wie sie unter 2.1 bereits angesprochen wurden, können sich aus solchen Wirklichkeitsdeutungen begründen.

3.2 Vorurteilsaffine Merkmale religiöser Weltsichten

Dass Vorurteile aus spezifischen Attributionen und Schemata religiöser Wirklichkeitsdeutungen erwachsen können, verweist auf die Notwendigkeit, spezifische Inhalte religiöser Weltsichten zu identifizieren, die mit der Ausbildung von Vorurteilen einhergehen können. Die empirischen Befunde zum Zusammenhang zwischen Religiosität und Vorurteilen zeigen, dass die Vorurteilsneigung besonders dann stark ausgeprägt ist, wenn eine *hohe Identifikation* mit der eigenen religiösen Gemeinschaft vorliegt.[55] Nicht zwingend, aber häufig geht eine solche starke Identifikation mit der eigenen Gemeinschaft auch mit dem Anspruch einher, anderen Religionen oder Überzeugungen überlegen bzw. die einzig wahre zu sein (*superiority beliefs*). Empirische Studien zeigen, dass solche exklusivistischen Wahrheitsansprüche sowohl mit der Wertschätzung von Konformität und Sicherheit[56] als auch mit einer größeren Vorurteilsneigung verbunden sind.[57]

Mit hoher Identifikation und dem Anspruch der Superiorität der eigenen Reli-

---

[54] Vgl. *Heinz Streib / Ralph W. Hood / Constantin Klein,* The Religious Schema Scale: Construction and Initial Validation of a Quantitative Measure for Religious Styles, in: The International Journal for the Psychology of Religion 20 (2010), 151–172.

[55] Vgl. *Bob Altemeyer*, Why Do Religious Fundamentalists Tend to Be Prejudiced?, in: The International Journal for the Psychology of Religion 13 (2003), 17–28; *Hunsberger / Jackson*, Meaning (Anm. 1); *Küpper / Zick*, Religion (Anm. 2).

[56] Vgl. *Carsten Gennerich / Stefan Huber*, Value Priorities and Content of Religiosity: New Research Perspectives, in: Archive for the Psychology of Religion 28 (2006), 253–267.

[57] Vgl. *Küpper / Zick*, Religion (Anm. 2).

gion korrespondiert häufig auch die orthodoxe Befolgung der eigenen religiösen Lehren[58] und die Ausrichtung der gesamten Lebenspraxis darauf[59] und unterstützt damit den Mechanismus der Abgrenzung der Ingroup gegenüber der Umwelt. Besonders deutlich kommt dies im Falle fundamentalistischer Gesinnungen zum Tragen. (Christlicher) religiöser *Fundamentalismus* ist häufig mit niedrigerer Offenheit für Erfahrungen[60] (vgl. unter 2.2) sowie mit Vorurteilen gegenüber anderen Ethnien, politisch Andersdenkenden und Frauen assoziiert[61] und geht insbesondere auch mit Vorurteilen gegenüber anderen Religionen, namentlich Judentum und Islam, einher.[62]

In den meisten der genannten Untersuchungen wurde Fundamentalismus im Anschluss an Bob Altemeyer und Bruce Hunsberger verstanden als Überzeugung, dass es eine einzige grundlegende und unumstößliche religiöse Wahrheit gibt, die in einem bestimmten System religiöser Lehren, denen gegenüber unbedingter Gehorsam geboten ist, enthalten ist.[63] Aufgrund der Befolgung der einzig wahren Lehren steht der Gläubige in einer besonderen Beziehung zur Gottheit, der böse Mächte entgegenstehen, denen der Gläubige mit aller Kraft widerstehen und die er energisch bekämpfen muss. Es ist ersichtlich, wie stark dieses Konzept von Fundamentalismus sich mit demjenigen des RWA (vgl. unter 2.2) und

---

58 Vgl. *Lynne M. Jackson / Bruce Hunsberger*, An Intergroup Perspective on Religion and Prejudice, in: Journal for the Scientific Study of Religion 38 (1999), 509–523.

59 Vgl. *Christopher T. Burris / Lynne M. Jackson*, Social Identity and the True Believer: Responses to Marginalization Among the Intrinsically Religious, in: British Journal of Social Psychology 39 (2000), 257–278.

60 Vgl. *Vassilis Saroglou*, Religiousness as a Cultural Adaptation of Basic Traits: A Five-Factor Model Perspective, in: Personality and Social Psychology Review 14 (2010), 108–125.

61 Vgl. z. B. *Sam G. McFarland*, Religious Orientations and the Targets of Discrimination, in: Journal for the Scientific Study of Religion 28 (1989), 324–336; *Lee A. Kirkpatrick*, Fundamentalism, Christian Orthodoxy, and Intrinsic Religious Orientation as Predictors of Discriminatory Attitudes, in: Journal for the Scientific Study of Religion 32 (1993), 256–268; *Brian Laythe / Deborah Finkel / Lee A. Kirkpatrick*, Predicting Prejudice from Religious Fundamentalism and Right-Wing Authoritarianism: A Multiple-Regression Approach, in: Journal for the Scientific Study of Religion 40 (2001), 1–10; *Altemeyer*, Fundamentalists (Anm. 55).

62 Vgl. z. B. *Jackson / Hunsberger*, Intergroup (Anm. 58); *Hunsberger / Jackson*, Meaning (Anm. 1); *Wesley James / Brian Griffiths / Anne Pedersen*, The „Making and Unmaking" of Prejudice Against Australian Muslims and Gay Men and Lesbians: The Role of Religious Development and Fundamentalism, in: The International Journal for the Psychology of Religion 21 (2011), 212–227; *Megan K. Johnson / Wade C. Rowatt / Jordan LaBouff / Julie A. Patock-Peckham / Robert D. Carlisle*, Facets of Right-Wing Authoritarianism Mediate the Relationship Between Religious Fundamentalism and Attitudes Toward Arabs and African Americans, in: Journal for the Scientific Study of Religion 51 (2012), 128–142.

63 Vgl. *Bob Altemeyer / Bruce Hunsberger*, Authoritarianism, Religious Fundamentalism, Quest, and Prejudice, in: The International Journal for the Psychology of Religion 2 (1992), 113–133.

seinen Komponenten der Orientierung an Autoritäten (in diesem Fall religiöse Institutionen und ihre Repräsentanten sowie ein strenger Gott), Konventionen (in diesem Fall das System religiöser Überlieferungen und Lehren) und der Neigung zur Ablehnung und Bekämpfung gegensätzlicher Überzeugungen (in diesem Fall der Kampf gegen die Mächte des Bösen) überlagert.[64] Von daher ist es nicht überraschend, dass der so operationalisierte Fundamentalismus häufig in einem starken statistischen Zusammenhang zu RWA steht.[65] Werden RWA und Fundamentalismus gemeinsam in ihrem Verhältnis zu Vorurteilen untersucht, zeigen sich für RWA meist die deutlicheren Ergebnisse, während der Effekt von Fundamentalismus auf Vorurteile durch die zusätzliche Berücksichtigung von RWA oft geringer wird oder sogar verschwindet.[66] Aufgrund der Überschneidung der Inhaltsbereiche sowie der hohen Korrelation zwischen Fundamentalismus und RWA ist jedoch davon auszugehen, dass auch Fundamentalismus selbst mit einem erhöhten Risiko zu stärkerer Vorurteilsneigung behaftet ist.[67] Dafür sprechen beispielsweise auch Studien, in denen vergleichsweise die Effekte von Fundamentalismus und einer konservativ-religiösen christlichen Gesinnung auf Vorurteile ermittelt wurden. Dabei konnte gezeigt werden, dass allein die fundamentalistischen Überzeugungsinhalte ausschlaggebend für stärkere rassistische Vorurteile waren, während eine – um die Effekte von Fundamentalismus redu-

---

[64] Vgl. zur theoretischen und empirischen Überlagerung beider Konzepte *Kenneth I Mavor / Cari J. Macleod / Miranda J. Boal / Winnifred R. Louis*, Right-Wing Authoritarianism, Fundamentalism, and Prejudice Revisited: Removing Suppression and Statistical Artefact, in: Personality and Individual Differences 46 (2009), 592–597; *Kenneth I Mavor / Winnifred R. Louis / Brian Laythe*, Religion, Prejudice, and Authoritarianism: Is RWA a Boon or Bane to the Psychology of Religion?, in: Journal for the Scientific Study of Religion 50 (2011), 22–43.

[65] Vgl. *Altemeyer / Hunsberger*, Authoritarianism (Anm. 63); *Linda Wylie / James Forest*, Religious Fundamentalism, Right-Wing Authoritarianism and Prejudice, in: Psychological Reports 71 (1992), 1291–1298; *Bob Altemeyer / Bruce Hunsberger*, Fundamentalism and Authoritarianism, in: *Raymond F. Paloutzian / Crystal L. Park* (Eds.), Handbook of the Psychology of Religion and Spirituality, New York 2005, 378–393; *Sergej Flere / Rudi Klanjšek*, Cross-Cultural Insight into the Association Between Religiousness and Authoritarianism, in: Archive for the Psychology of Religion 31 (2009), 177–190; *Deborah L. Hall / David C. Matz / Wendy Wood*, Why Don't We Practice What We Preach? A Meta-Analytic Review of Religious Racism, in: Personality and Social Psychology Review 14 (2010), 126–139; *John D. Hathcoat / Laura B. Barnes*, Explaining the Relationship Among Fundamentalism and Authoritarianism: An Epistemic Connection, in: International Journal for the Psychology of Religion 20 (2010), 73–84.

[66] Vgl. *Altemeyer / Hunsberger*, Fundamentalism (Anm. 65); *Hall / Matz / Wood*, Practice (Anm. 65); *Brian Laythe / Deborah Finkel / Robert G. Bringle / Lee A. Kirkpatrick*, Religious Fundamentalism as a Predictor of Prejudice: A Two-Component Model, in: Journal for the Scientific Study of Religion 41 (2002), 623–635.

[67] Vgl. *Mavor / Macleod / Boal / Louis*, Authoritarianism (Anm. 64).

zierte – konservative christliche Haltung mit einem geringeren Ausmaß an Vorurteilen verbunden war.[68] Nicht jede Form konservativer Religiosität ist also gleichbedeutend mit einer höheren Vorurteilsneigung.[69]

Zusammenfassend lässt sich festhalten, dass religiöse Weltsichten dann vorurteilsaffiner werden, wenn sie durch eine hohe Identifikation mit der eigenen Gemeinschaft, die den Selbstwert stützt, durch den Anspruch der exklusiven Wahrheit der eigenen Überzeugungen, die keine Ambiguitätstoleranz zulässt, und insbesondere durch eine fundamentalistische Gesinnung, die als religiöses Korrelat einer autoritären Weltsicht aufgefasst werden kann, gekennzeichnet sind.[70] Tendenzen in diese Richtung finden sich in allen großen religiösen Traditionen und sind von daher neben den unter 3.1 vorgestellten allgemeinen Merkmalen wohl auch ursächlich dafür, dass sich der Zusammenhang zwischen Religiosität und der Abwertung anderer immer wieder in sozialwissenschaftlichen Untersuchungen findet.

4. Zu vorurteilsfreien Formen der religiösen und weltanschaulichen Orientierung

4.1 Intrinsische Religiosität oder religiöse Suche („Quest")?

Zugleich verweist die Beobachtung, dass es spezifische Inhalte religiöser Überzeugungen gibt, die zu einer stärkeren Vorurteilsbildung beitragen, jedoch auch darauf, dass es andere Inhalte geben mag, die Vorurteilen entgegenstehen und dem Selbstverständnis vieler religiöser Menschen möglicherweise stärker ent-

---

[68] Vgl. *Laythe / Finkel / Bringle / Kirkpatrick,* Predictor (Anm. 66); *Wade C. Rowatt / Lewis M. Franklin,* Christian Orthodoxy, Religious Fundamentalism, and Right-Wing Authoritarianism as Predictors of Implicit Racial Prejudice, in: The International Journal for the Psychology of Religion 14 (2004), 125–138.

[69] Vgl. zu dieser Schlussfolgerung auch die Befunde von *Matthieu Van Pachterbeke / Christopher Freyer / Vassilis Saroglou,* When Authoritarianism Meets Religion: Sacrificing Others in the Name of Abstract Deontology, in: European Journal of Social Psychology 41 (2011), 898–903 zur Interaktion von RWA und Religiosität. Dass nicht jeder religiöse Konservatismus Vorurteile nach sich ziehen muss, gilt im Übrigen selbst für fundamentalistische Überzeugungen, wenn Fundamentalismus stärker im Sinne der intratextuellen Suche nach Orientierung und weniger stark anhand der Merkmale des Autoritarismus konzeptualisiert wird; vgl. *Ralph W. Hood / Peter C. Hill / W. Paul Williamson,* The Psychology of Religious Fundamentalism, New York 2005.

[70] Vgl. *Altemeyer*, Specter (Anm. 23), 161.

sprechen. Gordon W. Allport, einer der Pioniere der Vorurteilsforschung, war auch einer der Ersten, die versuchten, solche vorurteilsfreien, „reiferen“ Formen der religiösen Orientierung zu identifizieren.[71] Für Allport zeichnete sich eine solche reifere Religiosität durch ihre *intrinsische Motivation* aus, d. h., eine entsprechende Religiosität sollte um ihrer selbst willen, einzig aus einem tief empfundenen religiösen Bedürfnis heraus gelebt werden und dann von einer unreifen Religiosität, die lediglich zur Verfolgung extrinsischer Ziele wie sozialer Anerkennung, Netzwerkbildung und der Entsprechung gesellschaftlichen Konventionen praktiziert werde, unterscheidbar sein.[72] Tatsächlich konnte Allport in einer eigenen empirischen Studie zeigen, dass extrinsische Religiosität mit stärkeren Vorurteilen einherging, während intrinsische Religiosität mit geringer ausgeprägten Vorurteilen verbunden war.[73] Auch in nachfolgenden Studien bestätigte sich, dass intrinsische Religiosität nicht oder negativ mit rassistischen und antisemitischen Einstellungen assoziiert war, während extrinsische Religiosität durchgängig in einem bedeutenden statistischen Zusammenhang mit vermehrten Vorurteilen stand.[74] Insofern konnte sich Allports I-E-Konzept, die Unterscheidung von intrinsischer und extrinsischer Religiosität, für mehrere Jahrzehnte als dominantes religionspsychologisches Paradigma in der Forschung behaupten.

Allerdings wurden im Zuge der langen Dominanz des I-E-Modells sowohl das Konzept der intrinsischen Religiosität als auch das von Allport zugrunde gelegte Messverfahren zunehmend zum Gegenstand von Kritik. Im Kontext der Vorurteilsforschung ist dabei neben konzeptionellen und messmethodischen Kritikpunkten[75] insbesondere relevant, dass intrinsische Religiosität zwar meist nicht

---

[71] Vgl. zur Übersicht über die Suche nach Typen entsprechender „reifer“ Religiosität *Stefan Huber*, Zentralität und Inhalt. Ein neues multidimensionales Messmodell der Religiosität, Opladen 2003, 25–91.

[72] Vgl. *Gordon W. Allport*, The Individual and His Religion: A Psychological Interpretation, New York 1950, 52–74.

[73] Vgl. *Gordon W. Allport / J. Michael Ross*, Personal Religious Orientation and Prejudice, in: Journal of Personality and Social Psychology 5 (1967) 432–443.

[74] Vgl. *Michael J. Donahue*, Intrinsic and Extrinsic Religiousness: Review and Meta-Analysis, in: Journal of Personality and Social Psychology 48 (1985), 400–419; *Batson / Schoenrade / Ventis*, Individual (Anm. 1), 293–330; *Hunsberger / Jackson*, Meaning (Anm. 1).

[75] Vgl. dazu *Lee A. Kirkpatrick / Ralph W. Hood*, Intrinsic-Extrinsic Religious Orientation: The Boon or Bane of Contemporary Psychology of Religion?, in: Journal for the Scientific Study of Religion 29 (1990), 442–462; *Richard L. Gorsuch*, Toward Motivational Theories of Intrinsic Religious Commitment, in: Journal for the Scientific Study of Religion 33 (1994), 315–325; *Jacob A. van Belzen / Ulrike Popp-Baier*, Die Verbindung von Religionspsychologie und Persönlichkeitspsy-

mit offenen rassistischen und antisemitischen Einstellungen verbunden ist, teils allerdings durchaus mit subtilen[76] und weiterhin auch mit offenen Vorurteilen gegenüber Homosexuellen, Kommunisten und anderen religiösen Traditionen einhergeht.[77] Zudem weisen konträr zu Allports Intention auch religiöse Fundamentalisten überwiegend hohe Ausprägungen intrinsischer Religiosität auf bzw. hängt intrinsische Religiosität statistisch oft deutlich mit Maßen des religiösen Fundamentalismus zusammen.[78]

Schon in den 1970er Jahren entwickelte deswegen Charles Daniel Batson ein anderes Konzept reifer Religiosität, das er als „Quest" bezeichnete und als bewusst unabgeschlossene, immer wieder für neue Impulse offene *religiöse Suche*, für die Fragen wichtiger als Antworten sein sollen, charakterisierte.[79] Empirische Untersuchungen auf der Grundlage des Quest-Konzepts ergaben, dass religiöse Suche durchweg nicht mit Vorurteilen gegen verschiedene Gruppen – gegen Schwarze, Homosexuelle, Frauen und andere religiöse Gruppen – assoziiert war bzw. sogar in einem gegenläufigen Zusammenhang stand.[80] Ebenso steht Quest-Religiosität autoritärem Denken im Sinne des RWA entgegen.[81]

Allerdings bestehen Zweifel daran, inwieweit es Batson und seinen Mitarbeiter gelungen ist, mit dem Quest-Konzept tatsächlich eine religiöse Orientierung

---

chologie bei Gordon W. Allport – Eine methodologische Analyse. In *Helfried Moosbrugger / Christian Zwingmann / Dirk Frank* (Hgg.), Religiosität, Persönlichkeit und Verhalten. Beiträge zur Religionspsychologie, Münster 1996, 65–76; *Huber*, Zentralität (Anm. 71), 58–86.

[76] Vgl. *Charles Daniel Batson / Cheryl H. Flink / Patricia A. Schoenrade / Jim Fultz / Virginia Pych,* Religious Orientation and Overt Versus Covert Racial Prejudice, in: Journal of Personality and Social Psychology 50 (1986), 175–181; *Charles Daniel Batson / E. L. Stocks*, Religion: Its Core Psychological Functions. In *Jeff Greenberg / Sander L. Koole / Tom Pyszczynski* (Eds.), Handbook of Experimental Existential Psychology: An Emerging Synthesis, New York 2004, 141–155.

[77] Vgl. *Hunsberger / Jackson*, Meaning (Anm. 1).

[78] Vgl. *Altemeyer*, Enemies (Anm. 23); *Batson / Schoenrade / Ventis*, Individual (Anm. 1), 293–330; *Vicky Genia,* I, E, Quest, and Fundamentalism as Predictors of Psychological and Spiritual Well-Being, in: Journal for the Scientific Study of Religion 35 (1996), 56–64.

[79] Vgl. *Charles Daniel Batson / J. Christiaan Beker / W. Malcolm Clark*, Commitment Without Ideology. Philadelphia 1973; *Charles Daniel Batson / Patricia A. Schoenrade*, Measuring Religion as Quest: 1. Validity Concerns, in: Journal for the Scientific Study of Religion 30 (1991), 416–429; *Charles Daniel Batson / Patricia A. Schoenrade,* Measuring Religion as Quest: 2. Reliability Concerns, in: Journal for the Scientific Study of Religion 30 (1991), 430–447.

[80] Vgl. *Batson / Schoenrade / Ventis,* Individual (Anm. 1), 293–330; *Hood / Hill / Spilka,* Psychology (Anm. 1), 411–427; *Hunsberger / Jackson*, Meaning (Anm. 1); *Gary K. Leak / L. L. Finken,* The Relationship Between the Constructs of Religiousness and Prejudice: A Structural Equation Model Analysis, in: The International Journal for the Psychology of Religion 21 (2011), 43–62.

[81] Vgl. *Daniel F. McCleary / Colin C. Quillivan / Lisa N. Foster / Robert L. Williams,* Meta-Analysis of Correlational Relationships Between Perspectives of Truth in Religion and Major Psychological Constructs, in: Psychology of Religion and Spirituality 3 (2011), 163–180.

zu identifizieren.[82] Denn das dem Quest-Konzept zugrunde liegende Messinstrument weist kaum explizit religiöse Inhalte auf, und so lassen sich häufig keine oder sogar negative Zusammenhänge mit anderen Indikatoren von Religiosität beobachten.[83] Aufgrund der Kritik am Konzept der religiösen Suche setzte sich die Suche nach einem vorurteilsfreien, „reifen" Typ der Religiosität fort, und es wurden weitere Konzepte entwickelt,[84] die allerdings alle nicht die Verbreitung von Allports I-E-Modell oder Batsons Quest-Religiosität erreichten.[85]

4.2 Zweite Naivität und Xenosophie

Gegenüber den religiös sehr vitalen USA hat sich in Europa in den letzten zehn Jahren ein Modell verbreitet, in dem zwischen zwei grundlegenden weltanschaulichen Dimensionen unterschieden wird; zum einen der Exklusion (Agnostizismus) oder Inklusion (Religion) einer transzendenten Sphäre, und zum anderen dem literalen (wortwörtlichen) oder aber symbolischen Verständnis der entsprechenden Weltsicht.[86] Anhand dieser beiden Unterscheidungen lassen sich vier Typen von Weltsichten skizzieren: Atheistisch orientiert sind dabei die literal verstandene „externe Kritik" an Religion sowie der symbolische „Relativismus",

---

[82] Vgl. *Donahue*, Intrinsic (Anm. 74); *Ralph W. Hood / Ronald J. Morris*, Conceptualization of Quest: A Critical Rejoinder to Batson, in: Journal for the Scientific Study of Religion 26 (1985), 391–397; *Brian A. Kojetin / Daniel N. McIntosh / Robert A. Bridges / Bernard Spilka*, Quest: Constructive Search or Religious Conflict?, in: Journal for the Scientific Study of Religion 26 (1987), 111–115.

[83] Vgl. *Batson / Schoenrade / Ventis*, Individual (Anm. 1), 293–330.

[84] Z. B. *Roger L. Dudley / Robert J. Cruise*, Measuring Religious Maturity: A Proposed Scale, in: Review of Religious Research 32 (1990), 97–109; *Peter L. Benson / Michael J. Donahue / Joseph A. Erickson*, The Faith Maturity Scale: Conceptualization, Measurement, and Empirical Validation, in: Research in the Social Scientific Study of Religion 5 (1993) 1–26; *Gary K. Leak / Stanley B. Fish*, Development and Initial Validation of a Measure of Religious Maturity, in: The International Journal for the Psychology of Religion 9 (1999), 83–103; *Gary K. Leak / Anne A. Loucks / Patricia Bowlin*, Development and Initial Validation of an Objective Measure of Faith Development, in: The International Journal for the Psychology of Religion 9 (1999), 105–124.

[85] Vgl. *Kristoffer B. Kristensen / Darhl M. Pedersen / Richard N. Williams*, Profiling Religious Maturity: The Relationships of Religious Attitude Components to Religious Orientations, in: Journal for the Scientific Study of Religion 40 (2001), 75–86.

[86] Vgl. *Dirk Hutsebaut*, Post-critical Belief: A New Approach to the Religious Attitude Problem, in: Journal of Empirical Theology 9 (1996), 48–66; *Bart Duriez / Bart Soenens / Dirk Hutsebaut*, Introducing the Shortened Post-Critical Belief Scale, in: Personality and Individual Differences 38 (2005), 851–857; *Johnny R. J. Fontaine / Bart Duriez / Patrick Luyten / Dirk Hutsebaut*, The Internal Structure of the Post-Critical Belief Scale, in: Personality and Individual Differences 35 (2003), 501–518.

während religiöse Weltsichten alternativ literal als „Orthodoxie“ oder symbolisch als „zweite Naivität“ erscheinen. Die *zweite Naivität* wurde im Anschluss an die Philosophie Paul Ricoeurs benannt, um auszudrücken, dass eine entsprechende Haltung durch die Bewusstheit dafür gekennzeichnet ist, dass uns die Wirklichkeit nur in Form von Anmutungen unmittelbar zugänglich ist, denen insofern keine absolute Wahrheit zukommt.[87] Dadurch bleibt zugleich die Möglichkeit offen, hinter den Anmutungen tiefere Sinnebenen wahrzunehmen.[88] Insofern lassen sich beim Konzept der zweiten Naivität auch Anklänge an Batsons Quest-Religiosität wiederentdecken, und im Sinne einer „reifen“ Religiosität ist insbesondere diese Orientierung, die deswegen auch als „Post-Critical Belief“ bezeichnet wird, von Interesse. Empirische Untersuchungen auf der Grundlage dieses Konzepts zeigen, dass eine symbolisch verstandene Weltsicht, gleich ob religiös oder agnostisch, in einem negativen Zusammenhang zu rassistischen Einstellungen steht, während religiös wie atheistisch wortwörtlich verstandene Überzeugungen mit stärkeren Vorurteilen verbunden sind.[89] Ferner sind literale religiöse Vorstellungen negativ mit kultureller und religiöser Pluralität assoziiert, während die Haltung der zweiten Naivität mit einer neutralen Position gegenüber kultureller und religiöser Vielfalt einhergeht.[90]

Im Rahmen der Theorie der religiösen Stile werden religiöse Denkmuster hinsichtlich ihres Umgangs mit dem weltanschaulichen Pluralismus der Gegenwart voneinander unterschieden und in Beziehung zur Entwicklung des religiösen bzw. weltanschaulichen Denkens gesetzt.[91] Neben anderen, entwicklungsmä-

---

[87] Vgl. *Paul Ricoeur*, Die Interpretation. Ein Versuch über Freud, Frankfurt a. M. 1969.

[88] Vgl. *Ulrich Riegel / Hans-Georg Ziebertz*, Die Post-Critical Belief Scale: Ein geeignetes Instrument zur Erfassung von Religiosität theologisch informierter Individuen?, in: *Detlef Pollack / Ingrid Tucci / Hans-Georg Ziebertz* (Hgg.), Religiöser Pluralismus im Fokus quantitativer Religionsforschung, Wiesbaden 2012, 39–72.

[89] Vgl. *Bart Duriez / Dirk Hutsebaut*, The Relation Between Religion and Racism: The Role of Post-Critical Beliefs, in: Mental Health, Religion & Culture 3 (2000), 85–102; *Bart Duriez*, A Research Note on the Relation Between Religiosity and Racism: The Importance of the Way in Which Religious Contents Are Being Processed, in: The International Journal for the Psychology of Religion 14 (2004), 177–191.

[90] Vgl. *Riegel / Ziebertz*, Belief Scale (Anm. 88).

[91] Vgl. *Heinz Streib*, Faith Development Theory Revisited: The Religious Styles Perspective, in: The International Journal for the Psychology of Religion 11 (2001), 143–158; *Heinz Streib*, Religion as a Question of Style. Revising Structural Differentiation of Religion from the Perspective of the Analysis of the Contemporary Pluralistic-Religious Situation, in: International Journal for Practical Theology 7 (2003), 1–22; *Heinz Streib*, Faith Development Research Revisited: Accounting for Diversity in Structure, Content, and Narrativity of Faith, in: The International Journal for the Psychology of Religion 15 (2005), 99–121; *Heinz Streib*, Faith Development and a Way beyond Funda-

ßig früher anzusetzenden Stilen des religiösen Denkens konnte dabei empirisch ein Stil identifiziert werden, der im Anschluss an philosophische Konzepte[92] als *Xenosophie und interreligiöse Dialogbereitschaft* bezeichnet wurde und durch die Haltung gekennzeichnet ist, die Fremdheit anderer Überzeugungen und Traditionen als Anreiz zu empfinden und sich dadurch herausfordern zu lassen. Der xenosophische Stil geht empirischen Befunden zufolge mit einer größeren Offenheit für Erfahrungen einher und steht religiösem Fundamentalismus und RWA entgegen.[93] Untersuchungen zu interreligiösen Einstellungen ergaben, dass der xenosophische Stil zudem mit geringerem Antisemitismus und niedrigerer Islamophobie assoziiert ist als andere religiöse Stile.[94]

5. Fazit

Der Überblick über die Versuche, Typen der Religiosität zu identifizieren, die nicht mit stärkeren Vorurteilen assoziiert sind, zeigt, dass neben den Befunden zu religiöser Identifikation, superiority beliefs und Fundamentalismus tatsächlich auch religiöse Orientierungen existieren, die nicht mit Vorurteilen einhergehen bzw. mit positiven Einstellungen gegenüber anderen Religionsgemeinschaften und Gruppen verbunden sind. Während dies bei der intrinsischen Religiosität uneindeutig ist und bei der religiösen Suche nicht klar ist, ob es sich tatsächlich um eine religiöse Orientierung handelt, sind die Befunde für die zweite Naivität und v. a. für die Xenosophie deutlicher. Es dürfte kaum ein Zufall sein, dass beide Konzepte eine Haltung abbilden, die durch Offenheit und Ambiguitäts-/ Komplexitätstoleranz gekennzeichnet ist und somit dem für Religiosität und für Weltsichten insgesamt charakteristischen Hang zur Generalisierung anhand von Kategorien und Stereotypen und der damit verbundenen Tendenz zur Abwertung

---

mentalism, in: *Christiane Timmerman / Dirk Hutsebaut / Sara Mels / Walter Nonneman / Walter van Herck* (Eds.), Faith-Based Radicalism: Christianity, Islam and Judaism between Constructive Activism and Destructive Fanaticism, Brussels 2007, 151–167.

[92] Vgl. *Bernhard Waldenfels,* Der Stachel des Fremden. Frankfurt a. M. 1990; *Bernhard Wadenfels,* Topographie des Fremden. Frankfurt a. M. 1997; *Bernhard Waldenfels,* Der Anspruch des Fremden, in: *Renate Breuninger* (Hg.), Andersheit – Fremdheit – Toleranz, Ulm 1999, 31–51; *Yoshiro Nakamura,* Xenosophie: Bausteine für eine Theorie der Fremdheit, Darmstadt 2000.

[93] Vgl. *Streib / Hood / Klein,* Schema Scale (Anm. 54).

[94] Vgl. *Heinz Streib / Constantin Klein,* Religious Styles Predict Interreligious Prejudice: A Study of German Adolescents with the Religious Schema Scale, in: The International Journal for the Psychology of Religion 24 (2014), 151–163.

des Fremden entgegenstehen. Dass es solche Formen der religiösen Orientierung gibt, zeigt, dass das pauschale Bild einer grundsätzlich zu Vorurteilen neigenden Religiosität zu einseitig ist und der Korrektur bedarf, wiewohl die hiesigen Ausführungen auch gezeigt haben, dass es umfangreiche religiöse Orientierungen gibt, die diesem Negativbild entsprechen. Es sollte allerdings auch deutlich geworden sein, dass Vorurteilsbereitschaft nicht so sehr davon abhängt, ob jemand religiös ist oder nicht, sondern durch welche Gesinnungsmerkmale die jeweilige Weltsicht bestimmt ist: Sind Autoritarismus und Überlegenheitsansprüche dominierend, oder ist die Weltsicht durch Offenheit und Komplexitätstoleranz gekennzeichnet? Haltungen wie diejenige der Xenosophie und der interreligiösen (und allgemein-weltanschaulichen) Dialogbereitschaft stellen vor diesem Hintergrund Ziele dar, auf die, etwa im Rahmen des schulischen Religionsunterrichts, aber auch im Zuge der Sozialisation innerhalb von Glaubensgemeinschaften, im Interesse eines friedlichen Zusammenlebens dringend hingewirkt werden sollte.

Gruppenbezogene Menschenfeindlichkeit Religiös implizierter gesellschaftlicher Abwertungsvorrat zur Legitimation von Gewalt

Wilhelm Heitmeyer

Abstract

Mit Bezug auf religiöse Überzeugungen und eingebettet in radikalisierte Milieus wird immer wieder Gewalt ausgeübt. Religiös motivierte Gewalttäter, die in scharfen Dichotomien denken, können allein aus dem „Glaubenssystem" und seinen angeblichen oder tatsächlichen „Gesetzen" handeln. Zugleich leben sie nicht in einem Vakuum: Sie beobachten und interpretieren die gesellschaftlichen Abläufe und die Situation ihrer eigenen Religion im Hinblick auf Diskriminierung als Opfer oder als Aufgabe zur Sicherung von Dominanz und Herrschaft. Die Übergänge in Gewalt können aus Überzeugungen gespeist werden, die sich in sozial abgedichteten Kommunikationsräumen radikalisieren und über Neutralisierungstechniken zur Tat gelangen. In diesem Beitrag wird auf der Basis mehrerer empirischer Studien des Instituts für interdisziplinäre Konflikt- und Gewaltforschung der Universität Bielefeld eine andere Variante fokussiert und aufgezeigt, dass sich in den Einstellungsmustern der deutschen Mehrheitsbevölkerung ein gesellschaftlicher Vorrat von Abwertung und Diskriminierung gegenüber Juden und Muslimen entwickelt, stabilisiert oder ausweitet, der zur Legitimation von Gewalt herangezogen wird. Dies kann wiederum zu reaktiven Eskalationsprozessen führen. Die zentrale These des Beitrags ist, dass die religiös motivierte Gewalt nicht allein auf radikalisierte Milieus zurückzuführen ist, sondern auch verbunden werden sollte mit feindseligen Einstellungsmustern in gewalttätig nicht auffälligen Bevölkerungsteilen von Mehrheiten oder Minderheiten.

1. Das Problem und die These

Religion ist im Laufe des 20. Jahrhunderts zu einem unscharfen Begriff geworden. Verschiedene Wissenschaftsdisziplinen haben den Kreis möglicher Definitionen erweitert. Von Religionen zu unterscheiden ist der Begriff der Religiosität. Er beschreibt eine Lebenshaltung. Religionen haben es, so der Religionssoziologe Volkhard Krech[1], „als Teil der kulturellen Verarbeitung von Primärerfahrungen […] mit den elementaren Bedingungen und Kräften menschlichen Lebens zu tun“. Je nach Ausrichtung kanalisieren, sublimieren oder schüren sie vitale bzw. destruktive Kräfte. Neben der interpretativen Auseinandersetzung mit Naturgewalten zählen zu ihren Wirkungen, gesellschaftliche Interessenkonflikte und psychische Triebkräfte sowohl zu bannen als auch, sie freizusetzen. Vielen Repräsentanten und Anhängern derjenigen Religionen, in denen es ‚ums Ganze‘ geht, um höchste Werte und letztverbindliche Welt- und Selbstdeutungen, ist unter bestimmten – ökonomischen, politischen und allgemeinkulturellen, also nicht unbedingt religionsinternen – Bedingungen ein gewisser Fanatismus eigen.

Ob sich diese engagierte Haltung allerdings gewaltsam äußert, hängt von zahlreichen, religionsinternen und externen Variablen ab. „Es ist also der erklärungsbedürftige Sachverhalt zu beobachten, dass religiöse Überzeugungen in besonderer Weise dazu geeignet sind, Gewalt zu schüren und ausbrechen zu lassen“[2]. Krech weiter: „Es ist der religionsgeschichtliche Sachverhalt zu verzeichnen, dass sämtliche Religionen in irgendeiner Form Bezug auf Gewalt nehmen: Sei es, indem sie kultisch-rituelle oder religiös motivierte oder legitimierte Praktiken ausbilden, in denen Gewalt geregelt oder ungehemmt ausgeübt oder gebannt wird; sei es, indem sie innerhalb eines Mythen- und Dogmensystems auf Gewalt affirmativ rekurrieren oder sie kritisch reflektieren.“[3] Kurz: Religion und Gewalt sind untrennbar verbunden.

Religionen enthalten also Gewaltpotenzial, weil immer Ideologien der Überlegenheit und Ungleichwertigkeit eingebaut sind, die sich gegen Andersgläubige richten (u. a. auch durch die Unterscheidung von ‚gläubig/ungläubig‘ oder ‚mein

---

[1] *Volkhard Krech*, Opfer und Heiliger Krieg: Gewalt aus religionswissenschaftlicher Sicht, in: *Wilhelm Heitmeyer / John Hagan* (Hg.), Internationales Handbuch der Gewaltforschung, Wiesbaden 2002, 1255.

[2] *Krech*, Opfer (Anm. 1).

[3] *Krech*, Opfer (Anm. 1).

Glaube ist der einzig wahre'). Die Frage ist, welche Einzelfaktoren, d. h. welche Akteursgruppen in der heutigen Zeit, also auch im 21. Jahrhundert, welche Rollen spielen. Um dies zu klären, lässt sich das Verhältnis von Religion und Gewalt bekanntlich aus mehreren Perspektiven analysieren, die auch unterschiedliche Akteursgruppen einschließen. Klassisch sind zwei Ansätze:

- Der erste Ansatz bezieht sich auf die religiösen Dokumente, in denen es – historisch eingebettet – um das Verhältnis von Religion und Gewalt geht und als Heiligkeit gerahmt wird. Die Akteure sind die Schriftgelehrten, die Überlieferungen in Worte gefasst und zeitabhängig mit Interpretationen versehen haben und weiterhin versehen.
- Der zweite Ansatz richtet sich auf die Ausübung von Gewalt durch radikalisierte gewalttätige Gruppen oder auch durch staatliche Machthaber, die ihre Legitimation direkt aus religiösen Dokumenten ableiten und dadurch etwa vom heiligen Krieg sprechen, wie dies z. B. im 1. Weltkrieg im christlichen Europa der Fall war oder auch aktuell in den vielfältigen Formen in Teilen der islamischen Welt geschieht.

Dieser Beitrag soll eine dritte Perspektive hinzufügen – d. h. den Blick auf die Akteure „dazwischen" –, also auf die Rolle der Einstellungsmuster in der Bevölkerung fokussieren. Denn wir gehen davon aus, dass es auch im 21. Jahrhundert in der Bevölkerung einen religiös infizierten gesellschaftlichen Abwertungsvorrat in Form *gruppenbezogener Menschenfeindlichkeit* gibt, der zur Diskriminierung und Gewalt gegenüber schwachen Gruppen führen kann – ohne dass die Mitglieder gesellschaftlicher Gruppen ganz unterschiedlicher sozialer Herkunft, Bildung oder Geschlecht selbst tätig werden müssen – ja, sich mit größter Selbstverständlichkeit von Gewalt distanzieren –, aber doch – quasi bewusstlos – auch Legitimationen für Gewalt liefern. Denn: Gewalt benötigt immer Legitimationen. Es geht dabei nicht um intentionale Legitimation für Gewalt durch radikalisierte Gewaltgruppen, sondern meist um die individuell wie gesellschaftlich unreflektierte Bereitstellung eines durch Abwertung und Diskriminierung anderer bereitgestellten Legitimationsfundus, aus dem sich Gewaltgruppen bedienen können – und sich zugleich auf Einstellungen in der Bevölkerung beziehen können, um anschlussfähig zu sein.

Die These ist also, dass religiös motivierte Gewalt nicht allein einerseits auf die religiösen Dokumente und ihre Deutungsexperten oder andererseits auf radikalisierte Gewaltgruppen zurückzuführen ist, sondern auch mit feindseligen Einstellungsmustern in gewalttätig nicht auffälligen Bevölkerungsteilen von

Mehrheiten oder Minderheiten verbunden werden muss, die religiös eingestellt sind. Um diese These zu verfolgen, soll zunächst ein Analyserahmen vorgestellt werden.

2. Der soziologische Analyserahmen: Die Rolle der unauffälligen Bevölkerung zur Legitimationsbeschaffung für Gewalt

Wenn von Gewaltpotenzialen der Religionen gesprochen werden soll, dann geht es aus einer *soziologischen Perspektive* um das Verhältnis von *theologischen Standpunkten*, dem Verhalten von *religiösen* und *staatlichen Institutionen* und den Einstellungsmustern in der jeweiligen *Bevölkerung* zu religiös motivierten Gewaltgruppen. Das Gewaltpotenzial der Religionen muss m. E. in diesem ‚Dreieck', also *Theologie, Institutionen* und *Bevölkerung* analysiert werden (vgl. Abb. 1).

Es sind in einem soziologischen Konzept komplexe Interaktionen zu berücksichtigen:

– Erstens sind es also theologische *Standpunktproduzenten* der *Dichotomien*: Gläubig – Ungläubig, Überlegenheit – Unterlegenheit, Gleichwertigkeit – Ungleichwertigkeit. Dichotomien sind religiös und sozial konstruierte Kampfinstrumente. Sie werden gerahmt vom Kampf um die Opferrolle. Gelingt es in der Öffentlichkeit, diese *Opferrolle* etwa im Sinne der Gefährdung eigener kollektiver religiöser Identität zu erringen bzw. in der eigenen religiösen Gemeinschaft überzeugend nachzuweisen, dann schafft dies wiederum moralische Überlegenheit und damit auch die Legitimation von Gewalt. Dabei gilt: Je höher die Moral, desto geringer sind die Chancen auf Kommunikation etwa in sozialen oder politischen Interessenkonflikten. Diese Schriftsätze und Glaubensinhalte wandern in die Sozialisation in Bevölkerungsgruppen ein. Sie werden durch Faktoren etwa sozialer Desintegrationsbedrohung einerseits bzw. Faktoren der kollektiven religiösen Identität andererseits als wahrgenommene oder tatsächliche Bedrohung beeinflusst.
– So entstehen *Mentalitäten* in den jeweiligen religiös eingestimmten *Bevölkerungen*, die die theologischen Dichotomien des ersten Punktes im Sinne der eigenen Überlegenheit und der Ungleichwertigkeit anderer übernehmen und die sich herrschenden religiösen Eliten unterwürfig anschließen, um über diesen Weg eigene *Überlegenheit* zu empfinden.

Abbildung 1: der Analyserahmen

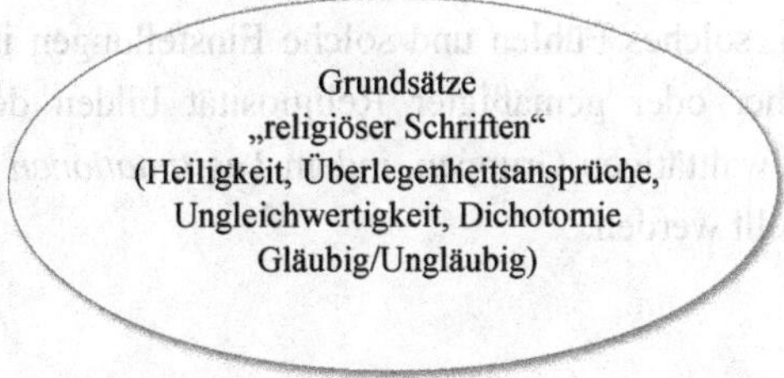

Sozialisation

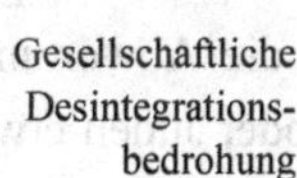

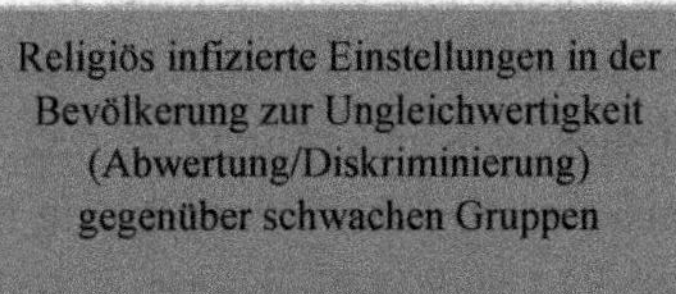

Kollektive, religiöse Identität (Wahrgenommene oder tatsächliche Bedrohung)

Legitimation

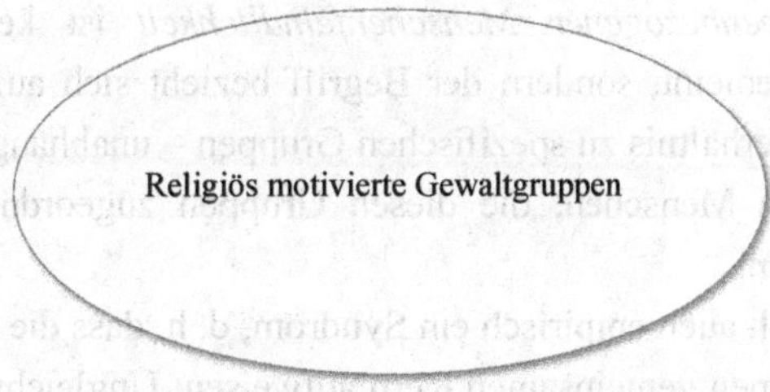

– Drittens sind es Akteure aus *Institutionen* und schließlich gewalttätige Gruppen, die über *Macht* diese Dichotomie durchsetzen wollen und dabei *Herrschende* und *Opfer* schaffen.

Diese unterschiedlichen Akteursgruppen sind also in gesellschaftliche Prozesse eingebunden, d. h. dass die Frage gestellt werden muss, welche Rolle jene Teile der unauffälligen Bevölkerung spielen. Sie dienen gewissermaßen als Transmissionsriemen und Vermittlungsmechanismus – zwischen religiösen Grundsätzen, die in deren *Sozialisation* „eingewandert“ sind und die ihr Denken, Fühlen sowie Einstellungen religiös an Prinzipien von Heiligkeit, Überlegenheitsansprüchen, an Ungleichwertigkeit anderer Gruppen oder Dichotomien wie Gläubig – Ungläubig festmachen und einen religiös infizierten Abwertungsvorrat zur Legitimation von Gewalt befördern.

Solches Denken, solches Fühlen und solche Einstellungen in Teilen der Bevölkerung mit hoher oder gemäßigter Religiosität bilden den *Vermittlungsmechanismus* zu gewalttätigen Gruppen, indem *Legitimationen* für gewalttätiges Handeln bereitgestellt werden.

3. Einstellungen zu Gruppenbezogener Menschenfeindlichkeit

Um dieser Frage nach der Bedeutung unauffälliger Bevölkerungsteile nachzugehen, haben wir das Konzept der *Gruppenbezogenen Menschenfeindlichkeit*[4] (vgl. Abb. 2) entwickelt. Bei diesem Konzept geht es nicht nur um die Abwertung bzw. Diskriminierung anderer religiöser Gruppen wie Muslime oder Juden etwa aus christlicher Sicht, sondern auch von anderen – zumeist schwachen – Gruppen. Dazu haben wir in Bielefeld über zehn Jahre jährlich repräsentative Bevölkerungsbefragungen mit 2000 Personen im Institut für interdisziplinäre Konflikt- und Gewaltforschung durchgeführt.[5]

Mit *Gruppenbezogener Menschenfeindlichkeit* ist keine interindividuelle Feindschaft gemeint, sondern der Begriff bezieht sich auf das feindselige und abwertende Verhältnis zu spezifischen Gruppen – unabhängig vom individuellen Verhalten von Menschen, die diesen Gruppen zugeordnet werden oder sich selbst zuordnen.

Es zeigt sich auch empirisch ein Syndrom, d. h. dass die Elemente zusammenhängen und einen gemeinsamen Kern aufweisen: Ungleichwertigkeit, die sich in abwertenden und diskriminierenden Einstellungen ausdrückt.

---

[4] *Wilhelm Heitmeyer*, Gruppenbezogene Menschenfeindlichkeit. Die theoretische Konzeption und erste empirische Ergebnisse, in: *Wilhelm Heitmeyer* (Hg.), Deutsche Zustände, Folge 1, Frankfurt a. M. 2002a, 15–34.

[5] *Wilhelm Heitmeyer* (Hg.), Deutsche Zustände, Folge 1–10, Frankfurt a. M., Berlin 2002–2011.

Abbildung 2: Das Syndrom der *Gruppenbezogenen Menschenfeindlichkeit*

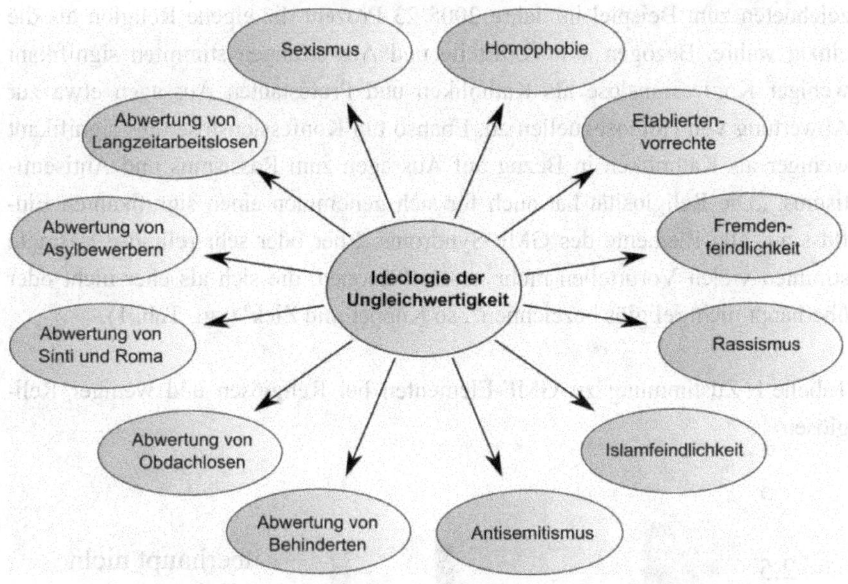

Welche Einstellungen haben nun religiös orientierte Menschen?

4. Empirische Ergebnisse: Religiosität in der Bevölkerung im Zusammenhang mit dem Abwertungsvorrat als Legitimationsfundus für Gewalt durch radikalisierte Gewaltakteure

Folgt man der These, dass Abwertungen und Diskriminierungen ein zentrales Element zur Legitimation von Gewalt gegenüber sozial schwachen Gruppen, ethnischen und religiösen Minderheiten sowie Gruppen und anderen Lebensstilen darstellen, dann ist es sinnvoll, einige empirische Ergebnisse vorzustellen u. a. mit der Unterscheidung von religiösen und nicht-religiösen Personen und ihren Einstellungen. Dazu sollen kurz vier empirische Ergebnisse vorgestellt werden: einige Ergebnisse aus unserer deutschen 10-Jahres-Studie zur *Gruppenbezogenen Menschenfeindlichkeit;* eine Untersuchung in elf europäischen Ländern, Ergebnisse aus einer Befragung türkischer Jugendlicher zu religiös fundierter Gewaltbereitschaft, eine Befragung mit deutschen, türkischen und arabischstämmigen Jugendlichen zum Antisemitismus.

a) In den repräsentativen Erhebungen unseres Instituts in Deutschland bezeichneten zum Beispiel im Jahre 2005 23 Prozent die eigene Religion als die einzig wahre. Bezogen auf Vorurteile und Abwertungen stimmten signifikant weniger Konfessionslose als Katholiken und Protestanten Aussagen etwa zur Abwertung von Homosexuellen zu. Ebenso tun Konfessionslose dies signifikant weniger als Katholiken in Bezug auf Aussagen zum Rassismus und Antisemitismus. „Die Religiosität hat auch für sich genommen einen signifikanten Einfluss auf alle Elemente des GMF-Syndroms: Eher oder sehr religiöse Befragte stimmen vielen Vorurteilen mehr zu als Personen, die sich als eher nicht oder überhaupt nicht religiös bezeichnen", so Küpper und Zick[6] (vgl. Tab. 1).

Tabelle 1: Zustimmung zu GMF-Elementen bei Religiösen und weniger Religiösen

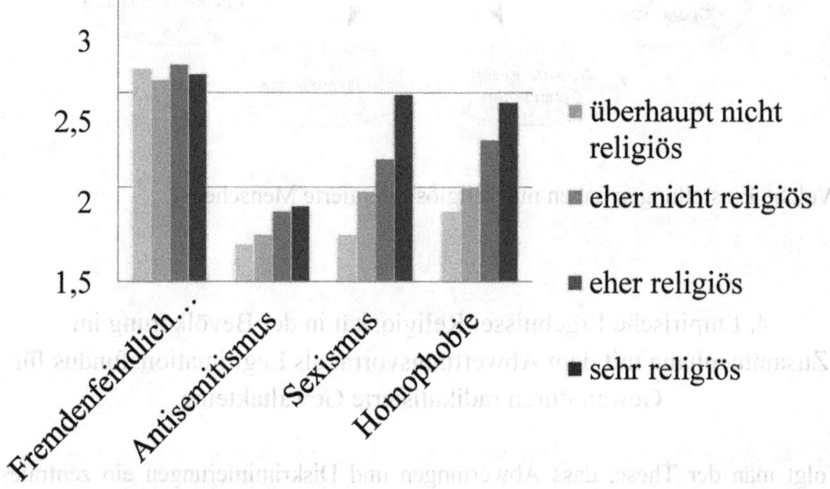

(Mittelwerte, GMF-Survey 2005)

„Insgesamt wird deutlich: Wenn, dann fördert Religiosität Vorurteile mehr, als dass sie ihnen entgegenwirkt. Vor allem die gemäßigten Religiösen fallen durch eine größere Neigung zur Abwertung auf. Bei den sehr Religiösen scheint es

[6] *Beate Küpper / Andreas Zick*, Riskanter Glaube. Religiosität und Abwertung, in: *Wilhelm Heitmeyer* (Hg.), Deutsche Zustände, Folge 4, Frankfurt a. M. 2006, 182.

vielfach nicht die Religiosität per se zu sein, die hinter ihren Vorurteilen steht, sondern ein Überlegenheitsanspruch, der sich nicht selten mit ihr paart."[7]

Ein klares Bild offenbart sich beim christlichen Überlegenheitsanspruch: „Wer meint, der eigene Glaube sei anderen überlegen, erweist sich als feindseliger gegenüber fast allen schwachen Gruppen, die Feindseligkeit steigt nahezu linear"[8], so die Ergebnisse aus 2005.

Es wird „deutlich, dass mit steigender individueller Religiosität abwertende Einstellungen gegenüber einer Reihe von schwachen Gruppen zunehmen".[9]

„Ein religiös geprägter Fundamentalismus mag gut sein für jene, die Halt und Sicherheit in [letzten, W. H.] Wahrheiten suchen, nicht aber für die schwachen Nächsten."[10]

„Gefragt werden muss, inwieweit die Religion mit ihren Theologien Vorurteile erzeugt, die der Herstellung sozialer Ungleichwertigkeit dienen."[11]

Dies ist äußerst problematisch, denn die *Ungleichwertigkeit* von Gruppen ist eine wichtige Voraussetzung zur Legitimation von Gewalt. Die historischen Ereignisse in der jüngeren deutschen Geschichte legen dafür ein dramatisches Zeugnis ab.

Es zeigt sich dann in Teilen der religiös gestimmten Bevölkerung einerseits ein Mechanismus von klammheimlicher, z. T. auch offener *Legitimation* von Gewalt im Sinne von sozusagen „Vorarbeiten" durch Abwertungen anderer Gruppen und andererseits der *Distanzierung* von gewalttätigen Akteuren, die nicht selbst religiös sein müssen, sondern auch politisch ausgerichtet sein können wie etwa rechtsextreme Gruppen. Das gilt aktuell nicht nur in Deutschland, sondern z. B. auch für das religiöse katholische Polen mit einem der höchsten Anteile antisemitischer Einstellungen in Europa (vgl. die vergleichende GMF-Studie von Zick, Küpper und Hövermann[12]), deren sich dann politische Akteure zur Gewaltausübung bedienen. Dies ist schon ein Hinweis darauf, dass diese Ergebnisse kein allein deutsches Problem sind.

Eine Studie in elf europäischen Ländern zeigt, dass Katholiken und Protestanten mehr Abwertungen gegenüber ethnischen Minderheiten haben als Nicht-

---

[7] *Küpper / Zick*, Glaube (Anm. 6), 184.

[8] *Küpper / Zick*, Glaube (Anm. 6), 184.

[9] *Küpper / Zick*, Glaube (Anm. 6), 185.

[10] *Küpper / Zick*, Glaube (Anm. 6), 185.

[11] *Küpper / Zick*, Glaube (Anm. 6), 186.

[12] *Andreas Zick / Beate Küpper / Andreas Hövermann*, Die Abwertung der Anderen. Eine europäische Zustandsbeschreibung zu Intoleranz, Vorurteilen und Diskriminierung, Berlin 2011.

Religiöse und dass Vorurteile umso stärker sind, je häufiger sie in die Kirche gehen, dort, wo auch Sozialisation stattfindet.[13]

Ein Blickwechsel auf eine andere religiöse Gruppe, auf junge türkische muslimische Jugendliche, ist für diese Thematik ebenfalls relevant. Die Studie mit dem Titel „Verlockender Fundamentalismus"[14] hat massive öffentliche Auseinandersetzungen nach sich gezogen. Es war eine Befragung von türkischen Jugendlichen zu ihrer Lebenslage, zu ihrem Verhältnis zu organisierten religiösen Gruppen, auch solchen mit religiös-politischen z. T. extremen Positionen, und vor allem zu ihren eigenen Einstellungen zum Verhältnis ihrer eigenen islamischen Religionsüberzeugung und zu Gewalt.

Es zeigten sich hohe islamzentrierte Überlegenheitsansprüche: Für 56 Prozent der Befragten waren die Anderen (die Nicht-Muslime) Ungläubige und der Islam die einzig rechtgläubige Religion. Und 49 Prozent wollten für eine göttliche Ordnung eintreten. Und die Positionen zu einer religiös fundierten Gewaltbereitschaft zeigten folgendes Bild (vgl. Tab. 2):

Tabelle 2: Islamzentrierte Überlegenheitsansprüche

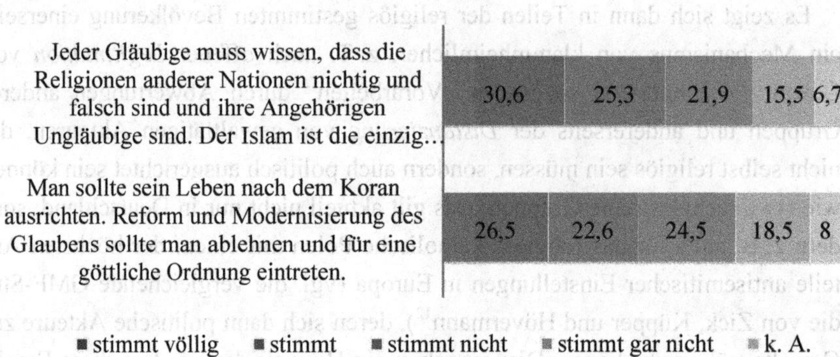

(Alle Angaben in Prozent)

Quelle: *Heitmeyer / Schröder / Müller,* Verlockender Fundamentalismus, 1997, 127

[13] *Peer Scheepers / Mérove Gijsberts / Evelyn Hello*, Religiosity and Prejudice Against Ethnic Minorities in Europe: Cross-National Tests on a Controversial Relationship, in: Review of Religious Research 43 (2002) 242–265.; zit. nach *Küpper / Zick*, Glaube (Anm. 6), 180.

[14] *Wilhelm Heitmeyer / Helmut Schröder / Joachim Müller*, Verlockender Fundamentalismus, Frankfurt a. M. 1997.

Für ca. 28 Prozent ist Gewalt gerechtfertigt, wenn es um die Durchsetzung des islamischen Glaubens geht. Und ca. 36 Prozent würden im Dienste der islamischen Gemeinschaft bereit sein, sich auch mit Gewalt gegen Ungläubige durchsetzen zu wollen. Schließlich stimmen 23 Prozent der Position zu: „Wenn jemand gegen den Islam kämpft, muss man ihn töten." (vgl. Tab. 3)

Tabelle 3: Positionen von türkischen Jugendlichen zu religiös fundierter Gewaltbereitschaft

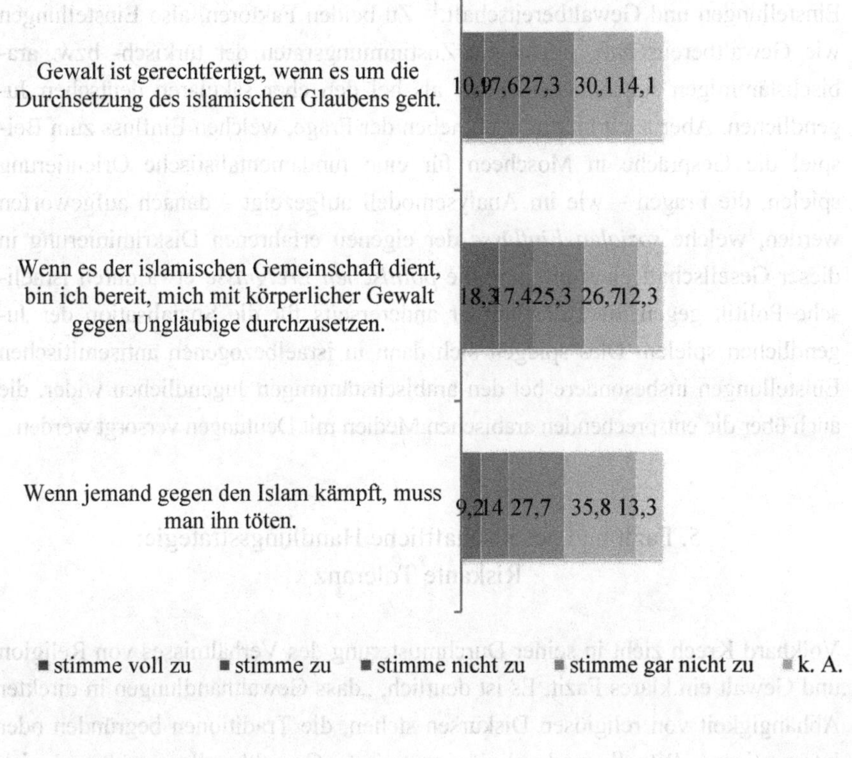

(Alle Angaben in Prozent)

Quelle: Heitmeyer u. a. 1977, S. 129

Fragt man nach den Zusammenhängen, dann zeigte sich Folgendes: Je größer die sozialen Integrations- und damit auch Anerkennungschancen der Jugendlichen in dieser Gesellschaft waren, desto geringer waren die Zustimmungswerte zu den dargestellten Positionen. Andererseits: Je größer die Desintegrationsbefürchtungen, desto höher waren die Zustimmungsraten, d. h. die Religion wurde als kollektiver Identitätsanker wahrgenommen, und dadurch war auch eine größere Nähe zu extremen islamischen Organisationen erkennbar.

In dieser Untersuchung wurde deutlich, wie soziale Faktoren von Integration oder Desintegration die Nähe oder Distanz zu fundamentalistischen Positionen beeinflussen können. In diese Logik passen auch die Ergebnisse einer jüngst vom Bielefelder Institut veröffentlichten Untersuchung mit deutschen sowie türkischen und arabischstämmigen Jugendlichen im Hinblick auf antisemitische Einstellungen und Gewaltbereitschaft.[15] Zu beiden Faktoren, also Einstellungen wie Gewaltbereitschaft, liegen die Zustimmungsraten der türkisch- bzw. arabischstämmigen Jugendlichen höher als bei den eher säkularen deutschen Jugendlichen. Aber auch hier müssen neben der Frage, welchen Einfluss zum Beispiel die Gespräche in Moscheen für eine fundamentalistische Orientierung spielen, die Fragen – wie im Analysemodell aufgezeigt – danach aufgeworfen werden, welche *sozialen Einflüsse* der eigenen erfahrenen Diskriminierung in dieser Gesellschaft einerseits und die *politischen Ereignisse* etwa durch israelische Politik gegen die Palästinenser andererseits für die Sozialisation der Jugendlichen spielen. Dies spiegelt sich dann in israelbezogenen antisemitischen Einstellungen insbesondere bei den arabischstämmigen Jugendlichen wider, die auch über die entsprechenden arabischen Medien mit Deutungen versorgt werden.

5. Fazit und gesellschaftliche Handlungsstrategie: Riskante Toleranz

Volkhard Krech zieht in seiner Durchmusterung des Verhältnisses von Religion und Gewalt ein klares Fazit. Es ist deutlich, „dass Gewalthandlungen in direkter Abhängigkeit von religiösen Diskursen stehen, die Traditionen begründen oder interpretieren. Rituelle und religiös motivierte Gewalthandlungen lassen sich somit nicht von Mythen, heiligen Texten, religiösen Dogmen und Doktrinen trennen“[16]; in unserer Perspektive auch nicht von dem religiös infizierten gesellschaftlichen Abwertungsvorrat der *Gruppenbezogenen Menschenfeindlichkeit* in

[15] *Jürgen Mansel / Viktoria Spaiser*, Ausgrenzungsdynamiken. In welchen Lebenslagen Jugendliche Fremdgruppen abwerten, Weinheim, Basel 2013.

[16] *Krech*, Opfer (Anm. 1) 1270f.

der heutigen Bevölkerung als Legitimationsfundus zur Diskriminierung und Gewalt.

Wenn es nun um gesellschaftliche Handlungsstrategien geht, dann wird vielstimmig zur Toleranz aufgerufen. Dieser Aufruf ist riskant, denn Toleranz ist gefährlich attraktiv, weil die inflationäre Verwendung die grundlegenden Probleme von Ingroup- und Outgroup-Problemen verkleistert. Goethe hat bereits Toleranz als *Duldung* charakterisiert. Das impliziert eine klammheimliche Abwertung, ja Ungleichwertigkeit der anderen in großherziger Verkleidung.[17]

In Toleranz steckt immer auch die Aufrechterhaltung der genannten religiösen Dichotomien und damit der Machtunterschiede. Letztlich ist zu befürchten, dass die Verwendung von Toleranzaufforderungen bei gleichzeitiger Aufrechterhaltung von Dichotomien als Machtinstrumente nur mühsam verborgene Indifferenz darstellt.[18]

Was wäre eine Alternative? Sie lautet aus meiner Sicht: Anerkennung – und damit auch Anerkennungskämpfe in geregelten Konflikten. Dies belegt eindrucksvoll eine empirische Analyse mit GMF-Daten von Klein[19], dass bei den verschiedenen Toleranzkonzepten nur die „wertschätzende Anerkennung" im Sinne von Heitmeyer[20] zu einer Reduzierung von Abwertung und Diskriminierung beiträgt. Damit würde die *einseitige* Duldung – etwa einer religiösen Minderheit durch eine religiöse Mehrheit – auf *Wechselseitigkeit* der Interaktionen umgestellt, also auf Auseinandersetzung. Gleichwohl wären solche Auseinandersetzungen mit schweren Hypotheken belastet, denn gerade im Zusammenhang mit religiösen oder kulturellen Praktiken ist höchste Vorsicht geboten, denn aus *teilbaren Konflikten,*[21] also eines Mehr-oder-Weniger, können sehr schnell *unteilbare Konflikte*, also Entweder-Oder-Konflikte entstehen, die sehr gewaltanfällig sind, gerade wenn es um die wahrgenommene oder tatsächlich gefährdete kollektive Identität geht. Damit würden die Dichotomien in religiösen Weltsichten, produziert durch Schriftgelehrte und abgesichert durch religiöse Institutionen, transportiert über Einstellungen in der Bevölkerung und übernommen

---

[17] *Wilhelm Heitmeyer*, Riskante Toleranz. Moralgesättigt und gefährlich attraktiv, in: *Wilhelm Heitmeyer* (Hg.), Deutsche Zustände, Folge 1, Frankfurt a. M. 2002b, 272.

[18] *Wilhelm Heitmeyer*, Toleranz (Anm. 17).

[19] *Anna Klein*, Toleranz und Vorurteil. Zum Verhältnis von Toleranz und Wertschätzung zu Vorurteilen und Diskriminierung, Opladen, Berlin, Toronto 2014.

[20] *Wilhelm Heitmeyer*, Toleranz (Anm. 17).

[21] *Albert O. Hirschman*, Wieviel Gemeinsinn braucht die liberale Gesellschaft?, in: Leviathan 22 (1994), 293–304.

durch gewalttätige Akteursgruppen, in die Entweder-Oder-Konflikte transportiert. Dabei geht es nur noch um das „Große Ganze", die Heiligkeit und die Macht. Und jede Abwertung und Diskriminierung anderer durch religiös gestimmte Teile der Bevölkerung ist immer auch eine Facette von Machtdemonstration – und Gewalt ist immer eine Machtdemonstration.

Die Membrane der Zivilisation ist zwar flexibel, sie ist aber auch dünn und nicht reißfest.

Judentum und Islam

Affinitäten und Differenzen im Zeichen des Monotheismus

Dan Diner

Abstract

Dieser Beitrag sucht anhand eines religionsgeschichtlichen Zugangs das Verhältnis zwischen Sakralem und Profanem in einer sich globalisierenden Welt neu zu bestimmen. Dabei wird von Begriffswelten des westlichen Kulturzusammenhanges – sprich: der säkularisierten Christenheit – ausgegangen, um schließlich deren universale Tragfähigkeit auszuloten. Hierfür sind Vergleiche der Säkularisierung innerhalb von Judentum und Islam als Referenz von Bedeutung. An die historische Frage nach dem Unterschied von Säkularitäten in den auf monotheistischen Glaubensbekenntnissen beruhenden Kulturen schließen sich Fragen bezüglich der Verträglichkeit und Geltung der jeweiligen Wahrheitsansprüche an. Dabei ist der Begriff der Neutralisierung zentral, also die Frage nach einem neuen Toleranzkonzept, das sowohl die Präsenz des anderen im öffentlichen Raum akzeptiert als auch die jeweilige Religionspraxis verwandelt. Damit werden auch die Grenzen von Säkularisierung angezeigt, um dabei neue Formen einer postsäkularen Säkularisierung vorzuschlagen.

1. Gesetzesreligionen

Judentum, Christentum und Islam sind monotheistische Offenbarungsreligionen. Judentum und Islam sind darüber hinaus Gesetzesreligionen, will heißen: Das auf göttliche Stiftung zurückgeführte sakrale Gesetz durchdringt das gesamte lebensweltliche Gewebe – vom Personenstandsrecht bis hin zu den Maßgaben der Staats- und Wirtschaftsordnung. Für diese Konstellation hat Louis Gardet den Begriff der „Nomokratie" geprägt. Doch finden die Gemeinsamkeiten von Judentum und Islam dort ihr Ende, wo das Judentum in seiner exilischen, genauer: in seiner diasporischen Existenz gehalten war, sich beständig der politischen Hoheit einer nicht-jüdischen Obrigkeit zu unterstellen. Das war im Islam anders. Der Islam war immer auch eine Religion der Herrschaft, in deren Schutz sich Angehörige anderer monotheistischer Religionen zu begeben hatten. Dass sich heute derartige Umstände auch für viele Muslime ergeben bzw. zunehmend ergeben werden, ist abzusehen. Hier ist von jenen Muslimen die Rede, die den Herrschaftsbereich des Islam verlassen, um in eine nicht-muslimische, vornehmlich westliche, also christlich-säkularisiert verfasste Umgebungskultur einzutreten. Damit kommen sie jener Erfahrung nahe, die für Juden und ihrer Gesetzesreligion in der Diaspora gang und gäbe war. Dies bedeutete eine Transformation des Islam von einer Religion der Herrschaft, verbunden mit einer theologisch begründeten Überlegenheit, in Richtung einer Konfession unter anderen Konfessionen und damit der Relativierung einer monotheistischen Religionen schlechthin eigenen absoluten Wahrheitsbehauptung. Dass diese Verwandlung überaus schmerzhaft erfolgen wird, ist voraussehbar. Schließlich lebten Muslime über eine lange Dauer in Gemeinwesen, die vornehmlich von islamischem Recht, also der Scharia, wenn auch in unterschiedlicher Dichte, durchdrungen waren bzw. es weiterhin auch sind. Dass den Juden eine derartige Verschmelzung ihres sakral durchdrungenen Rechts mit einer ebenso jüdisch verfassten Herrschaft erspart geblieben war, ist ihrer diasporischen Lebensweise geschuldet – nämlich ihr Gesetz mit dem Gesetz des Landes, in dem sie leben, ab- und auszugleichen, also das, was durch die aramäischsprachige Rechtsformel dina demalchuta dina vorgeschrieben wird: das Gesetz des Landes wie das eigene Gesetz zu achten, bzw. diesem die eigenen Gesetzesforderungen bis zu einer gewissen Grenze anzupassen. Insofern ist das Judentum im Unterschied zum Islam nicht politisch. Sein religiöser Kanon gilt fast ausschließlich unterhalb der politischen Sphäre. Dass mit der Begründung des jüdischen Staates Israel Elemente des Religiösen in das Staatliche eindringen und dem Judentum entnommene politische Kategorien und Begriffe in den politischen Raum überzugehen neigen, ist freilich eine Tendenz neueren Datums. Sie erzeugt einen Sog in Richtung politischer Theologie.

Ihre diasporische Existenz legte es den Juden auf, in zwei Rechtssphären und den ihnen analogen Zeiträumen zu leben. Diese Konstellation legt ihnen zudem auf, diese durch Interpretation und Auslegung miteinander kompatibel zu machen. Diese Verdoppelung verlängerte sich auch in die Weltsicht, genauer: in das Zeitverständnis hinein. Ein erster sichtbarer Versuch, die jüdische mit der gentilen Zeitfolge zu synchronisieren, war der im Jahr 1592 verfasste tsemahk david

(Spross Davids) des David Gans. Dieses intellektuelle Vorhaben eines hybriden Zeitverständnisses fiel nicht zufällig in eine Zeit der großen Umbrüche im Übergang zur Frühen Neuzeit – eine Zeit, in der sich, ausgehend von der europäischen Expansion, eine Weltzeit ankündigt, die sich anheischig macht, alle und alles miteinander zu verbinden. Dies war eine erste Ankündigung von Weltdeutung, was sich später und im Gefolge der Aufklärung als „Geschichte" zu erkennen geben wird, nämlich der Einbruch einer säkularen Wahrnehmung, die das Schicksal der Menschen als von Menschenhand gestaltet sieht – die Allgewalt von Gottes Finger sich zunehmend in die Metapher von der unsichtbaren Hand konvertiert.

2. Modernes Geschichtsdenken

Es war das moderne Geschichtsdenken, das die jüdische Gesetzesreligion fundamental herausforderte. Und es war dieser Gegensatz, der den Weg der Juden in die Moderne auf Schritt und Tritt begleiten sollte. Dass sich sakrales Gesetz und profane Geschichte als antagonistische Gegensätze zu erkennen geben sollten und das traditionelle Judentum in seinem Kern bedrohten, sollte später, im Verlaufe des 19. Jahrhunderts, die Orthodoxie als einen paradoxen Wächter der Tradition auf den Plan rufen. Als besonders bedrohlich wurde die Tendenz empfunden, das heilige Buch der Juden, die Bibel, historisch lesen zu wollen. Solche Unternehmungen, die mit der frühen jüdischen Aufklärung, der Haskala, an Dynamik gewannen, um dann später und systematisch in die Wissenschaft des Judentums einzugehen, stießen explizit auf Widerstand. So war es ihren Gegnern nicht entgangen, dass die historische Lesart der biblischen Geschichte den sakralen und damit überzeitlichen Gehalt der Thora angreifen werde.

Eine ähnliche Haltung nahm paradoxerweise auch der große Aufklärer Moses Mendelssohn ein. Er erklärte in seinem Kommentar zur Thora, dem bi'ur, dass er die von den Menschen unternommenen Vorhaben, die Zeit historisch zu lesen, für theologisch belanglos erachte. Für Gott gebe es keine Vergangenheit und keine Zukunft. Es gelte allein Gegenwart, ewig währende Gegenwart – also sakrale Zeit. Zudem lenke die göttliche Hand das Geschehen und nicht der Wille der Menschen. Als Geschichtsbuch sei die Bibel für Juden mithin ohne jede Bedeutung. Sie diene einzig dem Studium der Gebote, die zu erfüllen höchste Pflicht der Juden sei. So komme der Geschichte weder für Fragen des Glaubens noch der Bewahrung des Judentums irgendein Wert zu, ebenso wenig wie für Fragen der von den Juden gegenüber den Geboten und damit dem Gesetz zu erbringenden Anstrengungen der ethischen Verbesserung und der Selbstvervollkommnung. Und ethische Fragen seien von dem, was unter Geschichte verstanden würde, nicht beeinträchtigt.

Dadurch, dass die Juden in der Diaspora in zwei Zeit-Welten lebten, konnten sie sich freilich dem sich um sie herum ausbildenden Geschichtsdenken und den davon ausgehenden historischen Interpretationen der Lebenswelten nicht entziehen. Um ihre Emanzipation und Gleichstellung bemüht, legten sie sich ein historisch argumentierendes Narrativ zu, das sie mit ihrer Umgebung kompatibel machte. Doch sollte es noch eine Weile dauern, bis Juden sich einen geschichtlich angelegten Kanon schufen. Der legendäre 1819 ins Leben gerufene Verein für Cultur und Wissenschaft des Judentums versagte es sich bei seiner Gründung noch, den Begriff der Geschichte anzunehmen; das Wort von der Geschichte, so schien es, evozierte profane, sogar christlich imprägnierte Weltdeutungen. In den Deutungswelten der philologisch ausgerichteten „Wissenschaft" glaubte man sich vor einer Grenzüberschreitung halbwegs gefeit. Dass die Geschichte, d. h. die historische Deutung der Lebenswelten, aller Widerständigkeit zum Trotz in das Judentum einbrach und damit die Geltung des jüdischen Gesetzes als den Garanten des Sakralen massiv bedrängte, ist ein beständiges Motiv des jüdischen Zwiespalts in der Moderne. So standen dem Judentum zwei Wege offen: sich den sie umgebenden profanen Lebenswelten anzuverwandeln und Religion in bloßen Glauben zu konvertieren, sprich: sie nach innen zu verlegen, also zu konfessionalisieren, sprich: zu „privatisieren", oder eine klare Trennung zwischen den Anforderungen des Gesetzes und den Erwartungen der profanen Welt zu ziehen. Erstere ging mit einer „Protestantisierung" des Judentums einher, einer sekundären Konversion, die eine tiefe Verwandlung von Ritus und Liturgie nach sich zog. Die tragende Bedeutung des sakralen Gesetzes und die strikte Einhaltung der Gebote wurden gleichsam dereguliert.

Die Trennung zweier Welten – die Welt der strikten Einhaltung des jüdischen Gesetzes und die Welt des profanen Wissens, thora im derehk erez – war eine Einstellung, die von der durch Samson Raphael Hirsch (1808 bis 1888) in Frankfurt/Main begründeten Neo-Orthodoxie eingenommen wurde. Eine solche simultane Existenz in zwei Zeit-Räumen, in einer von dem sakralen Gesetz durchdrungenen und einer profanen Zeit, erlaubte den Anhängern der Neo-Orthodoxie, sich neben der Einhaltung der Gebote auch mit Fragen der Philosophie, der

Ethik, sogar mit Literatur und Musik zu befassen. Die Entfremdung vom Glauben musste nicht befürchtet werden. Das den Anfechtungen der Moderne ausgesetzte Judentum bewegte sich in einem Spannungsfeld zwischen den Zwängen des Gesetzes und den Eröffnungen von Geschichte. Damit hatte es im kulturellen Raum einer sich in den „Westen" hinein säkularisierenden Christenheit jene Fragen vorweggenommen, mit denen sich der Islam als die andere und jüngere Gesetzesreligion angesichts einer ihn herausfordernden Moderne heute konfrontiert sieht. Die offenkundige Nähe von Judentum und Islam hat zudem dazu beigetragen, dass Juden ihr eigenes Dilemma in und mit der Moderne – das Dilemma von sowohl den Maßgaben des Gesetzes wie der Deutungsfreiheit von Geschichte – in ihre Beschäftigung mit dem Islam hineinverschieben. Dies lässt sich an den Werken jüdischer Islamforscher im 19. und 20. Jahrhundert nachvollziehen.

In der sich säkularisierenden christlichen Umwelt des 19. Jahrhunderts und in Distanz zu ihr versicherten sich jüdische Gelehrte der Nähe des Judentums zum Islam. So wies Abraham Geiger (1810 bis 1874) in seiner Dissertation mit dem Titel Was hat Mohammned aus dem Judenthume aufgenommen? (1833) die harschen, von den Europäern gegen den Propheten ausgestoßenen Urteile zurück. Für Antoine-Isaac Silvestre de Sacy (1758 bis 1838), den Begründer der modernen Arabistik, war Mohammed schlicht ein Betrüger gewesen. Andere haben sich nicht weniger drastisch zu äußern gewusst. Zu einem Umbruch in der Welt der Islamwissenschaft trugen die Forschungen von Ignaz Goldziher (1850 bis 1921) bei, die er unter dem Titel Muhammedanische Studien 1888/89 publizierte. Goldziher, der sich anfangs als Sekretär der Budapester jüdischen Reformgemeinde seinen Lebensunterhalt verdienen musste und bereits von Kindesbeinen an eine gründliche Thora- und Talmudbildung erworben hatte, verbunden mit einer philologischen Virtuosität im Hebräischen und dem Aramäischen, stellte die Verwandtschaft zwischen der jüdischen Halacha und der Scharia in Koran und Sunna einerseits sowie der Haggada und den narrativen Anteilen im Hadith andererseits heraus. Die Verwandtschaft zwischen Judentum und Islam ging ihm derart nahe, dass er während eines Aufenthaltes in Damaskus von dem Eindruck übermannt wurde, als Muslim zu empfinden. In Kairo, wo Goldziher als erster Europäer an der religiösen Lehranstalt der Al-Azhar studierte, beteiligte er sich entrückt, umgeben von Tausenden muslimischer Gläubiger, am Freitagsgebet. Doch trotz so mancher abschätzigen Bemerkungen aus seiner Feder über das Judentum blieb er diesem verbunden.

Anders Leopold Weiss (1900 bis 1992), der im Jahr 1926 in Berlin vom Judentum zum Islam konvertierte und der es als Muhammad Asad zu einer Karriere als muslimischer Gelehrter, Politiker und pakistanischer Diplomat brachte. Leopold Weiss, vormaliger Korrespondent der „Frankfurter Zeitung" im Orient und in neuerer Zeit der wohl bedeutendste jüdische Konvertit zum Islam, hatte in seiner galizischen Heimat die klassische jüdisches Ausbildung in hebräischer und aramäischer Sprache genossen. Den Übertritt zum Islam sah er als Rückkehr zu den abrahamitischen Ursprüngen der Juden – und in den Wüstenarabern glaubte er ein genuines Abbild der alten Hebräer zu erkennen. Der Islam zog ihn an als die universelle Öffnung der Religion der Israeliten, die er im Unterschied zu den Muslimen einem engen Stammespartikularismus verhaftet sah. Zudem machte er sich während eines Aufenthaltes in Palästina in den 1920er Jahren ein realistisches Bild von dem unversöhnlichen Konflikt zwischen Arabern und Juden, wobei er als scharfer Kritiker des Zionismus für die Araber Partei ergriff.

Leopold Weiss war kein institutionalisierter Akademiker, doch sein Beitrag zum Kanon des Islam, vor allem seine vorzüglichen Übersetzungs- und Interpretationsleistungen, weisen ihn als einen großen und reformorientierten muslimischen Gelehrten aus.

Der hohen Anzahl jüdischer Orientalisten und Islamwissenschaftler des 19. und 20. Jahrhunderts, die häufig einen orthodoxen, jedenfalls einen religiösen Hintergrund hatten, war es ein ausgesprochenes Anliegen, den Islam so zu präsentieren, wie ihn die Muslime selbst verstanden. Kaum ein anderer Islamwissenschaftler jüdischer Herkunft kam dieser Absicht näher als der in Prag geborene Paul Kraus (1904 bis 1944). Schon zu seinen Studienzeiten in Berlin, wo er bei C. H. Becker und Hans Heinrich Schaeder gehört hatte, zeichnete sich Kraus als überragender Philologe aus. Franz Rosenthal, der spätere Übersetzer der Muqaddima Ibn Khalduns, erwarb bei ihm seine Fertigkeit im Arabischen.

Kraus beherrschte altorientalische Sprachen, schrieb Akkadisch und brillierte in arabischer Poesie. Zudem hatte es ihm die „mittelalterliche" arabische Wissenschaftsgeschichte angetan. Als junger Mitarbeiter des religionsgeschichtlich ausgerichteten Orientalisten Louis Massignon war er im Paris der 1930er Jahre an der Erforschung des Sufismus beteiligt. Massignon, der noch bei Goldziher studiert hatte, glaubte in Kraus dessen Wiedergänger zu erkennen. Auf Empfehlung Massignons wurde Kraus vom weltlich eingestellten ägyptischen Kultur- und Wissenschaftsminister Taha Husain zum Universitätslehrer in Kairo berufen. Dort schied er 1944 freiwillig aus dem Leben. Paul Kraus war Schwager des ebenso aus Berlin nach Paris ausgewichenen Leo Strauss (1899 bis 1973). An der École des Hautes Études, so heisst es, hätten sie am legendären Hegel-Seminar von Alexandre Kojève (1902 bis 1968) teilgenommen. Bereits in Berlin, als wissenschaftlicher Mitarbeiter an der Hochschule für die Wissenschaft des Judentums, hatte Strauss ein Interesse an dem muslimischen Rationalisten Alfarabi (870 bis 950) als dem geistigen Wegbereiter des Moses Maimonides (1138 bis 1204) entwickelt. Und Kraus war ihm bei der Übersetzung des arabischen Textes behilflich gewesen. Es sollte Leo Strauss sein, der mit Blick auf die Verwerfungen der Moderne die Frage nach der Bedeutung des Gesetzes im Judentum erneut aufwarf.

Angesichts der Kulturkrise in der Zwischenkriegszeit und eines um sich greifenden Relativismus suchte Strauss Halt in einer Philosophie, die sich aufs Neue des Absoluten zu versichern trachtete. Das Absolute wiederum schlug sich im Gesetz nieder, das wiederum Ausdruck der Offenbarung vom Sinai gewesen ist. Für den damit verbundenen Wahrheitsbegriff war nicht der religiöse Glaube entscheidend, sondern die bedingungslose Annahme des Gesetzes. Strauss, der sich selbst als Atheist – genauer: als kognitiver Theist oder Epikureer – verstand, machte sich mittels des von ihm neu in der Moderne aufgeworfenen theologisch-politischen Problems zum Verteidiger der Orthodoxie. Diese Orthodoxie beharrte darauf, dass der Mensch zum guten und richtigen Leben der divinen Erleuchtung bedürfe. Allein auf sich gestellt, ist es ihm nicht gegeben, die Wahrheit zu ergründen. Und weil der Mensch an sich sündig ist, wurde ihm das Gesetz geoffenbart. Mit dieser normativen Anforderung konfrontiert, ist es ihm auferlegt, diese beständig und zur Gänze zu erfüllen. So ist die geoffenbarte Religion in der Form des Gesetzes utopisch, während der gegen die moralische Utopie des erfüllten Gesetzes gerichtete Einspruch in Gestalt der aufgeklärten Religionskritik daherkomme.

Schon in seiner Franz Rosenzweig gewidmeten Auseinandersetzung mit Spinoza und dem Spinozismus sah Strauss die Aufklärung als Totengräber des Judentums. Diese habe die Offenbarung zwar als Aberglaube verlacht, sie philosophisch aber nicht zu dementieren vermocht. Eigentlich könne sie ihr nichts anhaben. Aufklärung und Offenbarung bewegten sich schließlich in gänzlich anderen Sphären. Insofern könne die Wahrheit des Judentums auch nicht irrational sein; vielmehr sei sie überrational. So widerspreche sie nicht der Rationalität, sondern führe allenfalls an dieser vorbei. Schließlich richte sie sich auf das, was durch Rationalität als solche nicht fassbar sei. Sich in diese Tradition stellend, verwarf Strauss die Übertragung des Rationalismus auf Seinsfragen. Den Glauben an die Geschichte, an den Fortschritt, an die endgültige Verfügung der Wissenschaft über die Natur und an all das, was sich historisch als notwendiger Prozess geriere, wies er zurück. Ohnehin sei das zuvor geltende Hegel'sche System in sich zusammengebrochen. Und dieser Zusammenbruch rufe wieder die Offenbarung auf und damit die Wahrheit der Bibel. Strauss befasste sich in der Krise der 1930er Jahre, die er sowohl als Krise des Westens wie auch als Krise des Judentums verstand, mit jenem Problem, das etwa zehn Jahre später und angesichts des Zerfalls der westlichen Begriffe Max Horkheimer und Theodor W. Adorno in der Dialektik der Aufklärung bewegen sollte. Ihm wie ihnen ging es um die Frage, wie es dazu hat kommen können, dass Vernunft durch Rationalität und Rationalismus zerstört worden waren. Fast wortgleich, wenn auch früher, sprach Strauss von der „Selbstzerstörung" der rationalen Philosophie als der großen Krise des Westens. Und während Horkheimer und Adorno an der Zerstörung der Vernunft als Ausdruck der sich dialektisch verkehrenden Aufklärung philosophisch verzweifelten, glaubte Strauss im mittelalterlichen Rationalismus eine Antwort auf das Enigma der Moderne gefunden zu haben. Schließlich sei die mittelalterliche rationale Philosophie an das Gesetz als die Form der Offenbarung gebunden – und dieses Gesetz gelte für Juden und Muslime gleichermaßen. Der Weg in den mittelalterlichen Rationalismus der von Strauss geschätzten Philosophen Alfarabi und Ibn Sina (lat. Avicenna, 980 bis 1037) führte zu Maimonides. In diesem, im „Klassiker des Rationalismus im Judentum" (Hermann Cohen), glaubte er seinem Vorbild zu begegnen. Und in Maimonides wie in den griechischen Philosophen, „den Alten", erkannte er eine „Antwort" auf Spinoza. Die von ihnen reflektierte gute menschliche Ordnung, die „ideale Stadt", sei eine platonisch und aristotelisch gestützte prophetische Offenbarung in Gestalt des Gesetzes, des formalisierten göttlichen Willens. Als solches sei es nicht zu hinterfragen. Streit über die Wirklichkeit der Offenbarung und über die Pflicht, ihr zu gehorchen, sei nicht möglich. An der übermenschlichen Weisheit und Gerechtigkeit der Thora sehe der sehende Jude, an der übermenschlichen Schönheit des Korans sehe der sehende Muslim, dass die Offenbarung wirklich sei. Maimonides' grundlegende philosophische Schrift Moreh Newuchim, den „Führer der Unschlüssigen", sah Strauss im muslimischen Milieu seiner Zeit angesiedelt. Sie sei der Strömung der aufgeklärten Theologen zuzurechnen. Diese hätten sich der traditionellen Theologie (kalam) entgegengestellt, die sich eher mit den Wurzeln der Religion (ussul ad-din) denn mit dem Gesetz, dem fiqh, befassten. Für

Strauss war Moreh Newuchim eine Arbeit von kalam in Geist und Absicht, das Gesetz gegen die Auffassungen der Philosophen zu verteidigen. Maimonides ist also nicht der ungläubige Jude, zu dem ihn die Rabbinen gemacht haben. Er ist aber auch nicht ein Gläubiger im Sinne der Religion. Vielmehr argumentiert er im Sinne des Gesetzes als Ausdruck der Offenbarung. Denn im Gesetz hat sich die Offenbarung formalisiert. Und mittels der Konversion der Offenbarung in die Form des Gesetzes erübrigt sich die Frage nach dem Glauben als solchem. Was bleibt, ist die Befolgung des Gesetzes. Das ideale Gesetz wird damit zur Grundlage der idealen Ordnung. Und das Gesetz ist ebenso politisch, wie der das Gesetz verkündende Prophet Staatsmann ist. Der Begründer des idealen platonischen Gemeinwesens ist also der Prophet.

Strauss beruft sich auf Maimonides, weil dieser ihm in Gestalt des Gesetzes die Möglichkeit gewährt, im Konflikt zwischen Vernunft und Offenbarung, zwischen Moral und Wissen ethisch gebunden zu handeln. Dem sich so ergebenden offenen Prozess der Interpretation zwischen dem Absoluten und dem Relativen, zwischen dem Prinzipiellen und dem Historischen, kommt auch die allegorische Bibelinterpretation Maimonides' entgegen. Indem sie sich der Wörtlichkeit verweigert, zielt sie auf das epistemische Motiv des nicht aufgehobenen Widerspruchs. Strauss deutete diese bewusst belassene Offenheit der Interpretation als „Esoterik" des Maimonides – eine Esoterik der an das Gesetz gebundenen rationalistischen Philosophie. Strauss' Misstrauen gegenüber der Aufklärung und dem Spinozismus verschonte auch nicht die religiös gebundenen jüdischen Aufklärer. Moses Mendelssohn wurde des „religiösen Liberalismus" geziehen. Dieser schlage sich in seiner Bibelübersetzung nieder. Auch zum Neukantianer Hermann Cohen hielt Strauss Distanz. Dieser habe auf die Frage, wo in seiner Philosophie der bore o'lam, der Schöpfer der Welt, bleibe, verzweifelt eingestehen müssen, dass die Kluft zwischen seinem Glauben und dem Glauben der Tradition unüberbrückbar geworden sei.

Zwei Arten des Gesetzes und zwei Gesetzgeber unterschied Strauss in der Tradition des mittelalterlichen jüdischen Rationalismus. Erstens Gesetze, die keine andere Aufgabe haben als die, ein friedliches Zusammenleben im Gemeinwesen zu ermöglichen. Sie haben es seiner Sprache nach auf das „Heil des Körpers" abgesehen. Zweitens gebe es Gesetze, die das „Heil der Seele", ihre Vollkommenheit, zum Zweck hätten. Gesetze der ersteren Art seien durch Menschen gemachte Gesetze. Hingegen sei ein Gesetz, das die Vollkommenheit der Seele und mithin auch des Verstandes zum Ziel habe, ein „göttliches" Gesetz.

Dessen Verkünder könne nur ein Prophet sein. Angesichts der Krise des Westens suchte Leo Strauss der Verfügung des Menschen über sich selbst einen Riegel vorzuschieben. Er rehabilitierte die Offenbarung gegen die Aufklärung, indem er das Gesetz – wie er es nannte – divinisierte. Das war eine Reaktion auf die Phänomene einer überbordenden Moderne.

3. Islam und Moderne

Einem gegenläufigen Unternehmen hatte sich der wie Strauss im Berlin der Zwischenkriegzeit mit der Moderne hadernde Leopold Weiss als Muhammad Asad verschrieben. Während Strauss als Atheist die Krise des Westens und des Judentums auf die Aufklärung zurückführte und in der mittelalterlichen rationalistischen Philosophie Rückhalt suchte, war Asad zum Islam konvertiert. In dieser Religion war das Gesetz ohnehin geheiligt. Es bedurfte gewiss keiner „Divinisierung", ganz im Gegenteil: Es bedurfte dessen, was Leo Strauss, aus der Welt des Profanen kommend, in gegenläufiger Bewegung für das Gesetz eingefordert hatte – seiner Aufspaltung. Mit der Aufspaltung des Gesetzes war Muhammad Asad in der Zeit seines Aufenthalts in Britisch-Indien befasst. Gemeinsam mit anderen reformorientierten Muslimen galt es, die islamische Rechtstradition so zu verändern, dass die „ewigen" und damit unveränderlichen Gesetze von den historischen und damit dem Wandel folgenden Normen geschieden wurden. Es ging darum, eine Trennung herbeizuführen und zwei Zeiten-Räume zu etablieren – also um jenes Problem, mit dem die andere Gesetzesreligion, das Judentum, seit dem Beginn der Aufklärung konfrontiert war. Anfang der 1930er Jahre war Asad von Muhammad Iqbal, dem großen indisch-muslimischen Gelehrten, Dichter, Politiker und Vordenker Pakistans, nach Indien eingeladen worden. Zuvor hatte sich Asad lange Jahre auf der arabischen Halbinsel am Hof Ibn Sauds aufgehalten und dort als Berater gewirkt. In Britisch-Indien engagierte er sich mit anderen muslimischen Gelehrten und Intellektuellen in Fragen der Reform des islamischen Gesetzesverständnisses. Die Distanz, die er dabei zu überwinden hatte, war gewaltig. Immerhin stand das Reich der Saudis im Zeichen ihres Bündnisses mit dem Wahabismus, während auf dem Subkontinent die Muslime sowohl von Fragen der Orthodoxie wie der Reform bewegt wurden. Die Debatten standen im Zusammenhang mit der schon damals erwogenen muslimischen Staatsgründung auf indischem Boden – dem späteren Pakistan. Die

Fragen waren Fragen der Zukunft: Welches Recht sollte im Gemeinwesen der indischen Muslime gelten? Sollte es gänzlich auf der Scharia ruhen, was die Befürworter eines islamischen Staates anstrebten? Oder sollte es ein muslimisches, stärker weltlich orientiertes Gemeinwesen werden? An den Kontroversen um den Charakter Pakistans, vor allem an der sich zuspitzenden Verfassungsdiskussion, war Muhammad Asad aktiv beteiligt gewesen.

Unter den indischen Muslimen waren die Debatten über Reform und Orthodoxie im Islam wohl am weitesten fortgeschritten. Im Zentrum stand, wie konnte es auch anders sein, die Frage des Gesetzes. Muhammad Iqbal wie auch andere Reformer führten den an Dekadenz gemahnenden Stillstand in der Welt des Islam auf das auf Beharrung gerichtete Rechtsdenken zurück. Schließlich bedeutete die strikte Wahrung des Gesetzes nichts anderes, als die in Bewegung befindliche Zeit, also Veränderung, mithin den Wandel aufzuhalten. Aber der Welt war Wandel auferlegt. Und dieser Wandel ging mit dem Gegenteil dessen einher, was das Gesetz in sich beschlossen hatte: nämlich der Beschleunigung von Zeit. Um eine solche Beschleunigung zu erreichen, liefen die Vorstellungen der Reformer auf eine Aufspaltung des Gesetzes hinaus. So sollte aus dem Koran und der Prophetentradition eine Kodifizierung jener Vorschriften des Gebotenen wie des Verbotenen gewonnen werden, denen der Charakter von Zeitlosigkeit (nusus) zukam. Sie standen im Zeichen der Sakralität als ewiger Scharia, waren demnach „divinisiert". Alles andere sollte den parlamentarischen Entscheidungen einer Legislative im Prozedere eines sogenannten „Offenen Weges" (minhag) überlassen werden. Diese Zweiteilung des Gesetzes lief auf zwei Arten der Souveränität hinaus: die ewige Souveränität Gottes und die zeitgebundene Souveränität einer Entscheidungen treffenden Volksvertretung. Damit wurde eine Trennung vorgeschlagen, die sich in ihrer Auswirkung durchaus mit der Lösung der anderen Gesetzesreligion, des Judentums, vergleichen lässt: nämlich zwei unterschiedlich begründete Rechtskodizes gleichermaßen zu leben – einen sakralen und einen profanen Kodex. Dass diese liberalistisch anmutende Vorstellung Gegner auf den Plan rief, war vorauszusehen. So profilierte sich der Begründer der Fundamentalistischen Jama'at-ul Islam, Sayyid Abul A'la Maududi, in der Verfassungsdiskussion gegen die mit dem Namen Muhammad Asad verbundenen Vorschläge der Reformer. Ihr Vorhaben war ihm ein Gräuel. In seinem Briefwechsel mit Maryam Jameelah, die, als Margret Marcus aus einem reformierten jüdischen Elternhaus kommend, vor ihrer Konversion zum Islam alternativ mit der jüdischen Orthodoxie geliebäugelt hatte, verglich Maududi die von ihm geschmähten progressiven Muslime mit den Anhängern des Reformjudentums. Seiner Meinung nach war beiden die Bedeutung des sakralen Gesetzes abhanden gekommen.

Die Verfassungsdebatte im frühen Pakistan war von so großer Bedeutung für die Entwicklung des islamischen Gesetzesverständnisses, weil sie in einem muslimischen Gemeinwesen stattfand, das außer dem Islam kein anderes Selbstverständnis haben konnte. So lag es nahe, dass hier muslimischer Raum und muslimische Zeit im Gesetz in einer Weise in Eines zusammenfielen wie an keinem anderen Ort. Die Frage des Gesetzes war in Pakistan anders als sonst in der muslimischen Welt von vornherein politisch-theologisch affiziert. Deshalb stellte sie sich dort mit einer derartigen Schärfe – mit dem Potenzial einer Entscheidung in die eine oder andere Richtung, in Richtung Reform oder in Richtung Orthodoxie. Eine ähnliche Frage – wenn auch aus einer gegenläufigen Konstellation heraus – stellt sich für die inzwischen angewachsene muslimische Diaspora. Denn in der diasporischen Situation, in einem Raum, in dem von vornherein das islamische Gesetz nicht Ausdruck der Herrschaft sein kann und die Tradition der Politik westlichen, also christlich-säkularisierten Vorgaben folgt, sind Muslime gehalten, ihr sakrales Gesetz mit nicht-muslimischen Lebenswelten kompatibel zu machen. Dies führt zu einer Spaltung entlang jener Linie, wie sie von indisch-muslimischen Reformern vorgeschlagen worden war: Divinisierung des Zeitlosen – Wandelbarkeit des Zeitgebundenen. In der diasporischen Situation wäre dem eigenen Religionsgesetz ebenso zu folgen wie den Gesetzen des jeweiligen Landes. Damit wäre einer „Protestantisierung" des Islam Vorschub geleistet, zumal sich darüber eine Sphärentrennung ergeben würde. Das Sakrale würde auf die ihm zustehenden Räume wie Zeiten beschränkt. Religiöse Verrichtung und alltägliche Lebenswelt fielen auseinander. Dies käme einer situationsbedingten Säkularisierung gleich. Diasporische Muslime wären so veranlasst, jener Aufspaltung zu entsprechen, der die andere Gesetzesreligion, das Judentum, schon immer gefolgt war. Deshalb war es ihr gelungen – wenn auch nicht ohne innere Konflikte –, den Vorgaben der sich durchsetzenden Moderne zu entsprechen. Damit vermochte auch die aufgeklärte jüdische Orthodoxie zu leben. So folgte sie dem von ihr aufgestellten Grundsatz „Jude bei sich und Mensch in der Welt".

Muhammad Asad stand nicht nur in der pakistanischen Verfassungsdebatte aufseiten der Reformer. Auch im Bereich der Koraninterpretation und der Koranübersetzung forderte er die islamische Orthodoxie heraus. Bei der Koranübersetzung bietet sich eine Analogie zur Bibelübersetzung Mendelssohns an. Zwar ist es bei Weitem übertrieben, eine Parallele zwischen Moses Mendelssohn und Muhammad Asad zu ziehen, vor allem, was Bedeutung und Wirkungsgeschichte beider Persönlichkeiten angeht. Immerhin genoss Mendelssohn die Anerkennung der jüdischen Gemeinschaft, während Muhammad Asad als jüdischer Konvertit zum Islam auf Vorbehalte stieß. Aber Ähnlichkeiten lassen sich, was ihre Vorhaben angeht, nicht von der Hand weisen. Sowohl Mendelssohn wie auch Asad strebten mit der Übertragung der heiligen Schriften auch deren Interpretation im Sinne einer Anpassung an die Umstände dessen an, was mit „Moderne" gekennzeichnet wird. Daraus ergaben sich nicht unerhebliche Probleme. So war dem Koran das Sakrale mittels der Wörtlichkeit eingeschrieben. Jede allegorische Übertragung muss das Heilige in Mitleidenschaft ziehen, jede metaphorische Ausdeutung auf den Widerstand traditioneller wie fundamentalistischer Gläubiger stoßen. Aber Allegorie und Metapher im Unterschied zur Wortwörtlichkeit entsprachen dem Vorhaben Asads, der seinen Glauben als Religion der Vernunft aus den Quellen des Islam verstand. Kein Wunder, dass ihm die Islamische Weltliga die Legitimation entzog. Mendelssohn hingegen wirkte, diasporisch bedingt, in einem doppelten Rechtsraum. Dies gewährte ihm eine Manövrierfreiheit zwischen den rabbinischen Autoritäten. Seine Bibelübersetzung organisierte er an ihnen vorbei – eben dina demalkhuta dina. Als muslimischer Aufklärer stand Muhammad Asad zwischen den Welten. In seinem Zugang zur sakralen Schrift wollte er zweierlei erreichen: Durch Übertragung und Interpretation der heiligen Schrift, des Korans, sollte dieser den Menschen von seinem Sinn her nähergebracht werden. Gleichzeitig galt es, durch Umgehung der Wörtlichkeit das heilige Buch der Muslime der Glut des Sakralen zu entziehen. In dieser Stellung war Asad isoliert und dazu verurteilt zu vereinsamen. Nicht zu Unrecht wurde er in seinem Vorhaben als ein Wanderer zwischen Wissen und Glauben charakterisiert: als ein „muslimischer Orientalist", der den Text hermeneutisch durchdringt und analytisch zergliedert, und als ein „islamischer Gelehrter", der den Text als das absolute Wort Gottes annimmt. Eine ähnliche Charakterisierung hätte auch Mendelssohn als jüdischem Aufklärer gebührt. Auch er stand an der Schwelle zweier Welten – der Welt der Wörtlichkeit und der Welt der Allegorie, der sakralen Zeit und der historischen Zeit. Freilich mit bislang unterschiedlichem Ausgang.

4. Kompatibilität von religiösem Recht und säkularem Staat

Angesichts der dargelegten Analogien zwischen Judentum und Islam stellt sich freilich die Frage nach ihrer Reichweite. Wie weit reichen diese Analogemata? Kann der Prozess der Integration der Juden in die westliche Moderne den Muslimen gar als Folie dienen? Soweit es sich hier um Muslime in der Diaspora handelt, dürfte der Vergleich durchaus naheliegen, wofür sich ein historischer Rückblick anbietet.

Vor über zweihundert Jahren, genau im Februar/März 1807, trat der Große Sanhedrin in Paris zusammen. Unter dem Vorsitz von Rabbi David Sinzheim aus Straßburg versammelten sich in der französischen Hauptstadt einundsiebzig jüdische Repräsentanten aus dem französischen Empire und dem Königreich Italien. Den Rabbinern wie den Laien war aufgetragen, die Ergebnisse jener seit Mai 1806 tagenden und durch ein Dekret Kaiser Napoleons einberufenen Versammlung jüdischer Notabeln zu ratifizieren und in verbindliche Anweisungen an die Juden umzusetzen. Im Großen und Ganzen ging es um Fragen der Kompatibilität von jüdischem Recht – der halahka – und zivilen Anforderungen, die der neu erworbenen Staatsbürgerschaft erwachsen waren. Hierzu war den Notabeln ein Katalog von zwölf Fragen vorgelegt worden. Darin waren u. a. gängige, gegen Juden gerichtete Beschuldigungen aufgeführt worden, so etwa die Unterstellung der Polygamie oder Fragen der Eheschließung mit Nichtjuden; auch die Frage nach der Loyalität zu Frankreich.

Ganz aus der Luft gegriffen waren die an die Versammlung der jüdischen Notabeln gerichteten Fragen nicht. Tatsächlich war die Emanzipation der Juden, die ihnen gewährte Rechtsgleichheit für viele von ihnen mit herben Konsequenzen verbunden gewesen. Die mit der zivilen Gleichheit einhergehende Preisgabe halachischer Maßgaben traf den auf offenbartem Gesetz beruhenden jüdischen Glauben gleichsam im Kern. Obschon in den monatelangen Beratungen der Rabbiner und Notabeln keine interpretatorische Mühe gescheut worden war, sowohl die halachischen Prinzipien zu wahren, als auch dem neu errungenen bürgerlichen Status zu entsprechen, lebten sie fortan in einer unaufgelösten inneren Spannung. Vielen Juden galt Napoleon als Befreier. Hingegen sahen die Frommen im Korsen einen großen Verderber. Eine Paradoxie der Emanzipation: So gut nämlich Napoleon für die Juden war, so schlecht war er für das Judentum. Auch in einem anderen Osten, dem Nahen Osten, war die von dem Heerführer Bonaparte offerierte Moderne wenig gelitten. So stieß die 1798 von revolutionärer Propaganda der Menschen- und Bürgerrechte begleitete französische Besetzung Ägyptens bei der einheimischen Bevölkerung auf taube Ohren, ja, sie erregte ihren Widerstand.

Judentum und Islam weisen nicht unerhebliche Gemeinsamkeiten auf: Bei beiden handelt es sich um Religionen, die auf einem offenbarten Gesetz beruhen. Angesichts der anbrandenden Moderne wurden damals Juden und werden heute Muslime aufgefordert, ihre Religion mit den christlichen Konfessionen kompatibel zu machen. Hierzu haben sie auf wesentliche Bestandteile ihrer Glaubenswelt zu verzichten, auch und gerade dann, wenn sie im Bereich des Westens wohnhaft sind, in Kulturzusammenhang mit der säkularisierten Christenheit. Indes schienen die Juden für die sich ihnen damals öffnenden Lebensumstände besser gerüstet, als es die Muslime heute sind. Dies vor allem deshalb, weil die Juden als eine Bevölkerung der Diaspora von jeher gewohnt waren, ein Dasein als Minderheit zu führen. Die Muslime hingegen empfinden sich traditionell als eine herrschende Bevölkerung. Zwar gerieten auch sie im Laufe ihrer Geschichte in die Lage, christlicher Herrschaft unterworfen zu sein – etwa im mittelalterlichen Sizilien oder in el-Andalus. Später aber, mit der territorialen Rückbildung des Osmanischen Reiches angesichts der russischen Eroberungen im Schwarzmeerbereich – vor allem nach dem 1774 geschlossenen Frieden von Kütchek-Kainardje –, sahen sich viele Muslime gehalten, eine hidschra zu unternehmen, also die christlich gewordenen Gebiete zu verlassen und sich zur Befolgung ihres religiösen Pflichtenkanons in den Herrschaftsbereich des Islam zu begeben. So jedenfalls befahl es die damals herrschende Lehre. Heute, da Muslime ganz von sich aus in den Westen abwandern, stellt sich die Frage, ob ihre Lage mit jener der Juden Europas der Emanzipationszeit verglichen werden kann.

In der Präambel zu den Antworten auf die zwölf Fragen Napoleons verweist die Versammlung der jüdischen Notabeln auf den Umstand, dass entsprechend der jüdischen Tradition der Herrschaft des Landes die letzte Autorität auch in den sie betreffenden politischen wie zivilen Angelegenheiten zukommt. Damit folgten sie dem seit dem babylonischen Exil geltenden Prinzip des dina demalhkuta dina. Dies bedeutet in etwa, dass die Juden das im Lande ihres Aufenthaltes gültige Recht vor dem ihrigen zu akzeptieren haben. Ein solcher Vorbehalt freilich gilt nicht in Angelegenheiten von Ritus und Liturgie.

Bei dem eingangs vorgestellten Grundsatz dina demalhkuta dina handelt es sich der Form nach eigentlich um eine Aufspaltung der Sphären – analog zur christlichen Tradition der Trennung von weltlicher und spiritueller Autorität:

dem Kaiser zu geben, was des Kaisers ist, und Gott zu geben, was Gottes ist. Da den Juden von der Zeit des europäischen Mittelalters an so etwas wie Autonomie gewährt worden war, sie also ihrem eigenen religiösen Gesetz nach leben konnten und sich die Herrschaft des Landes wesentlich auf Sachen der Besteuerung und des Münzwesens beschränkte, konnte die im Diktum der Aufspaltung der Sphären angelegte Unterscheidung zwischen mamona – den profan-pekuniären Anteilen – und assura – den rituell-religiösen Elementen – relativ klar getroffen werden. Die spätabsolutistischen Reformen und erst recht die Französische Revolution versetzten indes mittels der bürgerlichen Gleichheit Korporation und Privileg den Todesstoß.

Von diesem Zeitpunkt an nahm auch die Konfessionalisierung des Judentums ihren Lauf – es protestantisierte sich. In Extremfällen wurde gar die Einführung des Orgelspiels betrieben, es kam zur annähernden Abschaffung des Hebräischen als Gebetssprache und vieles andere mehr. Doch der große Durchbruch der jüdischen Reformbewegung sollte erst in Amerika erfolgen. Dies war der aus England in die Neue Welt übertragenen protestantischen Tradition des Pluralismus der Konfessionen geschuldet. In Amerika wurde das Judentum mehr als auf dem Kontinent zu einer Konfession unter vielen anderen.

Die pluralistische Imprägnierung Amerikas dürfte heute nicht unwesentlich dazu beitragen, dass die ersten zaghaften Versuche, eine „diasporische" muslimische Existenz religionsgesetzlich als Minderheit zu begründen, von den Muslimen in den Vereinigten Staaten ausgehen. Gemeint ist die inzwischen auch in Europa angelangte Tendenz des fiqh al-aqalliyyat – eine Jurisprudenz muslimischer Minderheiten im Westen. Bei der Tendenz einer solchen Minderheitenjurisprudenz handelt es sich um eine nachgerade einschneidende Entwicklung. Denn hier sollen islamrechtliche Maßgaben der Alltagsbewältigung in einem nichtmuslimischen Herrschaftsraum durch die Interpretationsanstrengungen einer neuen, selbstständigen Rechtsfindung aus Koran und Hadith (ijtihad) entwickelt werden.

Dass der gegenwärtig in Amerika wirkende Taha Jabir al-Alwani, der als Begründer des „Minderheiten-Fiqh" gilt, ein großer Überschreiter der Tradition ist, muss bezweifelt werden. Dass er für die Tradition, gar für die Orthodoxie Partei ergreift, war unlängst anhand der unerquicklichen Kontroverse mit dem Euro-Muslim Tariq Ramadan und seiner reformerischen Vorschläge zu erkennen, für bestimmte strafrechtliche Anteile der Scharia ein Moratorium zu erwirken. Ramadan wurde als Befürworter westlich-liberaler Ideen angeprangert und mit drohender Geste der Spaltung und Zerstörung der Nation des Islam geziehen. Das erinnert in Argument und Rhetorik an die jüdisch-orthodoxe Reaktion auf die reformistische Neue Israelitische Hamburger Tempelbewegung von 1818. In einer Streitschrift wird den Reformern ob ihrer Neuerungen der Abfall vom Glauben vorgehalten. In den Worten des Prager Rabbiners Eliezer Fleckeles werden sie als Ungläubige verurteilt. Sie seien weder Juden noch Christen.

Bei aller Schärfe in der Verteidigung der Unantastbarkeit der Scharia durch den Begründer der Tradition des fiqh al-aqal-liyyat wird trotz aller Orthodoxie des Mittelweges eine Tendenz der Rechtsauslegung deutlich, die in eine neue und überaus interessante Richtung weist. Al-Alwani machte sich nämlich bereits im Jahre 1994 einen Namen, als der amerikanische Fiqh-Rat unter seiner Präsidentschaft eine Fatwa erließ, in der den Muslimen die Teilnahme an US-Wahlen erlaubt wurde. Hinzu trat eine Fatwa, die ihnen gar den Militärdienst in den amerikanischen Streitkräften gestattete – und dies auch dann, wenn sie in Ländern des Islam eingesetzt werden sollten.

Die Versöhnung zwischen den Anteilen des eigenen und jenen des fremden Gesetzes konnte im Judentum diasporischer Tradition durch den Grundsatz dina demalhkuta dina gelingen. Kann vom islamischen fiqh al-aqalliyyat als einer Form des kollektiven ijtihad eine ähnliche Wirkung ausgehen? Der interpretatorischen Tendenz nach sieht es ganz so aus. So wird der von Muslimen jenseits des dar al-islam bewohnte Bereich (zu dem die westlichen Länder gehören) dieser Auslegung nach nicht als feindlich angesehen. Im Gegenteil: Als dar al-dawa kann dort der Verbreitung des Islam nachgegangen werden. In einem jüngeren Interview hat al-Alwani vorgeschlagen, das enge traditionelle Verständnis des dar al-islam als Herrschafts- und Rechtsraum der Muslime zu überdenken. Der Interpretation des „Minderheiten-Fiqhs“ nach lasse sich die Geltung des dar alulam überall dort feststellen, wo Muslime den Obliegenheiten ihres Glaubens nachgehen können, also wo Religionsfreiheit herrscht. Den Ausführungen al-Alwanis nach sei dies in Amerika zweifelsfrei der Fall. Umgekehrt sind die amerikanischen Muslime zur Loyalität ihrem staatlichen Gemeinwesen gegenüber verpflichtet. Es gelte, das Gesetz des Landes zu achten.

Forderungen nach jüdischer Autonomie in Kernbereichen des Kultes gerieten vornehmlich dort an ihre Grenzen, wo sie mit dem Wertekanon ihrer Umwelt in Konflikt gerieten oder auf antijüdische Ressentiments stießen. Die auf der Pariser Friedenskonferenz von 1919 stipulierten Minderheitenverträge garantierten den Juden Polens, damals etwa zehn Prozent der Gesamtbevölkerung, den Einhalt der Sabbatruhe anstatt des Sonntages wie das Recht auf rituelles Schlachten. Im Diskurs über kaschrut und halal, also die jüdischen wie muslimischen Speisevorschriften, lassen sich anhand der rituellen Schlachtung in der Tat Analogien zwischen antisemitischen und islamophoben Ressentiments feststellen. Für die Gesetzesreligionen Judentum und Islam gehört die Frage der rituellen Schlachtung zum Kernbestand dessen, was ihnen als Religionsfreiheit gilt.

Auch um Freiheit in der Deutung geht es beim fjqh al-aqalliyyat. Manche Muslime glauben darin gar ein epistemisches Einfallstor für ein verändertes, für ein profaneres Weltverständnis zu erkennen. Schließlich weist die ursprüngliche Bedeutung des „Fiqh" als Kategorie des unabhängigen Verstehens, des Wissens und der angewandten Intelligenz über den traditionellen islamischen Kanon hinaus. Von einer epistemischen Kehre spricht etwa der in London wirkende Scheich Zaki Badawi, der im „größeren Fiqh" die Chance für eine Öffnung des Tores zu einer westlich imprägnierten Wissenskultur zu erkennen glaubt.

All das erinnert in mancherlei Hinsicht an die in der Emanzipationsepoche vor sich gehende Verwandlung der sich damals etablierenden „Wissenschaft des Judentums" von einer noch sakral gebundenen heilsgeschichtlichen Lesart hin zu einer sich anthropozentrisch ausrichtenden Interpretation. Die Dominanz des Glaubens schlägt die Urteilskraft des Historikers in Ketten. Für Neo-Orthodoxe wie Samson Raphael Hirsch war die „Wissenschaft des Judentums" Teufelszeug.

Die „Wissenschaft des Judentums" als eine sich zusehends säkularisierende Selbstdeutung der Juden trug nicht unerheblich dazu bei, ihnen den Eintritt in die Geschichte zu erleichtern. Im orthodoxen, vor allem im ultraorthodoxen, aber auch im religiösen Nationaljudentum ist ein anthropozentrisches, ein westliches Verständnis von Geschichte nicht selbstverständlich. Die Präsenz Gottes in der Geschichte wird durch ein zyklisches Weltverständnis symbolisiert – ein Umstand, der sich bei Muslimen drastischer ausnimmt. Das wirkt sich vor allem auf das Verständnis des Holocaust aus, ein Ereignis, das neben der ungelösten Palästinafrage Juden und Muslime zutiefst entfremdet. Vielen Muslimen bleibt die zentrale Bedeutung des Holocaust für das westliche Geschichtsverständnis verschlossen. Mit der in Auschwitz erfolgten Durchbrechung aller Stufen von Vernunft und Selbsterhaltung wurden als gewiss erachtete Fundamente der Aufklärung annulliert. Dies zu erkennen bleibt einem anthropozentrisch durchdrungenen Weltbild vorbehalten. Ein sakral imprägniertes Weltbild hingegen wird in einem solchen Rang des Holocaust eine Überschreitung des göttlichen Vorbehalts erkennen wollen und sie zurückweisen.

Die islamische Minderheitenjurisprudenz in den Bereichen des Alltags und der „große Fiqh" in Fragen der unabhängigen Erkenntnis können gemeinsam dazu beitragen, in Analogie zur historischen „Wissenschaft des Judentums" Muslimen den Weg zu einer nicht-sakralen Weltdeutung zu weisen, der ihrer Tradition angemessen ist.

Veränderte Fassung des Kapitels Geschichte und Gesetz. Über die Verwandlung sakraler in profane Zeit. Aus: Versiegelte Zeit. Über den Stillstand in der islamischen Welt, Ullstein Taschenbuchverlag, 2007.

Psychologische Mechanismen religiöser Gewalt

Sudhir Kakar

Abstract

Wie und warum werden friedliche religiöse Identitäten von gewaltsamen Identitäten abgelöst? Am Beispiel des Konflikts zwischen Hindus und Muslimen in Indien wird versucht, die psychischen Mechanismen, die die Entstehung und den Verlauf von Gewalt zwischen verschiedenen religiösen Gruppen bedingen, aufzuzeigen.

1. Einführung

Während sich der akademische Diskurs bislang vorwiegend mit den Fragen nach den Ursachen religiöser Gewalt zwischen verschiedenen Gruppen beschäftigt hat, wurde sowohl die Frage nach den konkreten Gewaltauslösern als auch die Frage, wie diese Gewalt von den Beteiligten erlebt wird, vernachlässigt. Anders ausgedrückt: Der psychische Zustand der in die Gewaltakte involvierten Individuen hat bislang nur unzulängliche Beachtung gefunden. In meinem Buch *The Colors of Violence* (Deutsch: *Die Gewalt der Frommen*), einer Fallstudie über die Gewalt zwischen Muslimen und Hindus in Indien, habe ich versucht, die Veränderungen im Bereich der Psyche nachzuzeichnen, die auftreten, wenn aus friedlichen religiösen Menschen plötzlich gewalttätige werden.

Meine Studie konzentriert sich auf Ereignisse, die an einem ganz bestimmten Ort, nämlich dem von einer Stadtmauer umfriedeten Viertel der südindischen Stadt Hyderabad, zu einem konkreten Zeitpunkt, nämlich im Dezember 1990, stattgefunden haben, als sich die latenten Spannungen zwischen den beiden fraglichen Gemeinschaften dahingehend verschärften, dass aus einem zunächst schlummernden Konflikt ein regelrechter Aufruhr einschließlich Ausbrüchen mörderischer Gewaltakte entstand, der mehr als 300 Menschenleben kostete.

2. Glaubensfragen und soziale Tatsachen

Als ich zum ersten Mal nach Hyderabad kam, war ich erstaunt festzustellen, dass Hindus und Muslime zwar Gefühle voller Hass für den jeweils anderen hegten, dass diese Abneigung aber *absolut nichts* mit Religion und Glaubensdingen zu tun hatte.

Besonders deutlich wurde diese überraschende Tatsache in meinen Befragungen, die ich zum Thema Ethik durchgeführt hatte. Befragt wurde zu 19 verschiedenen Interaktionen zwischen Hindus und Muslimen, die es moralisch zu bewerten galt, angefangen von „Hindu- bzw. Muslimfreunde haben" über „mit Hindus (Muslimen) essen" bis zu „töten und vergewaltigen in Zeiten von Aufständen". Mit Hilfe meiner Fragen wollte ich herausfinden, welche Aktivitäten und Aktionen aus der Sicht meiner Interviewpartner erlaubt und welche verboten waren, und – im letzteren Falle – welche Konsequenzen in Form möglicher Sanktionen das für die vermeintlichen Übeltäter haben sollte.[1]

Ich war, wie bereits gesagt, überrascht über das Ausmaß an Toleranz in Glaubensdingen. Einen Tempel oder eine Moschee zu entweihen, indem man beispielsweise einen Kuh- oder einen Schweinekadaver auf das Tempelgelände wirft, galt selbst in den Tagen schlimmster Gewalt als falsch. Ebenso überrascht war ich zu hören, dass das Studium der *Bhagavad gita* durch einen Muslim unter Anleitung eines Hindupriesters für andere Muslime kein Sakrileg darstellt. „Die *Bhagavad gita* ist die Stimme Gottes in ihrer Sprache; also ist es nicht falsch, sie zu hören", meinte einer der Befragten, und ein anderer: „Wenn Menschen Wissen erwerben, ist dies Allah wohlgefällig", und ein Dritter meinte: „Es macht gar nichts. Ein Muslim wird doch immer ein Muslim bleiben!"

Was aber sagt man, wenn ein Muslim zum Hinduismus konvertiert? Ich war der festen Überzeugung, dass dies von allen zumindest als falsch, wenn nicht sogar sündig angesehen werden würde. Aber auch hier war die Ablehnung keineswegs durchgängig, und selbst diejenigen, die eine solche Konversion als falsch ansahen, waren sehr zögerlich, sie mit *Strafe* zu belegen. Andere waren der Ansicht, dass es sich bei einem Wechsel der Religion um eine rein persönliche Angelegenheit handele.

Diese Antworten lassen daher nur den einen Schluss zu, dass nämlich in Be-

---

[1] Ausführlich in: *Sudhir Kakar*, The Colors of Violence: Cultural Identities, Religion and Conflict, Chicago 1996, 132–142. Dtsch. Die Gewalt der Frommen, München 1997.

zug auf *religiösen Fanatismus religiöse Überzeugungen und religiöses Handeln die geringste Rolle spielen* – sie kommen deutlich weniger zum Tragen als andere Bereiche sozialer Interaktion zwischen Hindus und Muslimen.

Wenn es sich aber so verhält, welches sind denn diese verbotenen Interaktionen, die zu solchen Hassgefühlen und Gewaltausbrüchen führen? Ich will mich hinsichtlich meiner Argumentation kurz fassen und an dieser Stelle nur ein Beispiel nennen: In normalen Zeiten werden bei Muslimen (der hier untersuchten Bevölkerungsgruppe in Hyderabad) die stärksten Emotionen freigesetzt, wenn ein Muslimmädchen mit einem Hindujungen ins Kino geht. Dies gilt nicht nur als eine ernsthafte Verletzung des Moralkodex, sondern eindeutig als Sünde. Ein Drittel der Befragten würde das Mädchen töten bzw. von den Eltern erwarten, ihre Tochter in aller Stille zu vergiften. Sogar jüngere Muslimfrauen, von denen ich angenommen hätte, mit dem fraglichen Mädchen zu fühlen, waren mit den Männern der einhelligen Meinung, dass es sich hier um eine schwere Sünde handele; sie waren jedoch sehr viel weniger streng hinsichtlich der als angemessen empfundenen Strafe: Sie empfahlen, das fragliche Mädchen zu verprügeln und dann gegen ihren Willen zu verheiraten.

Was hier geschieht, wird demnach nicht als ein Affront gegen die Religion gesehen, sondern als ein Affront gegen die allerdings über die Religionszugehörigkeit definierte soziale Gemeinschaft oder, anders ausgedrückt, als ein Affront gegen die religiöse Gruppenidentität. Der Kinobesuch des muslimischen Mädchens ist eben keine persönliche Angelegenheit, sondern ein Akt des Anknüpfens einer sozialen Beziehung zu der anderen Gemeinschaft und damit gleichzeitig ein Angriff auf die *Grenzen* der Muslimgemeinschaft; eine Rechtsverletzung, die sofort eine gewaltsame Reaktion nach sich zieht. Seltsamerweise zieht nicht einmal die – allerdings stark missbilligte! – Heirat eines muslimischen Mädchens mit einem Hindu solche gewaltsamen Strafen nach sich. Das Mädchen, das einen Hindu heiratet, ist mit der Heirat nicht mehr Angehörige der muslimischen Gemeinschaft; sie ist für die Muslime im wahrsten Sinne des Wortes gestorben. Das Mädchen, welches nur das Kino besuchte, ist dagegen weiterhin ein Mitglied der Muslimgemeinschaft und möglicherweise, wenn auch unwissentlich, Trägerin eines fremden Samens.

3. Religiöse Gewalt und der religiöse Faktor

Religiöse Gewalt hat also weniger mit dem Zusammenprall entgegengesetzter religiöser Überzeugungen zu tun als mit dem Zusammenprall von *auf Religionszugehörigkeit basierenden Gruppenidentitäten.* Jeder von uns – und das ist nur selbstverständlich – hat viele Gruppenidentitäten: die der Familie, einer geografischen Einheit, der Sprache, der Nation usw. Nun bedeutet das Einbeziehen einer weiteren, nämlich der religiösen Gruppenidentität, nicht etwa eine Abschwächung, sondern im Gegenteil eine Steigerung der Gewalt im Rahmen des Konfliktes: Bei Konflikten zwischen Gruppen führt das Einbeziehen des religiösen Faktors zu größerem emotionalen Druck und zu stärkerer Motivation, als das bei anderen identitätsstiftenden Gruppenmerkmalen wie Sprache oder gemeinsamer geografischer Herkunft möglich wäre – zumindest in solchen Ländern, in denen die Religion in der Gesellschaft eine große Rolle spielt, wie eben in Indien.

Mit einer Historie, die im kollektiven Gedächtnis eher eine Geschichte des Sakralen bzw. heiliger Ereignisse als die Aufzählung geschichtlicher Daten und Tatsachen ist, basieren auch Metaphern und Analogien auf heiligen Legenden. Die religiöse Rechtfertigung einer Auseinandersetzung bringt grundlegende Werte ins Spiel und setzt damit heftigste Leidenschaften frei. Mehr noch, gerade das religiöse Ritual – sei es das gemeinsame Gebet, eine Prozession oder andere gemeinschaftliche religiöse Handlungen – ist das Medium, welches in Zeiten größerer Spannungen und möglicher Bedrohung die Grenzen niederreißt und aus einer religiösen Gemeinschaft einen mörderischen Mob werden lässt. Und solange der Gewalttäter moralische Rechtfertigung findet, sei es in einer religiösen Gemeinschaft, sei es unter Unterdrückten oder was immer sonst noch als Entschuldigung herhalten kann, wird er kaum ein Gefühl der Schuld oder Scham wegen seiner mörderischen Aktivitäten empfinden – eine Tatsache, die nicht auf andere, nicht religiös motivierte Gruppen zutrifft. Solange man der Überzeugung ist, dass die verübte Gewalt einem moralischen Zweck dient, sind alle Schleusen in Richtung Brutalität geöffnet. Wir wissen, dass die schlimmsten Gräueltaten des vergangenen Jahrhunderts – und meiner Überzeugung nach wird auch dieses Jahrhundert nicht dahinter zurückbleiben – von Männern verübt wurden, die glaubten, ein Utopia zu erschaffen oder ihre ideale Lebensgemeinschaft/ihren idealen Staat vor Angriffen zu schützen. Idealismus ist gefährlich, weil er unausweichlich von der Auffassung begleitet wird, dass der Zweck die Mittel heiligt: Wenn man für Gott kämpft, für die Unterdrückten oder für die eigene Religionsgemeinschaft, zählt nur das Ergebnis und nicht der Weg dorthin. In dem Moment, indem man ein moralisches Mandat zu haben glaubt, kümmert man sich wenig um Gesetze und die Angemessenheit von Maßnahmen; die Frage der „Gerechtigkeit" führt dazu, geringschätzig über Fragen der Fairness zu urteilen. Wenn auf der einen Seite der Individualismus das Einfallstor für Selbstsucht und hemmungslose Besitzgier ist, hat auf der anderen Seite auch die *community identity* eine dunkle Seite, und das ist ihre Ausschließlichkeit, ihre Intoleranz und ihre Neigung zur Gewalt. Es wundert daher nicht, dass die Aufforderung „Liebe Deinen Nächsten" geradezu zu einem Gebot werden musste. Der Nachbar ist ein potenzieller Kontrahent und Gegenspieler und kann daher im besten Falle, wenn nämlich weit genug entfernt, ignoriert werden. Wenn er aber zu deutlich in Erscheinung tritt oder gar zu befürchten ist, dass er Grenzen übertritt, muss er erniedrigt und angegriffen werden.

4. Gruppenidentitäten

Was ich bei meiner Untersuchung herausfand, war, dass Menschen, die in religiöse Konflikte involviert sind, im Gegensatz zu den Historikern in Sachen Muslim-Hindu-Beziehungen mit zweierlei Geschichtsschreibung arbeiten. Das bedeutet, dass in Zeiten latenter oder offener Konflikte die Variante jahrhundertealter Feindschaft dominiert und das kulturelle Gedächtnis sich in genau dieser Richtung erinnert. In Zeiten relativen Friedens liegt der Fokus der Erinnerung dagegen auf den Gemeinsamkeiten und den gemeinschaftlich bewältigten Herausforderungen der Geschichte. Viele Versatzstücke der Erinnerung, die in Zeiten gegenseitiger Animositäten von Bedeutung waren, werden in Friedenszeiten in den Hintergrund treten, verblassen oder eine neue Bedeutung annehmen, während andere Geschichten aufkommen, in denen die friedliche Hindu-Muslim-Koexistenz im Mittelpunkt steht.

Abgesehen von der Tatsache, dass das Virulentwerden eines latenten Konflikts das kollektive Gedächtnis einseitig in Richtung auf die konfliktträchtige Version der gemeinsamen Geschichte konzentriert, kommt gleichzeitig auch die *Gruppenidentität* zum Tragen. An dieser Stelle möchte ich eine wichtige Unterscheidung treffen zwischen einer Gruppenidentität, die sich auf die Religion, und einer Gruppenidentität, die sich auf den Glauben bezieht. Während sich die

Identität als Angehöriger einer Glaubensgemeinschaft oder besser: als einer *Gemeinschaft im Glauben* in gemeinsamen religiösen Aktivitäten wie beispielsweise beim Gebet oder beim Kultus zeigt und man eine fromme Gestimmtheit mit den andern Gläubigen teilt, ist die religiöse Gruppenidentität aufgeladen mit einer Atmosphäre von Aggressivität und Verfolgungswahn. Die Identität als Angehöriger einer Gemeinschaft im *Glauben* wird dann ersetzt durch die *Betonung des Faktums der Zugehörigkeit*; das „Wir-sein" der Glaubensgemeinschaft macht dem ausgeprägten Wir-Gefühl der Gruppenidentität Platz. Dabei ist es die Selbstvergewisserung durch das Wir-Gefühl mit ihrem inhärenten Gegensatz zu möglichen anderen Wir-Gruppen, die zum Auslöser von Aggressionen wird und das Potenzial von Gewalt in sich trägt, und zwar konsequenterweise aus der bei einer solchen Denkweise logischen Furcht vor Verfolgung und Vergeltung. Inwieweit die eigene Identität hauptsächlich durch die Zugehörigkeit zu einer religiösen Gruppe geprägt und erfahren wird und weniger durch mögliche andere Gruppenidentitäten wie Familie, Kaste oder Beruf, hängt vom Individuum ab. Es gibt immer wieder Hindus oder Muslime, deren persönliche Identität selbst in Zeiten schlimmster Gewaltausbrüche durch ihre religiöse Gruppenzugehörigkeit nicht vereinnahmt wird. Solche Persönlichkeiten tragen leicht an ihrer Gruppenidentität und sind jederzeit zu Akten des Mitleids und der Selbstaufopferung fähig, und sei es die Rettung eines Angehörigen der „feindlichen" Gruppe vor einem wütenden Mob selbst unter beträchtlicher Gefahr für das eigene Leben. Auf der anderen Seite gibt es auch solche Menschen – die Fanatiker –, deren Verhalten selbst in Friedenszeiten von ihrer Gruppenidentität diktiert wird; sie tragen daran wie an einer Rüstung, die niemals abgelegt wird.

Für beide Religionsgemeinschaften galt im Übrigen, dass die Gruppenidentität bei Frauen weniger stark zum Tragen kam als bei Männern; ein Unterschied, der auf eine genderspezifische Persönlichkeitsentwicklung zurückgeführt werden kann. Bei diesbezüglichen Feldforschungen mit einschlägiger Versuchsanordnung – Knaben und Mädchen im Alter zwischen 10 und 15 Jahren sollten mit eindeutig als Muslim oder Hindu erkennbaren Puppen eine „aufregende" Szene stellen[2]–, ergaben sich deutliche Unterschiede. Während diese konstruierten Szenen bei Mädchen so gut wie gewaltfrei waren, dominierten demgegenüber Gewaltszenen bei den Knaben. Egal, ob die Puppen einen Hindu- oder Muslim-

[2] *Kakar*, Colors (Anm. 1), 146–151.

habitus hatten, arrangierten die Mädchen Szenen eines friedlichen Familienlebens, und nur ganz am Rande fand der „aufregende" Part statt, indem zum Beispiel die Polizei einen Räuber festnahm. *(Allerdings, so muss hinzugefügt werden, wenn die Gewalttaten beginnen, haben Frauen einen durchaus entscheidenden Anteil daran, indem sie die Männer ermutigen oder lächerlich machen.)*

5. Verbale Diskriminierung

In dem Moment, wenn religiöse Identität zum Tragen kommt, werden zunächst einmal ansonsten unterdrückte Negativbilder der jeweils anderen Gemeinschaft reaktiviert, die dem anderen eine Tiernatur unterstellen, ihn also entmenschlichen. Diese Tiernatur wird deutlich gemacht durch angebliche Eigenschaften wie physische Wildheit, ungezügelte Sexualität, Drang zu sofortiger Triebbefriedigung und vor allem Unsauberkeit, womit sowohl körperliche Unsauberkeit wie moralische Verkommenheit und die Unsauberkeit der Seele gemeint ist. Dieser Vorgang ist keineswegs nur auf den Hindu-Muslim-Konflikt in Indien beschränkt, sondern lässt sich im Gegenteil wieder und wieder sowohl in historischen wie auch in gegenwärtigen Konflikten ausmachen. Im Frankreich des sechzehnten Jahrhunderts zum Beispiel „wussten" die Katholiken, dass die Protestanten nicht nur schmutzig und diabolisch waren, sondern dass ihr Heiliges Abendmahl in einem Zustand der allgemeinen Trunkenheit und Unordnung stattfand, ja einem Bacchanal glich, dass sie die Kerzen löschten und dann, nachdem sie in unglaublich lüsterner Weise die Psalmen gesungen hatten, wahllosen Geschlechtsverkehr miteinander hatten. Die Protestanten „wussten" dagegen, dass der katholische Klerus eine Organisation unterhielt, die den Domherren und Priestern, wenn sie nicht sowieso Sodomie betrieben, jederzeit hunderte von Frauen zur Verfügung stellte.

Der Gegensatz von „rein" und „schmutzig", das Assoziieren der rivalisierenden Gemeinschaft mit unappetitlichen Körperteilen und -funktionen oft aus dem Analbereich ist ein Gemeinplatz in vergleichbaren Konstellationen weltweit. „Schmutziger Nigger" oder „dreckiger Jude" sind in den USA wohlbekannte Epitheta, während Chinesen ihrerseits die Tibeter als ungewaschen und nach ranziger Yakbutter stinkend bezeichnen. In Ruanda hetzte das Radio die Hutubevölkerung auf, indem es die Tutsi ständig als Ratten und Kakerlaken bezeichnete; also als Lebewesen, die mit der Kanalisation assoziiert werden und demnach nichts weiter als Ungeziefer sind, das es auszumerzen gilt.

Solche Bilder vom anderen führen ein Eigenleben in den tieferen Schichten der Psyche, wo sie rationalen Diskursen nicht zugänglich sind. Während eigener Untersuchungen zu Besessenheitsphänomenen in Nordindien konnte ich die aufschlussreiche Beobachtung machen, dass in einer großen Zahl von Fällen, in denen ein böser Geist von einer Hindufrau oder einem Hindumann Besitz ergriffen hatte, dieser böse Geist der Geist eines Muslim war. Wenn dann während des Heilungsrituals der Patient in Trance fiel und der böse Geist aus dem Munde des Patienten sprach und seine Wünsche äußerte – nach verbotener Sexualität und nach verbotenen Speisen wie zum Beispiel Fleisch –, stellte sich stets heraus, dass diese Wünsche von solcher Art waren, wie sie die betroffene Person in bewusstem Zustand entsetzt hätten.[15] Dies bedeutet aber, dass die Besessenheit durch einen Muslimgeist die verzweifelten Anstrengungen einer Person spiegelt, sich selbst und andere zu überzeugen, dass die imaginierten Grenzüberschreitungen und Tabubrüche zur Sphäre des Muslimgeistes gehörten und auf gar keinen Fall etwas mit seinem eigenen „reinen" Hindu-Selbst zu tun haben könnten. Muslimgeister galten hierbei stets als die hartnäckigsten und bösartigsten der üblen Geister; der Muslim schien das *verstörend Fremde und Unangemessene* in den unterbewussten Anteilen der Hindupsyche zu verkörpern.

6. Entmenschlichung des anderen

Als in Hyderabad Hindus und Muslime damit begannen, sich gegenseitig als Stereotype und nicht mehr als individuelle Persönlichkeiten wahrzunehmen, waren zunächst Homogenisierung und dann Entpersönlichung die Folgen. Gespräche, in denen Aussagen nach Gruppenkategorien gemacht wurden – „Schaut nur, was die Hindus machen!" oder: „Die Muslime haben wieder einmal alle Grenzen überschritten!" –, nahmen signifikant zu. Zunächst ersetzte allerdings noch die Rhetorik der Gewalt tatsächliche Gewalttaten, und tatsächlich bedarf es noch machtvoller zusätzlicher Impulse, bevor das Bewusstsein religiöser Identität tatsächlich dominierend wird, der religiöse Konflikt ein neues Niveau erreicht und die Gewalt tatsächlich ausbricht.

Üblicherweise führen die soziale und die persönliche Identität ihr Eigenleben, ohne sich gegenseitig durch obsessives oder übermäßiges Hinterfragen zu beeinträchtigen. Dieser Bereich der alltäglichen Indifferenz bezüglich des eigenen Glaubens und hinsichtlich der eigenen Religionsgemeinschaft, der frei von ständigem Überprüfen der eigenen Haltung ist, kann durch solche Ereignisse empfindlich gestört werden, wie zum Beispiel die Zerstörung der Babri Moschee in Ayodhya 1992. Dennoch bedarf es weiterer Faktoren, damit es zu einem wirklichen Gewaltausbruch kommt. Hier waren es religiöse Demagogen in der Gefolgschaft religiös-fundamentalistischer politischer Strukturen, die die Szene betraten und ihre unheilvolle Wirkung entfalteten. Einerseits schürten sie die Verfolgungsängste der Gruppe durch Bilder einer bedrängten und gefährdeten Gemeinschaft auf der Schwelle zur Auslöschung durch die Hand des Gegners; andererseits stärkten sie die narzisstischen Gefühle der Gruppe, indem sie ihre Großtaten besangen und die gegnerische Gruppe lächerlich machten. Neben der Betonung der Tierhaftigkeit und Schmutzigkeit der rivalisierenden Gemeinschaft ist die Darstellung der eigenen Gruppe als ein angegriffener menschlicher Körper gang und gäbe. Gerade weil sich beim Individuum die Angst vor Verfolgung oft in Bildern der Bedrohung der eigenen Physis zeigt, und das vor allem während traumatischer Erlebnisse, befleißigen sich die Demagogen einer metaphernreichen Sprache, in der von der Gemeinschaft als einem Körper die Rede ist, der konkret und physisch angegriffen wird. Die Vorstellung eines Hindu- oder Muslimleibes, amputiert, vergewaltigt und aufgeschlitzt, spannt die Macht der Phantasie des Unbewussten ein, um das Gefühl der eigenen Bedrohung zu verstärken und damit den zweifelhaften *logos* eines bestimmten politischen Arguments durch die Macht eines *mythos* tief in der Psyche des Menschen zu verankern. Was Demagogen hauptsächlich wollen, ist, gerade solche Unterschiede zu betonen, die geeignet sind, einen Keil zwischen die eigene Gruppe und die andere, von ihnen entwertete Gruppe zu treiben. Ich kann hierzu zahlreiche Beispiele nennen, will mich hier aber auf ein Beispiel aus meinem eigenen Land beschränken und dazu aus einer Rede eines einflussreichen Hindu-Demagogen vom Vorabend des Ausbruchs der Hindu-Muslim-Gewalt in Hyderabad zitieren:

> „Sie fragen, was mit einem Muslim in einem Hindu-Indien passieren würde. Ich antworte, ich sage ihnen, dass Muslime in einem Hindu-Staat nicht entehrt werden, sie werden aber auch nicht belohnt werden und das Wahlrecht erhalten. Kein Regenschirm wird sich in Indien nur deshalb öffnen, weil es in Pakistan regnet. Wenn am Golf Krieg ist, wird man in Indiens Straßen nicht den Ruf ‚Lang lebe Saddam Hussein!' hören. Und wenn es um die Gemeinsamkeit mit unseren muslimischen Brüdern geht, sagen wir: ‚Brüder, wir sind durchaus willens, sevian [süße Nudeln] mit euch in euren Häusern zu essen, um Id [Īd al-Fitr, das islamische Fastenbrechen;

Anm. d. Übersetzers] zu feiern, während ihr auf unserem Holifest nicht mit uns Farbpulver werfen wollt. Wir hören euren Gebetsruf, aber ihr verweigert euch unseren Glocken. Wie kann es dann jemals zu einer Gemeinschaft zwischen uns kommen?' Der Hindu schaut in die eine Richtung, der Muslim in die andere. Der Hindu schreibt von links nach rechts, der Muslim von rechts nach links. Der Hindu betet in Richtung aufgehende Sonne, der Muslim wendet sein Gesicht zur untergehenden Sonne. Der Hindu isst mit der rechten Hand, der Muslim mit der linken. Der Hindu verehrt die Kuh, der Muslim kommt ins Paradies, wenn er Rindfleisch isst. Der Hindu trägt einen Oberlippenbart, der Muslim rasiert stets die Oberlippe. Was immer der Hindu auch tut, dem Muslim schreibt seine Religion das genaue Gegenteil vor. Ich sage: ‚Wenn ihr immer das Gegenteil von dem tun wollt, was die Hindus tun, und die Hindus mit dem Mund essen, solltet ihr es in dieser Angelegenheit genauso halten!'"[3]

7. Fazit

Fassen wir zusammen: Wenn wir die Wurzeln religiöser Gewalt bekämpfen wollen, müssen wir ihnen die Nährstoffe entziehen; und diese Nährstoffe bestehen eben aus der Betonung der *Unterschiede*, was wiederum die dunkle Seite von Gruppenindentitäten ausmacht. Das heißt nicht, dass ich meine religiös-kulturelle Identität als Hindu aufgeben und stattdessen in einer Art kulturellem Weltbürgertum aufgehen muss. Es sind natürlich unsere kulturellen Gruppenidentitäten, die unsere leidenschaftliche Hingabe evozieren, die uns im kulturellen Sinne menschlich machen. In diesem Zusammenhang spöttelte der Anthropologe Clifford Geertz während seiner Feldarbeit auf Java: „Du bist nur dann ein Mensch, wenn Du ein Javaner bist!"

Was können wir also tun? In aller Kürze: Es gibt keinerlei Alternative zu einem klaren Statement, dass Gewalt, welches ihre Auslöser auch sein mögen, in keinem Fall zu tolerieren ist. Wir wissen, dass in ethnischen oder örtlichen Aufständen ein Zeitfenster von etwa 24 Stunden existiert, in dem die Spannungen zwischen den Gruppen enorm hoch sind, aber noch keine eigentlichen Gewaltakte stattgefunden haben. Während dieser entscheidenden Zeitspanne kann das entschiedene Auftreten von Ordnungskräften einen Ausbruch gegenseitiger Gewalt verhindern, die ansonsten in regelrechte und nicht mehr kontrollierbare Gewaltspiralen mündet. Längerfristig müssen wir den Fokus unserer Anstrengungen auf die Erziehung richten und hier Werte wie das Mitgefühl genauso hervorheben wie Gerechtigkeit – und nicht etwa die Gerechtigkeit gegenüber

[3] *Kakar*, Colors (Anm. 1), 165.

dem Mitgefühl favorisieren. Wir müssen gleichfalls der Jugend einschärfen, dass die Mittel immer Vorrang vor dem Zweck haben müssen. Der Dichter-Philosoph Rabindranath Tagore hat einmal gesagt, dass die schöpferische Macht, um eine wahrhaft menschliche Gesellschaft zu schaffen, die Liebe sei und die Gerechtigkeit nur ihre Begleitung, genau wie das Tamburin nur die Begleitung zu einem Lied darstellt. Ich persönlich würde lediglich ergänzen wollen, dass man gar nicht so weit gehen muss, von Liebe zu sprechen: Es genügt, das gegenseitige Verständnis zu fördern. Allein schon Sympathie führt hier bereits zu geistigen Erkenntnissen.

Strukturelle interreligiöse Gewalt?

Eine Gegenlese aus den Schriften für das Verhältnis von Judentum, Christentum und Islam

Bertram Schmitz

Abstract

Seit den ersten Zeugnissen der Entstehung dieser drei Religionen scheint es ausgemacht, dass sie nicht nur in einem Spannungsverhältnis zueinander stehen, sondern sich sogar ausschließen und verwerfen müssen. Bereits in der Existenz des jeweils anderen liegt ein latentes Konfliktpotenzial. So legen die Schriften des Neuen Testaments offensichtlich dar, dass das Judentum durch die Offenbarung Gottes in Jesus Christus überboten und abgelöst sei. Allerdings ließe sich auf der Basis des Neuen Testaments auch die Position der jüdischen Gegenstimme teilen. Sie wird bereits in diesen Dokumenten ernst genommen und hat aus den Evangelien und etwa der Position des Paulus heraus ihr eigenständiges Recht. Die Position der christlichen selbstsicheren Eindeutigkeit ist nur eine von zwei Möglichkeiten, diese Schriften zu lesen. Mit diesem Ansatz ließe sich ein Gegengewicht zur auf den ersten Blick unvermeidlichen strukturellen Gewalt zwischen Judentum und Christentum aufzeigen, das in die Tiefe der jeweils eigenen ersten schriftlichen Dokumente des Glaubens führt. Auch vom Islam müssen Judentum und Christentum strukturell abgelehnt werden, denn sie verfälschen mit ihren Lehren aus der Perspektive des Korans die wahre Offenbarung Gottes. Aber auch in diesem Fall kann eine Gegenlese einen Weg aufzeigen, der die Notwendigkeit von struktureller Gewalt verneint.

1. Hinführung

Seit den ersten Zeugnissen der Entstehung des Christentums und des Islams können diese Schriften so gelesen werden, dass beide Religionen im Verhältnis zum Judentum wie auch untereinander nicht nur in einem gegenseitigen Spannungsverhältnis zueinander stehen, sondern dass sie sich sogar ausschließen und verwerfen müssen. Bereits in der Existenz des jeweils anderen befindet sich schon ein latentes Konfliktpotenzial. In den folgenden Ausführungen wird auf diese primären Schriften zurückgegriffen. Die Werke des Neuen Testaments und der Koran werden die eigentliche Grundlage des Diskurses darstellen, wie sie auch bis heute die schriftlichen Fundamente der jeweiligen Religionen Christentum und Islam bilden.

Nach den Schriften des Neuen Testaments sei die alte Religion des Judentums vor der Zeitenwende nun durch die Offenbarung Gottes in Jesus Christus überboten und abgelöst. Der Neue Bund habe den Alten Bund erfüllt und überhöht. Jesus Christus wird zum Zentrum des neuen Glaubens und einer neuen Religion, die die Bestimmungen und Ordnungen der alten zurücklässt. Nach klassisch christlicher Vorstellung hätte das Judentum in diesem neuen, aus Sicht der Christen befreienden Glauben aufgehen müssen. Die Position der Evangelien wie auch der Briefe scheint in dieser Eindeutigkeit selbstsicher aufzutreten. – Demgegenüber legt der Jude und Judaist Jacob Neusner in seinem Buch: *Ein Rabbi spricht mit Jesus*[1] dar, „warum ich dem jüdischen Glauben anhänge“[2], und inwiefern „die Thora […] manches, was Jesus sagt, falsch erscheinen“ lässt.[3] Aus jüdischer Sicht erklärt er, warum er dem „Rabbi Jesus“ nicht hätte folgen können und nicht hätte folgen dürfen.

Allerdings ließe sich durchaus auch aus den Schriften des Neuen Testaments zeigen, dass es möglich ist, Neusners Position der jüdischen Gegenstimme zu teilen, vielmehr noch, dass sie bereits in diesen Dokumenten ernst genommen wird. Aus den Evangelien und etwa aus der Position des Paulus heraus erhält sie ihr eigenständiges Recht. Im Folgenden wird gezeigt, inwiefern grundsätzlich *zwei* Möglichkeiten zur Verfügung stehen, neutestamentliche Schriften zu lesen. So zeigt das älteste der Evangelien, das Markusevangelium, wenn es dementsprechend gelesen wird, dass etwa die Pharisäer aus ihrer Position heraus durchaus im Recht sind, nachvollziehbar, verantwortungsvoll und konsequent handeln, und inwiefern Jesus sein jeweiliges Gegenüber in praktisch ausweglose Positionen bringt. Ebenso kann Paulus auf eine Weise gelesen werden, dass er selbst eigentlich sein eigener Gegner war. Er selbst bliebe in gewisser Weise sogar sein

---

[1] *Jacob Neusner*, Ein Rabbi spricht mit Jesus, München 1997.
[2] *Neusner*, Rabbi (Anm. 2), 8.
[3] *Neusner*, Rabbi (Anm. 2), 9.

eigener Gegenpol und Kontrahent, wenn man sich ihn als Leser oder Hörer seiner eigenen Worte vorstellte, *ohne dass* ihm sein Offenbarungserlebnis zuteil geworden wäre. Diese fast an ein Paradox führende Situation wird letztlich im 11. Kapitel des Römerbriefs artikuliert und führt praktisch in eine innerweltliche Aporie hinein.[4]

Mit diesen Zugängen ließe sich ein Gegengewicht zur Annahme einer strukturbedingten Gewalt zwischen Judentum und Christentum aufzeigen, die über ein großzügig gut gemeintes Tolerieren hinausgeht und in die Tiefe der jeweiligen eigenen ersten schriftlichen Dokumente des Glaubens führt.

Ebenso zeigt der Koran gegenüber Judentum und Christentum ein bemerkenswertes Gesicht, das durch eine Gegenlesung präsentiert werden kann: Einerseits müssen Judentum und Christentum strukturell abgelehnt werden, denn sie verfälschen aus der Perspektive des Korans die wahre Offenbarung Gottes. Das Christentum forme aus den Lehren des Propheten Jesus/Isa eigenständig eine neue Heilslehre, die diesen Gottgesandten (rasul) als Sohn Gottes[5] und Christus verkündet. Damit verfälsche es nicht nur die originale, von Gott gegebene Botschaft der Rechtleitung für die Menschen. Es überschreite vielmehr noch die Grenze dessen, was innerhalb einer wahren Religion Gottes erlaubt sei, nämlich diesem Gott einen Sohn anzuhängen, eine göttliche Zeugung zu lehren, jemanden neben Gott zu stellen, dessen Gleichheit mit ihm zu behaupten und ihn anzubeten. Damit ist der theologische Bruch mit dem Christentum strukturell eindeutig vollzogen. Der inhaltliche Bruch mit dem Judentum scheint wiederum eindeutig zu sein, wenn man etwa die Anschuldigung „Sie schreiben die Schrift mit ihrer Hand und sagen es sei dann von Gott“[6] auf das jüdische Textkorpus von Mischna und daraufhin Talmud[7] beziehen kann. Die Trennung von beiden – des

---

[4] So bleibt Paulus etwa in Röm 11,33 nur noch, darauf hinzuweisen, dass Gottes Entscheidungen unergründlich und seine Wege unerforschbar sind. *Wie* Gott „Israel“ letztlich erretten wird, bleibt Paulus – auch in gewagten Spekulationen – unverständlich; er hat nur die Gewissheit, *dass* Gott es tun wird.

[5] Vgl. etwa dazu im Koran Sure 2,116 oder 112,3f. Im arabischen Text klingen beide Stellen noch weit eindrücklicher, da „Sohn“ bzw. „Kind“ von derselben Wurzel *walada* abgeleitet wird wie „zeugen“ oder „gebären“; die Übersetzung, dass es neben Gott niemanden gäbe, der ihm „gleich sei“, kann auch verstanden werden, dass niemand mit ihm desselben Wesens sei – damit würden genau die Aussagen praktisch wörtlich verneint, die das klassische christliche Glaubensbekenntnis von Konstantinopel über Christus bekennt: Er sei eines Wesens, desselben Wesen mit Gott und von ihm gezeugt.

[6] Koran, Sure 2,79a.

[7] Es ist bemerkenswert, dass der Koran nicht lange nach dem Zeitpunkt offenbart wurde, an dem der umfangreiche Textkorpus des palästinischen und dann des babylonischen Talmuds des Judentums

entstehenden Islams von den Anhängern des Judentums wie des Christentums – wird dann im Koran durch die Änderung der Gebetsrichtung (statt Jerusalem auf die Kaaba in Mekka hin) offensichtlich.[8]

Doch auch in diesem Fall lässt sich der Koran als Versuch der Vermittlung von zwei Religionen, Judentum und Christentum, verstehen, die sich in der Darstellung des Korans gegenseitig ausschließen. In diesem Zugang könnte ebenfalls ein Weg gesehen werden, der die Notwendigkeit von struktureller Gewalt verneint.

2. Judentum und Christentum – Die Frage nach der Gewalt im Markusevangelium

Der Verfasser des Markusevangeliums – im Folgenden trotz aller historisch kritischen Bedenken einfach *Markus* genannt – schreibt, dass er an Jesus als den Christus *glaubt*, an den Sohn Gottes, wie es sogleich im ersten Vers seines Evangeliums verkündet wird. Im Gegenüber zu diesem Bekenntnis wird dennoch deutlich, dass es sich dabei *um den Glauben des Verfassers* handelt, nicht um einen Beweis oder gar um eine Notwendigkeit anderen gegenüber, diesen Glauben zu teilen. Der Lesende *kann* wie Markus an Christus glauben, *muss* es aber nicht. Dies soll an einigen Beispielen erläutert werden. Besonders deutlich wird diese Haltung zunächst bei dem Erzählkomplex von der Sündenvergebung des Gelähmten und anschließend der Heilung am Sabbat.

Nach Mk 2,1–12 wird ein Gelähmter von seinen Freunden zu Jesus gebracht, dass er ihn heile. Eine physische Heilung wäre für das Judentum jener Zeit zwar ein Wunder, aber kein Vergehen. Doch diese physische Heilung ist nicht der entscheidende Punkt, und in dieser Hinsicht greift die klassische Überschrift der Perikope nicht die eigentliche Pointe auf. Jesus heilt den Kranken dadurch, dass er ihm seine Sünden vergibt, so zumindest die *christliche* Interpretation. Ob dem Kranken wirklich die Sünden vergeben wurden, lässt sich jedoch nicht beweisen. Jesus spricht ihm die Vergebung zu. Ein solcher Zuspruch wäre nach jüdischem

---

nach der Zeitenwende im 5. bzw. 6. Jahrhundert abgeschlossen war. So stand nach der weitgehenden Kodifizierung des Judentums einerseits und des Christentums mit den neutestamentlichen Schriften und den Lehrern der Kirchenväter andererseits beiden im 7. Jahrhundert wieder eine aktiv prophetische Religion gegenüber.

[8] Vgl. dazu die textlich-inhaltlich verdichtete Version im Koran, Sure 2,142–145.

Verständnis entweder eine Anmaßung oder eine Täuschung. Da kein Mensch Sünden vergeben kann, sondern nur Gott allein, da sie doch das Verhältnis Gott-Mensch betreffen, steht es ihm auch nicht zu, einen solchen Zuspruch auszusprechen. Soweit Jesus Mensch und nicht Gott ist, kann er nicht von Verfehlungen, Sünden, lossprechen, die Gott gegenüber begangen wurden. Dementsprechend wäre es eine Täuschung gegenüber allen Anwesenden, wie gegenüber dem Sünder selbst, diesem Vergebung zuzusprechen.

Jesus gerät damit in die Lage, sich für diese Aussage – die aus jüdischer Sicht kein Zuspruch ist und sein kann – legitimieren zu müssen. Da *die Sündenvergebung als Änderung des Gott-Menschlichen Verhältnisses nicht empirisch fassbar* ist, heißt er den vormals Gelähmten aufzustehen und zu gehen. Das allein muss als Indiz genügen: Da der Gelähmte nun wieder gehen kann, wird wohl die Vergebung der Sünden erfolgt sein. Überzeugt dies als Argument? Dürfen die jüdischen Autoritäten, *selbst wenn sie es glauben wollten*, einen solchen Anspruch durchgehen lassen? Markus lässt dies offen; dennoch muss diese Frage entschieden werden: Ist der Anspruch Jesu legitim oder nicht, hat er die Sünden vergeben, oder ist dies nur vorgetäuscht? Gerne mag man glauben, dass die Vergebung gewirkt habe.

Es besteht jedoch die Gefahr, auf diese Weise über den Anstoß der Geschichte hinwegzulesen, denn mit ihr stellt sich zugleich die Frage, ob nun ein Mensch oder gar jeder Mensch Gott gegenüber vollzogene Sünden frei heraus vergeben könne. Damit aber würde ein Grundkonzept des Verhältnisses Gott-Mensch neu definiert werden müssen. Zugleich aber steht die weitere Frage im Raum, wenn Menschen anderen Menschen Sünden vergeben könnten, könnten sie damit tun, was sie wollen, und es wird vergeben, und können sie damit ebenso sich und anderen antun, was sie wollen, und es gäbe keine höhere Instanz mehr, der gegenüber man sich zu verantworten hätte? Was hat der Gelähmte vielleicht jemand anderem – vor den Augen Gottes – angetan? Ihn oder sie bestohlen, gequält, das Leben zur Hölle gemacht oder beleidigt, was anderen ehrwürdig war; was auch immer, seine Sünden sind ihm vergeben, blanco. Die Pharisäer sind entsetzt.

Markus führt der Frage nach der göttlichen Autorität Jesu auf einer anderen Ebene fort: Wird Jesus die Gebote des Sabbats übertreten und an ihm „arbeiten", indem er einen Menschen *vor den Augen aller Anwesenden in dem Gott spezifisch unterstellten Raum einer Synagoge in vollem Bewusstsein seines Tuns* heilt, ohne dass ein akuter Handlungsbedarf besteht? Das zweite Gebot spricht eindeutig dagegen;[9] nach Num 15,32–36 ist dieses Gebot so wesentlich, dass es durch die Todesstrafe geschützt wird. Gewiss kannte das Judentum die Kategorie, dass Gebote versehentlich übertreten werden, oder dass es bestimmte Umstände gibt, unter denen Gebote zurückgestellt werden sollen oder gar müssen, etwa bei Lebensgefahr. Entscheidend ist jedoch, wie Neusner pointiert herausstellt, dass Jesus nach Markus sein Handeln dadurch legitimieren will, dass er sich als „Herr über den Sabbat" ausgibt[10] – und Herr über den Sabbat ist nach jüdischem Verständnis Gott allein. Wenn Jesus nach Mk 3,4 versucht, dem Sabbat seine eigene Deutung zuzuschreiben, so stimmt diese mit der der Pharisäer nicht überein: Jesus habe damit das strikte Gebot wissentlich und willentlich übertreten, und gemäß Num 15 müsste er damit sterben.

Bemerkenswert ist nun, dass Markus dieses Gebot an sich nicht in Frage stellt und damit das Handeln der Pharisäer zwar drastisch, aber konsequent erscheint: *Wenn* jemand die Deutung Jesu über den Sabbat und seinen quasi göttlichen Anspruch, Herr des Sabbats zu sein, nicht nachvollzieht, *dann* ist die Aktion der Pharisäer in sich schlüssig. An dieser Stelle wird wiederum deutlich, dass die christliche Haltung nur *innerhalb* des christlichen Glaubens ihre Legitimierung findet. Mit welchem Recht, so ließe sich aus der Sicht des Judentums fragen, dürften die Pharisäer und andere, die für die Verwirklichung des Judentums verantwortlich sind, es wagen, gegenüber den Geboten der Torah zu glauben, dass Jesus, als der Mensch, der vor ihnen steht, sowohl Sünden vergeben könne, als auch legitimiert sei, den Sabbat zu deuten und sich als sein Herr zu verstehen? Markus kämpft nicht gegen diese Position jüdischer Autoritäten an. Sie hat ihr Recht, und nach jüdischer Sicht wäre sie auch im Recht.

Ebenso lässt sich der von Markus aufgezeigte messianische Anspruch, den Jesus erhebt, als er auf einem Esel explizit nach Jerusalem hineinreitet[11], nicht anders als durch den Glauben an ihn rechtfertigen. Woher aber soll der Glaube zu denen kommen, die nicht an seine Göttlichkeit glauben? Auch an diesem Punkt bleibt Markus offen und verwirft nicht die Position derer, die nun einmal nicht glauben.

Auf dem Höhepunkt der Konfrontation fragen die Repräsentanten der jüdischen Autorität, Hohepriester, Schriftgelehrte und Älteste, nach Mk 11,27f.: „Mit welchem Recht tust du das alles? Wer hat dir Vollmacht gegeben, das zu

---

9 Vgl. Ex 20,8–11.
10 Mk 2,28.
11 Vgl. Mk 11,1–11.

tun?“ Das heißt, bevor diese Repräsentanten – nach all dem, was sie als Provokationen gegen ihr Verständnis der Lehre verstanden haben müssen – irgendetwas Konkretes gegen Jesus unternehmen, fragen sie zunächst noch einmal nach der Legitimation. Eine erklärende Antwort gäbe ihnen zumindest die Möglichkeit, das Wirken und den Anspruch Jesu nachzuvollziehen, vielleicht gar – selbst das wäre denkbar – wagen zu glauben, dass der Anspruch Jesu göttlich abgesichert sei und daher von ihnen auch vor den Regeln ihrer Religion akzeptiert werden dürfte. Doch auch auf dieses Angebot geht Jesus – mag sein, dass er nach Markus eine Falle dahinter vermutete – nicht ein und gibt damit aber nicht einmal die Chance, sein Handeln für seine Gegner verständlich zu machen.

So kann dann einem Pharisäer die Bemerkung in den Mund gelegt werden, die durchaus kritisch von den Pharisäern und selbstkritisch von Markus verstanden werden kann: „Meister, wir wissen, dass du immer die Wahrheit sagst und dabei auf niemanden Rücksicht nimmst.“[12] Wie ist es, jemanden als Gesprächspartner zu haben, der „auf niemanden Rücksicht“ nimmt? – Dieses letzte öffentliche Gespräch endet offen; jede Gruppe hat ihre Frage gestellt, die Phärisäer,[13] die Sadduzäer,[14] schließlich auch ein Schriftgelehrter,[15] und nun „wagte keiner mehr, Jesus eine Frage zu stellen“.[16] Versteht man das Evangelium des Markus als ein Drama, so lässt er an dieser Stelle eine gleichsam offene wie angespannte Stille entstehen. Jesus verweist schließlich – kurz bevor er sich selbst hingeben wird – auf die Witwe, die mit ihrer Spende an die Armen „alles gegeben hat, was sie besaß, ihren ganzen Lebensunterhalt“.[17]

Im abschließenden Gespräch mit dem Hohepriester entzieht Jesus diesem schließlich mit einer knappen Bemerkung seinen gesamten Machtanspruch, indem er sich selbst als den eigentlichen Mittler zwischen Gott und Menschheit darstellt, als „Sohn des Hochgelobten“, der „zur Rechten der Macht“, d. h. Gottes, sitzen wird.[18] Die Wahrheit dieses Anspruchs kann ebenfalls in der Empirie nicht aufgewiesen werden, nicht einmal durch das Angebot eines impliziten Beweises gegenüber den verantwortlichen Autoritäten, doch „vom Kreuz herab-

[12] Mk 12,14.
[13] Mk 12,13–17.
[14] Mk 12,18–27.
[15] Mk 12,28–31.
[16] Mk 12,34.
[17] Mk 12,44.
[18] Mk 14,61f.

zusteigen“, wenn er der Messias sei.[19] Man kann, mit Markus, in diesem Vers Hohn lesen, muss es aber nicht: Welche Chance sonst hätten diejenigen gehabt, die nicht vom Glauben ergriffen waren, sich zumindest zum Schluss noch überzeugen zu lassen, dass es wahr ist, was Jesus verkündigt hat – und dass sie es, wenn sie es denn glauben wollten, auch glauben dürften, ohne sich selbst, die ihnen Anvertrauten und ihre Religion zu verraten?

Die ältesten Überlieferungen des Markusevangeliums enden damit, dass die Auferstehung Jesu angekündigt wurde und dass die an ihn Glaubenden ihn sehen werden. Diese Auferstehung in einen empirischen Bereich hineinzuholen blieb erst den anderen Evangelien und dem späteren Anhang des Markusevangeliums vorbehalten.

Mit diesem Durchgang durch das frühste, älteste Evangelium wird gezeigt, dass es keine strukturelle Gewalt vom Christentum gegen das Judentum zu geben braucht. Im Gegenteil, nach Markus wäre das Christentum im Legitimationsdefizit, nicht das Judentum, und dieses Defizit kann allein durch den Glauben aufgefüllt werden. Aus ihm heraus wäre Gewalt strukturell nur durch Verdrehung möglich, indem Glaube zur Notwendigkeit, gar zum Zwang würde. Gegenüber dem Judentum bleibt das Christentum die Antwort schuldig, inwiefern die Gebote des Judentums und seine Tradition in Jesus aufgehoben seien und inwiefern er tatsächlich der Christus ist. Diese Antwort kann nach Markus im Glauben gegeben und durch ihn gehalten werden, aber nicht mehr!

3. Der Islam gegenüber dem Christentum und Judentum

Die thematische Überleitung zum trilateralen Verhältnis Judentum – Christentum – Islam soll anhand einiger Zitate einer wesentlich später entstandenen Religion geschehen, der Religion der Baha'i.[20] Der Gründer der Baha'i-Religion,

---

[19] Mk 15,32.

[20] Wenn im Folgenden auf die Religion der Baha'i eingegangen wird, so geschieht dies in diesem Zusammenhang ausschließlich, um die Struktur aufzuzeigen, in die bestehende Offenbarungsreligionen durch eine neu verkündete Offenbarung gebracht werden. Es geht also inhaltlich *nicht* um die Religion der Baha'i selbst, erst recht nicht darum, diese in *irgendeiner* Form zu kritisieren (was in diesem Kontext auch unangemessen wäre), sondern allein um eine Positionierung, die durch ihre Offenbarung gegenüber Judentum, Christentum und Islam entsteht. Damit also geht es *eigentlich*, und wie es auch im weiteren Argumentationsgang deutlich wird, nur um diese drei zuletzt genannten Religionen.

Baha'u'llah, empfahl, so heißt es, „die höchste Nächstenliebe und Duldsamkeit und forderte Seine Anhänger auf, mit den Anhängern aller Religionen in Freude und Fröhlichkeit übereinzustimmen." – „Streit und Kampf hat Er in Seinem Buch (Kitab-i-Aqdas) streng verboten."[21] Sein Nachfolger Abdu'l-Baha sagt: „Alle müssen ihre Vorurteile ablegen und gleichsam in alle anderen Kirchen und Moscheen gehen, denn in allen diesen Andachtsstätten wird der Name Gottes verkündet. Da sie sich alle versammeln, um Gott zu verehren – welch ein Unterschied besteht darin? In keiner von ihnen betet man den Satan an. Die Muhammadaner[22] [!] müssen in die christlichen Kirchen und in die Synagogen der Juden gehen und umgekehrt müssen die anderen in die muhammadanischen Moscheen gehen. Sie halten sich nur um ihrer unbegründeten Vorurteile und Dogmen willen voneinander fern. In Amerika ging ich in die jüdischen Synagogen, die christlichen Kirchen ähnlich sind, und ich sah sie überall Gott verehren."[23]

Jede dieser Offenbarungen habe zunächst auf ihre Weise recht, wobei alle diese Religionen, so Abdu'l-Baha, aus einem zeitbedingt-kontextuellen und einem ewigen Teil bestehen. So konnten auch die Religionen je nach Zeitkontext aufeinander folgen und dementsprechend etwas anderes verkünden, auch wenn sie im ewigen Teil übereinstimmten. Auf diese Weise folgte Jesus auf Moses und Muhammad auf Jesus. Es handele sich dabei um „verschiedene Stufen in der Lebensgeschichte der einen Religion, die schrittweise geoffenbart wurde als Samen, als Knospe und als Blüte, und die nun in die Stufe der Fruchtreife eingetreten ist."[24] Mit diesen Stufen sind wiederum Judentum, Christentum, Islam und nun die Baha'i gemeint. So lehrt Baha'u'llah, „dass Jedem [Propheten], der mit der Stufe der göttlichen Offenbarung ausgestattet ist, genügend Beweise Seiner Sendung gegeben sind".[25]

Und aus dieser auf den ersten Blick vielleicht toleranten Haltung folgt dann konsequenterweise: „Er [der Prophet] sei berechtigt, Gehorsam von allen Menschen zu verlangen und Er habe die Macht, die Lehren Seines Vorgängers abzuschaffen, sie abzuändern oder zu ergänzen."[26] Jede Religion hatte sich jedoch

---

[21] Zitiert nach *J. E. Esslemont*, Baha'u'llah und das Neue Zeitalter, Hofheim-Langenhein [6]1976, 141.

[22] In anderen Ländern, durchaus auch in muslimischen Kontexten, muss die Verwendung des Begriffs „Muslime" nicht so obligatorisch sein, wie es in Mitteleuropa gehandhabt wird.

[23] *Esslemont*, Baha'u'llah (Anm. 21), 142.

[24] *Esslemont*, Baha'u'llah (Anm. 21), 145.

[25] *Esslemont*, Baha'u'llah (Anm. 21), 146.

[26] *Esslemont*, Baha'u'llah (Anm. 21), 146.

zunächst gegen die von Gott verordnete Medizin gewehrt, doch „sich an alte Heilmittel zu klammern, nachdem der Arzt eine neue Behandlungsweise verordnet hat, heißt dem Arzt nicht Glauben, sondern Unglauben entgegenbringen. Für die Juden mag es ein Schlag sein, wenn ihnen gesagt wird, dass einige der Heilmittel, die Mose vor mehr als dreitausend Jahren für die Krankheit der Welt verordnete, nun unzeitgemäß und ungeeignet sind. Die Christen wird es in gleicher Weise erschüttern, wenn ihnen gesagt wird, dass Muhammad dem, was Jesus verordnete, noch irgendetwas Notwendiges oder Wertvolles hinzuzufügen hatte. Und ebenso ergeht es den Moslems, wenn sie zugeben sollen, dass der Bab[27] und Baha'u'llah die Macht hatten die Gebote von Muhammad abzuändern. Aber nach der Anschauung der Baha'i schließt die wahre Gottesverehrung die Verehrung *aller* Seiner Offenbarer in sich ein und damit Gehorsam Seinen letzten [!] Geboten gegenüber, wie sie durch die Manifestation für unser eigenes Zeitalter gebracht wurden."[28] So konnten, nach dieser Lehre, auch „die berichteten Worte, die mit Gewissheit Christus, Moses, Zarathustra, Buddha oder Krishna zugeschrieben werden können"[29], längst nicht alle Fragen der Gegenwart beantworten. So musste es zu dieser neuen abschließenden Offenbarung kommen, die alle diese Fragen zeitgemäß beantwortet.

Die Lehre der Baha'i zeigt damit eine Stufenfolge, eine Form von religiösem Evolutionismus, demgegenüber wahrscheinlich Vertreter aller genannten Religionen behaupten würden, dass für sie eine Entwicklung dieser Art nicht notwendig wäre und dass sie sich dem Alleinanspruch dieser neuen Offenbarung nicht unterwerfen werden. Ein solches Angebot des Friedens unter einer neuen Religion steht immer im Verdacht, zumindest durch eine Form der impliziten Gewalt die Authentizität und den Eigencharakter der anderen Religionen letztlich zu verneinen. Was aber wäre ein Judentum ohne seine Torah, auch ohne seine Torah im weiteren Sinn, die die Mündliche Torah (Mischna, daraufhin Talmud etc.) mit einschließt; was wäre das Christentum ohne den Glauben an Christus und sein verwandelndes Wirken in der Welt, und was wäre der Islam ohne die Grundannahme eines ewigen Buchs, das im Koran Gestalt angenommen hat? In allen drei Fällen mögen diese genannten Zentren je unterschiedlich verstanden und ausgelegt werden, doch sie können weder überboten noch aufgehoben werden, ohne dass die Religion selbst sich verliert. Und darin besteht ein

27 Der „Bab" (1819–1850), d. h. die „Tür", war der Vorläufer von Baha'u'llah (1817–1892).

28 *Esslemont*, Baha'u'llah (Anm. 21), 146f.

29 *Esslemont*, Baha'u'llah (Anm. 21), 150.

Sachverhalt, den die je nachfolgende Religion im Allgemeinen nicht anzuerkennen bereit ist. An diesem Moment könnte die strukturelle Gewalt der neuen gegenüber der alten Religion einsetzen: Das eigentliche Zentrum wird in die Peripherie gerückt, um ein neues Zentrum setzen zu können, und dabei wird behauptet, dieses neue sei das eigentliche, schon immer gemeinte, was die alte Religion nun anzuerkennen habe.

Durch die Hinzufügung der Baha'i-Religion gelangt der Islam wiederum selbst zu der Fragestellung, die er strukturell gegenüber den anderen erhoben hat und erhebt: Warum glauben die anderen nur an das, was ihnen offenbart wurde, nicht aber an das, was doch, von demselben Gott und in derselben Weise, nun aber von Neuem offenbart und in korrekter Form verkündet wird? In diesem Sinn verhalten sich Juden, Christen und Muslime gegenüber der jeweils neuen Offenbarung gleich: Sie vertrauen auf das, was ihnen zugesagt wurde, und glauben die ihnen gegebene und vertraute Offenbarung. Was von ihnen jeweils verlangt würde, einen neuen Glauben anzunehmen, erschiene ihnen als Verrat an sich selbst.

Der Vorgang dieser Art von Konversion oder Anerkennung der neuen Religion gelangt damit fast in den Status einer Paradoxie. Die Anhänger der alten Religionen täten mit dieser Annahme des Neuen genau das, was die neue Religion ihnen vorwerfen würde, wenn sie ihr zwar beitreten würden, aber dann diesen Schritt, einen neuen Glauben zu übernehmen, gegenüber der nächst neueren *ebenso* vollzögen, wobei die neuere genau dieses mit derselben Art von Argumentation fordern wird, was die aktuelle gerade jetzt von ihnen erwartet. Von außen gesehen könnte dies etwa konkret bedeuten, dass ein Baha'i von einem Muslim erwartet, dass dieser zu seiner neuen Religion konvertiere, weil sie einen Fortschritt gegenüber dem Islam und allen anderen vereinzelten Religionen bedeute, wie ein Muslim von einem Christen erwarten könnte, dass dieser zum Islam übertrete, weil nur in ihm die wahre Religion seines eigenen Gottes verkündet werde, wie wiederum ein Christ einem Juden vermitteln könnte, dass nur im Christentum die Erfüllung der Mosesreligion zu finden sei. Umgekehrt könnte derjenige, an den ein solches Ansinnen gestellt würde, dieses jeweils als Aufforderung zum Verrat an dem verstehen, was er bisher geglaubt hatte und an das er bis zu diesem Moment glaubt.

Wenn also die Offenbarung der Baha'i mit derselben Art von Anspruch an Muslime tritt, nun diesem wahren und abschließenden Propheten Gottes zu folgen, wie der Koran an Christen und Juden trat, so wäre die Befolgung im einen

Fall aus muslimischer Sicht ein Kommen zum Glauben an die Offenbarung des Korans, im weiteren Schritt aber ein Abfall vom wahren Glauben hin zur Religion der Baha'i, die diesen Übertritt jedoch wieder als ein Finden zur abschließenden, allumfassenden Offenbarung deuten würde.

Dieses System der gegenseitigen Spannung – von Treue gegenüber dem Eigenen und Verrat als Übergang zum Neuen und zugleich entgegengesetzt: Treue als Finden der eigentlichen Wahrheit im Neuen und Verrat als Gefangenbleiben im Alten – als Grundlage struktureller Gewalt zu deuten, ist jedoch nur eine Möglichkeit. Eine andere Möglichkeit liegt darin, diese Spannung als Paradoxie des Glaubens und der Religionen zu verstehen, die nach ihrem eigenen Zeugnis *eine* Person bewusst in höchstem Maß durchlebt und durchgestanden hat: Paulus! Intellektuell interessant, existenziell aber zerreißend ist die Frage, ob er selbst sich geglaubt oder überhaupt nur zugehört hätte, wenn er geblieben wäre, was er war? Als glühender Eiferer für eine Form des Judentums, in der er die ersten Christen bekämpfte, wurde er zu einem Anhänger des Christentums, der dieses gegenüber Juden zu verkündigen hatte. Er selbst verkörpert diese Paradoxie des Zustands beider Religionen in sich.

Aber auch in der Gegenwart finden sich jüdische Konvertiten, die im Christentum ihren Glauben und ihre Befreiung finden, christliche Konvertiten, die im Judentum zu ihrer eigentlichen Bestimmung kommen, Muslime, die ihre Religion unbedingt verlassen möchten, und Christen, die im Islam ihren Glauben und Halt finden. Diese Überkreuzungen zeigen, dass es strukturelle Gewalt nicht geben muss, sonst wären solche gegenseitigen Grenzüberschreitungen kaum nachzuvollziehen.

Doch es lohnt sich, noch einmal zur spannungsgeladenen Situation des entstehenden Islams zur Zeit des Korans zurückzukehren: Muhammad zeigten sich im siebten Jahrhundert Judentum und Christentum als zwei Religionen auf gemeinsamer Grundlage, die sich gegenseitig verwarfen und sich gegenseitig den Boden unter ihren Füßen aberkannten.[30] Man *kann* den Koran so verstehen, dass er jede dieser beiden in erster Linie wieder zu sich selbst führen wollte. Dies sollte dadurch geschehen, dass sie wieder auf das Fundament zurückgeführt werden sollten, das sie in der Religion Abrahams doch verbinden müsste. Dadurch würden sie, so der Koran, doch zu sich selbst kommen müssen. Sie hätten ihre eigene Mitte verloren, was sich empirisch dadurch zeigt, dass sie in Spannung

[30] Vgl. fast wörtlich: Der Koran, Sure 2,113.

miteinander stehen: Die einen machen sich den jüdischen Propheten Jesus zu einem Gott, die anderen schreiben sich mit den Büchern des Talmuds ihre eigene Religion. Inhaltlich könnte man noch ins Feld führen, dass der Koran einerseits zusammen mit den Juden gegen die Christen und ihren (miss)verstandenen Tritheismus für den reinen Monotheismus der Religion Abrahams, eigentlich besser: Jesajas, kämpft und sich fast wörtlich dessen Verse bedient, um gegen die Gotteskindschaft Jesu Christi zu argumentieren, und andererseits die Position der Christen gegen das Judentum in der Gestalt der Religion der Rabbinen als Nachfolger der Pharisäer in Feld führt. Damit vertritt der Koran jeweils die Position der einen dieser beiden Religionen, wenn er gegen die andere argumentiert. Aber wäre es darüber hinaus möglich, auch an dieser Stelle den Punkt struktureller Gewalt zu mildern und zu mindern?

„Wenn Gott gewollt hätte, er hätte euch zu einer einzigen Gemeinschaft gemacht", heißt es in Sure 5,48. Offensichtlich hat es Gott nicht gewollt. Und es scheint zu einer Religion als real in dieser Welt existierendem Gebilde zu gehören, dass sie sich einmal oder gar mehrmals spaltet. Auch wenn die Einheit vielfach von Religionsstiftern gefordert oder zumindest ihnen als Forderung in den Mund gelegt wurde – selbst für Siddhartha Gautama, den Buddha, soll „Sanghabedha", Ordensspaltung, eines der schlimmsten Vergehen gewesen sein –, finden sich in allen großen Glaubensrichtungen Spaltungen. Vielleicht ist es von muslimischer Seite aus gesehen möglich, darin mit Sure 5,48 den Willen Gottes zu erkennen – und seine Erwartung zu erfüllen, als Muslime damit entsprechend umzugehen, wohl wissend, dass „diejenigen, die glauben, und diejenigen, die Juden sind, und die Christen und die Sabier, all die, die an Gott und den jüngsten Tag glauben und Gutes tun, ihren Lohn bei ihrem Herrn erhalten; sie haben nichts zu befürchten, und sie werden nicht traurig sein".[31]

Vielleicht genügt die Grundhaltung dieses Verses als Position des Islams gegenüber Judentum und Christentum. Dies wäre insbesondere möglich, wenn die polemischen Stellen des Korans gegen Juden und Christen nur auf die Situation hin gedeutet werden, in der die freie Ausübung der Religion des Korans in der Kaaba und in eigenen „Orten des Niederwerfens" (Moscheen) und im alltäglichen Leben (noch) offen behindert wurde.

---

[31] Sure 2,62, vgl. 5,69.

4. Schluss

Das produktive Zusammenleben von Angehörigen verschiedener Religionen über Jahrhunderte hinweg zumindest in jeweils bestimmten Gegenden der Welt mag als empirischer Beleg ausreichen, dass strukturelle Gewalt zwischen diesen Religionen nicht zu realer Gewalt führen muss. Ebenso zeigt die oben vollzogene Analyse, dass selbst strukturelle Gewalt nur *eine* Möglichkeit der Auslegung ist – es gibt andere Weisen, mit Spannungen umzugehen, etwa sie als bereichernde Vielfalt anzusehen, als lebendiges Gegenüber, als Möglichkeit, sich nicht in Selbstsicherheit zu verschließen, sondern zu sehen, dass man gegenüber dem anderen ebenso dessen anderer ist; zu sehen, dass eine Religionszugehörigkeit ohne Zwang, z. T. sogar in Situationen mit Zwang, nach jeweils *beiden* Seiten zur Konversion offen war und ist, d. h. dass jeder, selbst ein Paulus, zum anderen werden konnte und werden kann (und wie schlimm ist es, dies zu erkennen, wenn man die anderen gar bis auf den Tod bekämpft haben sollte); und schließlich zu sehen, dass – so die zentralen Schriften dieser Religionen – offensichtlich nicht einmal Gott selbst diese Differenzen zwischen ihnen aufheben wollte!

Damit aber sollte jeder Argumentation, die strukturelle Gewalt für unvermeidbar hält und damit gar reale Gewalt legitimiert, der Boden entzogen sein. Es wäre schön, wenn diese Ausführungen aus religionswissenschaftlicher Sicht trotz aller durch das Fach gebotenen Distanz zum Gegenstand, oder vielleicht auch gerade dadurch, einen inhaltlichen Beitrag dazu leisten könnten.

Religionen als Sündenböcke und Hoffnungsträger

Die Ambivalenz von Religionen in Gewaltkonflikten

Martin Leiner

Abstract

In den letzten Jahrzehnten erleben wir eine große Zunahme der politischen Bedeutung von allen Weltreligionen. Sie spielen dabei eine ambivalente Rolle: Auf der einen Seite suchen sie Kulturen der Unfreiheit und Ungleichheit einzurichten (z. B. wenn es um die Rolle der Frauen geht) und rufen zu Bürgerkriegen und Terrorakten auf. Auf der anderen Seite setzen sie sich für Demokratie, Frieden und Versöhnung ein. Wozu es jeweils kommt, hängt davon ab, welche Hermeneutik der aktuellen Situation und der Traditionen von einflussreichen religiösen Persönlichkeiten vertreten wird. Versöhnung ist in dieser Lage ein aus Judentum und Christentum kommendes Konzept, das Universalität beansprucht. Über eine anspruchsvolle Sicht von Versöhnung – auch von kleinen Inseln der Versöhnung mitten in den Konflikten und Ungerechtigkeiten – lässt sich vielleicht ein Wandel der Kultur hin zu einer Kultur der Achtung und des Friedens erreichen.

1. Einführung

Seit etwa zwanzig Jahren ist das Thema „Religion und Gewalt" in der deutschen medialen und wissenschaftlichen Öffentlichkeit präsent. Auseinandersetzungen zwischen Protestanten und Katholiken in Nordirland, zwischen Sunniten und Schiiten im Nahen Osten, zwischen jüdischen Siedlern und ihre Märtyrer feiernden Palästinensern in der Westbank, weltweit vernetzte ‚islamistische' Terroristen, von militanten Hindus organisierte Unruhen in Gujarat, Attentate von synkretistischen religiösen Kleingruppen wie der Anschlag der Omu Shinrikyo auf die Tokioter U-Bahn am 20.3.1995 – die Nachrichten sind voll von Berichten, welche die Verbindung von Gewalt und Religion plausibel machen. Wissenschaftliche Arbeiten haben diesen Konnex vertieft und exakter beschrieben. In der deutschen Diskussion sind für diesen Zusammenhang einige Studien besonders wichtig: einmal die Arbeiten des Ägyptologen Jan Assmann, der eine jahrtausendealte Verbindung von Monotheismus und Gewalt nachzuzeichnen sucht;[1] zum anderen die religiöse Hintergründe von aktuellen Konflikten herausarbeitenden Monographien von Hans Kippenberg *Gewalt als Gottesdienst*[2] und dem US-Religionswissenschaftler Mark Juergensmeyer.[3] Während Assmanns oft wiederholte These, der Monotheismus habe mit seinem nicht-pluralistischen Wahrheitsbegriff einen Preis, der in Konflikten und Auseinandersetzungen bestehe, für sich betrachtet durch ihre Einfachheit besticht, aber zur Erklärung von konkreten Gewalthandlungen gegen Leib und Leben anderer allenfalls eine Hintergrundbedingung beiträgt,[4] bieten Kippenberg und Juergensmeyer eine komplexe Sicht der jeweiligen Verbindungen von Religion und Gewalt.

---

[1] Vgl. *Jan Assmann*, Die mosaische Unterscheidung: Oder der Preis des Monotheismus, München 2010.

[2] Vgl. *Hans G. Kippenberg*, Gewalt als Gottesdienst. Religionskriege im Zeitalter der Globalisierung, München 2008.

[3] Vgl. z. B. *Mark Juergensmeyer*, Die Globalisierung religiöser Gewalt. Von christlichen Milizen bis al-Quaida, Hamburg 2009 (OA: Global Rebellion. Religious Challenges to the Secular State, from Christian Militias to al-Quaeda, 2008).

[4] Assmanns Theorie mit ihren psycho-historischen, gedächtnistheoretischen und anthropologischen Dimensionen ist komplex und steht in einer gewissen Spannung zu der von ihm häufig behaupteten Verbindung von Monotheismus und Gewalt, weil nach seiner Auffassung erst die monotheistischen Religionen die Innerlichkeit und die Sinnlosigkeit von rein äußerlichen Bekehrungen, die nicht Herzenssache sind, entdeckt haben. Nicht recht zur Geltung kommt bei Assmann, dass Monotheismus auch die Möglichkeit bietet, wie in Lessings Ringparabel, menschliche Wahrheitsansprüche radikal zu relativieren gegenüber der Gott allein zugänglichen Wahrheit. Solche Relativierungen haben sich bereits früh durch die Tradition der negativen Theologie in die großen monotheistischen Religionen eingeschrieben. Auseinandersetzungen um die Wahrheit werden in diesen Religionen, wie auch in Wissenschaft und Philosophie, in der Regel im Gespräch und nur in Ausnahmefällen unter Anwendung physischer Gewalt ausgetragen (dazu unten mehr). Gewaltkonflikte werden hingegen in aller Regel um andere Themen als um die Wahrheit ausgetragen. Es geht um den Erwerb von Ressourcen wie Land oder Öl, um die Durchsetzung von Rechten oder um Macht. Als Wahrheitsmoment bleibt von Assmanns These m. E. nur folgender Sachverhalt: Wenn und insofern es bei Konflikten um Rechte, Ressourcen oder Macht geht, kann ein durch bestimmte Formen des Monotheismus bestärkter Glaube an die Einheit und Überlegenheit der eigenen Wahrheit konfliktverschärfend wirken. Eine besondere Gewalttätigkeit aller monotheistischer Religionen *per se* ist dagegen historisch nicht belegbar. Von der monotheistischen Weltreligion des Judentums gingen sogar mehr als 1900 Jahre lang (von der zweiten Hälfte des 1. Jahrhunderts bis zur 1. Hälfte des 20. Jahrhunderts) fast gar keine Gewaltkonflikte aus. Stattdessen wurde eine Kultur pluralistischen Verstehens und Deutens des Bibelwortes im Talmud und in den Kommentaren gepflegt. Die in der hebräischen Bibel berichteten anti-kanaanäischen Gewalttaten waren, wie Assmann richtig sieht, mehr rückprojizierende Geschichtskonstruktionen und Ablehnungen der eigenen Vergangenheit als historische Realität. Auch das frühe Christentum hob sich gegenüber der Gewaltkultur der polytheistischen

Über Kippenberg und Juergensmeyer hinaus gilt es, weitere Phänomene genauer mit einzubeziehen, so etwa die Instrumentalisierung von Religion für andere, etwa nationalstaatliche Interessen, die Rolle von Religionen als Identitätsmarkierung, die Friedensaktivitäten religiöser Akteure oder die vielfältigen indirekten Wirkungen von Religionen. Schließlich gilt es auch, religiös motivierte Gewalt in die Gesamtheit der Gewaltrealität in Geschichte und Gegenwart einzuordnen. Im Rahmen dieser weitergehenden Zielsetzung soll im Folgenden ein Tableau der besonders hervortretenden Zusammenhänge von Religion und Gewalt aufgestellt werden.

Dabei wird auch das in den Medien gezeichnete Bild der Gefährlichkeit von Religionen kritisch zu überprüfen sein. Ist es wirklich so einfach, wie der Soziologe Ulrich Beck im Wochenmagazin *Die Zeit* schrieb: „Religion tötet. Religion darf an Jugendliche unter 18 Jahren nicht weitergegeben werden“?[5] Es spricht manches dafür, dass die massive Berichterstattung über Religion und Gewalt Ausdruck einer spezifisch euro-amerikanischen Sichtweise ist, die den säkularen Nationalstaat als universale Norm voraussetzt und die Gewalt und Zerstörung, die vom Westen und von der von ihm definierten Moderne ausgehen, nur selten thematisiert. Es gibt Wahrnehmungsraster, die uns daran hindern, jedes menschliches Leid wahrzunehmen und zu beklagen.[6] Diese Raster werden in vielen Fällen von den Medien verstärkt. Erst wenn man sie ablegt und die durch die Medien vermittelte Wirklichkeit kritisch relativiert, kann man unser Thema sachgemäß in den Blick bekommen. Wenn man etwa den Blick umkehrt und von den ärmeren Ländern aus die Welt betrachtet, kann man das Gefühl von Bedrohung und Hoffnungslosigkeit verstehen, das zahlreiche Menschen dort empfinden. Dabei erscheint es naheliegend, dass Religionen als Stärkung gesucht

---

römischen Antike durch Gewaltlosigkeit ab: Das Wort und nicht die Gewalt sind der frohen Botschaft und ihrer Ausbreitung angemessen. Vgl. *Arnold Angenendt*, Toleranz und Gewalt. Das Christentum zwischen Bibel und Schwert, Münster 2007, 93–98. Die überwältigende Mehrheit der Muslime verfolgte zu keiner Zeit das Programm einer gewaltsamen Ausrottung der hoch geachteten Religionen Judentum und Christentum, da ein solches Vorgehen im Widerspruch zum Koran stünde (vgl. z. B. Sure 16,93).

5 *Ulrich Beck*, Gott ist gefährlich. So human Religion auch scheinen mag: Sie birgt stets einen totalitären Kern, in: DIE ZEIT 52 (19.12.2007), 12.

6 Vgl. *Judith Butler*, Raster des Kriegs. Warum wir nicht jedes Leid beklagen, Frankfurt, New York 2010 (OA 2010). Besonders schockierend ist, wie wenig der Genozid durch Hunger wahrgenommen wird. „Kaum Erwähnung finden […] in Rückblicken wie Nachrichten die alltäglichen Todesfälle aufgrund von Hunger und vermeidbaren Krankheiten. An diesen Ursachen sind seit Ende des Kalten Krieges vor 21 Jahren etwa 400 Millionen Menschen gestorben, größtenteils Kinder.“ *Thomas Pogge*, Weltarmut und Menschenrechte, Berlin, New York 2011, 125.

werden. Ebenso ist es nicht verwunderlich, wenn politisch aktive religiöse Ideologien als angemessene Antwort auf die ökonomische, politische und kulturelle Fremdbestimmung und Marginalisierung angesehen werden. Gewalt geht möglicherweise häufig nicht von Religionen aus, sondern Religionen helfen dabei, Antworten auf die Gewalt des Westens und die Entfremdungserfahrungen der Moderne zu geben. Die gewaltsame Antwort ist dabei nur eine Form unter anderen.

Wissenschaftlich unterstützt wird die gerade entfaltete Hypothese, wenn es gelingt, den Zusammenhang von Religion und Gewalt näher zu erfassen und zu zeigen, dass dieser Konnex schwächer ist als die Verbindung anderer Ursachen mit der Gewalt. In einem ersten Schritt wird es nötig sein, die Begriffe Religion und Gewalt zu definieren (2.), dann gilt es, nach einigen methodischen Überlegungen (3.) einen kurzen Einblick in die wissenschaftlichen Diskussionen zum Thema Religion und Gewalt zu geben (4.) sowie den Beitrag der Religionen bei unterschiedlichen Gewaltkonflikten genauer zu erfassen und ins Verhältnis zu anderen Gewaltakteuren und Motiven zu setzen (5.). In einem letzten Teil wird ein Fazit gezogen (6.).

2. Zur Definition von Religion und Gewalt

Bereits die Definition von Religion ist in der Forschung stark umstritten. Je nachdem, welche Definition man zugrunde legt, ändern sich auch die Ergebnisse, wenn man die Verbindung von Religion und Gewalt untersucht. Je stärker die Religionsdefinition auf jenseitige Realitäten bezogen ist, umso schwerer wird es, einen Bezug zu Gewalthandlungen in dieser Welt aufzuzeigen. Mark Juergensmeyer macht zudem darauf aufmerksam, dass das Konzept eines säkularen Raums, der vom religiösen Raum unterschieden werden kann, ein Produkt der europäischen Aufklärung ist. In früheren Zeiten und in vielen Weltregionen auch heute ist es undenkbar, dass Religion nicht eine umfassende Größe ist, die das gesamte kulturelle und gesellschaftliche Leben durchdringt. In Antike und Mittelalter gibt es zwar innerhalb der religiösen Weltsicht die Unterscheidung zwischen heilig und profan. Aber auch das Profane wird religiös gedeutet und ist auf das Religiöse bezogen. Dies gilt auch für die Unterscheidung von Gnade und Natur bei Thomas von Aquin und für die beiden Regimente bei Luther. Erst „die Aufklärung bereitete den Weg für eine neue Art des Denkens über die Religion –

eine enger gefasste Definition des Begriffs, welche Institutionen und Glaubenssätze umfasste, die als problematisch betrachtet wurden und sie konzeptuell vom restlichen sozialen Leben trennte, für das nun ein neuer Begriff in Gebrauch kam, nämlich ‚säkular'".[7] Juergensmeyer schlägt vor, mit zwei Definitionen zu arbeiten, um das Phänomen der Religion zu erfassen, einem engeren, nachaufklärerischen und einem weiteren, voraufklärerischen.[8] Für viele Regionen der Welt ist der vorsäkulare Begriff von Religion anzuwenden. Da Religion etwa in muslimischen oder hinduistischen Gesellschaften das ganze Leben durchdringt, hat in gewisser Weise jede Form von Gewalt mit Religion zu tun. Wenn in Pakistan beispielsweise eine Atombombe gezündet wird, dann rufen diejenigen, die dies sehen, sehr wahrscheinlich: „Allahu akbar." Die Interpretation muss entscheiden, ob dieser Ruf bloßer Ausdruck des Erstaunens ist – in halb-säkularisierten europäischen Gegenden würde vielleicht jemand, der dasselbe ausdrücken wollte, „Heiliger Strohsack" rufen – oder ob dieser Ausruf ein Lob Gottes ist, der dem islamischen Pakistan genauso wie dem verfeindeten Indien diese Waffe in die Hand gegeben hat. Fromme oder theologisch besonders gebildete Muslime könnten mit diesem Ausruf noch etwas anderes meinen und darauf abheben, dass Gott noch viel größer ist als das beeindruckende Schauspiel einer Atombombenexplosion.

Für unsere Zwecke erscheint die weite Religionsdefinition deshalb wichtig, weil das Wissen um sie verhindern kann, zu schnell eine besondere Beziehung von Religion und Gewalt anzunehmen. Um unseren Überlegungen deutlichere Konturen zu geben, müssen wir zugleich mit einer engeren, nachaufklärerischen Definition arbeiten, die aber auf den Kern all der sozialen Phänomene, die wir heute allgemein als „Religion" bezeichnen, zutrifft.

Als Ausgangspunkt kann die soziologische Religionsdefinition von Émile Durkheim dienen. „Religion ist" ihm zufolge „ein solidarisches System von Glaubensvorstellungen und Handlungen, bezogen auf sakrale Dinge, das heißt abgetrennte und verbotene Dinge; diese Vorstellungen und Handlungen vereinen in einer moralischen Gemeinschaft, genannt Kirche, alle diejenigen, die ihnen anhängen".[9] Diese Definition muss man natürlich kritisch weiterentwickeln. Nicht alle Religionen haben eine eigene Organisation, die man Kirche nennen kann, hervorgebracht. Wohl aber kann man für alle Religionen von einer morali-

---

[7] *Juergensmeyer*, Globalisierung (Anm. 3), 40.

[8] *Juergensmeyer*, Globalisierung (Anm. 3), 41.

[9] *Émile Durkheim*, Les Formes Élémentaires de la Vie Religieuse, Paris 1912, 65.

schen Gemeinschaft sprechen, auch wenn die Unterschiede zwischen einer rein geistigen Verbundenheit und dem intensiven Gemeinschaftsleben in einigen christlichen Gemeinden sehr groß sind. Des Weiteren kennen nicht alle Religionen das Sakrale. Man muss den Begriff erweitern und von einer überlegenen, geheimnisvollen und existenziell bedeutsamen Realität sprechen, auf die Religionen ausgerichtet sind. Wenn man diese Definition von Religion zugrunde legt, dann sieht man, dass Religionen sehr umfassende Entitäten sind.

Wie der Begriff der Religion, so wird auch der Begriff der Gewalt unterschiedlich definiert. „In der Regel unterscheidet die Gewaltforschung zunächst zwischen direkter interpersonaler Gewalt einerseits, bei der Menschen gegen andere Menschen mehr oder weniger intentional körperliche, sexuelle oder psychisch-emotionale Gewalt ausüben oder sich lebensnotwendige Hilfe und Unterstützung versagen. Neben Formen direkter interpersonaler Gewalt gibt es auch Gewaltphänomene, die durch oder gegen Institutionen und politische Systeme verübt werden (zum Beispiel staatliche Gewalt; Terrorismus), sowie die strukturelle und kulturelle/symbolische Gewalt (Galtung und Bourdieu), welche indirekt über soziale Unterdrückungs- und Diskriminierungsverhältnisse einer Gesellschaft und die kulturelle Konstruktion von Ungleichheit geformt werden".[10] Innerhalb dieser Formen von Gewalt unterscheiden einige Autoren zwischen rechtserhaltender und illegaler Gewalt oder, in einer mehr ethischen Weise, zwischen legitimer und illegitimer Gewalt.[11] Rechtserhaltende Gewalt wird meist, wenn sie angemessen ausgeübt wird, als legitim angesehen. Zu ergänzen wäre bei dieser Beschreibung noch, dass Gewalt auch gegen Tiere und Sachen gerichtet sein kann. Entsprechend dieser in der Forschung verbreiteten Definitionen soll im Folgenden Gewalt zentral als direkte interpersonale Gewalt verstanden werden. Der weitere Horizont von struktureller und kultureller Gewalt soll aber an einigen Stellen einbezogen werden.

---

[10] *Wilhelm Heitmeyer / Monika Schröttle* (Hg.), Gewalt. Beschreibungen, Analysen, Prävention, Bonn 2006, 16 (Einführung).

[11] Vgl. dazu *Torsten Meireis*, Gewalt und Gewalten. Zur Ausübung, Legitimität und Ambivalenz rechtserhaltender Gewalt, Tübingen 2012.

3. Fragen der Methode und Forschungsüberblick

Entsprechend den genannten Definitionen untersucht die Forschungsliteratur zu Religion und Gewalt sehr unterschiedliche Gegenstände. Jede Entscheidung für einen Gegenstand hat ihre Plausibilitäten, aber auch ihre Probleme. Ohne den Anspruch auf Vollständigkeit zu erheben, kann man das Verhältnis von Religion und Gewalt mindestens von den folgenden acht methodischen Ansätzen aus angehen:

(1) Individuelle Akteure

Zahlreiche Forscher untersuchen vor allem Akteure, die sich selbst als religiös bezeichnen. Markus Weingardt hat dafür den Begriff des „Religionsbasierten Akteurs" (RBA) für die deutsche Diskussion geprägt.[12] Juergensmeyer interviewte über zwei Jahrzehnte religiöse Aktivisten weltweit. In allen diesen Fällen ist die Frage nicht leicht zu beantworten, welche Bedeutung die Religion für einen bestimmten Akteur und seine Gewalthandlungen wirklich hat. Amerikanische Präsidenten etwa bemühten immer wieder Gott, wenn sie Kriege rechtfertigten. Sind diese Kriege darum schon ein Beleg für den Zusammenhang von Religion und Gewalt? Oder: Wer in Afghanistan, Tschetschenien oder in Palästina zum/zur Selbstmordattentäter/in wird, weil ein Mitglied der eigenen Familie von amerikanischen, russischen, israelischen oder anderen Soldaten getötet wurde, mag einen starken muslimischen Glauben besitzen und mit seiner Tat auch religiöse Hoffnungen verbinden. Es kann aber auch sein, dass die Verletzung durch die Tat, die Loyalität zur Familie und zum eigenen Volk sowie der Einfluss von solche Attentate organisierenden Gruppen viel größer sind als der Glaube, eine fromme Tat im Sinne des Islam zu begehen.[13] Gewalthandlungen sind in aller Regel Reaktionen auf erlittene Gewalt[14] oder hängen von einer aus mehreren Elementen zusammengesetzten Situation ab, in der Menschen dazu

---

[12] Vgl. *Markus Weingardt*, Religion Macht Frieden. Das FriedensPotenzial von Religionen in politischen Gewaltkonflikten, Stuttgart 2007, 373–417.

[13] Vgl. etwa *Sabine Adler*, Ich sollte als Schwarze Witwe sterben. Die Geschichte der Raissa und ihrer toten Schwestern, München 2005.

[14] Selbst Jan Verplaetse, der sich gegen die pauschale Pathologisierung nicht-reaktiver Aggression ausspricht, gesteht zu, dass die meisten Menschen erst aggressiv werden, wenn ihnen vermeintlich oder tatsächlich Gewalt oder Unrecht angetan wurde. Vgl. *Jan Verplaetse*, Der moralische Instinkt. Über den natürlichen Ursprung unserer Moral, Göttingen 2011, 98f.

gebracht werden, sich gewalttätig zu verhalten.[15] In fast allen Fällen kommt beides zusammen. Zumindest ist es für viele religiöse Attentäter unwahrscheinlich, dass sie allein aus religiösen Motiven und ohne die Gewalthandlungen, denen sie ausgesetzt waren, sich zu diesen Taten entschlossen hätten. Von dieser Regel gibt es allerdings möglicherweise Ausnahmen.[16] Noch wichtiger ist freilich der Umstand, dass zahlreiche stark religiös motivierte Akteure sich intensiv für Frieden und Gewaltlosigkeit einsetzen (Martin Luther King, Andrea Riccardi, M. K. Gandhi und viele andere).

(2) Soziale Organisationen

Fragt man nach dem Zusammenhang von Religion und Gewalt, dann kann man auch religiös-politische Organisationen wie zum Beispiel Al Qaida, Hamas oder Hisbollah untersuchen und in ihren Programmen, in den Äußerungen ihrer Mitglieder, in ihren Aktionen den Zusammenhang von Religion und Gewalt nachzeichnen. Auch solche Organisationen agieren nicht ohne Kontexte, die sie in eine gewaltsame Richtung gebracht haben. Sie werden häufig von Staaten gefördert und wurden in den 1980er Jahren mit Hilfe von Geheimdiensten der Nationen, die sie nun bekämpfen, unterstützt und bewaffnet.[17] Die Gewalttätigkeit dieser Gruppen ist nicht einfach aktiv, sondern auch reaktiv.[18] Der Organisationsansatz muss immer die Stellung der gewalttätigen Organisationen innerhalb einer Religion einschätzen. Kleine militante Gruppen können die Achtung und Zustimmung zahlreicher Anhänger einer Religion haben, sie können aber auch völlig marginalisiert sein, wie etwa die Omu Shinrikyo in Japan oder die Branch-Davidian-Sekte, deren schwerbewaffnete Ranch in der Nähe von Waco/Texas 1993 unter hohen Verlusten an Menschenleben vom FBI gestürmt wurde.

---

[15] Für die Beschreibung einer solchen komplexen Situation vgl. *Harald Welzer*, Täter. Wie aus ganz normalen Menschen Massenmörder werden, Frankfurt a. M. 2005.

[16] Dies ist möglicherweise bei einigen der Attentäter des 11. September der Fall. Vgl. *Hans G. Kippenberg / Tilman Seidensticker* (Hgg.), Terror im Dienste Gottes. Die „Geistliche Anleitung" der Attentäter des 11. September 2001, Frankfurt a. M. 2004.

[17] Die Hamas wurde von Israel als nützliches Gegengewicht zur PLO betrachtet, Bin Ladens Terrorgruppen wurden vom US-Geheimdienst finanziert, solange sie im Kalten Krieg gegen die Sowjetunion in Afghanistan kämpften.

[18] Vgl. das Interview, das Juergensmeyer mit dem politischen Führer der Hamas, Abdul Aziz Rantisi, im Jahr 1998 führte. Rantisi betont, die Hamas habe Selbstmordanschläge „nur als Antwort auf […] konkrete Gewaltakte der israelischen Seite autorisiert". *Juergensmeyer*, Globalisierung (Anm. 3), 125.

(3) Religiöse Texte
Die autoritativen Texte der großen Religionen beinhalten zahlreiche Aussagen zu Krieg, Gewalt und Frieden. In ihnen finden sich autoritative Handlungsanweisungen,[19] Modelle und Begründungen für ein gewaltsames und für ein friedliches Verhalten. Bei diesem Ansatz ist es häufig so, dass unterschiedliche Interpretationsmöglichkeiten und Auslegungstraditionen zu sehr unterschiedlichen praktischen Konsequenzen führen. Wenn Zitate religiöser Texte in Gewaltzusammenhängen auftauchen, liegt es nahe, einen Zusammenhang zwischen diesen Texten und den Gewalttaten zu sehen. Auch hier stellt sich freilich die Frage, ob die Texte ursprünglich am Entstehen oder an der Bestärkung der Gewaltbereitschaft beteiligt waren, oder ob sie mehr als Legitimationen von aus anderen Gründen entwickelten Zielen herangezogen werden.[20]

(4) Einstellungen religiöser Menschen
Ein weiterer methodischer Zugang führt Befragungen durch und stellt aufgrund der Zustimmung zu Items oder durch andere, auch qualitative Verfahren fest, welche Korrelationen sich zwischen der Einstellung zu Religion und zu Gewalt finden lassen. So finden etwa Untersuchungen zu gruppenbezogener Menschenfeindlichkeit positive Korrelationen zur Religiosität der Befragten. Helga Dickow stellt eine ähnliche Korrelation zwischen Religiosität und Gewaltbereitschaft in dem afrikanischen Land Tschad fest.[21] Hans Kippenberg macht bei diesen Einstellungsstudien jedoch darauf aufmerksam, was jeder Student der Soziologie weiß, nämlich, dass zwischen Einstellungen und Handlungen keine besonders hohe Korrelation besteht. „Wenn mittels Fragebögen Einstellungen abgefragt werden und die Befragten ihr Handeln in einer vorgestellten Situation antizipieren, dann stimmt dies nicht mit ihrem tatsächlichen Verhalten über-

---

[19] *Kippenberg*, Gewalt (Anm. 2), 20, spricht beispielsweise von zur Gewalt anleitenden Handlungsskripts.

[20] Die „biblische" Begründung für die Versklavung der Afrikaner durch die Weißen etwa in den Südstaaten der USA war die Verfluchung Hams durch Noah in Gen 9,20–26. Verflucht wird in diesem Text aber kein Schwarzafrikaner, sondern Hams Sohn Kanaan. Es handelt sich um eine nur für ungenau lesende Christen plausible und nachgeschobene Legitimation für die aus anderen Gründen eingeführte Gewaltpraxis der Sklaverei. Vgl. dazu *Thomas Virgil Peterson*, Ham and Japhet, The Mythic World of Whites in the Antebellum South, Metuchen, NJ 1978.

[21] Vgl. *Helga Dickow*, Chadian Identity Cleavages and their Markers: The Competing, Overlapping or Cross-Cutting Pattern of Ethnic and Religious Affiliation, in: *Martin Leiner / Maria Palme / Peggy Stöckner* (Eds.), Societies in Transition. Sub-Saharan Africa between Conflict and Reconciliation, Göttingen 2014 (in Druck).

ein."[22] Zu dem Problem der weitgehend fehlenden Kausalverbindung kommt noch hinzu, dass bei diesen Untersuchungen über zahlreiche methodische Details diskutiert werden muss.

(5) Diskursanalytischer Ansatz
Ein diskursanalytischer Ansatz geht weniger von den autoritativen religiösen Texten, sondern von aktuellen Diskursen aus, in denen ein Zusammenhang von Gewalt und Religion fassbar werden kann. Dieser Ansatz hat den Vorteil, von den gegenwärtigen Akteuren auszugehen. Erst durch eine Erweiterung zu einer Situationsanalyse und zur präzisen Analyse von tatsächlichen Gewalthandlungen kommt diese Zugangsweise bei der zu untersuchenden Realität von Gewalt an.

(6) Religiöse Praktiken
Ein anderer Zugang besteht darin, religiöse Praktiken und Praktiken der Gewalt zu beschreiben und Analogien und Verbindungen aufzuzeigen. Zwischen Opferritualen und Gewaltpraktiken können beispielsweise Analogien und unter Umständen sogar Verbindungen und Übergänge festgestellt werden.

(7) Raumtheoretischer Ansatz
Noch nicht entfaltet ist ein im Rahmen des „spatial turn" naheliegender Ansatz, der religiöse Orte und Räume und Orte und Räume der Gewalt beschreibt und ihre Beziehung zueinander untersucht. Häufig werden religiöse Orte als Orte des Friedens angesehen. Eigentlich müssten sie von Orten der Gewalt deutlich unterschieden sein. In der Realität kommen nicht wenige Gewalttaten in Kirchen, Moscheen oder Tempeln vor. Ein raumtheoretischer Ansatz kann nach den Bedingungen der Gewalt an religiösen Orten fragen, nach dem, was diese meist als Entweihung empfundenen Taten für die religiösen Orte bedeuten. Ein raumtheoretischer Ansatz kann auch von Orten der Gewalt ausgehen und beschreiben, wie diese Orte eine religiöse Qualität als unheimliche Orte, als Friedhöfe oder als Gedenkstätten gewinnen können, und wie Religionsgemeinschaften mit diesen Orten umgehen. Ein raumtheoretischer Ansatz kann schließlich die Lokalisierung des Heiligen bzw. der Buddha-Natur an Orten, aber auch in Personen untersuchen.

[22] *Kippenberg*, Gewalt (Anm. 2), 25.

(8) Eine temporale Betrachtung schließlich kann die Verbindung von Religion und Frieden verdeutlichen. Religiöse Festtage sind von der antiken Welt über das christliche Mittelalter bis in die Gegenwart Tage, an denen Kampfhandlungen unterbrochen werden. Herrscher wie Karl der V. traten im Alter ins Kloster ein und vollzogen so eine zeitliche Trennung zwischen der weltlichen Gewaltausübung und dem religiösen Leben. Analoge Phänomene gibt es in zahlreichen Religionen. Umgekehrt werden extreme Gewalttaten als Unterbrechung des Christseins gedeutet. Typisch für den Völkermord in Ruanda sind etwa folgende Zeugnisse: „During the killings, I chose not to pray to God. We had removed the Tutsis from God's work, from the creation of mankind and even of animals. I sensed that it was not appropriate to involve Him in that." „For a little while, we were no longer ordinary Christians, we had to forget our duties learned in catechism class. We had first of all to obey our leaders – and God only afterward, very long afterward, to make confession and penance. When the job was done."[23] Noch stärker als im Raum wird in vielen Beispielen in der Zeit die Ausübung von Religion und die Ausübung von Gewalt getrennt. Diese methodische Differenzierung zeigt, wie komplex die Aufgabe ist, den Zusammenhang von Gewalt und Religion zu erfassen. Die Vielzahl der Zugänge ist auch der Hauptgrund dafür, dass die Thematik Religion und Gewalt nur in interdisziplinärer Zusammenarbeit bearbeitet wird. Je nach methodischem Zugang, ausgewählten Beispielen und Religions- bzw. Gewaltdefinition kommt man zu sehr unterschiedlichen Ergebnissen.

Zu dieser Schwierigkeit kommen zwei weitere. Zum einen ist innerhalb jeder Religion umstritten, was wahre und echte Religiosität ist. Nordamerikanische Fundamentalisten bezeichnen „liberale" Christen als nicht wirklich gläubig, „not reborn", während „liberale" Christen den Fundamentalismus als Deformation des Glaubens ansehen. Finden Gewalttätigkeiten statt, dann gibt es fast immer Religionsvertreter, die diese ablehnen und als Verkehrung der Wahrheit der eigenen Religion kritisieren. Dies ist der Hauptgrund, warum das Thema Gewalt in allen Religionen theologische Diskussionen hervorruft.

Die zweite Schwierigkeit besteht darin, dass „Gewalt niemals auf nur einen Faktor zurückzuführen" ist. Sie kann „sehr unterschiedliche subjektive und objektive Ursachen und Folgen haben und auch ihre Bewertung entzieht sich in

[23] *Jean Hatzfeld*, The Antelope's Strategy. Living in Rwanda after the Genocide. New York 2009 (OA 2007), 178.

vieler Hinsicht der oftmals gewünschten Eindeutigkeit."[24] Wenn diese Feststellung zutrifft, dann kann man von vorneherein nicht erwarten, in Religionen *die* Ursache oder den entscheidenden Faktor von Gewalt zu finden. Man findet allenfalls eine Mitursache.

4. Zur wissenschaftlichen Diskussion um Religion und Gewalt

Es entspricht den vielfältigen methodischen und inhaltlichen Problemen, dass die Resultate unterschiedlicher Wissenschaftler zum Thema Religion und Gewalt höchst unterschiedlich sind. In einem aufschlussreichen Artikel unterscheidet der Tübinger Politikwissenschaftler Andreas Hasenclever vier grundlegend unterschiedliche Ergebnisse der Forschungen über den Zusammenhang von Religion, Krieg und Frieden: Er unterscheidet die Kritiker, die Enthusiasten, die Ambivalentiker und die Skeptiker. „Während die Kritiker meinen, dass Religionen gefährlich seien, weil Glaubensdifferenzen immer wieder Kriege provozieren, argumentieren Enthusiasten, dass Religionen richtig verstanden dem Frieden dienen. Eine vermittelnde Position zwischen Kritikern und Enthusiasten vertritt der amerikanische Theologe Scott Appleby. Für ihn stellen Religionen Antworten des Menschen auf das Absolute dar. Das Absolute lasse sich aber niemals eindeutig fassen. Deshalb sei es möglich, dass innerhalb ein und derselben Religion die einen im Namen des Heiligen zu den Waffen greifen, während die anderen überzeugt seien, dass ihr Glauben sie auf friedlichen Wandel verpflichte"[25] (Ambivalenzthese). „Schließlich lässt sich in der Debatte noch eine skeptische Position identifizieren, die vor allem in den Sozialwissenschaften vertreten wird. Hier halten viele Religion für sekundär: Wenn es um Krieg und Frieden gehe, so seien materielle Faktoren wie Staatsverfassung oder Wirtschaftsleistung ausschlaggebend."[26]

Im Anschluss an Hasenclever lässt sich folgendes Schema entwerfen:

---

[24] *Heitmeyer / Schröttle*, Gewalt (Anm. 10), 16.

[25] *Andreas Hasenclever*, Die Menschen führen Krieg und die Götter bleiben im Himmel. Überlegungen zur Religion als Friedenskraft, in: *Mariano Delgado* (Hg.), Friedensfähigkeit und Friedensvisionen in Religionen und Kulturen, Stuttgart 2012, 17–38, hier: 17f.

[26] *Hasenclever*, Menschen (Anm. 25), 18.

Religion ist wichtig und relevant für	*Hasenclevers Bezeichnungen von Theoretikern*	*Hasenclevers Beispiele*	*Methodisch entscheidender Schritt*
Frieden	Enthusiasten	Benedikt XVI, EKD, Hasenclever	Wertendes Religionsverständnis
Krieg	Kritiker	Ulrich Beck Jan Assmann	Religion taucht in Gewaltkontexten auf, die immanente Gewalthaltigkeit von Religionen wird anhand von Texten gezeigt.
Krieg und Frieden	Ambivalentiker	Scott Appleby Perry Schmidt-Leukel, James Wellman	Die Ambivalenz des Heiligen/Unbedingten spiegelt sich in den ambivalenten Texten und im ambivalenten Verhalten religiöser Akteure.
Weder Krieg noch Frieden	Skeptiker	James Fearon / David Laitin Paul Collier / Anke Höffler Dieter Senghaas	Aufzeigen anderer für Krieg und Frieden relevanter Faktoren; Religion erscheint als unwichtiger oder gar kein Faktor. Die Instrumentalisierung von Religion für andere Ziele wird aufgezeigt.

Dieses Schema bezieht sich auf Religion und Krieg, es kann aber ohne Schwierigkeiten auf unser Thema Religion und Gewalt ausgeweitet werden. Auch hier gibt es Enthusiasten, Kritiker, Ambivalentiker und Skeptiker. Da alle vier Positionen sich auf unterschiedliche Phänomene beziehen und mit unterschiedlichen Methoden arbeiten, trügt der Eindruck des logischen Widerspruchs. Enthusiasten, Kritiker, Ambivalentiker und Skeptiker widersprechen sich fast nur dann, wenn sie ihre konkreten Beispiele verlassen und verallgemeinernde Aussagen machen. Ohne im Rahmen dieses Textes Recht und Grenzen jedes Ansatzes im Detail diskutieren zu können, möchte ich bei dem anknüpfen, was die kritischen Leser der jeweiligen Bücher einsehen können: Alle Positionen haben in einem bestimmten Bereich recht. Im Bereich allgemeiner Aussagen kann die Wahrheit nur die Synthese aller vier Positionen sein. Nur eine Theorie, welche die Wahrheitsmomente aller vier Positionen zu integrieren vermag, ist geeignet, eine einigermaßen umfassende Sicht der Thematik Gewalt und Religion zu vermitteln. Führt man eine solche Synthese durch, dann ergibt sich als logisches Ergebnis eine schwache Ambivalenzthese. Zu dieser Auffassung, die auch die des Verfassers dieses Aufsatzes ist, gelangt man durch folgende Überlegung: Die Synthese einer kritischen und einer enthusiastischen Position führt logisch zu einer ambivalenten Sicht, und diese wiederum führt, mit der skeptischen Sicht verbunden, zu dem Ergebnis, dass Religionen im Hinblick auf Gewalt ambivalent sind, aber nicht immer relevant werden. Diese Formulierung ist denn auch die Formel der *schwachen Ambivalenzthese*: Religionen können sich bei unterschiedlichen Akteuren und in unterschiedlichen Situationen friedensfördernd, aber auch konfliktverschärfend auswirken. Die Relevanz von Religionen für Gewalt kann zwischen sehr groß und praktisch irrelevant schwanken. Es ist dabei nicht unmittelbar und in allen Fällen die Ambivalenz des Heiligen (Appleby) oder die unterschiedliche Bestimmung des Unbestimmbaren (Luhmann), die zu Gewalt führt, sondern jeweils ein komplexes Bündel von religiösen und nicht-religiösen Faktoren.

Im Folgenden soll zunächst erklärt werden, wie Hasenclever trotz der Evidenz einer schwachen Ambivalenzthese zu einer anderen Entscheidung kommen konnte. Andreas Hasenclever votiert selbst für den Enthusiasmus, weil er mit Wolfhart Pannenberg Religionen als endlichen Versuch, die „Vermittlung des Endlichen mit dem Unendlichen“[27] zu erreichen, versteht. So offen diese von Hegel inspirierte Religionsdefinition auch klingt, so bestimmt sind doch ihre Konsequenzen. Religion ist nach dieser Auffassung immer schon wesentlich auf das Unendliche bezogen. Gläubige finden Eindeutigkeit in der dem Menschen vom Unendlichen zukommenden Heilszusage. Das, was daraus „für ihr Leben in

[27] *Hasenclever*, Menschen (Anm. 25), 19. Vgl. *Wolfhart Pannenberg*, Systematische Theologie, Bd. 1, Göttingen 1988, 144.

der Welt folgt", sei hingegen „alles andere als eindeutig".[28] Religionen, die sich hermeneutischer Diskussion nicht stellen, keine langwierigen Bildungsprozesse bei ihren Anhängern initiieren und um ihre Begrenztheit nicht wissen, dafür aber sehr schnell eine Eindeutigkeit im simplen Wissen um das Gute im Diesseits behaupten, sind für Hasenclever „halbe" Religionen oder „Ideologien". Diese halben Religionen seien dann auch Ursachen von Gewalt, vor allem können sie leicht instrumentalisiert werden. Ganze Religionen, die eine Hermeneutik religiöser Schriften kennen und denen die Bildung ihrer Anhänger am Herzen liegt, verhindern die unmittelbare Anwendung einer Stelle aus einer Heiligen Schrift auf eine Situation der Gegenwart. Sie kennen auch den Zweifel an den eigenen Interpretationen und die Selbstrelativierung gegenüber dem Unendlichen und Göttlichen, dem endliche Menschen immer nur höchst fragmentarisch und mehrdeutig entsprechen können. Nicht halbierte Religionen sind nicht konfliktverschärfend. Sie bringen, wie Hasenclever aus den Büchern von Weingardt und Little[29] belegt, immer wieder religiöse Akteure hervor, die „einen wesentlichen Beitrag zur konstruktiven Konfliktbearbeitung leisten. Entscheidend für ihren Erfolg scheint dabei zu sein, dass sie aufgrund ihrer religiösen Identität als glaub- und vertrauenswürdige Akteure wahrgenommen werden, deren Interessen nicht von dieser Welt sind und die gerade deshalb helfen können, Auseinandersetzungen im Interesse aller Beteiligten beizulegen".[30] Hätte Hasenclever halbe Religionen auch als Religionen gezählt, wäre er zur Ambivalenzthese gelangt. Hätte er auch in seine Schlussfolgerung mit eingehen lassen, was er über die Instrumentalisierung von Religion schreibt,[31] dann hätte er wahrscheinlich auch sagen können, dass die Relevanz von Religion in Konflikten stark schwankt.

Mit diesem Ergebnis richtet Hasenclever den Blick auf ein Phänomen, das auch andere Forscher für zentral für die moderne Verbindung von Religion und Gewalt ansehen. Es ist der religiös politische Aktivismus, der häufig auch mit dem schlechten Begriff „Fundamentalismus" belegt wird.[32] Dieser Aktivismus

---

[28] *Hasenclever*, Menschen (Anm. 25), 32 unter Berufung auf *Heinrich Schäfer*, Praxis-Theologie-Religion. Grundlagen einer Theologie- und Religionstheorie im Anschluss an Pierre Bourdieu, Frankfurt a. M. 2004.

[29] Vgl. *Weingardt*, Religion (Anm. 12) und *David Little* (Ed.), Peacemakers in Action. Profiles of Religion in Conflict Resolution, Cambridge 2007.

[30] *Hasenclever*, Menschen (Anm. 25), 37.

[31] Vgl. *Hasenclever*, Menschen (Anm. 25), 32f.

[32] Juergensmeyer lehnt den Begriff des Fundamentalismus mit folgenden Argumenten ab: „Erstens: der Begriff ist abwertend [...] Zweitens ist Fundamentalismus als Kategorie zum Vergleich über Kulturen ungeeignet" und drittens „Er transportiert keinerlei politische Bedeutung. Jemanden einen

ist in der Regel gegen als krisenhafte, oft sogar als widergöttliche Erscheinungen angesehene Größen wie säkularer Staat, moderne Kultur und Wissenschaft gerichtet. Fundamentalisten neigen dazu, den Kampf zwischen ihnen und dem Säkularismus als eine Art Entscheidungsschlacht zwischen Gut und Böse zu bezeichnen. Einige Fundamentalisten gehen von einem apokalyptischen Geschichtsverständnis aus. Sie fühlen sich durch die Moderne attackiert und häufig von Vernichtung bedroht.[33] Sie beabsichtigen oft die selektive Wiedereinführung von moralischen und rechtlichen Regelungen aus vergangenen Epochen und wollen diese in vielen Fällen der gesamten Gesellschaft, auch den Nichtfundamentalisten, aufzwingen. Durch diese Ausrichtung ist der Fundamentalismus, wie zahlreiche Autoren betonen, selbst ein Phänomen der Moderne. Er benutzt eine Reihe moderner Techniken in Kommunikation und Marketing, er organisiert sich vielfach modern als politische Partei, und er tritt der modernen Wissenschaft mit der nur in der Moderne möglichen Behauptung entgegen, die heiligen Schriften bestehen aus historischen und naturwissenschaftlichen Tatsachen. Die biblischen oder koranischen Aussagen bildeten ein in sich logisch widerspruchsfreies und irrtumsfreies System. Von hermeneutischen Debatten, Selbstrelativierung und langen Bildungsprozessen halten die „Fundamentalisten" wenig, weil die damit verbundene Entschleunigung unmittelbarem Aktivismus im Wege steht und die zum Beispiel über ein kritisches Theologiestudium zu gewinnenden Erkenntnisse das klare und eindeutige antiwissenschaftliche Engagement erheblich erschweren, wenn nicht verunmöglichen würden. Fundamentalistische Religion erscheint deshalb vielen liberalen Religionsintellektuellen als eine Form von Religion, bei der man sich schwertut, ihr überhaupt das Prädikat Religion zuzuerkennen. Sie ist eine „einfältige" Form von Religion für religiös Ungebildete, entwurzelte Menschen, besonders in postsozialistischen Ländern oder unter der ärmeren Bevölkerung Lateinamerikas, Afrikas, Asiens und Ozeaniens.[34] Fundamentalistische Religion ist für sie ein merkwürdiger Cocktail aus naivem

---

Fundamentalisten zu nennen, bedeutet, ihm zu unterstellen, dass er oder sie ausschließlich von religiösen Überzeugungen motiviert wird, statt von einer umfassenderen Sorge über die Natur der Gesellschaft". *Juergensmeyer*, Globalisierung (Anm. 3), 19–21. Zur folgenden Charakterisierung vgl. die umfassende Studie von *Martin E. Marty / Scott R. Appleby*, Fundamentalism Observed, Chicago, London 1991, bes. 814–842.

[33] Für eine überpointierte Kombination von apokalyptischen Vorstellungen und Gewalthandlungen vgl. *John Gray*, Politik der Apokalypse. Wie Religion die Welt in die Krise stürzt, München 2012 (OA New York 2007).

[34] Vgl. hierzu *Olivier Roy*, Heilige Einfalt. Über die politischen Gefahren entwurzelter Religionen, München 2010 (OA Paris 2008).

Buchstabenglauben, politisch weit „rechts" angesiedelter Gesinnung und gefährlichem Fanatismus. Es leuchtet ein, dass Fundamentalismus leichter Gewalt hervorbringen kann als etwa traditionelle, liberale oder quietistische Religionsformen. Dennoch belegen zahlreiche Beispiele, dass eine fundamentalistische Einstellung auch mit einem entschiedenen Bekenntnis zur Gewaltlosigkeit verbunden sein kann, wie man etwa bei „fundamentalistisch" denkenden Mennoniten und Zeugen Jehovas sehen kann. Auch bei anderen „Fundamentalisten" müssen noch weitere Faktoren neben der Religion hinzukommen, damit sie gewalttätig werden.

Umgekehrt gilt auch, dass Religion auch in der Vergangenheit ein Faktor für Gewalt war. Insbesondere vier Phänomene spielen dabei eine besondere Rolle: religiös motivierte Menschenopfer, heilige Kriege, der Kampf gegen Blasphemie und Sakrilege und religiös motivierte Ritterschaft mitsamt ihrer Ausweitung zu Massenphänomenen in Kreuzzügen und ähnlichen religiösen Kriegen. Diese Phänomene sollen im Zusammenhang mit konkreten Überlegungen zum Beitrag von Religionen zur Gewalt erörtert werden.

5. Der Beitrag der Religionen zur Gewalt

Zunächst einmal ist im Sinne der Skeptiker zu betonen, dass die größten Gewaltakteure in Geschichte und Gegenwart selbstverständlich nicht die Religionen sind. Kriege werden von Staaten oder von paramilitärischen bzw. gesellschaftlichen Einheiten wie Warlords, „Befreiungsarmeen", Privatarmeen von Clans etc. geführt. Die abschätzig gemeinte Frage Stalins, wie viele Divisionen der Papst besitze, kann in unserem Kontext ein entlastendes Argument für Religionen sein. Religionen unterhalten von wenigen Ausnahmen abgesehen keine Armeen und sind deshalb auch keine Akteure in den verlustreichsten Auseinandersetzungen zwischen Menschen. Darüber hinaus kann man wahrscheinlich auch leicht Einigkeit darüber gewinnen, dass die fünf Konflikte seit 1900, bei denen die meisten Opfer zu beklagen waren, keine religiösen Kriegsgründe hatten: Im 2. Weltkrieg starben ca. 55 Millionen, im 1. Weltkrieg ca. 17 Millionen Menschen; Koreakrieg, Vietnamkrieg und die Konflikte im Bereich Kongo-Große Seen kosteten je ca. 4 Millionen Menschen das Leben. In einigen dieser Konflikte spielten Ideologien wie Nationalismus, Nationalsozialismus, Kommunismus und Antikommunismus eine wichtige Rolle. Diese Ideologien können aber bestenfalls als parareligiös bezeichnet werden. Die traditionellen Religionen spielten in diesen Kriegen höchstens die Rolle einer Stärkung der Motivation zum Krieg. Dies war insbesondere im 1. Weltkrieg in denjenigen Nationen der Fall, die eine Einheit von Religion und Nation bewahrt hatten (Osmanisches Reich, zaristisches Russland).[35] Betrachtet man Völkermorde und ethnische Verfolgungen im 20. Jahrhundert, ergibt sich sogar ein noch eindeutigeres Bild: Sie wurden meistens von staatlichen Machthabern organisiert, und zu ihren Opfern (und nicht Tätern) zählten religiöse Minderheiten, zum Beispiel armenische und assyrische Christen 1915 im Osmanischen Reich, Juden im nationalsozialistischen Holocaust oder Muslime in Bosnien-Herzegowina. Auch in den „Lagern" der Sowjetunion, Chinas, Nordkoreas und Kambodschas wurden zahlreiche Christen und Buddhisten (Priester, Mönche und Laien) ermordet. Hauptgewaltakteure im 20. Jahrhundert sind Staaten und ethnische oder antireligiöse Ideologien, die zum Teil religiös aufgeladen wurden, oft aber atheistisch waren und sich wissenschaftlich gaben. Bis heute gibt es keine Anzeichen für einen hauptsächlich religiös motivierten Völkermord oder Krieg. Die Beweislast müsste deshalb in einer doppelten Weise umgekehrt werden:

(1) Nicht nur die Religionen, sondern auch die antireligiösen und nationalen Ideologien müsste man für Ihre Gewalttaten zur Rechenschaft ziehen. Wenn zu den Ideologien noch ein weiterer Angeklagter hinzukommen sollte, dann wären nicht die Religionen die nächsten, sondern die Weltwirtschaftsordnung käme an der Reihe. Bei täglich ca. 50 000 Menschen,[36] die an den Folgen von Unterernährung und leicht vermeidbaren Krankheiten sterben, während in anderen Ländern Nahrungsmittelüberproduktion ein Problem darstellt, ist diese ökonomische Ordnung bzw. ihre Dysfunktionalität täglich für die Zerstörung von mehr Menschleben verantwortlich als alle von religiösen Aktivisten begangenen Terrorakte der vergangenen 100 Jahre zusammen.

(2) Die religiös motivierte Gewalt der Gegenwart muss im Kontext der anderen Gewaltakteure und insbesondere auch der antireligiösen Agenden der Eliten in zahlreichen Staaten verstanden werden. In diesem Kontext ist die Verbindung von Religion und Gewalt im 20. Jahrhundert entweder dadurch bedingt, dass

---

[35] Die Trennung der Verbindung zwischen Religionen und Staaten, wie sie im nachkonstantinischen Zeitalter sich im Christentum durchgesetzt hat, fördert die Unterscheidung von Religion und Gewalt. Gleichzeitig gilt Anfang des 20. Jahrhunderts für das Osmanische Reich und für Russland, dass es in diesen Ländern bloß relativ kleine, auf die Intellektuellen beschränkte Ansätze von Säkularität gab. Es gilt also der vorsäkulare Religionsbegriff, nach dem alles mit Religion zu tun hat.

[36] Vgl. *Pogge*, Weltarmut (Anm. 6), 127.

religiöse Führer die kriegerischen Handlungen eines Staates unterstützen, dem sie besonders verbunden sind. Wenn türkische und afrikanische Muslime im 1. Weltkrieg den „Heiligen Krieg" für das Osmanische Reich und für die Deutschen Kolonialtruppen ausgerufen haben, wenn iranische Geistliche im 1. Golfkrieg zum Martyrium in der Schlacht gegen den Angriff des Irak aufgerufen haben oder wenn in den Schlachten des russischen Heeres wundertätige Ikonen mitgeführt wurden, dann entspricht dies einer seit langer Zeit üblichen Unterstützung eines als gerecht empfundenen Krieges durch der Nation eng verbundene religiöse Führer. Religion ist dabei kein ursächlicher Faktor eines Krieges, sondern sie hat konfliktverschärfende Wirkung, indem sie den Kämpfern ein gutes Gewissen macht und ihre Hoffnung auf ein Leben nach dem Tod verstärkt.

Da, wie bereits erwähnt, in vorsäkularer Zeit die gesamte Lebenswelt religiös imprägniert war und dies in zahlreichen Weltgegenden noch immer so ist, ist Religion auch verbunden mit der interpersonalen und strukturellen Gewalt, die in diesen Gesellschaften herrscht/e. Die Diskriminierung von Frauen oder die brutalen Körperstrafen etwa des altisraelitischen und des altislamischen Rechts haben genau wie alle Kriege, die Israel im Alten Testament und die ersten Muslime im Koran führten, religiöse Bezüge. Diese Bezüge teilen sie aber mit der ganzen Kultur und Lebenswirklichkeit in der damaligen Zeit. Freisprechen wird man in diesen Fällen die Religionen nicht können. An diesen Gewalttraditionen, wie der religiös begründeten Diskriminierung von Frauen und religiös begründeter Todesstrafen, zum Beispiel bei praktizierter Homosexualität, müssen Theologen selbstkritisch arbeiten. Eine Verbindung zwischen Religion und Gewalt ist vorhanden; sie ist bei allgemeinen kulturellen und juristischen Phänomenen aber relativ unspezifisch. Frauen wurden in aller Regel nicht deshalb diskriminiert, weil die Männer sie eigentlich nicht hätten diskriminieren wollen, aber von einer göttlichen Offenbarung dazu gebracht wurden. Die Diskriminierung von Frauen war in einer patriarchalen Kultur eine Realität, an der alle gesellschaftlichen Bereiche aktiv teilnahmen, auch die Religion.

Anders sieht es aus, wenn man alte religiöse Einzelphänomene untersucht, die auch heute noch relevant sind. Religiös motivierte Menschenopfer, der Kampf gegen Blasphemie und Sakrilege und die Aktivitäten religiös motivierter „Ritter" und ihre Ausweitung in Kreuzzügen sind von ihrer Konzeption her[37] zentral religiös motivierte direkte interpersonale Gewalthandlungen.

---

[37] Der Zusatz von ihrem Konzept her ist wichtig, weil keineswegs bei jedem Einzelnen, der an

Menschenopfer sind durch die Entwicklung der Religionen überholt worden, dennoch stellen sie ein historisch noch gut bekanntes, in zahlreichen Kulturen auftretendes Phänomen von durch eine religiöse Weltsicht ursächlich motivierter Gewalt gegen menschliche Personen dar. Bei besonderer Gefahr für das Gemeinwesen wurden in zahlreichen antiken Kulturen den Göttern Menschen geopfert, um ihre Gunst wiederzuerlangen. Solche Opfer sind bei Griechen, Phöniziern, Germanen und Wikingern, Azteken und Maya und anderen Völkern belegt. Geopfert wurden meistens Kriegsgefangene, Sklaven und Kinder, wobei in einigen Fällen Kinder des Königs als denkbar wertvollstes Opfer gewählt wurden (vgl. 2 Kön 3,27; Jer 3,24). Vertraut man den Quellen, dann wurden von den Azteken sogar Kriege, die sogenannten Blumenkriege, begonnen, um Zehntausende von Kriegsgefangenen für das Opfer an die Götter zu gewinnen. Die Menschenopfer der mittelamerikanischen Kulturen stellen sogar das wahrscheinlich einzige historisch gut belegte Beispiel von durch die Religion motivierter tödlicher Gewalt gegen eine große Zahl von Menschen dar. Eine gewisse Reaktualisierung des Menschopfers findet sich evtl. bei den Attentätern des 11. September und anderen islamistischen Extremisten. In seiner Analyse der „Geistlichen Anleitung“ schreibt Tilman Seidensticker: „Ein […] hervorstechender Zug ist die Bezeichnung der (mit Messern) zu tötenden Gegner als *dabiha* „Schlachttier“, „Schlachtopfer“ [….] bzw. der entsprechenden Handlung als *dabaha* „schlachten“, „als Opfer darbringen“ […]. Die Tendenz zur Dehumanisierung liegt auf der Hand; aus dem klassischen juristisch-religiösen Schrifttum ist mir [sc. T. Seidensticker] derartiges nicht bekannt. Allerdings ist die Tötung von Feinden durch Durchschneiden der Kehle in der jüngeren Zeit bei extremislamistischen Gewaltakten öfter bezeugt; man denke an die Islamisten zugeschriebenen Massaker in Algerien, die Tötung des Journalisten Daniel Pearl in Pakistan Anfang 2002, des Geschäftsmannes Nicholas Berg im Irak Mai 2004 und mehrerer Opfer beim Massaker im saudi-arabischen Chobar am 30. Mai 2004.“[38]

---

diesen Gewalthandlungen teilgenommen hat, die religiöse Motivation im Vordergrund stand. Kreuzritter konnte man auch aus Abenteuerlust oder wegen schlechter Aussichten auf ein Erbe werden. Gegen die angebliche „Blasphemie“ der Juden konnte ein mittelalterlicher Mob auch dann vorgehen, wenn die Hoffnung auf Plünderungen das Hauptmotiv aller Beteiligten war.

[38] *Tilman Seidensticker*, Die in der „Geistlichen Anleitung“ gegebenen Anweisungen und ihre religionsgeschichtlichen Besonderheiten, in: *Kippenberg / Seidensticker* (Hgg.), Terror (Anm. 16), 29–37, hier: 35. Die Ungewöhnlichkeit dieser Menschenopfer-Terminologie und die noch seltsamere

Klare religiöse Motivation zu Gewalthandlungen liegt vom Konzept her immer dann vor, wenn *Gotteslästerungen oder Sakrilege* bestraft werden. In einer sich von der Antike bis zu Luthers antijudaistischen Schriften durchziehenden Argumentation wird davon ausgegangen, dass Gott Stadt und Land strafen wird, wenn die Bürgerschaft Blasphemie und Sakrilege zulässt und sie nicht mit härtesten Strafen, meist der Todesstrafe, belegt. Die Hexenprozesse begannen unter ähnlichen Vorzeichen im Mittelalter und vor allem in der frühen Neuzeit (ca. 1560 bis 1700). „Hexen" sollen nach alttestamentlichem Recht nicht am Leben gelassen werden (Ex 22,17). Man fürchtete die direkte Wirkung ihres Zaubers oder auch die Strafe Gottes, wenn man diesem Gebot nicht nachkam.

So war jedenfalls das offizielle Konzept. Individuell waren die Motive der Beteiligten in zahlreichen Fällen andere, oft auch Habgier. Die Opfer der Hexenprozesse in Europa waren nach aktuellen Forschungen ca. 50 000 Frauen.[39] Ähnlich wurden auch Ketzer durch die Inquisition verfolgt und hingerichtet. Zu beachten ist dabei, dass sowohl die Hexen- als auch die Häretikerprozesse – von der Spanischen Inquisition wurden ca. 6000 „Häretiker" hingerichtet[40] – in aller Regel nicht von der Kirche, sondern von staatlicher Seite geführt wurden.[41] Das religiös bedingte Weltbild, das im Übrigen Antike und Christentum verbindet, trägt allerdings eine große Mitverantwortung für diese Hinrichtungen.

In einigen Gebieten entwickelte sich eine sich religiös verstehende und spirituell aktive Elite von Kämpfern, die einen gewaltsamen Kampf für eine religiöse Sache zu ihrem Anliegen gemacht hat. *Religiöse Ritterschaft* in einem weiteren Sinne findet sich im westlichen Christentum (Ritterorden) und in Japan (Samurai), und auch im Islam gibt es Gotteskämpfer. Von diesen traditionellen Ritterschaften gibt es gewalttätige Ausstrahlungen über die elitären Kreise hinaus. Kreuzfahrer, japanische Soldaten im 2. Weltkrieg oder die Kosaken als Schutzarmee des orthodoxen Russland verbanden religiöses und militärisches Engagement. Auch wenn die Ritterorden des Mittelalters sich in humanitärer und friedlicher Weise transformiert haben oder aufgelöst wurden, gibt es bis in die Gegenwart gewalttätige religiöse und parareligiöse „Ritter". Auch einige Atten-

---

Aufforderung, das Opfer den eigenen Eltern zu widmen, sind freilich auch Gründe, um Zweifel an der Echtheit des gesamten Textes der „geistlichen Anleitung" zu hegen.

[39] Gustav Henningsen, La inquisición y las Brujas, in: *Agostino Borromeo* (Ed.), L'inquisizione. Atti del Simposio Internazionale, Città del Vaticano 2003, 567–605, hier: 585.

[40] Vgl. *Angenendt*, Toleranz (Anm. 4), 283.

[41] *Angenendt*, Toleranz (Anm. 4), 311.

täter des 11. September 2001 hinterließen eine „Geistliche Anleitung“, die sie durch Koranzitate und Anspielungen an Schlachtengebete nahezu romantisch als moderne Ritter erscheinen lässt.[42] Die Reitermilizen der Dschandschawid in Darfur tragen als Schutz unter ihrer Kleidung Koranblätter. Selbst die SS organisierte sich parareligiös als „Orden unter dem Totenkopf“.

Überhaupt gilt, dass wenn auch heute Religionen in einen engeren Zusammenhang mit Gewalt rücken, dies meist in Anknüpfung an Themen wie (1) Opfer und Selbstopfer und (2) Kampf gegen Blasphemie und Sakrileg oder (3) aus religiöser Militanz und „Ritterschaft“ geschieht.

Zu diesen drei sich durch die Jahrtausende ziehenden Phänomenen enger Verknüpfung von Religion und Gewalt kommen drei weitere Hintergrundphänomene, die sich unter bestimmten Bedingungen gewaltfördernd auswirken können.

Die Gewalttätigkeit des jahrtausendealten Rechts wird dann mobilisiert, wenn religiöse Bewegungen zu den Ursprüngen zurückkehren wollen. Der (4) Salafismus in der arabischen Welt ist das wirkungsvollste Beispiel dieser Verbindung von Religion und Gewalt. (5) Zu den Hintergrundbedingungen von religiöser Gewalt zählen Absolutheitsansprüche und dualistische Weltbilder.[43] Außerdem können (6) eschatologische und messianische Vorstellungen Handlungsskripts bereitstellen, die dazu führen, dass durch eigene Gewalthandlungen das Ende der Welt oder die Heilszeit herbeigeführt werden soll. Dies geschieht in aller Regel gegen den Sinn der religiösen Texte, die das Weltende und die messianische Zeit exklusiv als Gottes Wirken ansehen.[44]

Fast alle Verknüpfungen von Religion und interpersonaler Gewalt gegen Leib und Leben lassen sich mit einem oder mehreren dieser sechs Problembereiche in Verbindung bringen.[45] Die Religionen haben schon seit langer Zeit Antworten auf diese Phänomene gegeben. Judentum, Christentum und Islam kennen als zentralen Inhalt das Ende des Menschenopfers, wie es in der Abrahamserzählung bzw. in der Deutung des Kreuzestodes Jesu deutlich wird. Gemeinsam mit Hinduismus und Buddhismus gehen sie von einer symbolischen Deutung des Opfers

---

[42] Vgl. dazu *Kippenberg / Seidensticker* (Hgg.), Terror (Anm. 16).

[43] Vgl. *Assmann*, Unterscheidung (Anm. 1).

[44] Vgl. dazu *Kippenberg*, Gewalt (Anm. 2), 101–122 und 145–160. Vgl. auch *Juergensmeyer*, Globalisierung (Anm. 3), 339.

[45] Hinzu kommen zum Beispiel noch Konflikte, die durch die Inanspruchnahme eines Widerstandsrechts oder durch den Streit unter Religionen um heilige Orte entstehen.

aus. Viele Anhänger aller Weltreligionen fragen sich, ob Gott durch menschliche Blasphemie und durch Sakrilege überhaupt geschädigt werden kann. Hieße dies nicht, dem endlichen und zudem noch gottwidrigen Tun eine unendliche Macht zuzuerkennen? Religiöse Militanz äußert sich nach zahlreichen Religionen in der Überwindung der eigenen Sünde („großer Dschihad") und in der gewaltlosen Verbreitung der Religion durch das Wort und die hilfreiche, Zeugnis gebende Tat. Eine mit Ursprungsmythen verbundene religiöse Romantik, wie zum Beispiel der Salafismus, wird in vielen Religionen als Verwechslung einer vergangenen Wahrheit mit der ewigen Wahrheit kritisiert. Absolutheitsansprüche, dualistisches, eschatologisches oder messianisches Denken mit Gewaltlosigkeit zu verbinden, entspricht zumindest zahlreicheren und zentraleren Traditionen in den Religionen als die Ausbreitung mit Feuer und Schwert.

Diese Überlegungen gilt es auszuarbeiten und allgemein bekannt zu machen. Mehr und bessere Theologie und religiöse Bildung wird deshalb ein wesentliches, wenn nicht das wesentliche Element der Antwort auf religiöse Gewalt sein. Neben der Ablehnung von Gewalt in der eigenen Religion als Aufgabe theologischer Arbeit treten zudem auch interreligiöse Initiativen wie Hans Küngs Projekt Weltethos (www.weltethos.de) oder Karen Armstrongs *Charter for Compassion* (www.charterforcompassion.org) hervor, so dass sich unterschiedliche Weiterentwicklungen der Verknüpfung von Religion und Frieden zunehmend normativ geltend machen lassen. In der *Charter for Compassion* heißt es etwa: „Im Kern aller religiösen, ethischen und spirituellen Traditionen befindet sich das Prinzip der Anteilnahme aus Nächstenliebe […] Zudem ist es absolut zu unterlassen, anderen im öffentlichen wie im privaten Leben Leid zuzufügen. Es verleugnet unsere gemeinsame Menschlichkeit aus Bosheit, Chauvinismus oder Selbstinteresse gewalttätig zu handeln oder zu sprechen, andere auszunutzen oder deren Grundrechte zu verweigern und Hass durch Erniedrigung anderer hervorzurufen."[46] Nicht weniger als eine Relektüre aller religiösen Traditionen vom Gesichtspunkt des Mitgefühls aus und eine entsprechende spirituelle Entwicklung der Menschheit werden von dieser weltweit aktiven, in den deutschen Medien aber kaum präsenten Initiative gefördert und gefordert.

Ein weiterer Ansatz besteht darin, religiöse Gewalt als Reaktion auf massiv antireligiöse Maßnahmen von Regierungen zu verstehen. Der säkularistische

---

[46] *Karen Armstrong*, Die Botschaft. Der Weg zu Frieden, Gerechtigkeit und Mitgefühl, München 2012 (OA London 2011), 12f.

Kemalismus in der Türkei, die repressive Politik des Schahs im Iran oder die blutige Unterdrückung der Muslimbrüder in Ägypten unter Nasser, Sadat, Mubarak und nach dem Sturz von Mursi sind nur einige Beispiele einer langen Leidensgeschichte vieler Menschen, die der Religion gerne einen größeren Platz in der Öffentlichkeit zukommen lassen wollten. Die Radikalisierung religiöser Parteien und Gruppierungen ist im Zusammenhang mit diesen Repressionen zu verstehen. Es ist sehr wichtig, hier neue Wege zu finden, denn: „Man kann Staat und Kirchen mehr oder minder konsequent trennen, aber eben nicht Religion und Gesellschaft. Religiöse Akteure, die sich am öffentlichen Diskurs beteiligen, haben in einer freien Gesellschaft Anspruch darauf, auch von den entschieden säkularen Bürgern gehört zu werden. Als zivilgesellschaftliche Akteure sind die Kirchen und andere Religionsgemeinschaften umgekehrt verpflichtet, sich im Diskurs an Spielregeln der Fairness zu halten."[47]

Im Anschluss an Harald Welzer wird man diskutieren können, ob das Entstehen von Gewalt bei ansonsten „ganz normalen Menschen" nicht immer zur notwendigen Bedingung hat, dass drei Faktoren zusammenkommen: eine öffentliche Moral, die das Töten gutheißt, das Gefühl, bedroht und angegriffen zu sein, und Situationen, welche die Gewalthandlung ermöglichen und fördern.[48] Auch die sogenannte „religiöse Gewalt" etwa eines Bin Laden war erst möglich, nachdem diese drei Bedingungen gegeben waren. Nimmt man diese Sicht an, dann ergeben sich Möglichkeiten, „religiöse Gewalt" zurückzudrängen. Dies kann etwa dadurch geschehen, dass religiös orientierte Gruppierungen aus der Bedrohungssituation herauskommen und sich ohne Repression als politische Parteien organisieren können. Die Notwendigkeit des politischen Kompromisses, die Angleichung an die anderen Parteien und die Reaktionen der Wählerinnen und Wähler werden, obwohl dies vielfach kein leichter Weg ist, in vielen Fällen zu einer Abschleifung der für säkular empfindende Personen problematischen Punkte in den Parteiprogrammen und in den Handlungsweisen der Politiker führen. Israel, die Türkei oder Indien, wo die religiösen Parteien am demokratischen Prozess teilnehmen, haben deshalb eine weit weniger gewalttätige Entwicklung erlebt als Algerien und Ägypten, wo diese Parteien, obwohl sie demokratisch gewählt worden waren, keine oder wenig Zeit hatten, am demokratischen Spiel der Kräfte teilzunehmen. Die Anerkennung stärker religiös

---

47 *Friedrich Wilhelm Graf*, Götter global. Wie die Welt zum Supermarkt der Religionen wird. München 2014, 127.

48 Vgl. *Welzer*, Täter (Anm. 15).

orientierter Kräfte im öffentlichen Leben hätte zudem den Vorteil, dass viele der durch „bad governance" und Korruption in Misskredit geratenen säkular-nationalistischen Regierungen eine starke Konkurrenz bekommen würden. Wichtig ist freilich, dass diese Parteien, wenn sie an die Regierung gelangen, die Menschenrechte auch der säkularen Menschen und der Minderheiten schützen, Kritik und Opposition nicht behindern und auch wie die BJP 2004 in Indien abgewählt werden können.

6. Fazit

Die westlichen Medien bieten uns in der Regel kein realistisches Bild des Zusammenhangs von Religion und Gewalt. Während die friedensstiftende Wirkung von Religion und insbesondere von religiös motivierten Einzelnen relativ selten Gegenstand der Berichterstattung ist, erfreuen sich Terrorakte von Islamisten, militanten Hindus, Buddhisten, Katholiken, Protestanten und Juden einer extrem großen Medienresonanz. Die Journalistin Charlotte Wiedemann geht von dem vielfach untersuchten, sehr negativen Islambild in den deutschen Medien aus und konstatiert, dass zahlreiche Journalisten so eindeutig aufseiten der säkularen Gesellschaft stehen, dass eine eigene Bemühung, nicht „weiß" zu schreiben, nötig ist. „Wenn man begriffen hat, dass im Leben der meisten Menschen auf der Welt Religion Bedeutung hat, dann schrumpft das säkulare westeuropäische Medienmilieu auf ein realistisches Maß. Niemand muss gläubig sein, aber über den eigenen Tellerrand sollten Journalisten schon hinausblicken können. Und die geläufige Islamophobie ist zu einem gewissen Grad auch eine Religionsphobie."[49] Im Sinne der schwachen Ambivalenzthese muss der Beitrag von Religion an direkter, interpersonaler Gewalt deutlich geringer veranschlagt werden als in den meisten Diskussionen üblich. Andere Akteure, wie zum Beispiel die Nationalstaaten, trugen und tragen heute wesentlich mehr zur Gewaltrealität bei als die Religionen. In Völkermorden seit 1900 waren religiöse Minderheiten häufig Opfer. Um das Thema Religion und Gewalt zu behandeln, muss man ferner zwischen säkularen und nicht säkularen Gesellschaften unterscheiden. Bis zur Aufklärung waren alle Gesellschaften religiös. Erst danach entstanden in Europa,

---

[49] *Charlotte Wiedemann*, Vom Versuch, nicht weiß zu schreiben. Oder: Wie Journalismus unser Weltbild prägt, Köln 2012,16.

Nordamerika, Australien säkulare Gesellschaften. In den nicht säkularen Gesellschaften ist das gesamte Leben religionsimprägniert.[50] Jede Gewalt, die in diesen Gesellschaften ausgeübt wird, hängt auch mit Religion zusammen, freilich oft in einer unspezifischen Weise; etwa wenn das vormoderne Recht zahlreiche für uns grausam erscheinende Strafen beinhaltet, sind diese immer irgendwie religiös legitimiert und von religiösen Handlungen begleitet. Eine nähere Verbindung von Religion und Gewalt gibt es bei drei Phänomenen: religiös geforderte Menschenopfer (1), Blasphemie/Sakrileg (2) und religiöse Militanz/Ritterschaft (3). Zu diesen drei Phänomenen kommen drei Umgangsweisen mit der religiösen Tradition. Werden die „salafistische“ Repristinierung des oft gewalthaltigen archaischen Rechts (4), die gewaltsame Durchsetzung der absoluten Wahrheit der eigenen Position (5) oder eines eschatologisch-messianischen Programms (6) zur religiösen Aufgabe erhoben, dann entwickeln Religionen ebenfalls ein großes Gewaltpotenzial. Die Religionen der Gegenwart haben zugleich eine lange Tradition der Überwindung und Ablehnung dieser sechs Punkte. Neben der verstärkten Zulassung der Religion im öffentlichen Raum sind Theologie und religiöse Bildung die nachhaltig wirkenden Antworten auf die Verbindung von Religion und Gewalt. „Kriege gegen den Terror“, gezielte Morde durch Drohnen oder ein vom Ausland aus unterstützter Militärputsch gegen demokratisch gewählte Präsidenten aus religiösen Parteien führen in fast allen Fällen langfristig zu mehr „religiöser Gewalt“.

---

[50] Für eine umfassendere Beschreibung der Säkularisierung vgl. *Charles Taylor*, Ein säkulares Zeitalter. Frankfurt a. M. 2012 (engl. Orig. 2007). Auch Taylor schließt sich mit Danièle Hervieu-Léger der Auffassung an, dass vor der nordatlantischen Neuzeit alles religiös war.

Deutschland – feindlich Vaterland?

Von altem und neuem Antisemitismus

Charlotte Knobloch

Abstract

Der Antisemitismus ist so alt wie das Judentum. Judenfeindlichkeit bis hin zu Hass und Vernichtungsabsicht begleitet die Geschichte der Juden bis heute. Auch und gerade in Deutschland verdient der Antisemitismus eine besonders aufmerksame und analytische Beobachtung. Jüngste Forschungsergebnisse belegen, dass antisemitisches Gedankengut sich längst einen Platz in der Mitte der Gesellschaft erobert hat. Dabei lassen sich im Deutschland des 21. Jahrhunderts unterschiedliche Formen des Phänomens Antisemitismus feststellen: Neben klassischen antisemitischen Vorurteilen spielen immer öfter moderne Formen des Antisemitismus eine Rolle, die sich unter anderem aus dem Bedürfnis einer Schuldabwehr nach dem Holocaust ergeben. Zur Realität in Deutschland gehört aber auch eine paradoxe, aber umso bedrohlichere Kooperation zwischen radikalen Islamisten und nationalistischen Rechten. Das zweifellos hohe Bedrohungspotenzial liegt auf der Hand. Nicht zu unterschätzen ist die analoge Gefahr auf der anderen Seite. Denn auch antizionistische Linke unterhalten einen regen Ideologietransfer mit islamistischen Gruppen. Der Beitrag beleuchtet die Auswirkungen des existierenden und wachsenden Antisemitismus auf die deutsche Gesellschaft und die Rolle der Juden darin.

Lassen Sie mich eines vorab ganz unmissverständlich klarstellen: Die 1949 gegründete Bundesrepublik Deutschland war und ist kein „feindlich Vaterland“ für jüdische Menschen.

Dennoch bin ich, nach kurzem Zögern, auf diesen Titel-Vorschlag eingegangen. – Warum? Er ist in seiner Direktheit nicht nur provokant oder plakativ. Er bringt in gewisser Weise durchaus eine gewisse, nicht von der Hand zu weisende

Emotionalität zum Ausdruck, wie sie in Teilen der jüdischen Gemeinschaft in unserem Land vorhanden war und ist.

Lassen Sie es mich so ausdrücken: Es war und ist für Juden nicht eben leicht – im Sinne von unbeschwert, unbelastet –, Deutschland als Heimat zu empfinden. Warum?! – Darauf möchte ich in diesem Beitrag eingehen. Ich darf Ihnen im Folgenden einen Abriss über neuen und alten Antisemitismus skizzieren. Dabei lege ich die Erkenntnisse namhafter Historiker, Psychologen und Sozialforscher zugrunde, die sich intensiv mit dem Phänomen beschäftigt haben oder beschäftigen. Ihre Befunde ergänze ich anhand meiner Erfahrungen aus acht Jahrzehnten.

Ferner beziehe ich die Erkenntnisse aktueller Studien mit ein. Insbesondere den Bericht des unabhängigen Expertenkreises im Auftrag der Bundesregierung aus dem August 2011 sowie die regelmäßigen „Mitte-Studien" der Friedrich-Ebert-Stiftung und die laufenden Verfassungsschutzberichte aus Bund und Ländern.

Einsteigen werde ich mit dem Versuch einer Definition. Sodann möchte ich kurz auf die Geschichte des Antisemitismus in Deutschland eingehen, wo das Phänomen mit der sogenannten „Endlösung der Judenfrage", dem Holocaust – der versuchten Vernichtung aller jüdischen Existenz –, auf seine ideologische und faktische Spitze getrieben wurde.

Schließlich nehme ich die gegenwärtige Situation und meine sorgenvollen Beobachtungen und Erlebnisse in den Fokus.

1. Definition Antisemitismus

Antisemitismus – bis heute gibt es keine allgemein gültige Definition.

Was ist Antisemitismus? – Wolfgang Benz, langjähriger Leiter des Zentrums für Antisemitismusforschung der TU Berlin und einer der maßgebenden Erforscher der Ursachen und Wirkungen des Antisemitismus, hat allein dieser Frage ein ganzes Buch gewidmet. Judenfeindschaft gilt laut Benz als das älteste soziale, kulturelle, religiöse, politische Vorurteil der Menschheit. Sie äußert sich, lange bevor sie durch Diskriminierung oder körperliche Gewalt zum Ausdruck kommt, in ausgrenzenden und stigmatisierenden Stereotypen, überlieferten Vorstellungen, die unreflektiert weitergegeben werden. Antisemitismus ist demnach mehr als Fremdenfeindlichkeit. Er ist eine anti-moderne Weltanschauung, die in der Existenz der Juden die Ursache aller Probleme sieht.[1]

Antisemitismus ist also auch mehr als das Vorurteil einer Mehrheit gegen eine Minderheit, denn Vorurteile haben wir alle. Psychologen und Soziologen halten sie sogar für unentbehrlich, helfen sie uns doch, uns in einer immer komplizierter werdenden Welt zurechtzufinden. Antisemitismus ist kein Vorurteil – er ist ein Ressentiment. Denn er zielt nicht auf das Verhalten eines Menschen ab, sondern auf dessen schiere Existenz. Diese Feststellung ist entscheidend. Erklärt dies doch, warum das öffentliche, bewusste oder unbewusste, zum Teil sehr subtile, oft suggestive Jonglieren, ja Spielen mit antisemitischen Klischees in weiten Teilen der Bevölkerung auf fruchtbaren Boden fällt. Offene Ohren und Zustimmung sind gewiss. Antisemitismus ist nach wie vor bei mehr Menschen, als wir wahr haben wollen, als Einstellung vorhanden und reflexartig zu mobilisieren.

Wir Juden sind dem Antisemitismus hilflos ausgeliefert. Wir haben keinen Einfluss auf diese Geisteshaltung, die uns überall begegnen kann: aus dem Mund von Mitschülern, Kommilitonen, Kollegen, Nachbarn oder Freunden. Dieser Ungeist hängt am Bahnhofskiosk ab, hockt in der Eckkneipe, sitzt am Stammtisch oder diniert im Sterne-Restaurant. – Egal wo, Antisemitismus trifft uns eiskalt und lässt uns mit dem Gefühl der Einsamkeit zurück – fassungslos.

Der Resonanzboden sei die Mehrheitsgesellschaft, so Benz: Nicht die Juden sind schuld an dem Hass auf sie. Es ist nicht die jüdische Eigenart, der jüdische Charakter oder gar die Religion selbst. Der Anlass ist sekundär. Primär gilt: Die Mehrheitsgesellschaft braucht die Juden als Projektionsfläche. Vor diesem Hintergrund kann heute nicht von „wieder auflebendem" Antisemitismus die Rede sein. Antisemitismus war mitnichten je verschwunden. Lediglich sein Gesicht, seine Ausprägungen haben sich gewandelt. Speziell in Deutschland gilt: Man hat sich in Zurückhaltung geübt.

Abschließen möchte ich die Begriffsbestimmung mit den Kriterien, die der von der Bundesregierung eingesetzte, unabhängige Expertenkreis aus Wissenschaft und Praxis vor zwei Jahren seinem Bericht zugrunde gelegt hat. Dieses Expertengremium hat es sich zur Aufgabe gemacht, in regelmäßigen Abständen einen Bericht zum Antisemitismus in Deutschland zu erstellen und Möglichkeiten der Bekämpfung zu empfehlen.

---

[1] Vgl. *Wolfgang Benz*, Was ist Antisemitismus? Bundeszentrale für politische Bildung, Bonn 2004.

Drei Kriterien werden für maßgeblich erachtet:

ERSTENS: Antisemitismus meint Feindschaft gegen Juden als Juden. Das bedeutet, der entscheidende Grund für die artikulierte Ablehnung und die Zuschreibung von negativen Eigenschaften hängt mit der angeblichen oder tatsächlichen jüdischen Herkunft eines Individuums oder einer Gruppe zusammen. Er kann sich aber auch – dieser Punkt wird später noch entscheidend sein – auf Israel als den jüdischen Staat beziehen.

ZWEITENS: Antisemitismus kann sich unterschiedlich artikulieren: latente Einstellungen, verbalisierte Diffamierungen, politische Forderungen, diskriminierende Praktiken, personelle Verfolgung, existenzielle Vernichtung.

DRITTENS: Antisemitismus kann in verschiedenen Begründungsformen auftreten: religiös, sozial, politisch, nationalistisch, rassistisch, sekundär und antizionistisch.[2]

2. Historische Entwicklung

Ich darf Ihnen nun einen Abriss der historischen Entwicklung dieses Ressentiments hierzulande darlegen – bis hin zu seinem singulären Exzess der „Endlösung“ im nationalsozialistischen Deutschland.

Seit über 1700 Jahren leben Juden auf dem Gebiet des heutigen Deutschland. Antisemitismus bzw. Antijudaismus gab es von jeher. Ich kann in diesem Rahmen nicht zu weit zurückblicken und konstatiere, dass die Judenfeindlichkeit bis ins 19. Jahrhundert religiös begründet worden war. Erst seit dem letzten Drittel des 19. Jahrhunderts bezeichnet der sogenannte Rassen-Antisemitismus oder auch „Moderner Antisemitismus“ eine neue Form von Judenhass. Seine Anhänger argumentierten vermeintlich wissenschaftlich – etwa unter Berufung auf Joseph Arthur de Gobineau, der eine überlegene „arische“ Menschenrasse und die Schädlichkeit der Rassenmischung postulierte.[3] Aber auch die Selektionstheorie Charles Darwins und andere aufkommende Erkenntnisse aus der Naturwissenschaft wurden in den Dienst der Judenfeindschaft gestellt.

In dieser Zeit änderte sich auch die Intention: Der ältere, religiös fundierte

---

[2] Vgl. Bericht des unabhängigen Expertenkreises Antisemitismus. Deutscher Bundestag, Drucksache 17/7700, 17. Wahlperiode, 10.11.2011.

[3] *Joseph Arthur de Gobineau,* Essai sur l'Inégalité des Races Humaines (1853–1855; deutsch: Versuch über die Ungleichheit der Menschenracen, Stuttgart 1898ff).

Antijudaismus hatte das Ziel, die Juden zu bekehren – erinnert sei hier an die kontroverse Debatte angesichts der Wiedereinführung der entsprechenden Karfreitagsfürbitte durch Papst Benedikt XVI.[4] Dem modernen Antisemitismus des endenden 19. Jahrhunderts ging es nicht darum, die Juden zum Taufbecken zu bewegen. Sie wurden stigmatisiert, nur weil sie Juden waren. Die Ziele waren: Ausgrenzung, Vertreibung und letztlich – schon damals – Vernichtung.

Der Historiker Götz Aly hat die deutsche Mentalitätsgeschichte der vergangenen 200 Jahre untersucht.[5] Er führt die Entstehung und Entwicklung des Antisemitismus in Deutschland nicht auf nationale Überlegenheitsfantasien zurück, sondern hauptsächlich auf zwei Ursachen: Unsicherheit und Neid. Bereits in seinem Werk *Hitlers Volksstaat* schrieb Aly, die Deutschen hätten die Verfolgung der Juden gutgeheißen, weil sie davon materiell profitierten. In *Warum die Deutschen, warum die Juden?* konkretisiert er: Gerade die Ängstlichen und von Minderwertigkeitsgefühlen Geplagten seien zu modernen Antisemiten geworden.[6]

Viele Juden hätten die Chancen, die Gewerbefreiheit und der soziale Aufbruch im 19. Jahrhundert boten, genutzt. Vor allem legten sie stets größten Wert auf Bildung. Dies habe sie von der christlichen Mehrheit unterschieden.

Tatsächlich waren die jüdischen Gemeinden im Kaiserreich aufgeblüht. Bewusst assimilierten sich die Juden. Es war ihnen daran gelegen, selbstverständlicher und gleichberechtigter Teil der deutschen Gesellschaft zu sein. Die meisten Juden wandten sich der modernen Gesellschaft zu, ja trugen in erheblichem Maße zu ihrer rasanten Entwicklung bei. Der jüdische Anteil am deutschen Fortschritt in Wirtschaft, Industrialisierung, Wissenschaft, Kunst und Kultur ist enorm. Parallel organisierten sich die fanatischen Judenfeinde in Parteien und Verbänden.

Politischen Einfluss erlangten die Antisemiten im Kaiserreich nicht. Aber ihre Gedankenwelt wuchs und ihre Propaganda wirkte: Juden wurden mit allen vor-

---

[4] *Andrea Nicolotti*, Perfidia iudaica. Die schwierige Geschichte eines liturgischen Gebets vor und nach Erik Peterson, in: *G. Caronello* (Hg.), Erik Peterson. Die theologische Präsenz eines Outsiders, Berlin 2012, 511–554.

[5] *Götz Haydar Aly*: „Endlösung". Völkerverschiebung und der Mord an den europäischen Juden, 1999 (zuerst 1995).

[6] *Götz Haydar Aly,* Hitlers Volksstaat. Raub, Rassenkrieg und nationaler Sozialismus, 2005. *Götz Haydar Aly*, Warum die Deutschen? Warum die Juden? – Gleichheit, Neid und Rassenhass 1800–1933, Frankfurt a. M. 2011.

stellbaren schlechten Eigenschaften belegt, die sie aufgrund Ihrer „Rasse“ – so die Antisemiten – a priori in sich trügen.

Im Ersten Weltkrieg wurden die Vorbehalte neu aufgeladen. Dabei teilten die jüdischen Deutschen die anfängliche Kriegsbegeisterung. Die Zahl der jüdischen Freiwilligen war – gemessen am Bevölkerungsanteil – überdimensional groß. Mit Blick auf den Volkstrauertag darf ich an dieser Stelle zu bedenken geben, dass bis heute vielen hierzulande nicht bekannt ist, welch glühende Patrioten die deutschen Juden im ersten Drittel des 20. Jahrhunderts waren. Im Ersten Weltkrieg gehörten 100 000 jüdische Soldaten der deutschen Armee an – darunter auch mein Vater. Rund 80 000 waren an der Front stationiert, und etwa 12 000 ließen ihr Leben für ihre Heimat. Dies ist kaum bekannt. Obwohl es gerade die jüdischen Soldaten waren, die mit ihrer Teilnahme an den Kampfhandlungen ihre Zugehörigkeit, ihr Deutschtum und ihre Vaterlandsliebe unterstreichen wollten. Sie wünschten sich nichts sehnlicher, als dass sie endlich als ein Teil dieses, ihres Landes, anerkannt werden. Stattdessen machte schon damals das Gerücht von der „jüdischen Drückebergerei“ die Runde. Ein antisemitisches Stereotyp, das ebenso landläufig wurde wie das Stigma als „geborene Wucherer und Spekulanten“, die sich als Kriegsgewinnler an der deutschen Not bereichern wollten.

Nach dem Ersten Weltkrieg brachte die Weimarer Republik zwar eine Reihe von Verbesserungen. Die jüdische Teilhabe an der deutschen Gesellschaft verstärkte sich. Jüdische Wissenschaftler, Künstler und Literaten hatten nicht unerheblichen Anteil an den bedeutenden Errungenschaften und Werken dieser Epoche. Zugleich jedoch blühte der Rassismus auf. Die Antisemiten identifizierten die linken Parteien mit der sogenannten jüdischen Verschwörung. Obwohl nur fünf der rund 200 Reichsminister jüdischer Herkunft waren, wurde die erste deutsche Demokratie als „Judenrepublik“ abgetan. Die antisemitischen Aktivitäten häuften sich. Die verängstigten, deklassierten Kleinbürger und der verletzte deutsche Nationalstolz suchten einen Sündenbock. In „den Juden“, die weniger als ein Prozent der Bevölkerung im Deutschen Reich ausmachten, fand man einen Schuldigen – einen Sündenbock für all das, was einen Großteil der Deutschen traumatisierte: Revolution, Inflation, soziales Elend.

Diese Saat des Rassen-Antisemitismus ging in den rassistischen Werken der 1920er Jahre auf und begann zu sprießen. Immer mehr populäre Hetzschriften vertieften die antisemitischen Angstvorstellungen. Schmähschriften gegen die Juden, mit denen rechtsradikale Parteien wie die NSDAP auf Stimmenfang gingen, häuften sich und fanden immer mehr Abnehmer. Wie kein zweites Pamphlet verbreiteten die *Protokolle der Weisen von Zion* die Legende der jüdischen Weltverschwörung.[7] Bis heute gehört dieses ideologische Machwerk zu der am weitesten verbreiteten und einflussreichsten Schrift des modernen Antisemitismus. Ihre Kernaussagen verarbeitete Hitler in *Mein Kampf*. Darin fasst er seine Thesen von Antibolschewismus, Sozialdarwinismus und „Lebensraum" zusammen. Im Zentrum seiner Mission: der Kampf gegen die „jüdische Weltdiktatur". Im Jahr 2015 läuft das Urheberrecht des Freistaat Bayerns aus. Ab dann kann dieses wirre und wahnhafte Machwerk des Hasses neu aufgelegt werden.

Ich kann nur davor warnen, diese übelste Hetzschrift, die je in diesem Land verfasst worden ist, in irgendeiner Form in den freien Verkehr zu bringen.

Hitler nutzte den Antisemitismus als ideologisches Bindemittel, um Anhänger zu mobilisieren. Er diente den Nazis als Erklärungsmuster für alles nationale, soziale und wirtschaftliche Unglück, das die Deutschen seit dem verlorenen Ersten Weltkrieg erlitten hatten – allem voran: der Versailler Vertrag. Hitlers pathologischen Phantasien in seinem wahnsinnigen Weltbild trafen auf die im Volk verbreiteten Ängste und Komplexe. Mit der Machtergreifung der NSDAP wurde der moderne Antisemitismus im Jahre 1933 Staatsdoktrin – vor gerade einmal acht Jahrzehnten; kurz zuvor war ich auf die Welt gekommen. Sogleich setzten legislatorische Akte die rassistische Ideologie in die Tat um. Der Boykott jüdischer Geschäfte am 1. April 1933 war der erste Akt staatlich legitimierter Ausgrenzung. Die ungeheuerlichen Gewaltakte am 9. November 1938 – die sogenannte Reichskristallnacht – kennzeichneten das Ende der Juden-Politik. Ab dieser Wendemarke wurden Juden nicht mehr nur mittels Gesetz und Verwaltungsakten entrechtet, ausgeplündert und vertrieben. Von nun an wurde schrittweise per Stigmatisierung, Ghettoisierung und Konzentration ihre physische Vernichtung vorbereitet – und realisiert. Auf Kennzeichnung, Zwangsarbeit und Auswanderungsverbot folgte die „Endlösung" – der Völkermord im ganzen deutschen Herrschaftsbereich, die letzte tödliche Konsequenz der Ideologie des Antisemitismus.

[7] Vgl. z. B. *Wolfgang Benz*, Die Protokolle der Weisen von Zion. Die Legende von der jüdischen Weltverschwörung, München 2007; *Norman Cohn*, Warrant for Genocide. The Myth of the Jewish World-Conspiracy and the Protocols of the Elders of Zion, London 1967.

3. Historische Verantwortung

Mit diesem Tiefpunkt der Menschheitsgeschichte endet mein historischer Rückblick. Vor 80 Jahren infizierten Hass und Wahn die Menschen und verführten sie zu Unmenschlichkeit. Sechs Millionen Kinder, Frauen und Männer – Menschen, die sich auf ihre Zukunft gefreut hatten, wurden ermordet und dem Vergessen verschrieben, aus nur einem einzigen Grund – weil sie Juden waren. Der Holocaust – die kalt geplante und industriell betriebene Ermordung der europäischen Juden – ist der größte Zivilisationsbruch der Geschichte.[8] Die Schoa war und ist ein präzedenzloses Verbrechen in der Geschichte der Menschheit – letztlich unvorstellbar, für Juden wie Nichtjuden. Es war gelungen, Deutschland für uns jüdische Menschen tatsächlich zum „feindlich Vaterland" werden zu lassen.

Eine Stunde Null – wie sie sich einige vorstellen – konnte es danach nicht geben. Die Wucht dieser Katastrophe bebt bis heute nach. Eine Lehre war zweifelsohne, dass die Gefahr, die vom Antisemitismus ausgeht, nicht nur die jüdische Gemeinschaft bedroht. Antisemitismus stellt eine Gefahr für die freiheitliche Demokratie als solche dar. Generell sind Extremismus, Fremdenfeindlichkeit, Rassismus – Diskriminierungen jeglicher Art – nicht nur das Problem der betroffenen Gruppe. Sie sind das Problem der Gesellschaft, in der sie vorkommen. Dies haben die Mütter und Väter des Grundgesetzes sowie die Verantwortlichen der Regierungen der Bundesrepublik seit 1949 erkannt und verantwortungsbewusst umzusetzen versucht – vielfach mit gutem, in bestimmten Bereichen mit weniger großem Erfolg. Unsere Grundrechte stehen unter der Prämisse der universellen Menschenwürde. Die Verfassung, mit ihrer fein austarierten Balance der beiden, aus dem Untergang der Weimarer Republik resultierenden Ängste: jene vor dem Staat und jene um den Staat, atmet den Geist des „Nie wieder!" – das Vermächtnis der Schoa.

Schon die Präambel, im Bewusstsein der Verantwortung vor Gott und den Menschen, und in dem guten Willen, der Welt zu demonstrieren, dass Deutschland nie mehr nach Allmacht gieren würde, sondern danach strebt, im Verbund mit den Nachbarn in Frieden und Freiheit zu leben, brachte glaubhaft zum Ausdruck, dass und wie gut man verstanden hatte, dass in deutschem Namen Ungeheuerliches geschehen war und man sich dieser Erkenntnis und der damit ein für

---

[8] *Dan Diner*, Ist der Nationalsozialismus Geschichte? Zu Historisierung und Historikerstreit, Frankfurt a. M. 1987.

alle Zeit erwachsenden Verantwortung stellen würde und werde. Die Aufarbeitung der NS-Zeit und die Schaffung und Stärkung von freiheitlich-demokratischem Bewusstsein bei den mündigen Bürgern sind deutsche Staatsräson und haben als solche Einzug in das Bildungssystem und die staatsbürgerliche, sozialkundliche Didaktik gefunden.

Nun sei darauf hingewiesen, dass in der DDR die Herangehensweise eine ganz andere war. Dort dachte man, das Problem Antisemitismus schon deswegen erfolgreich aus der Welt geschafft zu haben, weil man sich als genuin „antifaschistisch" verstand und präsentierte. Leider entsprach diese Selbstdarstellung keineswegs der Realität. Die Thematisierung von Schuld und Mitverantwortung an den Verbrechen der Nationalsozialisten, wie sie in der Bundesrepublik anfangs zögerlich, dann jedoch umso ambitionierter und mit bemühter Entschlossenheit stattfand, wurde in der DDR nie geführt – ein bis heute wirkendes Versäumnis.[9]

Für die SED war die Schoa ein NS-Verbrechen unter vielen. Antisemitismus galt als bloße Ablenkungsideologie zur Spaltung und Täuschung der Unterdrückten. Das deutsche Volk, das selbst unter dem Nazi-Regime gelitten habe, sei an sich gut und allenfalls verführt worden. Die SED proklamierte: Mit der Enteignung der Kapitalisten habe die DDR die Ursachen von Faschismus und Antisemitismus „mit der Wurzel ausgerottet". Diese Sprachregelung war die sehr bequeme Entlastungsformel, mit der die SED einen dicken roten Schlussstrich unter die Nazi-Zeit zog. Eine Kommentierung dieser Auffassung erübrigt sich. Ferner war und ist auch in der Bundesrepublik in Sachen Aufarbeitung und Erinnerungskultur nicht alles Gold, was glänzt. Gut gemeint und gut gemacht können divergieren. Allzu oft ging und geht es um erhobene Zeigefinger, Schuld und Scham. Zu kurz kommt die bewusste und vor allem gegenwarts- und zukunftsorientierte Konfrontation mit der Vergangenheit. Eine Auseinandersetzung, die einen Erkenntnisprozess intendiert – nicht schockiert, überfordert oder einschüchtert und so Abwehrreflexe hervorruft. Nur dann ist zu erwarten, dass eine Erkenntnisgeneration den Stab der Erinnerung von der Erlebnisgeneration über-

---

[9] Vgl. *Herfried Münkler*, Antifaschismus als Gründungsmythos der DDR. Abgrenzungsinstrument nach Westen und Herrschaftsmittel nach innen, in: *Manfred Agethen* u. a. (Hg.), Der missbrauchte Antifaschismus. DDR-Staatsdoktrin und Lebenslüge der deutschen Linken, Freiburg 2002, 79–99; *Jutta Illichmann*, Die DDR und die Juden. Die deutschlandpolitische Instrumentalisierung von Juden und Judentum durch Partei- und Staatsführung der SBZ/DDR von 1945 bis 1990, Frankfurt a. M. 1997, 134–183.

nimmt. Andernfalls werden wir erleben, dass stärker als bisher die nachfolgenden Generationen leichtfertig die jüngere deutsche Vergangenheit als Geschichte abtun und sich ihrer eigenen Verantwortung nicht bewusst werden.

Die Erinnerung an das, was geschehen konnte und was man geschehen ließ, ist unkündbar. Diese geschichtsbewusste Verantwortung zu begreifen und zu übernehmen, ist für alle Zeit das Erbe der deutschen Geschichte. Ich wünsche mir eine kluge Kultur des Erinnerns, die die Menschen zu aufgeklärten Patrioten macht. Staatsbürger, die das friedliche Miteinander in der Gesellschaft als eigene Aufgabe begreifen. Menschen, die ihre Heimat aufgrund ihrer aus Verantwortung erwachsenen und gewachsenen freiheitlich-demokratischen Werte und Errungenschaften lieben und die bereit und gewillt sind, diese Werte gegen antidemokratische Tendenzen zu verteidigen.

4. Neuer Antisemitismus in der Gegenwart

Stattdessen – und damit bin ich in der Gegenwart und beim heutigen Antisemitismus angelangt – zeigen sich immer öfter und ungenierter die vorhandenen Einstellungen gruppenbezogener Menschenfeindlichkeit. Fest steht: Die Täter von einst sind größtenteils tot. Zwar können sie uns auch dann noch verstören, wie der Fall Erich Priebke kürzlich gezeigt hat.[10] Grundsätzlich jedoch ist mit den Tätern auch ihre Schuld aus der Welt geschieden. – Was jedoch blieb, geben Sie sich da keinen Illusionen hin, ist das Gedankengut.

Die Wirkungen des Antisemitismus spüren wir Juden täglich. Sie treiben uns um und erfüllen uns – gerade in Deutschland – mit tiefer Trauer, ja mit Fassungslosigkeit. Noch immer ist Antisemitismus in Deutschland verbreitet, und Juden werden Opfer von Angriffen. Anders als die seelischen Spuren sind die Tausende antisemitischer Straftaten, die jedes Jahr verübt werden, statistisch erfassbar, darunter Anschläge auf Synagogen, Schändungen von Friedhöfen, Schmierereien an jüdischen Einrichtungen oder Gedenkstätten, antijüdische Beleidigungen, Anfeindungen bis hin zu tätlichen Angriffen und brutalen Attacken.

[10] Vgl. *Joachim Staron*, Fosse Ardeatine und Marzabotto. Deutsche Kriegsverbrechen und Resistenza. Geschichte und nationale Mythenbildung in Deutschland und Italien (1944–1999). Paderborn 2002.

Es folgt eine Auswahl aus dem Jahr 2012:

- Am 5. Januar wurden Jugendliche im Berliner S-Bahnhof Frankfurter Allee mit Steinen beworfen und antisemitisch beleidigt.
- Am 28. Februar wurde der israelische Profi Itay Shechter des 1. FC Kaiserslautern mit Worten und dem Hitler-Gruß beschimpft.
- Am 25. März wurden die Kicker des jüdischen Klubs TuS Makkabi im Spiel gegen den Berliner Club Hürtürkel massiv rassistisch und antisemitisch beschimpft.
- Am 17. Juni wurden 18 Grabsteine auf dem Jüdischen Friedhof in Delmenhorst umgestoßen und teilweise zerstört. Die Täter beschmierten Grabmale mit Hakenkreuzen.
- Am 23. Juni wurde die Synagoge in Wuppertal mit Hakenkreuzen verschandelt.
- Ende Juni wurde der jüdische Friedhof in Kröpelin nahe Rostock verwüstet, der erst im Mai neu eingeweiht worden war.
- Am 17. Juli wurde der Jüdische Friedhof in Anklam geschändet.
- Am 18. Juli warf ein angetrunkener Mann in Berlin leere Glasflaschen auf vorbeifahrende Autos. Als die Polizei ihn entdeckte, brüllte er antisemitische Parolen.
- Am 23. Juli wurden in Stein zwei Frauen von einem Mann angegriffen und beleidigt, weil eine der beiden einen Davidstern um den Hals trug. Der Mann zeigte den Hitler-Gruß und besprühte sie mit Reizgas.
- Am 7. August beleidigte ein Mann im Berliner Viertel Friedrichshain ein Ehepaar antisemitisch und drohte, sie anzuzünden.
- Am 28. August schlugen Jugendliche einen Rabbiner vor seiner siebenjährigen Tochter nieder und brachen ihm das Jochbein.
- Am 2. September wurde der Jüdische Friedhof in Kröpelin erneut schwer beschädigt. Hakenkreuze und antisemitische Parolen wurden auf Grabsteine und Mauern geschmiert. Auf den Außenmauern fand sich der Schriftzug: „Sieg Heil".
- Am 3. September wurde in Berlin eine Gruppe jüdischer Schülerinnen als „Judentussen" beschimpft. Einen Tag später wurde ein Jude in einem Weddinger Mietshaus als „Drecksjude" beleidigt.
- Am 26. September wurde der Generalsekretär des Zentralrats der Juden in Deutschland, Stephan Kramer, in Berlin-Charlottenburg bedroht.

Die Liste ließe sich endlos weiterführen. Auch in diesem Jahr (2013) gab es bereits eine Vielzahl an Vorfällen. Exemplarisch sei erwähnt, dass erneut ein Rabbiner auf offener Straße angegriffen wurde, diesmal in Offenbach. Gedenktafeln wurden in der KZ-Gedenkstätte Dachau beschädigt. Und am vergangenen Tag der Deutschen Einheit wurde die Innenstadt von Salzwedel mit dutzenden Nazi-Parolen und Hakenkreuzen verunstaltet. Kein Tag ohne Tat. – Eine Aneinanderreihung von beklagenswerten Einzelfällen? Oder doch Ausdruck eines wachsenden gesellschaftlichen Missstands, den es – gerade in Deutschland – mit aller Kraft zu benennen und zu bekämpfen gilt? Ich bin der Auffassung, Letzteres ist der Fall, und ich darf Ihnen auch erklären, warum: Was die Verbreitung antisemitischer Einstellungen in der Bevölkerung betrifft, haben sich oberflächlich die Zahlen kaum verändert. Sozialforscher kommen seit Jahren zu dem stabilen Befund von ca. 20 bis 25 Prozent latenter Judenfeindlichkeit in unserer Gesellschaft. Vor einem Jahr sorgte die „Mitte-Studie" der Friedrich-Ebert-Stiftung für Aufregung, wonach erschreckende rund 50 Prozent der Befragten der Aussage zustimmten, Juden würden versuchen, aus ihrer Opferrolle während des Nationalsozialismus Vorteile zu ziehen. 20 Prozent meinten, Juden hätten zu viel Einfluss. Das Resümee der Forscher: Rechtsextremes und antisemitisches Gedankengut habe sich längst einen Platz in der Mitte der Gesellschaft erobert.[11]

Ähnlich war es bereits ein Jahr zuvor im Expertenbericht der Bundesregierung zu lesen. Alarmierend heißt es dort, dass die für die deutsche Situation nach 1945 kennzeichnende weitgehende Tabuisierung antisemitischer Äußerungen in der Öffentlichkeit längst durch eine bis weit in die Mitte der Gesellschaft verbreitete Gewöhnung an alltägliche judenfeindliche Tiraden und Praktiken ersetzt worden sei. Lassen Sie sich diesen nüchtern daherkommenden Satz einmal auf der Zunge zergehen, aber passen Sie auf, dass er Ihnen dabei nicht im Hals stecken bleibt. Mir stockt bei dieser Diagnose nämlich der Atem. In der breiten Mitte der Gesellschaft ist man alltägliche judenfeindliche Tiraden und Praktiken gewöhnt und hält es nicht für nötig, sich dem entschieden zu widersetzen. Ich hatte einst gehofft, dass die Menschen nach der Befreiung der Vernichtungslager ein für alle Mal von Hass, Rassismus und Antisemitismus kuriert wurden. Wenn nicht Auschwitz – was sonst könnte dies bewirken? – Wie naiv, wie weltfremd war ich doch.

Noch ist das rechtsextremistische Lager der wichtigste Träger des Antisemi-

[11] Vgl. *Oliver Decker, Johannes Kiess, Elmar Brähler et al.*, Die Mitte im Umbruch. Rechtsextreme Einstellungen in Deutschland 2012, hg. für die Friedrich-Ebert-Stiftung von Ralf Melzer, Bonn 2012.

tismus. Jedoch ist die massive Judenfeindlichkeit unter den hier lebenden Muslimen eine Gefahr, die immer extremere Ausmaße annimmt. Entscheidende Triebfeder vor allem für muslimische Jugendliche ist der Hass auf Israel. Anschub erfolgt durch die einseitige Darstellung in arabischen Satellitenprogrammen sowie die Propaganda extremistischer islamistischer Gruppierungen. Hierzu betont der Expertenbericht der Bundesregierung: „Für sämtliche dem Verfassungsschutz bekannten islamistischen Organisationen in Deutschland ist Antisemitismus ein konstitutiver Bestandteil ihrer Ideologie.“[12]

Hierüber wird noch zu sprechen sein. An dieser Stelle möchte ich nicht auf einzelne Gruppen eingehen. Denn entscheidend ist folgende, allen Studien zu entnehmende Feststellung: Judenfeindlichkeit ist keine Randerscheinung – sie war es nie! Antisemitismus ist breit über alle Schichten und Altersgruppen der Bevölkerung verstreut. Der Expertenbericht kommt sogar zu dem erschreckenden Befund, dass Deutschland weit höhere Werte bei der Verbreitung antisemitischer Einstellungen erreicht als andere westeuropäische Länder.[13]

Dabei existiert das Phänomen häufig in einem Umfeld, das durch Unkenntnis geprägt ist. Beispielsweise ist es eine traurige Wahrheit, dass das jüdische Neujahrsfest in diesem Jahr von einer Mehrheit der Menschen in Deutschland nicht zur Kenntnis genommen worden wäre, hätte nicht der neue Iranische Präsident medienwirksam und nicht ohne Hintersinn den Juden seine Grüße bestellt.

Nur so erfuhr eine breite Öffentlichkeit von den Hohen Jüdischen Feiertagen. Das sollte den Verantwortlichen im Bildungssystem ebenso wie den Medien und der Politik zu denken geben. Ich erinnere mich an Zeiten, da den Juden in der Tagesschau von höchster Stelle zu Neujahr gratuliert wurde – und die übrigen Medien sich dem Thema ähnlich ausgiebig widmeten, wie sie es heute mit dem Ramadan tun. Es bestehen dramatische Wissenslücken über das Judentum als älteste der abrahamitischen, monotheistischen Religionen sowie über dessen traditionsreiche und prägende Historie in Deutschland vor 1933. Hinzu kommt: Laut einer Umfrage des Forsa-Instituts für das Magazin *Stern* konnten im Jahr 2012 gut 21 Prozent der 18- bis 30-Jährigen den Begriff „Auschwitz“ nicht mehr einordnen. Solche Befunde fördern gravierende Mängel unserer politischen Kultur und des Bildungssystems zutage. Diese Wissenslücken werden vielfach

---

[12] Bericht des unabhängigen Expertenkreises Antisemitismus: Antisemitismus in Deutschland. Erscheinungsformen, Bedingungen, Präventionsansätze. BMI 2012, 52.

[13] Vgl. ebd.

durch Stereotype und Vorurteile über Juden ersetzt. – All dies sind weitere Bausteine und Kennzeichen des heutigen Antisemitismus.

Des Weiteren ist eine Bewusstseinsänderung nach dem Holocaust festzustellen. So heißt es im Expertenbericht der Bundesregierung, dass die untersuchten Studien im Einzelnen verdeutlichten, dass neben den klassischen, verschwörungstheoretischen antisemitischen Bezichtigungen – also Juden haben zu viel Einfluss, Macht und Geld, beherrschten Politik und Finanzmärkte – immer häufiger Mutmaßungen und Vorwürfe eine Rolle spielen, die erst als Reaktion auf den Holocaust und die Existenz des Staates Israel entstanden sind. Dieses Phänomen wird als „sekundärer Antisemitismus" bezeichnet. Er umfasst verschiedene Phänomene, die sich aus dem Bedürfnis einer Schuldabwehr nach dem Holocaust ergeben und für die auch die Formel „Antisemitismus wegen Auschwitz" verwendet wird. Zu den gängigen Topoi gehört der Vorwurf, Juden zögen Vorteile aus dem Holocaust oder nutzten ihn für ihre Zwecke zulasten deutscher Belange. Die Erinnerung an die Schoa wird als „Moral-Keule" diffamiert, als Angriff auf die eigene nationale Identität. Vielfach wird eine jüdische Mitschuld an der Verfolgung behauptet. Es findet eine Täter-Opfer-Umkehr statt; Forderungen nach einem Schlussstrich werden laut sowie die Behauptung, die Erinnerung an den Holocaust diene zur Erpressung finanzieller Mittel. – Als extreme Form des sekundären Antisemitismus gilt die Relativierung oder Leugnung des Holocaust.

Die heute gängigste und bisweilen sogar als sozialadäquat durchgehende Form des sekundären Antisemitismus tritt unter dem Deckmantel einer Ablehnung der Politik des Staates Israel auf. Dabei handelt es sich um die mit Antisemitismus aufgeladene, einseitige und unreflektierte Kritik an Israel, die den Staat schlechthin mit „den Juden" identifiziert und etwa die israelische Politik mit der nationalsozialistischen Vernichtungspolitik gleichsetzt. Diese Varianten bestehen im Kern aus einer speziellen ideologischen Verzerrung und pauschaler Diffamierung des jüdischen Staates, die sich zugleich traditioneller antisemitischer Stereotype bedient. Zwar sind in diesem Kontext immer wieder eindeutige Rückgriffe auf die traditionellen Varianten der Judenfeindschaft feststellbar. Aber diese Antisemiten wollen keine Antisemiten sein. Denn der alte, dumpfe Antisemitismus gilt nicht mehr als opportun. Doch hat er im Antizionismus ein vermeintlich politisch korrektes Äquivalent gefunden. Diese neuen Antisemiten verurteilen die NS-Verbrecher sowie ihre geistigen Nachfolger, die primitiven Neonazis. Diese Antisemiten trauern um die Millionen Juden, die seit 70 Jahren tot sind. Aber über ihre Nachkommen und die Überlebenden des Holocaust in Israel echauffieren sie sich, ohne zu zögern. Reflexartig ereifern sie sich in Kritik am Jüdischen Staat. Immer öfter und ungenierter wird der Nahost-Konflikt zum willkommenen Vehikel, um antijüdische Ressentiments vermeintlich legitim ins Feld zu führen. Unter seinem Deckmantel sind die Stereotypen der Judenfeindschaft wieder salonfähig geworden. Mehr als das: Sie dominieren bisweilen die öffentliche Diskussion. Dieser israelkritische Mainstream ist Ausdruck und Quell zugleich für alten und neuen Antisemitismus. – Ich komme an dieser Stelle nicht umhin, auf zwei Beispiele der jüngeren Zeit einzugehen, die für Schlagzeilen gesorgt haben. Da wäre zunächst die Lyrik zweifelhafter Qualität, die ein gewisser Schriftsteller just in der Karwoche 2012 nicht mehr an sich halten konnte. In meinen Augen – mit Verlaub – schlicht: Volksverhetzung. Weniger die Richtung, aus der die üble Verbalattacke kam, hat mich überrascht, als vielmehr die Wucht der Perfidie, mit der ein Literatur-Nobelpreisträger seine Worte instrumentalisiert, um Antisemitismus Tür und Tor in die öffentliche Debattenkultur zu öffnen. – Leider hat sich gezeigt, dass sein Machwerk des Ressentiments in der breiten Mitte der Gesellschaft auf fruchtbaren Boden gefallen ist. Überall dort, wo Volkes Stimme erklang – online wie offline – waren schrille Töne zu hören, die noch immer in mir nachklingen: Zuletzt waren es 70 Prozent der Deutschen, die Israel vorwerfen, seine Interessen ohne Rücksicht auf andere Völker zu verfolgen. 59 Prozent halten die israelische Politik für aggressiv. In einer Umfrage der Financial Times Deutschland antworteten 57 Prozent mit „Die Israel-Thesen von Günter Grass sind … richtig“ und weitere 27 Prozent mit „diskutabel“. „Antisemitisch“ finden sie nur vier Prozent. Ähnlich die Ergebnisse einer Umfrage der ARD: „Ich stimme Grass vollkommen zu“, sagten dort 51 Prozent. Dass Grass „zu weit gegangen“ ist, fanden nur 15 Prozent. – Das zeigt: Grass hat einem Geist Gesicht verliehen, der auch in Deutschland sein Unwesen treibt. Die verbreitete, an Obsession grenzende Leidenschaft, mit der Israel reflexartig und irrational kritisiert wird, ist eine neue Ausdrucksform von Antisemitismus. – Hier von einem Tabu zu sprechen, ist blanker Hohn. Geistige Brandstifter, die gegen Juden oder Israel giften, haben Konjunktur.

Das hat vor allem die Beschneidungsdebatte im letzten Jahr gezeigt. – Bevor ich darauf eingehe, möchte ich die Attacken aus dem links-intellektuellen Spektrum noch um die Schriften eines weiteren Autors ergänzen, der die Republik in jüngster Zeit mit seinen Texten behelligt: Ein Journalist und Verleger mit klangvollem Namen kommt seiner – vielleicht genetisch angelegten – moralischen

Selbstverpflichtung nach, Deutschland eine Schlussstrichdebatte aufzudrängen. Er geriert sich als tapferer Einzelkämpfer für die wahre Sicht auf die Welt – nämlich seine – und postulierte: Die allzu unkritisch positive Sicht auf Israel müsse endlich revidiert werden. Dabei fuchtelt der Meinungsjournalist so ungestüm mit schärfsten Worten, dass seine Zuspitzungen nicht mehr ignoriert werden können. 2012 fand er Eingang in die Jahres-Top-Ten der Antisemiten, die das Simon Wiesenthal Zentrum in Los Angeles jährlich herausgibt. Ich werde mich nicht an der leidigen Diskussion beteiligen, ob Herr G. aus D. oder Herr A. aus H. Antisemiten sind, wo legitime Kritik aufhört und unzulässiger Antisemitismus anfängt. Entscheidend ist doch, welche Wirkungen das subtile oder suggestive, bewusste oder unbewusste Spiel mit dem Feuer in unserer Gesellschaft entfaltet.

Mir ist schleierhaft, wo die Genugtuung und die Leidenschaft entspringen, das gleiche, nicht existierende Tabu immer wieder zu brechen. Derartige nach rechts und links austretende Gratwanderungen auf und jenseits der Grenze dessen, was unserer freiheitlichen politischen Kultur zuträglich oder eben abträglich ist, befördern den Antisemitismus hierzulande. Deshalb lasse ich mich nicht abspeisen mit der banalen Belehrung, Derartiges müsse man in einer Demokratie ertragen können. Ich brauche keine Nachhilfe in Demokratie. Es kommt der Punkt, an dem man sagen muss: Nein, ich ertrage es nicht mehr. Nicht in Deutschland, nicht nach dem, was hier geschah. Was müssen jüdische Menschen in unserem Land eigentlich noch alles ertragen?!

Dieser Punkt war bei mir letztes Jahr erreicht. Damit möchte ich zum Schluss meiner Betrachtungen auf die Beschneidungsdebatte eingehen. Für mich – das muss ich so drastisch formulieren – eine einschneidende Erfahrung, die noch immer in mir arbeitet. Vielleicht haben wir einen Paradigmenwechsel erlebt – die Rückkehr des Antisemitismus als Gesellschaftsphänomen mit bedrohlichem Ausmaß. Ich hoffe nicht. Doch es hat sich gezeigt, wie rasch und ungebremst aus den viel zitierten 20 bis 25 Prozent latenter Judenfeindlichkeit manifester Antisemitismus wird. Vielen ist die neue, für mich zuvor unvorstellbare Dimension nicht bewusst. Erstmals in der Geschichte der Bundesrepublik wurden „die Juden" als Kollektiv wieder von einer erschlagenden öffentlichen Mehrheit ungeschützt und kaum widersprochen an den Pranger gestellt. Die Antisemiten in unserem Lande waren enthemmt. Das ist das Erschreckende. Ich hatte wirklich geglaubt, das Phänomen sei nicht nur verbannt, sondern im Sinne einer kognitiven Bewusstseinsveränderung durch besseres Wissen ersetzt worden. Stattdessen musste ich zu der Wahrnehmung kommen, die Menschen mit entsprechender Einstellung hätten nur sechs Jahrzehnte auf die passende Gelegenheit gewartet, ihr Schweigen brechen zu können, ohne sich dem Vorwurf sozialer Inadäquanz auszusetzen. Selbsternannte Experten waren mit ihren überheblichen Belehrungen anschlussfähig für antisemitische Lesarten. Sie lieferten all jenen eine Vorlage, die antijüdische Ressentiments haben und darauf warten, diese legitim von sich geben zu können. Endlich konnten sie – ohne das Vehikel Israel bemühen zu müssen – das sagen, was sie schon immer gegen Juden äußern wollten. – Hierin liegt die eigentliche Zäsur. Das war neu. Auf der anderen Seite fanden sich die Juden unvermittelt – und: ohne eigene Beteiligung, denn das zugrundeliegende Urteil hatte mit Judentum überhaupt nichts zu tun – in einer Situation wieder, in der sie zur Zielscheibe von offenem und zum Teil zügellosem Antisemitismus wurden. Das hätte ich mir in meinen kühnsten Albträumen nicht vorstellen können. Wo verbaler Antisemitismus ungehindert derartige Exzesse annehmen kann, dauert es nicht lange, bis man auch vor körperlichen Gewalttaten nicht zurückschreckt. Und so geschah es dann auch. Die Beispiele habe ich genannt. Doch bereits die monatelange Verbannung an den Rand der Gesellschaft, basierend auf dem infamen Vorwurf, jenseits des Rechts die eigenen Kinder zu quälen, hatte Spuren hinterlassen. Bei einigen haben die herablassenden Anfeindungen und kalten Diffamierungen alte Wunden aufgerissen. Allein das verantwortungsvolle, zügige und besonnene Handeln der Politik hat verhindert, dass sich das mitunter perfide Spiel mit dem Feuer zum gesellschaftlichen Flächenbrand ausweitete. Der Spruch eines einzelnen Richters auf Grundlage einer juristischen Mindermeinung, die wiederum maßgeblich ein Strafrechtsprofessor sowie dessen Lehrmeister und eine laute Stimme im Ethikrat leidenschaftlich propagieren, hatte ausgereicht, um ein jahrtausendealtes, unentbehrliches, konstitutives Fundament unseres Glaubens in Frage zu stellen – und damit zugleich die Zukunft des Judentums in Deutschland. Erstmals seit 1945 waren wir Juden in diesem Land wieder mit existenziellen Fragestellungen konfrontiert.

Das letzte Jahr war – und damit komme ich zurück auf die Überschrift meines Vortrags: *Deutschland, feindlich Vaterland?* – ein sehr trauriges. Wir haben Antisemitismus wieder an breiter Front und in ungeahnter Weise zu spüren bekommen. Sie können sich vorstellen, was dies für mich, mit meinen Erinnerungen, bedeutet. Aber darum geht es mir nicht. Ich denke an die Zukunft – wie ich es immer getan habe. Mir geht es um die künftigen Generationen von jüdischen

Menschen in unserem Land. Ich wünsche mir, dass sie bewusst, selbstbewusst und selbstverständlich in Deutschland leben können, als respektierter, anerkannter Teil dieser Gesellschaft. Ich wünsche mir, dass sie in der Bundesrepublik Deutschland eine Heimat vorfinden, in der der kollektive Konsens des „Verstanden-Habens", des „Nie Wieder!" stabil und tragfähig ist. In der nicht Gedankenlosigkeit und Geschichtsvergessenheit sowie leichtfertige Aburteilung anderer Menschen um sich greifen, sondern in der die hart erkämpften Werte der freiheitlichen Demokratie und der Menschenrechte gepflegt, gewahrt und alltäglich gelebt und praktiziert werden.

Deutschland kann dieses Vaterland sein. Lassen Sie uns alle daran arbeiten.

Die Rolle des Sports im Kampf gegen Diskriminierung

Theo Zwanziger

Abstract

Sport hat nicht nur einen festen Platz in der Gesellschaft, er schafft eine Einheit: Er verbindet Spieler zu Mannschaften. Nicht nur in der Deutschen Fußballnationalmannschaft spielen Sportler unterschiedlicher Herkunft im selben Team. Das Mannschaftsspiel fördert Sprachkenntnisse und soziale Kompetenzen über alle kulturellen Unterschiede hinweg. Wertschätzung und Respekt werden aber nicht nur innerhalb einer Mannschaft, sondern auch im Fair Play mit dem Gegner, im Umgang mit Schiedsrichtern und unter den Zuschauern gefördert, die unabhängig von der Partei, deren Fan sie sind, dieselbe Leidenschaft verbindet. Über alle Sportarten und Altersklassen hinweg entfaltet der Sport also seine integrative Kraft, er kann geradezu als „Motor der Integration" verstanden werden. Aus dieser einenden Kraft des Sports erwächst eine große gesellschaftliche Verantwortung der Vereine und Institutionen: Die Ressourcen, die ihnen zur Verfügung stehen, müssen daher auch gezielt für eine kluge Integrationsstrategie – zum Beispiel für einen freien Zugang aller zum Sport und Kampagnen gegen Rassismus und Diskriminierung – genutzt werden.

1. Einführung

Es gibt kaum etwas, was sich in den vergangenen Jahren so sehr verändert hat wie die Einstellung der Öffentlichkeit zum Fußball. Noch in den 1970er Jahren, einer Zeit, als Deutschland mit der Weltmeistermannschaft von 1972 und der Europameistermannschaft von 1974 glänzen konnte und ich ein fußballbegeisterter Richter am Oberverwaltungsgericht in Koblenz war, hielt ich es für opportun, den „Kicker" vorsorglich in die solide FAZ einzuwickeln, wenn ich das

Gerichtsgebäude betrat – andernfalls hätten die Kollegen (Kolleginnen gab es kaum oder gar nicht) sich ob der doch sehr gewöhnlichen Lektüre mehr als gewundert. Das hat sich inzwischen vollkommen geändert: Heute gibt es kein Naserümpfen mehr; vielmehr sprechen mich die Kollegen an und bitten: „Kann ich ein paar Karten bekommen für das Spiel von Köln, Kaiserslautern oder Mönchengladbach? Oder gar für eines der anstehenden Länderspiele?“ Fußball ist ganz offensichtlich salonfähig geworden, und das ist gut so! Nicht nur, weil der Fußball ein intelligentes und interessantes Spiel ist, sondern weil er der Gesellschaft guttut! Fußball entfaltet nämlich starke Bindungskräfte über alle gesellschaftlichen Schichten hinweg. Ins Fußballstadion gehen alle: die sozial Schwachen, die Unternehmer und die Reichen, die Intellektuellen, die Professoren, die Religiösen und die Nicht-Religiösen. Hier stehen sie, die sich sonst gesellschaftlich kaum begegnen und im Alltag kaum etwas gemein haben, in schönster Eintracht zusammen, jubeln, ereifern sich und räsonieren. Und genau das macht den Fußball zu einem idealen Medium; geeignet, die Gesellschaft ein wenig toleranter und offener zu machen. Dafür braucht der Fußball eine Kraft aus sich heraus, dafür braucht er Selbstbewusstsein, die Bereitschaft zur Veränderung. Er braucht aber auch die kritische und fordernde Beobachtung von Seiten einer verantwortungsbewussten Gesellschaft. Genau diese Gesellschaft muss also den Fußball nicht nur fördern, weil er im Fernsehen hohe Einschaltquoten und damit Geld in die Kassen der Vereine und Verbände bringt. Sie muss ihn auch fordern. Fußball darf nicht in dieser Unterhaltungsmaschinerie, in dieser Volksbelustigungsmaschinerie, in der Emotion steckenbleiben, sondern er muss sich auch als ein Mitspieler in einer demokratischen Gesellschaft begreifen und bewähren, die sich in der Präambel zu ihrem Grundgesetz der Würde des Menschen verpflichtet sieht. Es ist also auch die Sache des Fußballs, in seiner Rolle als maßgeblicher gesellschaftlicher Akteur dazu beizutragen, dass ganz zuletzt nicht der Drache siegt, um mit den Worten Mariano Delgados zu sprechen, sondern dass im Gegenteil das Lamm irgendwann diesen Drachen auffressen wird.

Die Frage ist nur: wann? Erleben wir das noch? Nein, natürlich nicht. Aber wir können einiges dazu tun, um diesen Weg zu beschleunigen, und zwar gerade mit Hilfe der Kraft sozial verbindender Sportarten.

Ich will zunächst allerdings ein kleines Negativ-Beispiel anführen – wie Integration und das Engagement gegen Diskriminierung eben nicht gefördert werden! Im Jahre 2005, als wir die Weltmeisterschaft von 2006 vorbereiteten, wechselte die Regierung in Berlin. Auf Gerhard Schröder folgte Angela Merkel, und auf den mit uns sehr gut zusammenarbeitenden Innenminister Otto Schily folgte Wolfgang Schäuble. Die Bundeskanzlerin wollte das Thema Integration etwas stärker betonen und schuf zu diesem Zweck ein Staatsministerium im Bundeskanzleramt, das wiederum zu einer großen Konferenz (Islamkonferenz) einlud, in die alle für die Integration relevanten gesellschaftlichen Gruppen und Kräfte eingebunden wurden. Nur eine Gruppe hatte man vergessen: die Sportler! Erst nach massivem Intervenieren gelang es uns, die Beteiligung der Spitzenvertreter des Sports durchzusetzen.

2. Einige Zahlen und Fakten

Warum hielten wir, die Vertreter des Sports, unsere Teilnahme an dieser Konferenz für unverzichtbar? Dazu möchte ich mit einigen Zahlen aufwarten. Wissen Sie, wie viele Fußballspiele jede Woche stattfinden? 80 000! Jede Woche! Mit den allwöchentlichen Spielen sind eben nicht nur die Bundesligaspiele gemeint, die über die Medien (Fernsehen, Rundfunk, Printmedien, Internet) so gut wie jeden Bundesbürger erreichen. Im Gegenteil. Von den genannten 80 000 wöchentlichen Spielen sind allein 50 000 Jugendspiele. Bei diesen Jugendspielen stehen sich zwei Mannschaften gegenüber, und jede dieser Mannschaften besteht aus mindestens sieben, meistens aber 11 Spielern plus Auswechselspieler. Multipliziert man die Zahl der Spielereignisse mit der Zahl der Spieler, ist die Millionengrenze rasch überschritten, und dabei sind Schiedsrichter, Besucher, Trainer und Betreuer noch nicht berücksichtigt.

Eine Million Jugendliche kämpfen also jedes Wochenende in einem fairen Wettbewerb nach klaren Regeln miteinander; ein Wettbewerb, für den der damalige Ratspräsident der evangelischen Kirche, Bischof Wolfgang Huber, anlässlich der Eröffnung der Fußballweltmeisterschaft 2006 Worte aus dem Brief des Paulus an die Korinther fand: „Ob Ihr den Siegespreis bekommt, das wisst Ihr nicht, aber Ihr müsst Euch ihm würdig erweisen." Und er sagte im selben Zusammenhang: „Fußball ist ein starkes Stück Leben." Auch Papst Benedikt XVI fand zum Thema Fußball nur lobende Worte: „Ja, das ist super, das ist ein tolles Vergnügen, das ist Unterhaltung, das ist Emotion!" Wenn man in die Tiefe ginge, so dieser Papst weiter, könne man aus diesem Sport viel Wertvolles für unsere Gemeinschaft ableiten und gewinnen.

Dazu ein Beispiel: der Julius-Hirsch-Preis. Julius Hirsch war ein deutscher

Fußballnationalspieler jüdischen Glaubens. Wie viele deutsche Juden des Kaiserreichs war auch Julius Hirsch national gesinnt, war selbstverständlich als Freiwilliger des 1. Weltkrieges an der Front und setzte sein Leben für das ein, was er für sein Vaterland hielt. Nur wenige Jahre später wurde genau dieser Mann, der Patriot und Fußballheld, behandelt, als sei er ein schädliches Insekt. Damit so etwas nie wieder geschieht, verleiht der DFB den Julius Hirsch Preis.[1] Gerade weil Fußballer im Grunde unpolitisch sind, vielleicht sogar gelegentlich oberflächlich, und nicht unbedingt über gesellschaftliche Probleme und sozialpolitische Fragen nachdenken, brauchen sie in dieser Hinsicht ein Vorbild und eine Identifikationsfigur. Sie – und ihre Fans – hören den Namen eines nationalen Helden: „Julius Hirsch". Wollen die Fußballer der heutigen Generation, dass ihre Helden wie Miroslav Klose, Philipp Lahm oder Bastian Schweinsteiger auch irgendwann mal wie ein „Insekt" behandelt werden? Die Verleihung eines Preises transportiert somit eine simple Botschaft, kann aber gerade so bei jungen Menschen den Erziehungs- und Entwicklungsprozess beeinflussen.

Es geht aber nicht nur um die Verleihung von Preisen. Jedes Jahr im Dezember fahren zwei Nationalmannschaften der Junioren, das sind die 18-jährigen Männer und Frauen, nach Israel, um in diesem fußballbegeisterten Land zunächst einmal Fußball zu spielen – und das möglichst erfolgreich. Zusätzlich aber fahren alle zur Gedenkstätte Yad Vashem.[2] Wir bereiten die jungen Men-

---

[1] Auf der Homepage des DFB heißt es: „Julius Hirsch steht stellvertretend für viele bedeutende jüdische Spieler, Trainer und Funktionäre, die den deutschen Fußball bis 1933 maßgeblich geprägt haben. Unter dem Druck des menschenverachtenden Naziregimes haben sich der DFB und seine Vereine von diesen Helden und Pionieren abgewandt und sie damit ihrem Schicksal ausgeliefert. Per DFB-Dekret aus dem April 1933 mussten die jüdischen und kommunistischen Mitglieder ihre Heimatvereine verlassen. Viele von ihnen wurden ermordet. Nie wieder darf so etwas geschehen.

Mit der Stiftung des Julius Hirsch Preises erinnert der DFB nicht nur an die Opfer. Er will ein öffentliches Zeichen für die Unverletzbarkeit der Würde des Menschen setzen, in den Stadien und in der Gesellschaft. Die Vision des jüdischen Fußball-Pioniers Walther Bensemann, Gründungsmitglied des DFB und vieler bis heute populärer Vereine, lebt: Fußball kann Menschen und Völker in ihrer bunten Vielfalt verbinden und dadurch Frieden stiften.

Mit der Stiftung des Julius Hirsch Preises fordert der DFB seine Mitgliedsverbände und Vereine, seine mehr als sechs Millionen Spieler, Trainer, Funktionäre und besonders die Jugend in seinen Reihen auf, sich gegen Diskriminierung und Ausgrenzung von Menschen auf dem Fußballplatz, im Stadion und in der Gesellschaft zu stellen. Wir wollen mit diesem Preis das Engagement unserer Vereinsmitglieder, Fans, Freunde und Anhänger, verstanden als Arbeit für den Frieden in der Gesellschaft, unterstützen und fördern." http://www.dfb.de/index.php?id=501067, abgerufen am 25.5.2014.

[2] Als Israels offizielle Holocaustgedenkstätte bewahrt Yad Vashem die Erinnerung an die Shoa auch für zukünftige Generationen. Sie wurde 1953 gegründet und ist heute das Weltzentrum für Holocaustforschung, Dokumentation, Erziehung und Erinnerung. Vgl. http://www.yadvashem.org/yv/en/about/index.asp, abgerufen am 25.5.2014.

schen auf das vor, was sie in Yad Vashem sehen werden, und doch – oder vielleicht gerade deshalb – kommen sie verändert wieder zurück. So auch eine Gruppe jugendlicher Fußballspieler im Jahre 2011, die unmittelbar nach ihrem Besuch der Gedenkstätte von einem Fernsehteam über ihre Eindrücke befragt wurden. Ansprechpartner war der Kapitän der Jugendmannschaft; ein junger Mann mit dem Namen Mohammed. Und da sagte dieser junge Mann: „Ja, ich bin Deutscher, meine Eltern und Großeltern haben in der Zeit, von der ich jetzt manches gesehen und erleben konnte, nicht in Deutschland gelebt. Aber weil ich Deutscher bin, muss ich mich mit dieser Vergangenheit auseinandersetzen."

Es sind solche Statements, die uns hoffen lassen, dass sich in Zukunft in unserer Gesellschaft etwas ändern wird.

3. Fair play und Integrationsbotschaften

Sie mögen einwenden, dass hier zwar möglicherweise ein erfolgreicher Erziehungsprozess stattgefunden habe, dass dieser jedoch kaum mehr als 40 junge Menschen erreicht haben dürfte. Dem ist zu entgegnen, dass diese jungen Menschen von damals unsere heutigen Nationalspieler und Nationalspielerinnen stellen und dass sie ihr damaliges Erlebnis nicht vergessen haben, ein Erlebnis, das sie dem Fußball zu verdanken haben.

Wir haben aber nicht nur an der Leistungsspitze gearbeitet, sondern wir haben gleichzeitig versucht, dort hinzugehen, wo die einführend erwähnten 50 000 Spiele stattfinden – also ganz an die Basis unserer Vereine in den Gemeinden und in den Landkreisen. Und wir haben zunächst einmal einfache Integrationsbotschaften entwickelt:

Botschaft Nr. 3 lautet: Ohne Regeln kein Spiel. Gerechtigkeit, Respekt und Würde sind die Grundlagen für diese Regeln. Das heißt, Fußball ist Fairplay. Sportliche Rivalen reichen sich die Hand. Alle sprechen eine Sprache. Es gibt keine Sprüche auf Kosten anderer. Gewalt und brutale Fouls sind dumm und werden nicht toleriert.

Diese Regeln gelten für alle, auch für die Zuschauer.

Und die Botschaft Nr. 4 lautet: Unterschiede verstehen und anerkennen. Verständnis schaffen und Gemeinschaften fördern. Das heißt: Jeder Mensch ist anders. Miteinander sprechen statt übereinander. Alkohol kann, aber muss nicht sein. Essgewohnheiten sind verschieden. Religiöse Feste respektieren. Jedem seine Duschgewohnheiten einschließlich möglicher Bekleidung.

Auch das sind einfache Botschaften, die junge Menschen verstehen, wenn sie begleitet werden. Und das ist der Punkt, auf den ich jetzt im zweiten Teil kommen muss.

Es geht hier nicht um das, was vielleicht schon erreicht wurde, um über die Anerkennung, die Sport und Fußball überall erfahren, die Integration in unserem Land zu verbessern und gegen jedwede Diskriminierung offensiv und konsequent einzutreten. Es ist offensichtlich, dass es in dieser Hinsicht immer noch gewaltige Defizite gibt. So sind diese Botschaften natürlich längst noch nicht überall angekommen, denn der Weg von oben nach unten oder von unten nach oben ist auch in unserem Sport manchmal sehr, sehr lang.

Und deshalb müssen wir, um es deutlich und klar zu sagen, den Sport weiter fördern, ihn aber auch fordern, um auf diesem Weg gesellschaftliche Verantwortung zu übernehmen. Gerade mit Hilfe des Sports können wir unserer gesamten Gesellschaft dienen, weil wir über den Sport viele – wie ich oben zeigen konnte, sehr viele – Menschen erreichen.

Das Wort Toleranz ist Allgemeingut. Es muss gelebt werden. Was müssen wir dafür weiter tun? Die internationalen Verbände FIFA, UEFA und natürlich auch der DFB haben klare Satzungen. Die rechtlichen Regeln sind klar. Es gibt überall sauber formuliere Diskriminierungsverbote, aber damit allein ist es nicht getan. Gerade im internationalen Bereich stellt man bedauerlicherweise hin und wieder fest, dass Fehlverhalten auch von Offiziellen zum Verlust von Glaubwürdigkeit führt. Deshalb ist es ungeheuer wichtig, dass man speziell dort, wo es um Menschenrechte geht, sei es im eigenen Land oder weltweit, seine Stimme erhebt, selbst wenn nicht gerade das Fußballstadion betroffen ist. Glaubwürdigkeit steht in gesellschaftlichen Positionen bei einem Sport mit solcher Medienpräsenz wie dem Fußball ganz, ganz oben.

Ich will das an zwei Beispielen noch einmal verdeutlichen: Ein Beispiel ist die Vergabe der Fußballweltmeisterschaft an Katar. Die diesbezügliche Entscheidung fiel, noch bevor ich im Exko der FIFA war – sie wäre allerdings sicherlich auch dann nicht anders gefallen, obwohl Katar meine Stimme nicht bekommen hätte. Über generelle Überlegungen hinaus, ob die Entscheidung sinnvoll war, wird die Diskussion inzwischen durch Berichte angeheizt, dass es in Katar beim Bau der Stadien zu massiven Menschenrechtsverletzungen gekommen sei. Als unmittelbar Beteiligter an den internen Diskussionen des FIFA-Exekutivkomitees war ich zunächst mehr als überrascht über die Breite des Meinungsspektrums in genau dieser Frage – im Übrigen keineswegs beim FIFA-Präsidenten, der seiner Position eindeutig Ausdruck verleiht: „Wir können uns nicht drücken. Wir müssen auch als Fußballer, selbst wenn es sich um Baumaßnahmen vonseiten Dritter handelt, als Organisationskomitee vor Ort klar Stellung beziehen und Verantwortung übernehmen für das, was dort passiert." Dieses Flaggezeigen ist notwendig, weil es Bewusstsein bildet! Natürlich hat es auch Stimmen gegeben, die mir meine klare Stellungnahme in dieser Sache verübelt haben. Aber gerade diese Stellungnahme war und ist meiner Ansicht nach notwendig, weil die Glaubwürdigkeit des gesamten Fußballgeschehens auch ein Stück weit davon abhängt, ob die Funktionäre nur schöne Sonntagsreden schwingen und Preise ausloben, oder ob sie auch in unbequemen Situationen Flagge zeigen.

Beispiel zwei, die letzte Europameisterschaft (2012), bei der sich eine Diskussion um die Wahrung der Menschenrechte in der Ukraine entspann. Die deutschen Nationalspieler hatten Auschwitz besucht. Das war gut, das war ein notwendiges und richtiges Signal von Seiten einer deutschen Mannschaft in einem demokratischen Polen. Ein identisches Vorgehen in der Ukraine mit Besuch eines dortigen ehemaligen Lagers oder Ghettos wäre jedoch in der dort herrschenden politischen Atmosphäre nicht sinnvoll gewesen und hätte unsere Nationalspieler über Gebühr belastet. Aber es gab eine offizielle Delegation, die sich, so lautete mein Vorschlag, mit der Opposition in der Ukraine hätte zusammensetzen können, um den dortigen Minderheiten Gehör zu verschaffen und ihnen ein Gesicht zu geben. Das wäre möglich gewesen, auch und gerade in einer Stadt, in der Babi Yar liegt, wo unglaubliche Verbrechen an Juden verübt wurden. Ein Verbrechen wie in Babi Yar mit über 33 000 ermordeten Menschen, deren Leichen zwei Jahre später wieder ausgegraben wurden, um die Vorkommnisse zu vertuschen, muss auch der Fußball, wenn er vor Ort ist, thematisieren. Das hilft nicht nur unserer Gesellschaft, das tut auch dem Fußball gut, wenn nach seiner Glaubwürdigkeit gefragt wird.

4. Zurück zum Breitensport

In erster Linie hat unser Blick sich aber wieder auf die 50 000 Jugendspiele vor Ort zu richten. Und dort müssen wir alle ansetzen und Verantwortung übernehmen. In diesem Zusammenhang möchte ich eine Bitte äußern. Natürlich kommen bei 80 000 Spielen trotz intensiven Bemühens auch einmal Regelverstöße vor: Fouls, selbst grobe Fouls und sogar Tätlichkeiten; auch zu rassistischen Bemerkungen kann und wird es hin und wieder kommen. Auf der anderen Seite laufen aber unglaublich viele Spiele völlig reibungslos ab; getragen von Fairness, gegenseitigem Respekt und hohem Verantwortungsbewusstsein aller Beteiligten. Unser Ziel muss sein, genau diese Spiele hervorzuheben und die Menschen, die an diesen Spielen teilnehmen, gegen Gewalt, gegen Rassismus, gegen Antisemitismus zu stärken und sie auf den Weg eines ganz selbstverständlichen Miteinanders zu bringen. Wir haben in Deutschland inzwischen 16 Prozent Menschen mit Migrationshintergrund. Etwa die Hälfte von ihnen sind bereits deutsche Staatsbürger, während die anderen noch als Ausländer gelten. In unseren Fußballvereinen ist der Anteil von Mitgliedern mit Migrationshintergrund zumindest bei den Knaben, nicht bei den Mädchen, deutlich höher. Dass die Mädchen hier ein wenig hinterherhinken, liegt daran, dass in den entsprechenden Elternhäusern oft noch traditionelle Vorstellungen von geeigneten Frauensportarten vorherrschen, die sich mit dem Bild von fußballspielenden Mädchen nicht in Einklang bringen lassen. Diese Einstellung spiegelt sich noch in den beiden deutschen Nationalmannschaften. Bei den Männern ist Multikulti pur sichtbar, und verschiedene Religionen sind vertreten: Christen der verschiedenen Konfessionen und Muslime oder auch bekennende Atheisten. Die vielen Briefe, die ich als Präsident bekommen habe, spiegelten diese bunte Zusammensetzung – oft mit unerfreulichem Tenor. Aus der nationalkonservativen Ecke tönte es dann: „Herr Zwanziger, was ist denn das für eine deutsche Nationalmannschaft. Da ist ja überhaupt kein Deutscher mehr drin.“ Falsch! Natürlich spielen in der deutschen Herren-Nationalmannschaft ausschließlich Deutsche, und sie spielen für Deutschland! Bei den Frauen habe ich gleichlautende Briefe nie erhalten. Offensichtlich hat die weniger heterogen zusammengesetzte Damenmannschaft die nationalkonservativen Kreise nicht verstört. Dies ist allerdings kein Zeichen der Beruhigung; im Gegenteil! Unser Ziel muss vielmehr sein, auch den Mädchen, wenn sie es wollen, die Chance zu geben, diesen Sport auszuüben, und zwar, weil sie dort das vorfinden, was den Fußball für Mädchen und Jungen gleichermaßen attraktiv macht: ein emotionales Spiel, das Begeisterung weckt, das für das Leben erzieht. Hier gibt es fairen Wettbewerb. Mädchen wie Knaben merken: Hier kannst Du etwas leisten. Allein bist Du gar nichts, sondern Du brauchst die Unterstützung des Teams. Du hast Glück. Du hast Pech. Beides ist nicht immer gerecht verteilt, wie im wahren Leben außerhalb des Fußballplatzes.

Alles das lehrt der Fußball, und es gibt keinen Grund, den Mädchen diese Lektion vorzuenthalten. Und von daher bin ich sehr froh, dass es in der FIFA gelungen ist, jetzt endlich die Möglichkeit des Tragens des Kopftuchs zu eröffnen. Also: Muslimische Mädchen und Damen, wenn Sie Fußball spielen wollen – es scheitert nicht mehr am Kopftuch! Sie können Fußball spielen.

5. Zu guter Letzt ein Appell

In diesem – ich will es einmal so sagen – Schmelztiegel von Menschen unterschiedlichster Herkunft, die sich beim Fußball zusammenfinden, werden kluge Leute gebraucht, die an den richtigen Stellen die Fäden ziehen. Diese hoffentlich überwiegend klugen Leute arbeiten ehrenamtlich in den Sportverbänden einschließlich des DFB. Über die Stärke dieses Ehrenamtes vor allem auch im Sport wird sich ein Stück weit entscheiden, wie schnell das Lamm es schaffen wird, den Drachen zu packen. Wir brauchen Menschen, die die im Fußball entstehenden Konfliktsituationen, die es natürlich gibt, entschärfen, indem sie den Wettkampf pädagogisch begleiten. Und diese Menschen haben wir leider bislang nicht und schon gar nicht in ausreichender Zahl. Allerdings hoffe ich, dass wir in den nächsten zehn, fünfzehn, zwanzig Jahren auch in diesem Bereich Fortschritte machen könnten. Ich wünsche mir, dass Netzwerke vor Ort entstehen; Netzwerke, in denen sozial hauptberuflich wie ehrenamtlich arbeitende Menschen von städtischen Sozialstationen, der evangelischen oder katholischen Kirche bis zu den jüdischen und muslimischen Organisationen zusammenarbeiten und erkennen, welch wichtiges Medium der Sport und hier besonders der Fußball ist. Von hier aus sollte man unseren Übungsleitern und unseren Trainern das Wissen an die Hand geben, das sie brauchen, um Konflikte erfolgreich zu schlichten oder gar nicht erst entstehen zu lassen. Und das geht, das habe ich immer wieder selbst feststellen können, bei jungen Menschen ganz einfach. Wir haben früher die Dinge unter uns regeln müssen. Als ich in den 1950er Jahren, so zehn, zwölf, vierzehn Jahre alt, mit meinen Kameraden auf den Turnplätzen Fußball gespielt habe, da gab's da noch keine Tore. Aber wir wussten uns zu helfen. Wir haben ein Taschentuch oder einen Schuh hingelegt und damit das „Tor" markiert – und dann gespielt. Unter diesen Bedingungen war es damals noch schwieriger zu erkennen, ob der Ball im Tor war, als bei dem berühmt-berüchtigten Spiel Hoffenheim gegen Leverkusen. Die unklare Torsituation des letztgenannten Spieles führte zu einem beispiellosen Streit. Ganz Deutschland hatte über Wochen nichts Wichtigeres zu tun, als die Frage zu diskutieren, ob dieses Spiel wiederholt werden müsse. Wir dagegen hatten damals keinen Schiedsrichter, sondern sind nach einigen Kabbeleien letztlich zu einer folgenschweren Erkenntnis gekommen, nämlich dass uns nur zwei Möglichkeiten offenstanden: entweder, einen Kompromiss zu finden und weiterzuspielen, oder aufzuhören. Weil wir aber nicht aufhören wollten, haben wir weitergespielt. Und haben Kompromisse gefunden. Und haben voneinander gelernt. Und haben gemerkt, dass genau das nun einmal notwendig ist in diesem Leben.

Und für heute habe ich einen wunderbaren Traum: Begleitet von klugen Menschen, ausgestattet mit einem Grundlagenwissen über den jeweils „anderen", so dass eine Begegnung von Gleich zu Gleich möglich wird, müssen Missverständnisse gar nicht mehr entstehen. Deshalb ist es mein intensiver Wunsch, mein dringender Wunsch, dass die Gesamtgesellschaft, alle, die den Fußball mögen oder vielleicht noch gar nicht mal so mögen, aber erkennen, dass dort eine riesige soziale Infrastruktur vorhanden ist, daran mitarbeiten, dass wir es schaffen!

Lassen Sie uns das Lamm stärken, damit es den Drachen bald fängt.

Bibliographie

Adler, Sabine, Ich sollte als Schwarze Witwe sterben. Die Geschichte der Raissa und ihrer toten Schwestern, München 2005.

Adorno, Theodor W., Minima Moralia. Reflexionen aus dem beschädigten Leben, Frankfurt a. M. 1987.

Adorno, Theodor W. / Else Frenkel-Brunswik / Daniel J. Levinson / R. Nevitt Sanford, The Authoritarian Personality, New York 1950.

al-Dschurdschani, ʿAlī Ibn-Muhammad, Kitāb at-Taʿrīfāt, ed. Gustav Flügel, Leipzig 1846, 65, Z. 17–19. online unter: http://reader.digitale-sammlungen.de/de/fs1/object/display/bsb10249383_00314.html

al-Ǧabrī, ʿAbd al-Mutaʿāl Muḥammad, in Lā nāsḫa fī l-Qur'ān: li-māḏā?, Kairo [1]1400.

al-Ġazālī, Muḥammad, in Naẓarāt fī l-Qur'ān 227–262, Kairo [5]1383/1963.

al-Ḫaṭīb, ʿAbd al-Karīm, in at-Tafsīr al-qur'ānī lil-Qur'ān, Kairo 1386–90/1967–70.

Allport, Gordon W., The Individual and His Religion: A Psychological Interpretation, New York 1950.

Allport, Gordon W., The Nature of Prejudice, Cambridge 1954.

Allport, Gordon W. / J. Michael Ross, Personal Religious Orientation and Prejudice, in: Journal of Per-sonality and Social Psychology 5 (1967), 432–443.

al-Qaṭṭān, Mannāʿ, Mabāḥiṯ fī ʿulūm al-Qur'ān, Riad [2]1408/1988, 231–244 (Kap. 14).

Altemeyer, Bob, Enemies of Freedom: Understanding Right-Wing Authoritarianism, San Francisco 1988.

Altemeyer, Bob, Right-wing Authoritarianism, Winnipeg 1981.

Altemeyer, Bob, The Authoritarian Specter, Cambridge 1996.

Altemeyer, Bob, Why Do Religious Fundamentalists Tend to Be Prejudiced?, in: The International Journal for the Psychology of Religion 13 (2003), 17–28.

Altemeyer, Bob / Bruce Hunsberger, Authoritarianism, Religious Fundamentalism, Quest, and Prejudice, in: The International Journal for the Psychology of Religion 2 (1992) 113–133.

Altemeyer, Bob / Bruce Hunsberger, Fundamentalism and Authoritarianism, in: Raymond F. Paloutzian / Crystal L. Park (Eds.), Handbook of the Psychology of Religion and Spirituality, New York 2005, 378–393.

Aly, Götz Haydar, „Endlösung". Völkerverschiebung und der Mord an den europäischen Juden, Frankfurt a. M. 1999 (zuerst 1995).

Aly, Götz Haydar, Hitlers Volksstaat. Raub, Rassenkrieg und nationaler Sozialismus, Bonn 2005.

Aly, Götz Haydar, Warum die Deutschen? Warum die Juden? – Gleichheit, Neid und Rassenhass 1800–1933, Frankfurt a. M. 2011.

Armstrong, Karen, Die Botschaft. Der Weg zu Frieden, Gerechtigkeit und Mitgefühl, München 2012 (OA London 2011).

Armstrong, Karen, Im Kampf für Gott. Fundamentalismus in Christentum, Judentum und Islam. München 2004.

Aronson, Elliot, Sozialpsychologie. Menschliches Verhalten und gesellschaftlicher Einfluss, München 1994.

Asad, Muhammed, Der Weg nach Mekka, Berlin 1955.

Asad, Muhammad, The Principles of State and Government in Islam, Berkeley, CA 1961

aṣ-Ṣāliḥ, Ṣubḥī, Mabāḥiṯ fī ʻulūm al-Qur'ān, Beirut [17]1988, 259–274 (Kap. 6).

Assmann, Jan, Die mosaische Unterscheidung: Oder der Preis des Monotheismus, München 2010.

Assmann, Jan, Monotheismus und die Sprache der Gewalt, Wien [6]2013.

Das Augsburger Bekenntnis, in: Unser Glaube. Die Bekenntnisschriften der evangelisch-lutherischen Kirche, Gütersloh [4]2000,53ff., 71.

az-Zurqānī, Muḥammad ʻAbd al-ʻAẓīm, Manāhil al-ʻirfān fī ʻulūm al-Qur'ān, Kairo 1373/1953.

Badawi, Abdurrahman, La Transmission de la Philosophie Grecque au Monde Arabe, Paris 1987.

Balgo, Rolf, Bewegung und Wahrnehmung als System, Dortmund 1998.

Bar-Tal, Daniel / Daniela Lapin, The Effect of a Major Event on Stereotyping: Terrorist Attacks in Israel and Israeli Adolescents' Perception of Palestinians, Jordanians and Arabs, in: European Journal of Social Psychology 31 (2001) 265–280.

Batson, Charles Daniel / Cheryl H. Flink / Patricia A. Schoenrade / Jim Fultz / Virginia Pych, Religious Orientation and Overt Versus Covert Racial Prejudice, in: Journal of Personality and Social Psychology 50 (1986) 175–181.

Batson, Charles Daniel / E. L. Stocks, Religion: Its Core Psychological Functions. In Jeff Greenberg / Sander L. Koole / Tom Pyszczynski (Eds.), Handbook of Experimental Existential Psychology: An Emerging Synthesis, New York 2004, 141–155.

Batson, Charles Daniel / J. Christiaan Beker / W. Malcolm Clark, Commitment Without Ideology. Philadelphia, PA 1973.

Batson, Charles Daniel / Patricia A. Schoenrade, Measuring Religion as Quest: 1. Validity Concerns, in: Journal for the Scientific Study of Religion 30 (1991) 416–429.

Batson, Charles Daniel / Patricia A. Schoenrade, Measuring Religion as Quest: 2. Reliability Concerns, in: Journal for the Scientific Study of Religion 30 (1991) 430–447.

Batson, Charles Daniel / Patricia A. Schoenrade / W. Larry Ventis, Religion and the Individual. A Social-Psychological Perspective, New York 1993, 293–330

Beck, Ulrich, Der eigene Gott. Von der Friedensfähigkeit und dem Gewaltpotenzial der Religionen, Frankfurt a. M. 2008.

Beck, Ulrich, Gott ist gefährlich. So human Religion auch scheinen mag: Sie birgt stets einen totalitären Kern, in: DIE ZEIT 52 (19.12.2007).

Benson, Peter L. / Michael J. Donahue / Joseph A. Erickson, The Faith Maturity Scale: Conceptualization, Measurement, and Empirical Validation, in: Research in the Social Scientific Study of Religion 5 (1993) 1–26.

Benz, Ernst, Ideen zu einer Theologie der Religionsgeschichte, in: Akademie der Wissenschaften und der Literatur (Abhandlungen der geistes- und sozialwissenschaftlichen Klasse, Jahrgang 1960, Nr. 5), Wiesbaden 1961, 64.

Benz, Wolfgang, Die Protokolle der Weisen von Zion. Die Legende von der jüdischen Weltverschwörung. München 2007.

Benz, Wolfgang, Was ist Antisemitismus? Bonn 2004.

Berger, Peter L. (Ed.), The Desecularization of the World: A Global Overview. In ders.: The Desecularization of the World. Resurgent Religion and World Politics, Grand Rapids 1999.

Bericht des unabhängigen Expertenkreises Antisemitismus. Deutscher Bundestag, Drucksache 17/7700, 17. Wahlperiode, 10.11.2011.

Bericht des unabhängigen Expertenkreises Antisemitismus: Antisemitismus in Deutschland. Erscheinungsformen, Bedingungen, Präventionsansätze. BMI 2012.

Berman, Lawrence: Maimonides, the Disciple of Alfarabi, in: Israel Oriental Studies 4 (1974) 154–178.

Birnstein, Uwe, Toleranz und Scheiterhaufen. Das Leben des Michael Servet, Göttingen 2013.

Birnstein, Uwe, Toleranz und Scheiterhaufen. Das Leben des Michael Servet, Göttingen 2012.

Böckenförde, Ernst-Wolfgang, Religionsfreiheit. Die Kirche in der modernen Welt (Schriften zu Staat, Gesellschaft, Kirche Bd. 3), Freiburg i. Br. 1990.

Bourdieu, Pierre, Ökonomisches Kapital – Kulturelles Kapital – Soziales Kapital, in: Reinhard Kreckel (Hg.), Soziale Ungleichheiten, Göttingen 1983, 183–198.

Boustan, Ra'anan S. / Alex P. Janssen, Calvin J. Roetzel, Introduction: Violence, Scripture, and Textual Practice in Early Judaism and Christianity, in: dies. (Eds.), Violence, Scripture, and Textual Practice in Early Judaism and Christianity. Leiden 2010, 1–11.

Boyarin, Daniel, Masada or Yavneh? Gender and the Arts of Jewish Resistance, in: Jonathan Boyarin / Daniel Boyarin (Eds.), Jews and Other Differences. Minneapolis, MN, 1997.

Brague, Rémi, Leo Strauss and Maimonides, in: Alan Udoff (Ed.), Leo Strauss's Thought: Toward a Critical Engagement, Boulder, London 1991, 93–114.

Brown, Daniel, A New Introduction to Islam. Oxford UK 2004.

Budner, Stanley, Intolerance of Ambiguity as a Personality Variable, in: Journal of Personality 30 (1962) 29–50.

Buggle, Franz, Denn sie wissen nicht, was sie glauben – oder Warum man redlicherweise nicht mehr Christ sein kann, Reinbek 1992.

Burkert, Walter, Homo Necans: Interpretationen Altgriechischer Opferriten und Mythen. Berlin 1972.

Burris, Christopher T. / Lynne M. Jackson, Social Identity and the True Believer: Responses to Marginalization among the Intrinsically Religious, in: British Journal of Social Psychology 39 (2000) 257–278.

Burton, John: The Sources of Islamic Law: Islamic Theories of Abrogation, Edinburgh 1990.

Butler, Judith, Raster des Kriegs. Warum wir nicht jedes Leid beklagen, Frankfurt, a. M., New York 2010 (OA 2010).

Cano, Melchor, De locis theologicis, ed. Juan Belda Plans, Madrid 2006.

Castellio, Sebastian, De haereticis, an sint persequendi, Basel 1554 Aus dem Lateinischen von Werner Stingl. Mit einer historischen Darstellung von Hans R. Guggisberg. Hg. und eingeführt von Wolfgang Stammler, Essen 2013.

Castro, Américo, Obra reunida. Vol. 3: España en su historia, Ensayos sobre historia y literatura, ed. José Miranda, Madrid 2004.

Chidester, David, Salvation and Suicide: Jim Jones, the Peoples Temple, and Jonestown, Indiana 2003.

Chomsky, Noam, War against People. Menschenrechte und Schurkenstaaten. Hamburg 2001.

Cohn, Norman, Warrant for Genocide. The Myth of the Jewish World-Conspiracy and the Protocols of the Elders of Zion. London 1967.

Colombo, Alessandro (Ed.), La libertà religiosa negli insegnamenti die Giovanni Paolo II (1978–1998), Milano 2000.

Connelly, Peter (Ed.), Approaches to the Study of Religion, London 1999.

Daniel, Norman, Islam and the West. Making of an Image, Edinburgh 1980.

Dawkins, Richard, Das egoistische Gen, Reinbek bei Hamburg ^{2}1998.

Dawkins, Richard, Der Gotteswahn, Berlin 2007.

Dawkins, Richard, Universal Darwinism, in: Derek S. Bendall (Ed.), Evolution from Molecules to Men, Cambridge 1983.

Decker, Oliver / Johannes Kiess / Elmar Brähler et al., Die Mitte im Umbruch. Rechtsextreme Einstellungen in Deutschland 2012, hg. für die Friedrich-Ebert-Stiftung von Ralf Melzer, Bonn 2012.

Decker, Oliver / Marliese Weißmann / Johannes Kiess / Elmar Brähler, Die Mitte in der Krise. Rechtsextreme Einstellungen in Deutschland 2010, Berlin 2010.

Dein, Simon, Jewish Millenianism and Violence, in: Madawi al-Rasheed / Marat Shterin (Eds.), Dying for Faith. Religiously Motivated Violence in the Contemporary World, New York, London 2009, 153–163.

Delgado, Mariano, Vierzig Jahre „Dignitatis humanae" oder Die Religionsfreiheit als Bedingung für Mission und interreligiösen Dialog, in: Zeitschrift für Missionswissenschaft und Religionswissenschaft 89 (2005) 297–310.

Dennett, Daniel C., Darwin's Dangerous Idea: Evolution and the Meanings of Life, New York 1995.

Deschner, Karlheinz, Mit Gott und den Faschisten – Vatikan und Faschismus, Stuttgart 1965.

Deschner, Karlheinz / Horst Herrmann, Der Antikatechismus. 200 Gründe gegen die Kirchen und für die Welt, Hamburg 1991.

Devine, Patricia G., Stereotypes and Prejudice: Their Automatic and Controlled Components, in: Journal of Personality and Social Psychology 56 (1989) 5–18.

Dickow, Helga, Chadian Identity Cleavages and their Markers: The Competing, Overlapping or Cross-Cutting Pattern of Ethnic and Religious Affiliation, in: Martin Leiner / Maria Palme / Peggy Stöckner (Eds.), Societies in Transition. Sub-Saharan Africa between Conflict and Reconciliation, Göttingen 2014 (in Druck).

Dilthey, Wilhelm, Die Typen der Weltanschauung und ihre Ausbildung in den metaphysischen Systemen (1919), in: ders., Gesammelte Werke. Bd. 8. Weltanschauungslehre, Stuttgart 1991, 75–118.

Diner, Dan, Ist der Nationalsozialismus Geschichte? Zu Historisierung und Historikerstreit, Frankfurt a. M. 1987.

Diner, Dan, Ubiquitär in Zeit und Raum. Annotationen zum jüdischen Geschichtsbewusstsein, in: ders. (Hg.), Synchrone Welten. Zeitenräume jüdischer Geschichte, Göttingen 2005, 13–36.

Dollase, Rainer, Umfrageergebnisse zur Akzeptanz und Ablehnung des Islam und der Muslime, in: Christian Augustin / Johannes Wienand / Christiane Winkler (Hgg.), Religiöser Pluralismus und Toleranz in Europa, Wiesbaden 2006, 281–290.

Donahue, Michael J., Intrinsic and Extrinsic Religiousness: Review and Meta-Analysis, in: Journal of Personality and Social Psychology 48 (1985) 400–419.

Duckitt, John, A Dual-Process Cognitive-Motivational Theory on Ideology and Prejudice, in: Mark P. Zanna (Ed.), Advances in Experimental Social Psychology. Vol. 33, San Diego 2001, 41–113.

Duckitt, John / Chris G. Sibley, Right-Wing Authoritarianism, Social Dominance Orientation, and the Dimensions of Generalized Prejudice, in: European Journal of Personality 20 (2006) 1–18.

Dudley, Roger L. / Robert J. Cruise, Measuring Religious Maturity: A Proposed Scale, in: Review of Religious Research 32 (1990) 97–109.

Duriez, Bart, A Research Note on the Relation Between Religiosity and Racism: The Importance of the Way in Which Religious Contents Are Being Processed, in: The International Journal for the Psychology of Religion 14 (2004) 177–191.

Duriez, Bart / Alain van Hiel, The March of Modern Fascism. A Comparison of Social Dominance Orientation and Authoritarianism, in: Personality and Individual Differences 32 (2002) 1199–1213.

Duriez, Bart / Bart Soenens / Dirk Hutsebaut, Introducing the Shortened Post-Critical Belief Scale, in: Personality and Individual Differences 38 (2005) 851–857.

Duriez, Bart / Dirk Hutsebaut, The Relation Between Religion and Racism: The Role of Post-Critical Beliefs, in: Mental Health, Religion & Culture 3 (2000), 85–102.

Durkheim, Émile: Les Formes Élémentaires de la Vie Religieuse, Paris 1912.

Durrheim, Kevin / Don Foster, Tolerance of Ambiguity as a Content Specific Construct, in: Personality and Individual Differences 22 (1997) 741–750.

Ehrlich, Carl S., Joshua, Judaism, and Genocide, in: Judit Targarona Borrás / Ángel Sáenz-Badillos (Eds.), Jewish Studies at the Turn of the Twentieth Century. Leiden 1999, 117–124.

Eibl-Eibesfeldt, Irenäus, Die Biologie des menschlichen Verhaltens. Grundriß der Humanethologie, Weyarn 1997.

Eisen, Robert, Peace and Violence in Judaism – From the Bible to Modern Zionism. New York, NY 2011.

EKD Magazin „Schatten der Reformation. Der lange Weg zur Toleranz", Hannover 2012.

Ekehammar, Bo / Nazar Akrami / Magnus Gylje / Ingrid Zakrisson, What Matters Most to Prejudice: Big Five Personality, Social Dominance Orientation, or Right-Wing Authoritarianism?, in: European Journal of Personality 18 (2004) 463–482.

Esslemont, J. E., Baha'u'laah und das Neue Zeitalter, Hofheim-Langenhein 1976.

Feiner, Shmuel, Haskala and History. The Emergence of a Modern Historical Consciousness, Oxford, Portland 2002.

Finkelstein, Israel / Neil A. Silberman, Keine Posaunen vor Jericho. Die archäologische Wahrheit über die Bibel, München 2002.

Firestone, Re'uven, Holy War in Judaism: The Fall and Rise of a Controversial Idea, New York, NY 2012.

Flere, Sergej / Rudi Klanjšek, Cross-Cultural Insight into the Association Between Religiousness and Authoritarianism, in: Archive for the Psychology of Religion 31 (2009) 177–190.

Fontaine, Johnny R. J. / Bart Duriez / Patrick Luyten / Dirk Hutsebaut, The Internal Structure of the Post-Critical Belief Scale, in: Personality and Individual Differences 35 (2003) 501–518.

Fox, Jonathan, Religion, Civilization, and Civil War. 1945 through the New Millenium, New York, Toronto, Oxford 2004.

Frazer, James George, Der goldene Zweig. Das Geheimnis von Glauben und Sitten der Völker. Leipzig 1928; Original: The Golden Bough, Third Edition (1907–1915), 12 Bd., Nachdruck Rowohlt: Reinbek 1989.

Frenkel-Brunswik, Else, Intolerance of Ambiguity as an Emotional and Perceptual Personality Variable, in: Journal of Personality 18 (1949) 108–143.

Frindte, Wolfgang / Klaus Boehnke / Henry Kreikenbohm / Wolfgang Wagner, Lebenswelten junger Muslime in Deutschland. Ein sozial- und medienwissenschaftliches System zur Analyse, Bewertung und Prävention islamistischer Radikalisierungsprozesse junger Menschen in Deutschland, Berlin 2011.

Furnham, Adrian / Tracy Ribchester, Tolerance of Ambiguity: A Review of the Concept, Its Measurement and Applications, in: Current Psychology: Developmental, Learning, Personality, Social 14 (1995) 179–199.

Gardet, Louis, La Cité Musulman. Vie Sociale et Politique, Paris 1981.

Gauss, Julia, Der junge Michael Servet, in: Zwingliana 12 (1966) 410–459.

Genia, Vicky, I, E, Quest, and Fundamentalism as Predictors of Psychological and Spiritual Well-Being, in: Journal for the Scientific Study of Religion 35 (1996) 56–64.

Gennerich, Carsten / Stefan Huber, Value Priorities and Content of Religiosity: New Research Perspectives, in: Archive for the Psychology of Religion 28 (2006) 253–267.

Gensicke, Klaus, Der Mufti von Jerusalem. Amin el-Husseini und die Nationalsozialisten, Frankfurt a. M. 1988.

Gilbert, Martin, In Ishmael's House. A History of Jews in Muslim Lands, New Haven, London 2010.

Ginés de Sepúlveda, Juan: Demócrates Segundo – o De las Justas Causas de la Guerra Contra los Indios (lat.-span.), ed. Ángel Losada, Madrid 1984.

Giordano, Ralph, Offener Brief an DITIB (vgl. http://www.focus.de/politik/deutschland/ralph-giordano_aid_70018.html).

Girard, René, Das Heilige und die Gewalt, Ostfildern ²2012.

Glock, Charles Y. / Rodney Stark, Christian Beliefs and Anti-Semitism. New York 1966.

Gobineau, Joseph Arthur de, Essai sur l'Inégalité des Races Humaines (1853–1855; deutsch: Versuch über die Ungleichheit der Menschenracen, Fromann, Stuttgart 1898–1901).

Goethe, Johann Wolfgang, Zahme Xenien, in: J. W. G., dtv – Gesamtausgabe Bd. 4, München 1961.

Golson, Blair, Sam Harris. The truthdig interview. (http://www.truthdig.com/interview/item/20060403_sam_harris_interview/ vom 3. April 2006).

Goodal, Jane, The Chimpanzees of Gombe. Patterns of Behaviour, Cambridge, MA 1986.

Gorsuch, Richard L., Toward Motivational Theories of Intrinsic Religious Commitment, in: Journal for the Scientific Study of Religion 33 (1994) 315–325.

Gotzmann, Andreas, Eigenheit und Einheit. Modernisierungsdiskurse des deutschen Judentums der Emanzipationszeit, Leiden 2002.

Graf, Friedrich Wilhelm, Götter global. Wie die Welt zum Supermarkt der Religionen wird. München 2014.

Graf, Friedrich Wilhelm, Sakralisierung von Kriegen, in: Klaus Schreiner (Hg.), Heilige Kriege. Schriften des Historischen Kollegs. Kolloquien 78, München 2008.

Gray, John, Politik der Apokalypse. Wie Religion die Welt in die Krise stürzt, München 2012 (OA New York 2007).

Green, Kenneth, Jew and Philosopher. The Return to Maimonides in the Jewish Thought of Leo Strauss, New York 1993.

Greshake, Gisbert, Art. Pelagianismus, in: LThK Bd. 8 (31999), 8–9.

Grewe, Wilhelm G., Fontes Historiae Iuris Gentium / Quellen zur Geschichte des Völkerrechts. Bd. 1, Berlin, New York 1988.

Grosse, Heinrich / Hans Otte / Joachim Perels (Hgg), Bewahren ohne Bekennen? Die hannoversche Landeskirche im Nationalsozialismus, Hannover 1996.

Grossman, David, Löwenhonig. Der Mythos von Samson. Übersetzt von Vera Loos und Naomi Nir-Bleimling, Berlin 2006.

Guggisberg, Hans R. (Hg.), Religiöse Toleranz. Dokumente zur Geschichte einer Forderung, Stuttgart 1984.

Guggisberg, Hans G., Sebastian Castellio, 1515–1563. Humanist und Verteidiger der religiösen Toleranz im konfessionellen Zeitalter, Göttingen 1997.

Gürkan, S. Leyla, The Jews as a Chosen People: Tradition and Transformation, New York NY, 2000.

Halbmayr, Aloys, Lob der Vielheit. Zur Kritik Odo Marquards am Monotheismus, Innsbruck 2000.

Haldas, Georges, Passion et Mort de Michel Servet. Chronique historique et dramatique, Lausanne 1975.

Halevi, Jehuda, Sefer ha-Kuzari / Der Kusari, ed. David Cassel, Jerusalem 1990.

Hall, Deborah L. / David C. Matz / Wendy Wood, Why Don't We Practice What We Preach? A Meta-Analytic Review of Religious Racism, in: Personality and Social Psychology Review 14 (2010) 126–139.

Hall, John R., The Ways Out: Utopian Communal Movements in an Age of Babylon, London 1978.

Ḥamāda, Fārūq, Madḫal ilā ʿulūm al-Qur'ān wat-tafsir, Rabat [1]1399/1979.

Harris, Sam, Brief an ein christliches Land. Eine Abrechnung mit dem religiösen Fundamentalismus, München 2008.

Harris, Sam, Das Ende des Glaubens. Religion, Terror und das Licht der Vernunft, Winterthur 2007.

Hartman, David, From Defender to Critic: The Search for a New Jewish Self. Woodstock, VT, 2012.

Hartman, David, Israelis and the Jewish Tradition: An Ancient People Debating Its Future, New Haven, CN, 2000.

Hasenclever, Andreas, Die Menschen führen Krieg und die Götter bleiben im Himmel. Überlegungen zur Religion als Friedenskraft, in: Mariano Delgado (Hg.), Friedensfähigkeit und Friedensvisionen in Religionen und Kulturen, Stuttgart 2012, 17–38.

Hathcoat, John D. / Laura B. Barnes, Explaining the Relationship Among Fundamentalism and Authoritarianism: An Epistemic Connection, in: International Journal for the Psychology of Religion 20 (2010) 73–84.

Hatzfeld, Jean, The Antelope's Strategy. Living in Rwanda after the Genocide. New York 2009 (OA 2007).

Heitmeyer, Wilhelm (Hg.), Deutsche Zustände, Folge 1–10, Frankfurt a. M., Berlin 2002–2011.

Heitmeyer, Wilhelm, Gruppenbezogene Menschenfeindlichkeit. Die theoretische Konzeption und erste empirische Ergebnisse, in: ders. (Hg.), Deutsche Zustände, Folge 1, Frankfurt a.M. 2002a, 15–34.

Heitmeyer, Wilhelm, Riskante Toleranz. Moralgesättigt und gefährlich attraktiv, in: ders. (Hg.), Deutsche Zustände, Folge 1, Frankfurt a. M. 2002b, 271–280.

Heitmeyer, Wilhelm / Helmut Schröder / Joachim Müller, Verlockender Fundamentalismus, Frankfurt a. M. 1997.

Heitmeyer, Wilhelm / Monika Schröttle (Hg.), Gewalt. Beschreibungen, Analysen, Prävention, Bonn 2006, 16 (Einführung).

Henningsen, Gustav, La Inquisición y las Brujas, in: Agostino Borromeo (Ed.), L'inquisizione. Atti del Simposio internazionale, Città del Vaticano 2003, 567–605.

Henry, P. J. / Curtis D. Hardin, The Contact Hypothesis Revisited. Status Bias in the Reduction of Implicit Prejudice in the United States and Lebanon, in: Psychological Science 17 (2006) 862–868.

Herkner, Werner, Lehrbuch Sozialpsychologie. Bern 2003.

Hersh, Seymour, The Samson Option: Israel's Nuclear Arsenal and American Foreign Policy, New York 1991.

Hewstone, Miles / Mir R. Islam / Charles M. Judd, Models of Crossed Categorization and Intergroup Relations, in: Journal of Personality and Social Psychology 64 (1993) 779–793.

Hirschman, Albert O., Wieviel Gemeinsinn braucht die liberale Gesellschaft?, in: Leviathan 22 (1994) 293–304.

Hitchens, Christopher Eric, Der Herr ist kein Hirte. Wie Religion die Welt vergiftet, München 2007.

Hoffmann, Alfred (Übersetzung): Des Heiligen Kirchenvaters Aurelius Augustinus Ausgewählte Briefe. Bibliothek der Kirchenväter Bd. IX, Kempten und München 1917.

Hood, Ralph W. / Peter C. Hill / Bernard Spilka, The Psychology of Religion. An Empirical Approach, New York 2009.

Hood, Ralph W. / Peter C. Hill / W. Paul Williamson, The Psychology of Religious Fundamentalism, New York 2005.

Hood, Ralph W. / Ronald J. Morris, Conceptualization of Quest: A Critical Rejoinder to Batson, in: Journal for the Scientific Study of Religion 26 (1985) 391–397.

Hovland, Carl Iver / Robert R. Sears, Minor Studies of Aggression: Correlation of Lynchings with Economic Indices, in: Journal of Psychology 9 (1940) 301–310.

http://web.youngmuslims.ca/online_library/books/jihad/

http://www.vatican.va/holy_father/francesco/homilies/2013/documents/papa-francesco_20130907_veglia-pace_ge.html

http://www2.uni-frankfurt.de/48320986/kongress?legacy_request=1; abgerufen am 14.2.2014.

Huber, Stefan, Zentralität und Inhalt. Ein neues multidimensionales Messmodell der Religiosität, Opladen 2003, 25–91.

Hunsberger, Bruce / Lynne M. Jackson, Religion, Meaning, and Prejudice, in: Journal of Social Issues 61 (2005) 807–826.

Huntington, Samuel Phillips, Kampf der Kulturen. Die Neugestaltung der Weltpolitik im 21. Jahrhundert, München 2002 (Originaltitel: The Clash of Civilizations and the Remaking of World Order, übersetzt von Holger Fliessbach).

Hüpping, Sandra, Anomia. Unsicher in der Orientierung, sicher in der Abwertung. In Wilhelm Heitmeyer (Hg.), Deutsche Zustände. Folge 4, Frankfurt a. M. 2006, 93–107.

Hutsebaut, Dirk, Post-Critical Belief: A New Approach to the Religious Attitude Problem, in: Journal of Empirical Theology 9 (1996) 48–66.

Illichmann, Jutta, Die DDR und die Juden. Die deutschlandpolitische Instrumentalisierung von Juden und Judentum durch Partei- und Staatsführung der SBZ/DDR von 1945 bis 1990, Frankfurt a. M. 1997.

Ivry, Alfred L., Leo Strauss on Maimonides, in: Alan Udoff (Ed.), Leo Strauss's Thought: Toward a Critical Engagement, Boulder, London 1991, 75–92.

Jackson, Lynne M. / Bruce Hunsberger, An Intergroup Perspective on Religion and Prejudice, in: Journal for the Scientific Study of Religion 38 (1999) 509–523.

Jafari, Muhammad Taqi, Muhammad der letzte Prophet, B. 2, Nashria Husseinie Irschad, 1348.

James, Wesley / Brian Griffiths / Anne Pedersen, The „Making and Unmaking" of Prejudice Against Australian Muslims and Gay Men and Lesbians: The Role of Religious Development and Fundamentalism, in: The International Journal for the Psychology of Religion 21 (2011) 212–227.

Jaspers, Karl, Psychologie der Weltanschauungen (1919), München 1994.

Johnson, James Turner, Just War and Jihad of the Sword, in: Andrew R. Murphy (Ed.), The Blackwell Companion to Religion and Violence, Oxford 2011, 271–281.

Johnson, Megan K. / Wade C. Rowatt / Jordan LaBouff / Julie A. Patock-Peckham / Robert D. Carlisle, Facets of Right-Wing Authoritarianism Mediate the Relationship Between Religious Fundamentalism and Attitudes Toward Arabs and African Americans, in: Journal for the Scientific Study of Religion 51 (2012) 128–142.

Juergensmeyer, Mark, Die Globalisierung religiöser Gewalt. Von christlichen Milizen bis al-Qaida, Hamburg 2009.

Kakar, Sudhir, The Colors of Violence: Cultural Identities, Religion and Conflict, Chicago 1996. Dtsch. Die Gewalt der Frommen, München 1997.

Kant, Immanuel, Idee zu einer allgemeinen Geschichte in weltbürgerlicher Absicht (Werkausgabe hg. von Wilhelm Weischedel, Bd. XI), Frankfurt a. M. 1981, 31–50.

Kant, Immanuel, Kritik der Urteilskraft, hg. v. Gerhard Lehmann, Stuttgart 2006.

Katechismus der Katholischen Kirche, München, Wien, Leipzig, Freiburg 1993.

Khoury, Adel Theodor, Der Koran, erschlossen und kommentiert, Düsseldorf 2005.

Kippenberg, Hans G., Gewalt als Gottesdienst. Religionskrieg im Zeitalter der Globalisierung, München 2008.

Kippenberg, Hans G. / Tilman Seidensticker (Hgg.), Terror im Dienste Gottes. Die „Geistliche Anleitung" der Attentäter des 11. September 2001, Frankfurt a. M. 2004.

Kirkpatrick, Lee A., Attachment, Evolution, and the Psychology of Religion, New York 2005.

Kirkpatrick, Lee A., Fundamentalism, Christian Orthodoxy, and Intrinsic Religious

Orientation as Predictors of Discriminatory Attitudes, in: Journal for the Scientific Study of Religion 32 (1993) 256–268.

Kirkpatrick, Lee A. / Ralph W. Hood, Intrinsic-Extrinsic Religious Orientation: The Boon or Bane of Contemporary Psychology of Religion?, in: Journal for the Scientific Study of Religion 29 (1990) 442–462.

Klein, Anna, Toleranz und Vorurteil. Zum Verhältnis von Toleranz und Wertschätzung zu Vorurteilen und Diskriminierung, Opladen, Berlin, Toronto 2014.

Klein, Constantin, Religiosität als Gegenstand der Psychologie. Rahmenbedingungen einer empirischen Religionspsychologie, Saarbrücken 2008.

Kojetin, Brian A. / Daniel N. McIntosh / Robert A. Bridges / Bernard Spilka, Quest: Constructive Search or Religious Conflict? in: Journal for the Scientific Study of Religion 26 (1987) 111–115.

Konig, Ruben / Rob Eisinga / Peer Scheepers, Explaining the Relationship Between Christian Religion and Anti-Semitism in the Netherlands, in: Review of Religious Research 41 (2000) 373–393.

Kraemer, Joel L., The Death of an Orientalist. Paul Kraus from Prague to Cairo, in: Martin Kramer (Ed.), The Jewish Discovery of Islam. Studies in Honor of Bernard Lewis, Tel Aviv 1999, 181–223.

Kramer, Martin, Introduction, in: ders. (Ed.), The Jewish Discovery of Islam. Studies in Honor of Bernard Lewis, Tel Aviv 1999, 1–48.

Kramer, Martin, The Road from Mekka. Muhammad Asad (born Leopold Weiss), in: ders. (Ed.), The Jewish Discovery of Islam. Studies in Honor of Bernard Lewis, Tel Aviv 1999, 225–248.

Kraus, Paul, Gesammelte Aufsätze. Alchemie, Ketzerei, Apokryphen im frühen Islam, hg. v. Rémi Brague, Hildesheim 1994.

Krech, Volkhard, Opfer und Heiliger Krieg: Gewalt aus religionswissenschaftlicher Sicht, in: Wilhelm Heitmeyer / John Hagan (Hgg.), Internationales Handbuch der Gewaltforschung, Wiesbaden 2002, 1255.

Kristensen, Kristoffer B. / Darhl M. Pedersen / Richard N. Williams, Profiling Religious Maturity: The Relationships of Religious Attitude Components to Religious Orientations, in: Journal for the Scientific Study of Religion 40 (2001) 75–86.

Krüger, Paul und Theodor Mommsen (Ed.), Corpus Iuris Civilis. Volumen primum, Institutiones, Dublin/Zürich 1872.

Kuhlemann, Frank-Michael, Art. Welt/Weltanschauung/Weltbild III. 2 Kirchengeschichtlich (Neuzeit), in: Gerhard Müller (Hg.), Theologische Realenzyklopädie. Bd. 35, Berlin 2003, 556–559.

Kulaini, Muhammad bin Jakub, Kafi, Bd. 1 und 2, Buch der Vernunft und Ignoranz.

Küntzel, Matthias, Djihad und Judenhass, in: Jüdische Allgemeine, 2. Januar 2003, 3.

Küpper, Beate / Andreas Zick, Riskanter Glaube. Religiosität und Abwertung, in: Wilhelm Heitmeyer (Hg.), Deutsche Zustände, Folge 4, Frankfurt a. M. 2006, 182.

Kuschel, Karl-Josef, Ist das Christentum inhuman? Kritische Anmerkungen zu einer Streitschrift, in: Herder Korrespondenz 46 (1992) 222–226.

Las Casas, Bartolomé de: Obras completas. Vol. VIII, ed. Vidal Abril Castelló et al., Madrid 1992.

Las Casas, Bartolomé de, Werkauswahl. Bd. 1: Missionstheologische Schriften, hg. v. Mariano Delgado, Paderborn 1995.

Las Casas, Bartolomé de, Werkauswahl. Bd. 2: Historische und ethnographische Schriften, hg. v. Mariano Delgado, Paderborn 1995.

Lassner, Jacob, Abraham Geiger. A Nineteenth-Century Jewish Reformer on the Origins of Islam, in: Martin Kramer (Ed.), The Jewish Discovery of Islam. Studies in Honor of Bernard Lewis, Tel Aviv 1999, 103–135.

Laythe, Brian / Deborah Finkel / Lee A. Kirkpatrick, Predicting Prejudice from Religious Fundamentalism and Right-Wing Authoritarianism: A Multiple-Regression Approach, in: Journal for the Scientific Study of Religion 40 (2001), 1–10.

Laythe, Brian / Deborah Finkel / Robert G. Bringle / Lee A. Kirkpatrick, Religious Fundamentalism as a Predictor of Prejudice: A Two-Component Model, in: Journal for the Scientific Study of Religion 41 (2002) 623–635.

Leak, Gary K. / Anne A. Loucks / Patricia Bowlin, Development and Initial Validation of an Objective Measure of Faith Development, in: The International Journal for the Psychology of Religion 9 (1999) 105–124.

Leak, Gary K. / L L Finken, The Relationship Between the Constructs of Religiousness and Prejudice: A Structural Equation Model Analysis, in: The International Journal for the Psychology of Religion 21 (2011) 43–62.

Leak, Gary K. / Stanley B. Fish, Development and Initial Validation of a Measure of Religious Maturity, in: The International Journal for the Psychology of Religion 9 (1999) 83–103.

Leakey, Richard / Roger Lewin: Die Menschen vom See: Neueste Entdeckungen zur Vorgeschichte der Menschheit, Frankfurt a. M. 1982.

Leipold, Jürgen / Steffen Kühnel, Islamophobie. Differenzierung tut not, in: Wilhelm Heitmeyer (Hg.), Deutsche Zustände. Folge 4, Frankfurt a. M. 2006, 135–155.

Leong, Chan-Hoong, A Multilevel Research Framework for the Analyses of Attitudes toward Immigrants, in: International Journal of Intercultural Relations 32 (2008) 115–129.

LeVine, Robert A. / Donald T. Cambell, Ethnocentrism: Theories of Conflict, Ethnic Attitudes, and Group Behavior, New York 1972.

Lewis, Bernard, The Pro-Islamic Jews, in: ders. (Hg.), Islamic in History: Ideas, People, and Events in the Middle East, Chicago 1993.

Lichtenstein, Aharon: The Seven Laws of Noah. New York, NY, [2]1986.

Little, David (Ed.), Peacemakers in Action. Profiles of Religion in Conflict Resolution, Cambridge 2007.

Lonchamp, J.-P., Science and Belief, London 1992.

Lüdemann, Gerd, Das Unheilige in der Heiligen Schrift. Die dunkle Seite der Bibel. Lüneburg 2001.

Luhmann, Niklas, Die Funktion der Religion, Frankfurt a. M. 1977.

Luhmann, Niklas, Die Religion der Gesellschaft, hg. v. André Kieserling, Frankfurt a. M. 2000.

Luhmann, Niklas, Soziale Systeme. Grundriß einer allgemeinen Theorie, Frankfurt a. M. ^{4}1993.

Luther, Martin, Wider die räuberischen und mörderischen Rotten der Bauern, in: Luther Deutsch, hg. v. Kurt Aland, Band VII, Göttingen ^{3}1983.

Luther, Martin, Werke 30, I. Band, Katechismuspredigten 1528; Großer und Kleiner Katechismus 1529. Weimar, 1883–2009.

Mac Donald, A. P., Revised Scale for Ambiguity Tolerance: Reliability and Validity. Psychological Reports 26 (1970) 791–798.

Magid, Shaul, Subversion as Return: Scripture, Dissent, Renewal, and the Future of Judaism, in: Beth Hawkins Benedix (Ed.), Subverting Scriptures: Critical Reflections on the Use of the Bible, New York, NY, 2009, 217–236.

Maieilo, Francesco: Histoire du calendrier de la liturgie à l'agenda, Paris 1993.

Maier, Hans, Compelle intrare. Rechtfertigungsgründe für die Anwendung von Gewalt zum Schutz und zur Ausbreitung des Glaubens in der Theologie des abendländischen Christentums. In: Klaus Schreiner (Hg.), Heilige Kriege. Schriften des Historischen Kollegs. Kolloquien 78, München 2008, 55–69.

Moses Maimonides, Mishneh Torahh, Sefer Shoftim, Hilkhot Melakhim u-Milchamotehem, 9,1.

Majlesi, Muhammad Baqer ibn Muhammad Taqi: Bihar-ul-Anwar, Bd. 10, Teil 2.

Mansel, Jürgen / Viktoria Spaiser, Ausgrenzungsdynamiken. In welchen Lebenslagen Jugendliche Fremdgruppen abwerten, Weinheim, Basel 2013.

Marty, Martin E. / Scott R. Appleby, Fundamentalism Observed, Chicago, London 1991.

Maududi, Abu l'Aia an Maryam Jameelah, 25. Februar 1961. Vgl. Briefwechsel Jameelah/Maududi (engl. Ausgabe), Jaddah 1992.

Mavor, Kenneth I / Cari J. Macleod / Miranda J. Boal / Winnifred R. Louis, Right-Wing Authoritarianism, Fundamentalism, and Prejudice Revisited: Removing Suppression and Statistical Artefact, in: Personality and Individual Differences 46 (2009) 592–597.

Mavor, Kenneth I / Winnifred R. Louis / Brian Laythe, Religion, Prejudice, and Authoritarianism: Is RWA a Boon or Bane to the Psychology of Religion? in: Journal for the Scientific Study of Religion 50 (2011) 22–43.

McCleary, Daniel F. / Colin C. Quillivan / Lisa N. Foster / Robert L. Williams, Meta-Analysis of Correlational Relationships Between Perspectives of Truth in Religion and Major Psychological Constructs, in: Psychology of Religion and Spirituality 3 (2011) 163–180.

McClymond, Kathryn, Sacrifice and Violence, in: Andrew R. Murphy (Ed.), The Blackwell Companion to Religion and Violence, Oxford 2011.

McFarland, Sam G., Religious Orientations and the Targets of Discrimination, in: Journal for the Scientific Study of Religion 28 (1989) 324–336.

McIntosh, Daniel N., Religion-as-Schema, with Implications for the Relation between

Religion and Coping, in: The International Journal for the Psychology of Religion 5 (1995) 1–16.

Meier, Heinrich, Das theologisch-politische Problem. Zum Thema Leo Strauss, Stuttgart, Weimar 2003, 11–48.

Meier, Helmut G., Weltanschauung. Studien zu einer Geschichte und Theorie des Begriffs. Dissertationsschrift. Münster 1968.

Meireis, Torsten, Gewalt und Gewalten. Zur Ausübung, Legitimität und Ambivalenz rechtserhaltender Gewalt, Tübingen 2012.

Menéndez Pelayo, Marcelino, Historia de los Heterodoxos Españoles. Vol. 1, Madrid 1986.

Milton-Edwards, Beverley, Islam and Violence. in: Andrew R. Murphy (Ed.), The Blackwell Companion to Religion and Violence, Oxford 2011, 183–195.

Moxter, Michael, Art. Welt/Weltanschauung/Weltbild III. 1. Dogmatisch und Philosophisch, in: Gerhard Müller (Hg.), Theologische Realenzyklopädie. Bd. 35, Berlin 2003, 544–555.

Münkler, Herfried, Antifaschismus als Gründungsmythos der DDR. Abgrenzungsinstrument nach Westen und Herrschaftsmittel nach innen, in: Manfred Agethen u. a. (Hgg.), Der missbrauchte Antifaschismus. DDR-Staatsdoktrin und Lebenslüge der deutschen Linken, Freiburg 2002.

Nagel, Tilman, Das islamische Recht. Eine Einführung, Westhofen 2001.

Nagel, Tilman, Kämpfen bis zum endgültigen Triumph. Religion und Gewalt im islamischen Gottesstaat, in: Klaus Schreiner (Hg.), Heilige Kriege. Schriften des Historischen Kollegs. Kolloquien 78, München 2008.

Nakamura, Yoshiro, Xenosophie: Bausteine für eine Theorie der Fremdheit, Darmstadt 2000.

Neher, Andre, Jewish Thought and the Scientific Revolution. David Gans and His Times, Oxford 1986.

Nicolotti, Andrea, Perfidia iudaica. Die schwierige Geschichte eines liturgischen Gebets vor und nach Erik Peterson, in: G. Caronello (Hg.), Erik Peterson. Die theologische Präsenz eines Outsiders, Berlin 2012, 511–554.

Niditch, Susan, War in the Hebrew Bible – A Study in the Ethics of Violence, New York, NY, 1993.

Norton, Robert W., Measurement of Ambiguity Tolerance, in: Journal of Personality Assessment 39 (1975) 607–619.

Novak, David, The Image of the Non-Jew in Judaism: An Historical and Constructive Study of the Noahide Laws, New York, NY, 1983.

Nuri, Mirza Hassan, Mustadrak al-Wasa'il wa Mustanbat al-Masa'il, Bd. 11.

Olzak, Susan, The Dynamics of Ethnic Competition and Conflict, Stanford 1992.

Omoregbe, Joseph, A Philosophical Look at Religion, Lagos 1993.

Omoregbe, Joseph, An Introduction to the academic study of Religion, Saarbrücken 2011.

Omoregbe, Joseph, Fundamental Issues in the Philosophy of Science, Saabrücken 2011.

Omoregbe, Joseph, Religions of the World in Dialogue with Christianity, Saarbrücken 2010.

Orozco, José Clemente 1883–1949, hg. v. Egbert Baqué und Heinz Spreitz unter Mitarbeit von Olav Münzberg und Michael Nungesser, Berlin 1981.

Paradat L. P., Political Ideology, Upper Saddle River, NJ 2000.

Pargament, Kenneth I. / Kelly Trevino / Anette Mahoney / Israela Silberman, They Killed Our Lord: The Perception of Jews as Desecrators of Christianity as a Predictor of Anti-Semitism, Journal for the Scientific Study of Religion 46 (2007) 143–158.

Park, Jaihyun / Karla Felix / Grace Lee, Implicit Attitudes Toward Arab-Muslims and the Moderating Effects of Social Information, in: Basic and Applied Social Psychology 29 (2007) 35–45.

Peterson, Thomas Virgil, Ham and Japhet, The Mythic World of Whites in the Antebellum South, Metuchen, NJ 1978.

Pettigrew, Thomas F., Intergroup Contact Theory, in: Annual Review of Psychology 9 (1998), 65–85.

Pettigrew, Thomas F. / Linda R. Tropp, A Meta-analytic Test of Intergroup Contact Theory, in: Interpersonal Relations and Group Processes 90 (2006) 751–783.

Pettigrew, Thomas F. / Oliver Christ / Ulrich Wagner / Roel W. Meertens / Rolf Van Dick / Andreas Zick, Relative Deprivation and Intergroup Prejudice, in: Journal of Social Issues 64 (2008) 385–401.

Pogge, Thomas: Weltarmut und Menschenrechte, Berlin, New York 2011, 125.

Powers, David S., The Exegetical Genre nāsikh al-Qur'ān wa mansūkhuhu, in: Andrew Rippin (Ed.), Approaches to the History of the Interpretation of the Qur'ān, Oxford 1988, 117–138.

Pratto, Felicia / Jim Sidanius / Lisa M. Stallworth / Bertram F. Malle, Social Dominance Orientation: A Personality Variable Predicting Social and Political Attitudes, in: Journal of Personality and Social Psychology 67 (1994) 741–763.

Putnam, Robert D., Bowling Alone: The Collapse and Revival of American Community, New York 2000.

Radant, Matthias / Claudia Dalbert, The Dimensions of the Complexity Tolerance: A Synopsis of Personality Constructs, in: (International Journal of Psychology, 43 (3/4), 6) (2008).

Rakover, Nahum, Law and the Noahides: Law as a Universal Value, Jerusalem 1998.

Ratzinger, Joseph, Das Problem der Absolutheit des christlichen Heilsweges, in: ders., Das neue Volk Gottes. Entwürfe zur Ekklesiologie, Düsseldorf 1969, 363–375.

Rech, Bruno, Las Casas und das Alte Testament, in: Jahrbuch für Geschichte von Staat, Wirtschaft und Gesellschaft Lateinamerikas 18 (1981) 1–30.

Reis, Jack, Ambiguitätstoleranz – Beiträge zur Entwicklung eines Persönlichkeitskonstruktes, Heidelberg 1997.

Ricoeur, Paul, Die Interpretation. Ein Versuch über Freud, Frankfurt a. M. 1969.

Riegel, Ulrich / Hans-Georg Ziebertz, Die Post-Critical Belief Scale: Ein geeignetes Instrument zur Erfassung von Religiosität theologisch informierter Individuen?, in Detlef Pollack / Ingrid Tucci / Hans-Georg Ziebertz (Hgg.), Religiöser Pluralismus im Fokus quantitativer Religionsforschung, Wiesbaden 2012, 39–72.

Riesebrodt, Martin, Die Rückkehr der Religionen. Fundamentalismus und der „Kampf der Kulturen", München 2001.

Rosenberg, Warren, Legacy of Rage: Jewish Masculinity, Violence, and Culture, Amherst, MA 2009, 37–41.

Rowatt, Wade C. / Lewis M. Franklin, Christian Orthodoxy, Religious Fundamentalism, and Right-Wing Authoritarianism as Predictors of Implicit Racial Prejudice, in: The International Journal for the Psychology of Religion 14 (2004), 125–138.

Rowatt, Wade C. / Lewis M. Franklin / Marla Cotton, Patterns and Personality Correlates of Implicit and Explicit Attitudes Toward Christians and Muslims, in: Journal for the Scientific Study of Religion 44 (2005) 29–43.

Roy, Olivier, Heilige Einfalt. Über die politischen Gefahren entwurzelter Religionen, München 2010 (OA Paris 2008).

Rudman, Laurie A. / Anthony G. Greenwald / Deborah S. Mellott / Jordan L. K. Schwartz, Measuring the Automatic Components of Prejudice: Flexibility and Generality of the Implicit Association Test, in: Social Cognition 17 (1999) 437–465.

Šaḥātah, ʿAbd al-Lāh Maḥmūd, ʿUlūm al-Qurʾān, Kairo 2002.

Salib, Emad, Suicide Terrorism: A Case of Folie à Plusieurs? In: The British Journal of Psychiatry 182 (2003), 475–476.

Saroglou, Vassilis, Religiousness as a Cultural Adaptation of Basic Traits: A Five-Factor Model Perspective, in: Personality and Social Psychology Review 14 (2010) 108–125.

Saroglou, Vassilis / Bahija Lamkaddem / Matthieu Van Pachterbeke / Coralie Buxant, Host Society's Dislike of the Islamic Veil: The Role of Subtle Prejudice, Values, and Religion, in: International Journal for Intercultural Relations 33 (2009), 419–428.

Scheepers, Peer / Mérove Gijsberts / Evelyn Hello, Religiosity and Prejudice Against Ethnic Minorities in Europe: Cross-National Tests on a Controversial Relationship, in: Review of Religious Research, 43 (2002) 242–265.

Schilling, Heinz, Martin Luther. Rebell in einer Zeit des Umbruchs, München 2012.

Schleiermacher, Friedrich Daniel Ernst, Über die Religion. Reden an die Gebildeten unter ihren Verächtern (1799), in der Ausgabe von Rudolf Otto, Göttingen 2006.

Schmugge, Ludwig, „Deus lo vult?" Zu den Wandlungen der Kreuzzugsidee im Mittelalter, in: Klaus Schreiner (Hg.), Heilige Kriege. Schriften des Historischen Kollegs. Kolloquien 78, München 2008, 93–108.

Schockenhoff, Eberhard, Theologie der Freiheit, Freiburg 2007.

Schöpf, Alfred, Aggression als Zerstörung von Anerkennung, in ders. (Hg.), Aggression und Gewalt. Anthropologisch-sozialwissenschaftliche Beiträge (Studien zur Anthropologie 9), Würzburg 1985, 65–84.

Schüller, Thorsten / Sascha Seiler (Hgg.), Von Zäsuren und Ereignissen. Historische Einschnitte und ihre mediale Verarbeitung, Bielefeld [1]2010.

Schulze, Reinhard, Anmerkungen zum Islamverständnis von Muhammad Asad (1900–1992), in: Rainer Brunner (Hg.), Islamstudien ohne Ende. Festschrift für Werner Ende, Würzburg 2002, 429–447.

Schwager, Raymund, Erlösung durch das Blut – Inhumanität eines gewalttätigen Gottes? Zu einem Buch von Franz Buggle, in: Stimmen der Zeit 211 (1993) 168–176.

Schwartz, Shalom H., Universals in the Content and Structure of Values: Theory and Empirical Tests in 20 Countries, in: Mark P. Zanna (Ed.), Advances in Experimental Social Psychology, Vol. 25, New York 1992, 1–65.

Seidensticker, Tilman, Die in der „Geistlichen Anleitung" gegebenen Anweisungen und ihre religionsgeschichtlichen Besonderheiten, in: Hans G. Kippenberg / Tilman Seidensticker (Hgg.), Terror im Dienste Gottes. Die „Geistliche Anleitung" der Attentäter des 11. September 2001, Frankfurt a. M. 2004, 29–37.

Sen, Amartya, Die Identitätsfalle. Warum es keinen Krieg der Kulturen gibt, München 2010 (Originaltitel: Identity and Violence. The Illusion of Destiny, übersetzt von Friedrich Griese).

Sibley, Chris G. / John Duckitt, Personality and Prejudice: A Meta-Analysis and Theoretical Review, in: Personality and Social Psychology Review 12 (2008) 248–279.

Sidanius, Jim / Felicia Pratto, Social Dominance: An Intergroup Theory of Social Hierarchy and Oppression, New York 1999.

Simmel, Georg, Lebensanschauung. Vier metaphysische Kapitel, München 1918.

Simon, Róbert, Ignác Goldziher. His Life and Scholarship as Reflected in his Works and Correspondence, Budapest, Leiden 1986.

Soloveitchik, Josef D., Ish ha-Halakhah, in: Pinchas Peli (Ed.), Be-Sod ha-Jachid we-ha-Jachad, Jerusalem 1976, 37–188.

Spilka, Bernard / Philipp Shaver / Lee A. Kirkpatrick, A General Attribution Theory for the Psychology of Religion, in: Journal for the Scientific Study of Religion 24 (1985) 1–20.

Staron, Joachim, Fosse Ardeatine und Marzabotto. Deutsche Kriegsverbrechen und Resistenza. Geschichte und nationale Mythenbildung in Deutschland und Italien (1944–1999), Paderborn u. a. 2002.

Strauss, Leo, Die Religionskritik Spinozas als Grundlage seiner Bibelwissenschaft. Untersuchungen zu Spinozas Theologisch-Politischem Traktat, Berlin 1930.

Strauss, Leo, Philosophie und Gesetz. Frühe Schriften, in: Heinrich Meier / Wiebke Meier (Hgg.), Leo Strauss gesammelte Schriften, Bd. 2, Stuttgart, Weimar 1997.

Streib, Heinz, Faith Development and a Way Beyond Fundamentalism, in: Christiane Timmerman / Dirk Hutsebaut / Sara Mels / Walter Nonneman / Walter van Herck (Eds.), Faith-Based Radicalism: Christianity, Islam and Judaism between Constructive Activism and Destructive Fanaticism, Brussels 2007, 151–167.

Streib, Heinz: Faith Development Research Revisited: Accounting for Diversity in Structure, Content, and Narrativity of Faith, in: The International Journal for the Psychology of Religion 15 (2005) 99–121.

Streib, Heinz, Faith Development Theory Revisited: The Religious Styles Perspective, in: The International Journal for the Psychology of Religion 11 (2001) 143–158.

Streib, Heinz, Religion as a Question of Style. Revising Structural Differentiation of Religion from the Perspective of the Analysis of the Contemporary Pluralistic-Religious Situation, in: International Journal for Practical Theology 7 (2003) 1–22.

Streib, Heinz / Carsten Gennerich, Jugend und Religion. Bestandsaufnahmen, Analysen und Fallstudien zur Religiosität Jugendlicher, Weinheim 2011, 113–128.

Streib, Heinz / Constantin Klein, Religious Styles Predict Interreligious Prejudice: A Study of German Adolescents with the Religious Schema Scale, in: The International Journal for the Psychology of Religion 24 (2014) 151–163.

Streib, Heinz / Ralph W. Hood / Constantin Klein, The Religious Schema Scale: Construction and Initial Validation of a Quantitative Measure for Religious Styles, in: The International Journal for the Psychology of Religion 20 (2010) 151–172.

Stroumsa, Sarah, Elisha Ben Abuya and Muslim Heretics in Maimonides' Writings, in: Maimonidean Studies 3 (1995) 173–193.

Süssmuth, Hans, „Heiliger Krieg"-Barriere des Friedens. Saeculum 22 (1971).

Tajfel, Henri / John Turner, An Integrative Theory of Intergroup Conflict. In William G. Austin / Stephen Worchel (Eds.), The Social Psychology of Intergroup Relations, Monterey, CA 1979, 33–47.

Tam, Tania / Miles Hewstone / Jared Kenworthy / Ed Cairns, Intergroup Trust in Northern Ireland, in: Personality and Social Psychology Bulletin 35 (2009) 45–59.

Tamimi Magrebi, Nama bin Muhammad, Duaiuml Islam, Bd. 1, 82.

Tamimi Omadi, Abdul Wahid, Ghurar-ul-Hikam, S. 41, Hadis 12.

Taylor, Charles, Ein säkulares Zeitalter. Frankfurt a. M. 2012 (engl. Orig. 2007).

Thomé, Horst, Art. Weltanschauung, in: Joachim Ritter / Karlfried Gründer / Gottfried Gabriel (Hgg.), Historisches Wörterbuch der Philosophie. Bd. 12, Basel 2005, 453–460.

van Belzen, Jacob A. / Ulrike Popp-Baier, Die Verbindung von Religionspsychologie und Persönlichkeitspsychologie bei Gordon W. Allport – Eine methodologische Analyse, in: Helfried Moosbrugger / Christian Zwingmann / Dirk Frank (Hgg.), Religiosität, Persönlichkeit und Verhalten. Beiträge zur Religionspsychologie, Münster 1996, 65–76.

van Pachterbeke, Matthieu / Christopher Freyer / Vassilis Saroglou, When Authoritarianism Meets Religion: Sacrificing Others in the Name of Abstract Deontology, in: European Journal of Social Psychology 41 (2011) 898–903.

Verplaetse, Jan, Der moralische Instinkt. Über den natürlichen Ursprung unserer Moral, Göttingen 2011.

Vitoria, Francisco de: Vorlesungen II. Völkerrecht – Politik – Kirche, in Ulrich Horst et al. (Hgg.), Theologie und Frieden 8, Stuttgart 1997, 464–465 (Lateinisch-Deutsch).

von den Steinen, Karl, Die Marquesaner und ihre Kunst. Studien über die Entwicklung primitiver Südseeornamentik nach eigenen Reiseerlebnissen und dem Material der Museen. 3 Bände, Berlin 1925–1928; Reprint: Fines Mundi, Saarbrücken 2006 (Digitalisate von Bd. 1 und 2 (Bodleian Libraries).) Band 1 Tatauierung: mit einer Geschichte der Inselgruppe und einer vergleichenden Einleitung über den polynesischen Brauch, 1925.

von Rad, Gerhard, Der Heilige Krieg im alten Israel, Göttingen [1]1951, [5]1969.

Waldenfels, Bernhard, Der Anspruch des Fremden, in: Renate Breuninger (Hg.), Andersheit – Fremdheit – Toleranz, Ulm 1999, 31–51.

Waldenfels, Bernhard, Der Stachel des Fremden, Frankfurt a. M. 1990.

Waldenfels, Bernhard, Topographie des Fremden, Frankfurt a. M. 1997.

Waschkuhn, Arno, Aggression und Gewalt im Lichte der Friedens- und Konfliktforschung, in: Alfred Schöpf (Hg.), Aggression und Gewalt. Anthropologisch-sozialwissenschaftliche Beiträge (Studien zur Anthropologie 9), Würzburg 1985, 273–289.

Watt, W. Montgomery / Alfred T. Welch, Der Islam I. Mohammed und die Frühzeit – Islamisches Recht – Religiöses Leben, Stuttgart 1980.

Weingardt, Markus, Religion Macht Frieden. Das FriedensPotenzial von Religionen in politischen Gewaltkonflikten, Stuttgart 2007, 373–417.

Welzer, Harald, Täter. Wie aus ganz normalen Menschen Massenmörder werden, Frankfurt a. M. 2005.

Whitley, Bernard E., Right-Wing Authoritarianism, Social Dominance Orientation, and Prejudice, in: Journal of Personality and Social Psychology 77 (1999) 126–134.

Wiedemann, Charlotte, Vom Versuch, nicht weiß zu schreiben. Oder: Wie Journalismus unser Weltbild prägt, Köln 2012.

Wieseltier, Leon, „Etwas über die jüdische Historik“. Leopold Zunz and the Inception of Modern Jewish Historiography, in: History and Theory, 20 (1984) 135–149.

Wimmer, Michael et. al. (Hgg.), Das „zivilisierte Tier“. Zur historischen Anthropologie der Gewalt, Frankfurt a. M. 1996.

Windhager, Günther, Leopold Weiss alias Muhammad Asad. Von Galizien nach Arabien 1900–1927, Wien 2002.

Wißmann, Hans, James George Frazer (1854 – 1941), in: Axel Michaels (Hg.), Klassiker der Religionswissenschaft. Von Friedrich Schleiermacher bis Mircea Eliade, München 1997, 77–89.

Wolfradt, Uwe / Jeanne Radermacher, Interpersonale Ambiguitätstoleranz als klinisches Differentialkriterium, in: Zeitschrift für Differentielle und Diagnostische Psychologie 20 (1999) 72–79.

Wunn, Ina, Die Evolution der Religionen, Habilitationsschrift, Hannover 2002, elektronische Veröffentl. UB/TIB Hannover.

Wunn, Ina, Karl Meuli's „Griechische Opferbräuche – Towards an Ethology of Religion", in: Scientific Annals, School of Geology Aristotle University of Thessaloniki (AUTH), Special Volume 98, Thessaloniki 2006.

Wunn, Ina / Patrick Urban / Constantin Klein, Götter, Gene, Genesis. Eine Biologie der Religionsentstehung, Heidelberg in Druck.

Wylie, Linda / James Forest, Religious Fundamentalism, Right-Wing Authoritarianism and Prejudice, in: Psychological Reports 71 (1992) 1291–1298.

Yerushalmi, Yosef Hayim, Zakhor. Jewish History and Jewish Memory, Seattle, London 1982.

Yinger, J. M., The Scientific Study of Religion, New York 1970.

Zenger, Erich, Das Erste Testament. Die jüdische Bibel und die Christen, Düsseldorf 1993.

Zick, Andreas / Beate Küpper, Religion and Prejudice in Europe. New Empirical Findings. Dossier for the Network of European Foundations – Initiative for Religion and Democracy in Europe, London 2010.

Zick, Andreas / Beate Küpper / Andreas Hövermann, Die Abwertung der Anderen. Eine europäische Zustandsbeschreibung, Berlin 2011.

Zick, Andreas / Beate Küpper / Andreas Hövermann, Die Abwertung der Anderen. Eine europäische Zustandsbeschreibung zu Intoleranz, Vorurteilen und Diskriminierung, Berlin 2011.

Zick, Andreas / Beate Küpper / Wilhelm Heitmeyer, Prejudices and Group-focused Enmity – a Socio-functional Perspective, in: Anton Pelinka / Karin Bischof / Karin Stögner (Eds.), Handbook of Prejudice, Amherst, NY 2010, 273–302.